本书系安徽省教师教育协同创新中心课题
"义务教育阶段教师心理状况调查研究"的最终成果

教师教育与成长

中小学教师心理实证研究

An Empirical Study of Primary and Middle School Teachers' Psychology

葛明贵 等 著

科学出版社

北 京

内 容 简 介

本书将教师心理划分为一般心态表现、职业心理、教学心理和人格心理四个部分。在对 6004 名中小学教师进行相关调查的基础上，本书分别从教师的情绪劳动、职业倦怠、职业认同、自我接纳、一般效能感与教学效能感、压力与人际关系、主观幸福感等方面进行比较分析，总结、归纳中小学教师心理发展的诸多特点，并结合研究结果提出了相应的对策与建议。

本书适合心理学、教育学等相关专业学生阅读，对中小学教育和中小学教师感兴趣的读者也可参阅。

图书在版编目（CIP）数据

中小学教师心理实证研究 / 葛明贵等著. —北京：科学出版社，2018.6
ISBN 978-7-03-056715-4

Ⅰ.①中⋯　Ⅱ.①葛⋯　Ⅲ.①中小学-教师心理学-研究　Ⅳ.①G443

中国版本图书馆 CIP 数据核字（2018）第 043939 号

责任编辑：孙文影　高丽丽 / 责任校对：贾娜娜
责任印制：张欣秀 / 封面设计：润一文化
联系电话：010-64033934
E-mail：edu_psy@mail.sciencep.com

科学出版社 出版
北京东黄城根北街 16 号
邮政编码：100717
http://www.sciencep.com

北京九州迅驰传媒文化有限公司印刷
科学出版社发行　各地新华书店经销

*

2018 年 6 月第 一 版　　开本：720×1000　B5
2018 年 6 月第一次印刷　　印张：20 3/4
字数：381 000
定价：99.00 元
（如有印装质量问题，我社负责调换）

前言

自从国家实施高等教育第三个国家工程即"2011计划"("高等学校创新能力提升计划")以来,发挥高校智力密集的优势,联合各界有志之士,强化协同攻关意识,实现科学研究、社会服务、文化传承等方面的研究与突破,就成为建设高水平大学的必然要求。

2013年,安徽师范大学适应高等教育新形势、新发展的要求,成立了安徽师范大学教师教育协同创新中心。该中心旨在关注高质量的教师教育人才的培养和教育,以探索联合培养、协同培养、高质量培养教师教育人才为目标,主动对接政府相关主管部门、中小学及相关高校,尝试在更大范围内,创新培养教师教育人才的新方法、新模式、新机制。2014年8月,该中心获批省级2011协同创新中心,并更名为"安徽省教师教育协同创新中心"。

根据协同创新中心的规划,为了强化服务社会经济发展的功能,进一步凸显教师教育研究的特色,同时也为了增强教师教育研究的实证色彩,中心设立专项课题"义务教育阶段教师心理状况的调查研究"。该研究的初衷是准确了解安徽省中小学教师的心理发展状况,为制定相应的科学决策,进一步提高教师的幸福感和工作满意度,提供科学依据。

研究工作从2015年上半年开始,经过一年多的辛勤努力,课题组采取方便抽样的方式，实地调查了安徽省16个地市100余所中小学，积累了大量的研究数据。本书就是在分析研判这些资料的基础上扩展而成的。

教师心理一直是教育心理学研究中经久不衰的课题之一。研究教师心理，把握教师的心理成长轨迹，不仅有利于教师的专业成长和心理健康，同时教师素质的提升也可以对学生的教育和培养产生十分重要的指导意义。

21世纪以来，随着教师教育改革的不断深化，经济社会的快速发展，以及科学技术的突飞猛进，中小学教师的心理发生了极大的变化。这些变化到底给教育教学带来了什么样的冲击？这些变化又具有哪些新特点？因此，准确了解新形势下中小学教师的心态现状，分析教师心态的成因，按照教师心理发展和变化的新特点，制定富有针对性的政策，是非常具有现实意义和深远的战略意义的。它不仅对现阶段在职教师的教学积极性的发挥，提高教育教学质量有十分重要的意义，而且对当前师范院校的教育教学改革的推进、师范生培养质量的提高具有借鉴价值。基于此，安徽师范大学心理学专业的教师组建了"教师素质与教学心理研究团队"，承担协同创新中心的研究课题，深入安徽省境内中小学，开展了对当前中小学教师心理的调查研究。研究的目的在于：一方面，准确认识当前中小学教师的心理发展特点，丰富教师心理研究的内容；另一方面，为相关部门制定教师教育改革政策和措施，提供科学研究依据。本书就是对这一研究成果的总结。

在本书中，我们试图建构一种新的视角来审视教师心理的发展与变化，比如，我们发现教师职业心理的"35岁现象"，提出教师健全人格的两维八因素结构模型，并试图通过对教师职业心理、人格心理和教学心理的差异分析，提出富有建设性的对策与建议。

本书分为四个部分：第一部分即第一章，分析教师心理研究的迫切性和重要性，以及我们通过调查对当前中小学教师心态的总结与分析。第二部分包括第二、三、四章，主要结合教师职业劳动的特点，着重选取情绪劳动、职业倦怠、职业认同等方面进行调查研究，试图总结中小学教师职业心理的特点。第三部分包括

第五、六、七章，从教师的主要工作入手，分析当前中小学教师的职业压力、人际关系、教学效能感等心理特征，加深我们对中小学教师教学心理的认知。第四部分包括第八、九、十章，选取教师的一般自我效能感、自我接纳、教师的人格结构特征及主观幸福感等展开研究，从而概括出当前中小学教师人格与社会性发展的一般特点。总体来看，这些内容基本涵盖了教师心理的主要内涵，通过透彻的分析，能够让读者对当前中小学教师的心理发展现状有一个感性的认识。

当然，教师心理的内涵十分丰富，教师心理的研究视角也各不相同。我们的研究秉持"从实践中来，到实践中去"的指导思想，从中小学教师的角度出发，来设计安排研究内容，难免存在这样或者那样的缺陷。不过好在我们的研究还将继续下去，进一步的研究会弥补之前考虑的不周。希望本书能够对促进中小学教师专业成长和教师教育改革提供有益的启示，也希望更多的心理学工作者关注教师心理研究。

葛明贵

2017年12月28日于安徽师范大学

目 录

前言 i

第一章 教师心理研究总论 001

    第一节 新形势下中小学教师心理研究的意义 001

    第二节 教师心理研究的内容 006

    第三节 当前中小学教师的一般社会心态 013

第二章 教师的情绪劳动 023

    第一节 情绪劳动与教师情绪劳动 023

    第二节 教师情绪劳动的现状 029

    第三节 教师情绪劳动的应对策略 045

第三章 教师的职业倦怠 051

    第一节 职业倦怠与教师职业倦怠 051

    第二节 教师职业倦怠的现状 062

    第三节 教师职业倦怠的消解策略 076

第四章　教师的职业认同 … 083

第一节　教师职业认同的相关研究 … 083
第二节　中小学教师职业认同的差异分析 … 091
第三节　提高中小学教师职业认同感的有效措施 … 109

第五章　教师的职业压力 … 112

第一节　从教师职业劳动到职业压力 … 112
第二节　中小学教师职业压力的现状 … 119
第三节　教师职业压力的应对 … 138

第六章　教师的人际关系 … 141

第一节　从教师人际关系到人际关系满意感 … 141
第二节　中小学教师人际关系满意感的现状 … 144
第三节　中小学教师人际关系满意感的提升策略 … 173

第七章　教师的教学效能感 … 178

第一节　新课程改革与教师教学效能感 … 178
第二节　中小学教师教学效能感的现状 … 185
第三节　中小学教师教学效能感的提升策略 … 202

第八章　教师的一般自我效能感与自我接纳 … 207

第一节　自我效能感与自我接纳的相关研究 … 207
第二节　中小学教师一般自我效能感和自我接纳的现状 … 214
第三节　教师一般自我效能感和自我接纳的品质优化 … 227

第九章　教师的人格结构特征 ... 230

第一节　回顾与展望 ... 230
第二节　教师的人格结构特征的再研究 ... 238
第三节　中小学教师人格结构与特征的再构建 ... 250

第十章　教师的主观幸福感 ... 255

第一节　教师主观幸福感的相关研究 ... 255
第二节　教师主观幸福感的现状 ... 262
第三节　教师主观幸福感的提升对策 ... 281

参考文献 ... 286

附录一　中小学教师调查问卷（一） ... 304

附录二　中小学教师调查问卷（二） ... 309

附录三　中小学教师调查问卷（三） ... 315

后记 ... 321

第一章
教师心理研究总论

第一节 新形势下中小学教师心理研究的意义

一、教师心理研究的出发点

（一）关注教育就必须重视教师

百年大计，教育为本。这是我们国家的基本国策。因此，无论是党和政府还是专家、学者，大家一致的看法是将教育摆在优先发展的地位，给予特殊的政策倾斜和扶持。近年来，国家对教育的财政投入逐年增加，教育所占 GDP 的比例已经达到 4%。办人民满意的教育成为各级教育行政主管部门的郑重承诺。如何办好人民满意的教育？承担教育教学任务的教师必然成为我们关注的焦点。只有教师投入教育，只有教师资源优质，这样的教育才可以称为优质的教育，这样的教育也才是人民满意的教育。

教育大计，教师为本。这是我们在实施教育教学改革、促进教育发展过程中，总结出来的经验与达成的共识。十一届三中全会以来，党和政府制定了许多教育改革的文件和政策，逐年增加经费投入，改善办学条件和师生待遇，促进教育发展。然而，由于地区发展的不均衡性，再加上教育现象的复杂性，当前我国的教育发展水平离人民满意的教育还有相当的距离。在义务教育阶段，教育公平的呼声不绝于耳。人们普遍认为，优质教育资源的配置还远远达不到均衡，因此，"择校热""学区房"等现象越演越烈;学校内部的"重点班""特长班"等层出不穷。

为什么党和政府那么重视教育,努力改善学校的办学条件,极力提高教师的待遇,可是教育依然存在诸多问题?究其原因,我们认为,师资队伍的水平是一个不容忽视的方面。优质教育资源的不均衡,最重要的是优秀的师资缺乏所造成的。因此,要关注教育、重视教育,就必须关注教师、重视教师,尤其是要提高教师队伍的整体素质和能力结构,造就一批名师、大师,以满足人民群众对优质教育的强烈需求。

从这个意义上说,若要真正关注教育,首先应当重视教师这个群体,重视教师素质的提升,以实现教育水平的提高。当然,这并不是说教育投入和其他教育资源不重要,我们指的是要重视教师队伍建设,努力建设一支道德品质高尚、业务素质精良、身体心理健康的教育教学工作群体,因为人力资源永远是第一资源。

(二)重视教师就必须关注教师的心理发展

重视教师队伍建设,首先必须保障教师队伍的稳定,让广大教师安于教学、专注于学生培养。其次,必须注重优化教师群体的整体素质。一支素质精良的教师队伍是组成优质教育资源的最核心部分,这已经成为社会各界评价学校和教育质量的共识。重视教师队伍建设,最关键的一点是要重视教师个体的素质发展与优化。因为教师群体是由一个个的教师个体所组成的,只有每一位教师都能够按照优秀教师的素质标准要求自己、磨炼自己,整体教师队伍才是值得期待和高质量的。

大量研究表明,优秀的教师不仅具有本专业的广博的知识基础,还必须具备良好的教育教学专门技能。其中,一视同仁、公平公正的道德品质,关爱学生、诲人不倦的情感态度,平易近人、沟通顺畅的人际关系,播种希望、指向未来的教育教学艺术等,都是一名优秀的教师所表现出来的优秀品质。这些素质无疑都与教师的心理发展关系密切。

在教师的整体素质结构中,心理素质无疑是最重要的组成部分,或者称为核心素质。因为人的所有行为活动都是在其心理活动的调节支配之下而产生的。人的心理素质的健全与发展,制约了个体适应社会、贡献社会的水平高低。教师的教学水平会影响知识传授的效果,教师工作的主动性、积极性、创造性制约着教育教学工作的成效,教师的工作满意度、幸福感和自我效能感又会影响教师对工作的投入和热情,而所有这些都与教师的心理发展息息相关。心理学的原理告诉我们,只有关注教师的心理发展水平,并从教师的心理特点出发,才能真正实现对教师的关爱与帮助,也才能真正激发教师的内在动机和积极性,从而最终实现教育教学质量的提升。因此，我们要研究分析教师的心理发展特点，促进教师心理品质的健全与优化。

在新的历史时期，中小学教师心理发展呈现出一些新的特点和差异，我们只有通过调查研究，揭示其中的特征和规律，才能科学、合理地调节教师的工作状态，帮助教师提升自我心理健康水平，在教育教学活动中创造性地开展工作，并取得良好的教学效果。此外，这些研究成果还可以丰富教师心理学研究的理论体系。

二、教师心理研究的意义

（一）教师的心理发展水平直接制约教师的专业成长

我们认为，教师的职业角色不仅代表了教师的身份，而且昭示了教师职业与其他行业的不同。其他职业的劳动者通过创造劳动产品，体现社会价值，服务现实社会，而教师则通过传授知识技能，培养未来的高素质劳动者，从而实现自己的价值，服务未来社会发展。每一位教师（包括正在学习，欲成为教师群体中一员的准教师）自然受到这个特殊的职业行为模式的约束，按照理想与接近完美的标准规划、实践自己的言行举止。因此，教师在职业活动中承受了巨大的精神压力和社会压力，这会使他们的心理发生变化。尤其是在当前，生活节奏不断加快，科学技术日益发达，工作压力越来越沉重，教师承受了巨大的生活和工作负担，遭遇了自我专业成长上的危机。如何面对挑战，尽快成长，成为广大教师必须面对的课题。这既是社会课题，也是心理学工作者必须给予明确回答的问题。因为教师的心理素质决定了教师能否克服心理上的不适应，增强社会适应能力；教师的心理素质也制约了教师能否自觉地运用心理规律主动调节自己的言行，让自己以高昂的、饱满的热情投身教育教学工作，同时运用心理规律指导自己的教育行动。这就是教师的专业成长。

教师的心理发展水平是从事教育教学工作的保障性条件。从促进教师专业成长的角度来说，教师的认知发展水平制约了其获取专业知识的难易、巩固程度及精确性；教师的人格发展水平制约了教师专业成长目标的达成与否、个人教育教学特色的形成与否及是否拥有对至善至美教育精神的追求。所以，一名优秀的专业教师要有对教育事业的执着（意志品质）、有对自己清晰的认知（自我意识）、有对学生的关爱与呵护（情感）、有诲人不倦的价值追求（人格品质）、有厚实严密的学科知识体系（认知结构）等，这些心理素质的发展水平决定了教师的专业成长水平。

教师的心理发展水平与专业成长之间关系密切。一方面，心理发展水平的高低会影响到教师的专业成长；另一方面，教师得到了专业成长，他们的幸福感和成就感就会增强，这又丰富和发展了其心理素质。

研究表明，教师专业发展的核心是教学认知能力的提升，而教学认知能力本身属于心理素质的范畴。此外，教师的情绪劳动、职业倦怠、主观幸福感、职业认同和自我接纳、人际关系状况及人格社会性发展也会在一定程度上影响教师的专业成长，这也已经被大量的研究所证实。

（二）教师心理健康与否影响学生的身心健康发展

人们常说，一个好校长就是一所好学校。这是指校长在带领全校师生创造教育教学业绩的道路上所起的核心作用。其实，从另一种意义上说，一支素质优良的教师队伍才是一所好学校的标志。因为培养学生的工作是由教师承担的，只有教师素质精良，他们才会最大化发挥教育的积极作用，培养出优秀的学生。

教师的心理发展水平不仅制约其自身的专业成长，而且也会对学生的健康成长产生影响。教师的心理健康发展，对工作的认识和投入到位，对教育目标追求合理，能够从培养学生的活动中体会到欢乐和幸福，他们就会不断改进教育教学方式方法，细心观察学生的点滴变化，尝试运用更加符合学生身心发展实际的教育措施来达到教育效果。从心理健康教育的角度来分析，只有教师的心理是健康的，才能培养出心理健康的学生。犹如我们在现实中观察到的一样。一名富有激情、奋发上进的老师，其所带领的班级，同学均集体荣誉感强烈，争当优秀。我们常说要孩子具备良好的行为习惯，教育孩子的人首先应当具备这种良好的行为习惯，学高为师，身正为范。

因此，选择教师心理作为研究的主题，认识教师的心理发展特点，优化教师的心理素质结构，既可以促进教师的专业成长，还可以辐射带动学生的发展，何乐而不为？

（三）教师心理研究的成果可以为师范生培养提供借鉴

当前，我国的教师教育改革研究进入了一个崭新的阶段，有关教师教育理论、教师教育资源开发、教师教育课程设计及教师教育方式方法的研究方兴未艾，取得了大量研究成果。这些成果对师范院校的学生培养具有启迪意义，因为很多师范院校也在探索师范教育改革的新方法、新途径。在实施卓越教师培养计划的院校，模块化的知识结构、联合培养的教学模式、专业技能的强化训练成为师范生培养的标志性做法。

然而，现实的情况如何呢？来自中小学的反馈表明：师范院校所培养的毕业生仍然存在职业素质不高、专业能力不强的现象。我们曾经对安徽师范大学师范生培养质量做过调查，一位担任校长的校友这样回答：师范生走上教师工作岗位时，知识基础宽厚、教育理论完美，但是"眼高手低"的现象较为突出。很多刚走上工作岗位的师范毕业生课堂驾驭能力不足，口头表达能力较弱，特别是"三字一画"水平下降，有的甚至写出的字笔画都是颠倒的。这样的情况不在少数。每年在毕业生找工作的时候，负责招聘工作的中小学领导和教师都提出了同样的建议，那就是在学校教育的过程中，要注重对师范生专业技能的培养与训练。

现实中的实例说明，高等师范院校人才培养工作应当根据未来教师工作所需要的素质加以构建和设计，以增强针对性。如果能够对教师心理尤其是教师的职业心理素质展开研究，总结概括出优秀教师的心理素质特征，则可以为师范生培养提供借鉴，最起码在培养教师的心理素质上会更加有针对性和实效性。一旦这些准教师具备了这些教师的基本素质潜质或者说具备了初步的教师优秀品质，这些未来的教师将会更加轻松地走上工作岗位，更加得心应手地从事教育教学工作，他们的成长将会更加顺利。

客观认识教师心理的现状特点，还有利于在师范生的培养过程中加强预见性，防微杜渐，未雨绸缪。对于那些与职业要求不相符合的心理，在培养过程中就要有意识地加以分析，找出原因并进行调整。这样的做法对于提高教学效果和促进教师自身成长具有重要作用。

（四）教师心理研究的成果还可以成为教育决策的依据

开展教师心理研究，全面认识当前中小学教师的心理发展特点，关注中小学教师的身心发展差异，可以揭示教师心理发展的规律，进而丰富教师心理学的理论体系，为教育行政主管部门制定切实有效的政策提升教师队伍，更好地指导教育教学改革，提供科学的依据。

增强教育决策的科学性的前提之一，就是要准确把握和深刻分析教育现实中的问题与矛盾。教育行政主管部门若要关心教师，关注教师的专业成长，需要制定相应的措施和政策促进教师的发展，这些都需要从实践中来、到实践中去的认识和再认识过程。教育行政主管部门需要真实地了解当前教师队伍建设中最迫切的问题是什么，教师最集中的、最突出的诉求是什么，教师的期待与现实的差距有多大，不同的教师的需要有什么不同。所有这些，研究者不是在办公室苦思冥想就可以知道的，必须按照科学研究的要求，通过科学合理的手段、方法，深入到教师群体中进行研究分析。在这个方面，教师心理的研究成果就自然而然地成为制定教育决策的参考。

第二节　教师心理研究的内容

一、教师心理的内涵

（一）教师心理的产生

教师心理有两层含义：其一，教师心理是作为教师的个人的心理活动，也就是人的心理；其二，教师心理是指从事教师这个特殊的职业之后所产生的心理，它往往是指教师在教育教学情境中表现出来的心理现象。严格上分析，作为一个社会人，教师日常生活中所表现出来的心理，不应当归入教师心理的范畴。只有在教育教学情境下，正在从事"传道授业解惑"工作的当下表现出的心理现象，才是教师心理的研究对象。此外，教师心理还包括其站在教师的角度对自然和现实社会环境的感知、理解和体验。

教师心理的产生与教师职业的出现密不可分。随着社会分工的发展，当教师职业出现时，作为承担这一职业的行动者，教师在教育教学过程中的行为举止就必须围绕社会对教师的角色期望而展开，这时教师所表现出来的独特的心理和行为就是教师心理。通常，人们研究教师的心理，都是通过对教师日常言行举止的观察，以及对教师的心理评估与测量，了解教师的认知、情感、意志及人格品质等特征。

现有的涉及教师心理的研究领域主要集中在教师的职业道德、教师的职业认知、教师的情感态度、教师的教学心理与教学能力、教师的人际关系、教师的人格品质及教师的心理健康状况等方面。这些领域的划分，也可以促进我们对教师心理的认识。

（二）教师职业心理素质

研究教师心理，不能忽视教师的职业特点，教师心理的产生与其职业特点是密不可分的。因此，分析教师的职业劳动特征，发现其中的心理与行为要求，对于理解教师心理的内涵是十分重要的。

教师是一个特殊的职业，这个职业对从业者有着特殊的要求，因此，教师就可以被视作特殊的人群。教师这个职业的特殊性集中体现在"捧着一颗心来，不带半根草去"的职业道德上，体现在兢兢业业、诲人不倦的职业态度上，体现在"青出于蓝而胜于蓝"的职业期待上。教师职业劳动的最突出的特征就是情绪性。教师的职业劳动实质上是一种情绪劳动，因此，教师的情绪劳动自然就成为教师心理的研究内容，也是当今特殊人群心理研究的热点之一。

教师的职业心理素质还反映了社会对教育的期待。古今中外，社会对教育的期待往往都会转化为对教师的要求，成为教师职业心理素质的组成部分。例如，社会希望教育追求至善，教师的角色形象中就有了"道德楷模"的描述；社会希望教育发挥万能的作用，所以就有了"没有教不好的学生，只有不会教的老师"的观点；社会希望教育传授真知，教师就被称作"辛勤的园丁"。诸如此类，都反映了教师的职业心理素质与社会对教育的要求关系密切。犹如人的成长是个体从生理人转变为社会人一样，教师职业心理素质形成的过程，实质上就是教师社会化的过程。

对教师职业心理素质的概念界定，学界一般有两条途径。

一是从心理素质的结构构成出发，按照心理结构的成分理论，把教师职业心理素质划分为职业认知、职业情感及职业人格等几个部分。职业认知是教师对职业特点、职业劳动、工作性质等的认识，以及提高职业工作效能所具备的能力素质；职业情感是教师对教师工作的主观态度体验，它关乎教师在教育教学过程中的情绪表达；职业人格是做好教师工作所必备的人格特征的总称，如认真负责、兢兢业业、诲人不倦、耐心细致等等，这些都是对教师人格的真切写照。

二是从教师做好工作所必备的整体素质的角度，把教师职业心理素质作为教师整体职业素质的一个有机组成部分来分析。其中，教师的思想政治素质与道德品质属于政治素质；外貌端庄、健康等属于身体生理素质；知识结构与学科专业素养属于知识文化素质；教育教学能力、领导艺术、管理风格及人格与个性品质也是教师职业心理素质不可或缺的几个方面。

把这两种观点结合起来看，教师职业心理素质可以被界定为与教师的职业有关的心理素质的总和，它包含两个方面的含义：一是指教师职业对其从业者所需具备的心理素质要求的总和，这是一种外在的标准，也是教师职业活动得以顺利、高效完成的必要保证；二是指个体已经具备的与教师职业有关的心理素质的总和，这是一种静态的状态，也是评价从业者能否顺利完成相应职业活动的基础（张大均，江琪，2005）。

（三）教师心理研究的深化

当前，教师心理研究不断深化，研究者探讨教学能力的内涵，重视教学能力结构因素的分析；注重教师人格研究与培养；强调教学行为操作技能和教学信念同步发展；重视教师专业知识及其合理结构的研究；关注教师专业性成长与发展的研究等，其成为教师职业心理研究的热点内容。上述这些研究在一定程度上丰富和发展了教师职业心理素质的内涵。

除此之外，我们认为教师心理研究的内容还应当包括教师作为社会人所产生的一般社会心态。在当今社会中出现的竞争与合作、焦虑与紧张、浮躁和急功近利等社会心态，必然会影响到作为社会人的教师，他们在这样的环境中能否守得住一份安宁，安心从事教育教学工作？他们对人际关系、社会事件的认知如何？他们作为社会一分子的心理渴求是什么？这些都是影响他们工作积极性和教学效能感、满意度的重要因素，也理所应当地属于教师心理研究的范围。

诚然，教师心理研究的深化还表现在研究范式的多元化，除了研究者大多采取的调查研究，实验研究、干预研究、行动研究及个案研究等方式方法也大量被运用到教师心理的研究过程中，并且取得了非常有意义的成果。

二、教师心理研究的内容结构建构

学界在研讨内容架构时，常常会沿着两条路径去探寻。第一，松散的结构建构。所谓松散的结构建构，就是根据所研究对象的表现特征，大致地分析归类，总结出几个主要成分或者部分。比如，对人的分析，我们总结出头、四肢和躯干等几个成分。第二，逻辑的结构建构。所谓逻辑的结构建构，就是基于对研究对象的内在功能分析，依据逻辑推演，划分出几个相互联系、相互影响的成分。比如，还是关于人的分析，我们可以根据人的成长阶段，划分出婴幼儿期、童年期、青少年期、成年期、中年期、老年期等。

比较来看，松散的结构建构相对比较简单而且直观，便于理解。我们对教师心理研究的内容结构建构就是从这个角度出发，依据教师心理活动的外在表现特征，划分为教师的一般社会心态、职业心理、教学心理及人格与社会性四大部分。维度划分所包含的具体内容如表1-1所示。

表1-1 教师心理研究的内容

项目	一般社会心态	职业心理	教学心理	人格与社会性
内容	从教动机、情绪感知、心理需求、认知方式	职业倦怠、情绪劳动、职业认同	职业压力、教学效能感、人际关系、职业需求与期待	16项人格特征、品质期待、自我认同与接纳、主观幸福感

应当指出，我们对教师的心理素质及其结构的分析和划分，完全是从研究的角度并根据研究的目的需要进行的。教师心理素质结构是一个有机的统一体，作为一种心理活动，教师心理素质对其教育教学工作发挥着十分重要的作用。因此，从不同的角度，教师心理结构还可以作不同的划分。

我们认为教师的心理素质包括一般社会心态、职业心理素质和人格心理素质三个部分。这样划分，既有利于研究工作的开展，也更加有利于对教师心理做深入探讨。其中，一般社会心态表现是对社会事件的认知、情绪和人际关系感知、教师心理需求及从教动机等，职业心理素质侧重于教学过程中发生的心理感受，而人格心理素质则偏重于教师人格特征和自我意识层面。下面逐一对其进行分析。

三、教师心理研究的具体内容

（一）一般社会心态

心态，简而言之，就是心理反应状态。心态实质上是一个人对待人、事、物的观点和看法。一段时间内，一个人对相关社会事件的认识差异而产生的心理反应状态就是其心态。比如，某一个学生在考试中屡试屡败，从而认识到自己可能无论怎么努力都不会有好结果，因此形成了对待考试的"破罐子破摔"心理，这就是他的考试心态。某人在阅读大量的负面信息后，误以为社会环境陷阱太多，"江湖险恶"，因而导致自己产生了颓废心态。由此可见，心态的产生是围绕认知这个心理成分的内心反应进行的，那就必然涉及认知情感和行为的成分。因此，心态的核心成分是认知。

教师对教育环境尤其是学生的身心变化特征必须持有独特的感受力，这样他们才能在教学过程中真正做到有的放矢，敏锐地觉察到学生的需要和渴求。教师的这种感受力（对教学、对学生），就是他们认知能力的体现。当然，制约教师教学质量和工作效率的还包括：他们不仅要考虑为什么要从事教师职业活动及要达到何种职业目标，而且要考虑怎样实现职业目标及选择何种方法和途径来实现。最初选择教师职业的动机，也会影响教师在实现自我价值、满足自我需要上的不同态度和选择倾向。所有这些，都会影响他们对所经历事件的认知，造成他们不同的心态表现。

当今社会快节奏的生活方式，造成了有些人的浮躁和急功近利，这样的心态在教师群体中也是十分明显的。关键是这样的心态会不会在教学过程中表现出来，又会不会影响他们的人际交往？处于学习化社会中，教师必须保持永不停歇的进取心和高度负责的责任感，他们会感受到紧张、压抑，他们会急躁、焦虑，这样的心态如何通过他们的外在言行表现出来？所有这些，都需要我们观察教师对所经历的社会事件的认知，了解教师对自己的人际关系状况的感受，分析教师的职业期待。诸如此类问题，都关系到教师的一般社会心态。

教师对社会的现状和未来有比较正确清晰的认识，就会采取现实的态度，并通过积极主动的方式保持与社会的协调一致；教师重视改善人际环境，就会建立和谐的领导（上下级）关系、家人关系、同事朋友关系及师生关系；教师面对挫折与失败的心态平和，就会采取积极的行为反应、归因和自我调节方式，有效应对与驾驭生活。

（二）教师职业心理

职业心理一般包含两个基本部分：职业意识与职业能力特征。教师的职业意识是教师对于教师职业的认识，它是职业心理素质的内在动力系统和调节倾向系统，表现为个体形成与保持同教师职业活动有关的自我概念与自我意识。在职业意识的范畴中，最重要的成分是教师的职业认同。具有高职业认同的教师不仅喜爱教师这一职业身份，可以为职业活动的顺利进行提供动力支持，而且可以主动寻求完成职业活动的外在要求与实现自我价值、满足自我需要之间的契合点，最终达到职业与人的和谐统一。

教师的职业能力是指直接影响教师职业活动效率和使教师职业活动顺利进行的心理条件。教师职业能力与教师的职业劳动密切相关并通过相应的职业活动效果表现出来，它是教师顺利完成职业活动所需的心理储备。

教师的职业工作带有高强度的情绪色彩，它需要教师对学生抱有真挚和温暖的情感，不断提升自己的情感表达能力，合理展现自己的积极情绪，控制自己的不良情绪。因此，教师的情绪劳动就成为其职业所必备的基本能力之一。教师应当具有高超的情绪调控能力，激发起学生对知识、真理、善和美的追求；教师应当通过自己的情绪管理，传递积极的情感体验，充分展现对教育事业、学生、所教学科的热爱。

教师职业能力的高低直接影响教师职业劳动的效率和成就，是个体从事教师职业的前提条件。当然，观察能力、注意能力、记忆能力、思维能力、创新能力、人际交往能力，甚至言语表达能力、课堂驾驭能力等都会对教师的工作效率产生影响，都可以归入教师职业能力的范畴。

当然，面对复杂多变的教育环境和学生个体，以及繁重艰巨的教育教学任务，要想取得理想的教育效果，教师必须付出艰辛的劳动和投入巨大的精力，这无疑会让教师产生巨大的生理和心理压力，又会使他们产生不同程度的职业倦怠。

（三）教师教学心理

教师的职业活动中最为常见的就是教学活动。因此，要想研究教师心理，探究教师的教学心理就显得十分重要。

教学心理是教师在教学活动过程中所表现出的心理现象。贯穿教学过程，教师会产生教学活动的职业期待、教学效能感、师生双边活动及职业压力等。这些内容构成了教师教学心理的主要方面。

教师教学活动的追求是教书育人。从职业活动的要求来说，如何有效地促进学生的知识水平、情感意识及个性健全地发展，实现自己的职业价值，是教师的职业期待，也是教师的不懈追求。在这样的职业期待的观照下，教师能够根据自己的能力水平和学生的差异，不断变换教育教学方式方法，增强教育教学的针对性，最终在职业活动中获得满意的效果，这就是教学效能感的突出体现。

教师开展教学活动的过程是一个师生双边协同活动的过程。在这个过程中，教师不仅要处理好与学生、家长的关系，取得家长的配合与理解，还要处理好自己与同事、家人的关系，这些关系的正确处理对实现教育教学工作的有效性意义十分重大。教师需要和谐的人际关系环境，借以促进教育教学效果的有效实现。当然，繁重复杂的教育教学任务、错综复杂的人际关系及理想完美的教育追求，都会使教师在工作中面临十分巨大的心理压力。我们应当充分认识产生这些心理压力的压力源，也就是找到教师担心和忧虑的原因，从而从源头上给教师以疏解，这也是增强教师主观幸福感的主要途径。

（四）教师人格与社会性

人格特征是指人对客观事物的态度和与之相适应的行为方式中所表现出来的典型稳定的心理特征。它虽不直接参与对客观事物认知的具体操作，但是具有动力和调节机能，居于心理活动的核心地位。教师的人格品质不仅决定了教师在具体的教学活动中做什么，而且还决定他们怎么做。一位认真负责、精益求精的教师，会在教学之前的准备活动中要求自己精心备课、做好课堂设计，在具体教学活动中耐心细致、诲人不倦。进一步来说，教师的人格特征不但影响其自身教育教学活动的效果，而且在很大程度上决定其能否有效地促进学生人格与社会性的健康发展。

关于教师人格的研究，一直以来都受到中外心理学家的重视。早在1929年，Charters和Waples就编制了"教师性格等级表"，对教师的性格特征进行研究。最具代表性的是1940年韦迪（Witty）博士关于教师行为特征的调查研究。他通过对4700名学生的调查分析，归纳总结出有效能与无效能教师的主要行为特征。其中，有效能教师表现出合作民主、仁慈体谅、能忍耐、兴趣广泛、和蔼可亲、公正、有幽默感、言行稳定一致、处事有伸缩性、鼓励学生10项良好的行为举止；无效能教师则表现出脾气坏、无耐心、不公平、狭隘、不和善、讽刺挖苦学生、骄矜自负、无幽默感等行为表现。

国内的研究也借鉴国外的研究范式，主要采用调查研究法，通过对数量众多的学生进行问卷调查，概括分析学生心目中喜爱的教师或者理想教师形象。刘兆吉和黄培松（1980）、万云英（1990）、谢千秋（1982）的研究总体表明：平易近人、耐心温和、态度认真、关心学生、要求严格、言行一致、品德高尚等是优秀教师的共同特征。

大量研究和社会现实显示，健全的人格是21世纪人才必备的素质，是事业成功的有力保障。对教师来说，健全的人格素质更加重要。从教师影响学生的方式方法来分析，最长久、最有效的影响必定是人格的熏陶。一名教师，即使他学贯中西、知识渊博，但是如果没有良好的人格特征，他注定不是一名称职的教育者。从学生的感受和反馈来说，他们更加在意的是教师的人格魅力，所谓身教重于言教，就是这个道理。因此，优秀的人格与社会性特征是优秀教师行为特征的最集中体现。

"传道授业解惑"是人们对教师的最直接的要求，也可以认为是最基本的要求。但是，教师还需要育人。从某种意义上来说，传道授业解惑的最终指向仍然是促进学生成长、成才和成人，其中，成人，也就是人格与社会性的发展是最终目的，教书是为了育人。这就需要教师具备良好的人格品质，做一个具有健全人格的追求者。

鼓励教师成为一名富有人格魅力的、成熟的教师，就必须了解教师的人格与社会性发展特征。从现有的研究来分析，大多数研究都集中在受学生欢迎的教师行为特征及社会大众所期望的教师品质上。此时，教师的人格特征及其表现到底如何，怎样根据教师的人格特征固有特点，来为教师提供更有方向性的指导意见，就显得十分重要了。

美国心理学家卡特尔提出了16种人格特质理论，并且从表面特质与根源特质的角度区分了人格特质与外在行为表现。我们认为，这为教师的人格健全提供了方法训练基础。从了解教师的现有人格发展特征的角度来设计训练活动，提供培养建议，将可以促进教师人格品质的不断优化。

除此之外，教师自己是如何认识其人格的，也就是说，教师自己对教师的人格期待是怎样的，这是我们需要关注的，因为这会影响教师的自我判断和选择。

了解教师的人格特征，以及他们对于优秀教师人格品质的期望，还可以从比较的角度探索出教师心理素质的内在构成部分，建构新的教师人格结构，为丰富教师心理研究的内容体系添砖加瓦。

第三节　当前中小学教师的一般社会心态

一、研究方法与目的

在不同的历史发展时期，人们的心态也在不断地发生变化，这是我们对教师心理研究的出发点。纵观目前教师心理研究的现状，我们发现，除了一些日常观察和经验总结之外，大量的实证研究都是采用权威的心理量表进行调查研究（当然，也有一些利用自编问卷开展的调查研究）。因此，运用心理测量法原理，开展问卷调查研究，通过对调查结果的分析，了解中小学教师的心理发展状况，是我们目前可以选择的较为实际的研究手段。

作为一种研究方法，调查研究的设计必须围绕研究目的来确定。我们研究的目标就是要准确掌握当前中小学教师的一般社会心态表现特征，为丰富和完善教师心理学研究，增添新的内容和案例，同时，为教育行政主管部门制定教师教育改革政策提供建议。在目标指向的导引下，我们抓住问卷调查的核心要素（对象与工具），尽可能地寻找有代表性的样本，尽可能选择符合研究目的和要求的量表开展调查研究。我们设计了如下的研究思路，那就是"现状普查—原因分析—特征总结—对策建议"。

现状普查，就是尽可能地扩大样本量及提高样本的代表性，以便于我们的调查结论可以更加客观地说明现状。

原因分析，就是对取得的样本数据，按照问卷或者量表的设计原理进行统计处理，分析中小学教师的总体表现特点及人口学变量的差异，剖析其中的成因和影响因素。

特征总结，就是试图通过对现状的分析总结，运用相关原理和知识，建构说明解释的模型理论，尤其是通过对比分析，发现新时期中小学教师心理发展的新特点、新规律。

对策建议，就是发挥应用研究的优势，针对调查研究过程中发现的问题和分析总结，提出提升或者改进的具体建议和方式方法。我们试图通过对安徽省义务教育阶段中小学教师的心理调查，形成系列调查研究报告，上交教育行政主管部门，为他们制定相应的教师教育改革文件或者政策提供建议。

总之，对中小学教师心理现状开展实地调查，让我们对中小学教师心理发展现状有一个基础性的数据分析和概念把握，是非常必要的。同时，由于抽样范围较广，涵盖16个地市，而且样本中包含不同类型、不同层次的学校教师，对于较为系统地认识安徽省义务教育阶段教师的心理发展状况，把握现阶段教师心理的全貌，也是十分可行的。

更为重要的是，通过调查分析研究，我们所提出的改善中小学教师心理发展现状的措施和途径，也就是我们每个研究的对策与建议是基于针对性的分析讨论和对比研究而提出的，是基于中小学教师的所思所想和学校环境而提出的，因此是富有启迪价值的。只要我们的教育改革政策能够切实关注教师的期望和需求，这样的政策一定会受到教师的欢迎和拥护，这样的改革更可能达到预期的效果和初衷。

当前，我国的教育改革已经进入深水区，我们需要攻坚克难的勇气，需要锐意进取的精神，更需要的是踏踏实实开展一些实际的研究，下沉到教育工作的第一线，倾听广大教师的呼声，了解教师的真实想法，关注他们的身心健康，调动他们的工作积极性、主动性和创造性，为学校教育教学改革、教师队伍建设等相关决策提供科学的依据。到教育一线去做研究，已经成为当前教育研究者的共识。

二、研究对象的构成

2015年7月～2016年2月，按照计划方案，教师素质与教学心理研究团队在安徽省境内选取16个地市中有代表性的中小学100余所开展调查。考虑到所需样本数量较多，随机取样存在时间和经费上的困难，我们采取方便取样的方式进行调查研究。为此，团队成员分别深入到安徽省合肥市、滁州市、安庆市、宣城市、池州市、马鞍山市、淮北市、阜阳市、亳州市、铜陵市、蚌埠市、淮南市、六安市、宿州市及芜湖市等地的相关中小学进行问卷调查，共计发放问卷 6600 份，收回 6004 份。具体样本的分布情况分析如下。

调查样本的年龄分布情况是，25 岁以下 303 人（5.05%），25~34 岁 1698 人（28.28%），35~49 岁 2867 人（47.75%），50 岁及以上 1065 人（17.74%），缺失 71 人（1.18%）；待遇收入方面，月收入低于 1500 元的教师 151 人（2.51%），月收入为 1500~2999 元的有 2247 人（37.43%），月收入为 3000~4999 元的有 2989 人（49.78%），月收入为 5000 元及以上的有 522 人（8.69%），缺失 95 人（1.58%）。

收回的问卷中，皖南地区 2309 份、皖中地区 1824 份、皖北地区 1871 份，各个地区样本大致相当。进一步分析得知，在性别上，男性教师 2748 人，占 45.77%，女性教师 3093 人，占 51.52%，缺失 163 人，占 2.71%；婚姻状况方面，已婚者 5072 人，占 84.48%，未婚者 932 人，占 15.52%；从学校性质上分析，乡镇及以下教师 2614 人，占 43.54%，县城教师 1939 人，占 32.30%，城市教师 1343 人，占 22.37%，缺失 108 人，占 1.80%。

本次调查中县城以下义务教育阶段的学校占大多数，所以，本调查结果对说明义务教育阶段教师的心态是具有说服力的。

三、当前中小学教师的心态剖析

总体上看，当前中小学教师的一般社会心态是积极向上的。这主要表现在他们对教师职业角色的内在理解和行为规范的遵从，对教育事业富有正面的情感和高度的热情；对社会现实的看法趋于正面，对所经历事件的认知较为积极肯定；能够较好地处理生活和工作中所遇到的各类人际矛盾，营造了良好的人际环境；情绪管理较为有效，能够以饱满的状态履行教师职责，做好教育教学工作，等等。

但是，我们在调查中也发现，中小学教师还存在一定程度的职业倦怠、职业压力、教学效能感下降、专业成长期待不足、主观幸福感不高等现象。

（一）情绪认知的正向性

情绪是一种主观态度体验，它反映的是客观事物与人的需要之间的关系。情绪在教师职业活动中非常重要，是教师心态的重要组成部分。教师的情绪表达及情绪感知性质不仅会对自身产生影响，还会影响其教育教学过程的展开，影响与学生的交流，并进而影响学生的学习效果。因此，教师不仅要学会感知自己的情绪状况，还要学会控制自己的不良情绪。

情绪认知是了解情绪的一种方法。它是通过个体对自己的情绪状态进行自我评估的方式来报告自己的情绪体验的一种方法。为了了解当前中小学教师的情绪状况，我们设计了"糟糕、不快乐、不太满意、满意、快乐、愉悦"等6个选项，让参加调查的教师对自己的情绪状态进行自我评价。

统计结果表明，满意、快乐和愉快的情绪体验占主流（约66%），大多数教师的情绪认知是正向的、积极的，见图1-1。

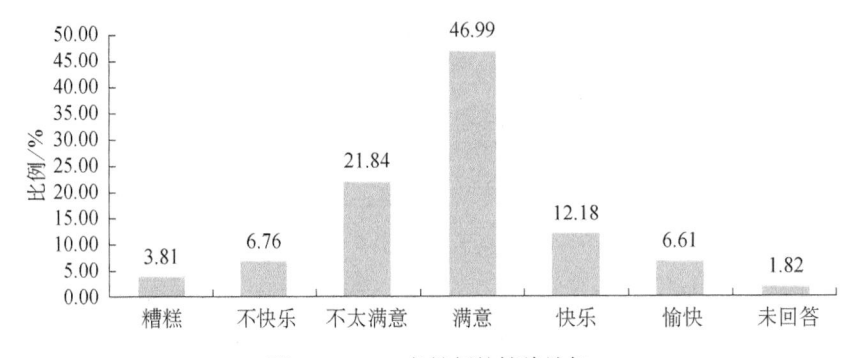

图1-1　6004名教师的情绪认知

心理学原理告诉我们，情绪和情感具有两极性。肯定的情绪具有积极影响和增力作用，而否定的情感具有消极影响和减力作用。大多数教师对于自己的情绪认知具有正向性，反映出他们工作、生活中的主流情绪是健康的、积极向上的。这种认知有利于他们更好地组织教育教学活动并取得教育效果。

值得注意的是，约1/10的教师感知到自己的情绪糟糕、不快乐。对自己的情绪表现不太满意，反映出教师职业品质中自我控制情绪的素质还不够优化，需要我们具体分析。如果我们能够帮助他们找出影响其情绪体验的主要因素，帮助他们正确面对客观现实，多从正面去认知和表达自己的情绪体验，则会促进教师的心理健康。当然，如果他们不能对之加以有效的调控，久而久之，可能会影响其心理健康，进一步则会影响其教育教学效果。

（二）事件认知的正面性

认知是行动的先导，是作出行动的源泉。有什么样的认知，往往就会导致什么样的行为。现实教育情境中教师的教育方式方法的选择、教学效果的追求、对学生的态度等，无不源于其认知的差异。从典型的社会心态的角度来看，对于经历过的现实社会事件的不同看法，是个体最直接的认知态度，这是我们了解个体的社会心态表现的常用方法。

在研究中，我们以近期经历过的事件的性质判断为指标，要求中小学教师对近期经历过的事件分别作出愉快或者不愉快的判断。结果发现，调查期间中小学教师对经历过的事件倾向于愉快感知，虽然他们中大多数既没有经历过重大的愉快事件，也没有经历过重大的不愉快事件。相对来看，倾向于认为经历过愉快事件的教师高出认为经历过不愉快事件的教师近10%，见图1-2和图1-3。

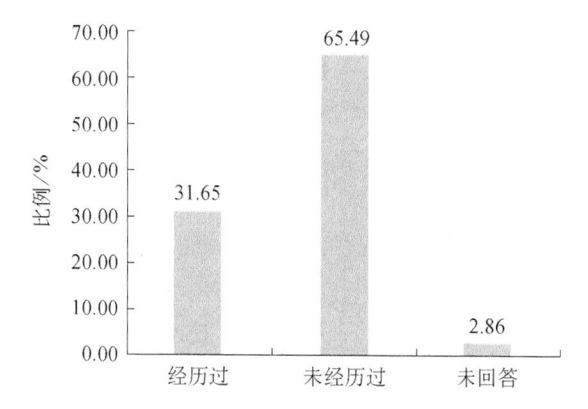

图 1-2　6004名教师经历的愉快事件

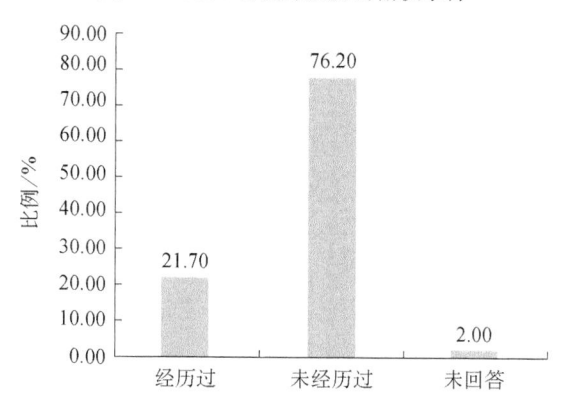

图 1-3　6004名教师经历的不愉快事件

从某种意义上来说，现实社会事件是客观发生的，大多数事件本身并没有愉快或者不愉快的性质，关键在于人们对事件的感知角度和态度。而不同的认知和态度就会导致不一样的行为举止。中小学教师能够用正面的眼光看待近期经历过的事件，说明他们的心态比较健康，对社会事件的发生能够采用客观包容的心态。必须说明的是，这样的心态表现有助于他们对工作和学生抱着接受的态度，形成愉快的情绪体验。这样的心态也让教师能够去发现生活和工作中的美好，从而激励自己更加勤奋地工作。一个积极向上的教师能够给学生树立正面的学习和效仿的榜样，帮助学生形成良好的行为习惯，以及遇事采用正面的角度看待问题的态度，这是非常重要的。

对经历过的事件性质的判定态度，也从另外一个侧面验证了中小学教师的情绪认知。

（三）人际关系评价的积极性

人际关系是指人与人之间的社会关系，在人类的社会活动中最常见。人际关系不仅反映了个体在社会环境中与人相处的状况，也是影响个体生产劳动效率和心理健康的重要因素。良好的人际关系可以让人愉快、舒畅地工作与学习、生活，在融洽的氛围中共同奋斗；而不良的人际关系则可能会导致组织内部人心涣散、钩心斗角，从而造成工作效率低下。

个体的人际关系状况主要是通过个体自己的主观感受来认知的。我们在调查中，将人际关系划分为家人、朋友、同学（同事）及老师（领导）4大类，请中小学教师分别进行评估。评价分为6个等级，从低到高依次是糟糕、不快乐、不太满意、满意、快乐、愉悦，分别计1~6分。

结果显示：无论是家人、朋友、同事还是领导关系，得分均在满意（4分）以上，见图1-4。

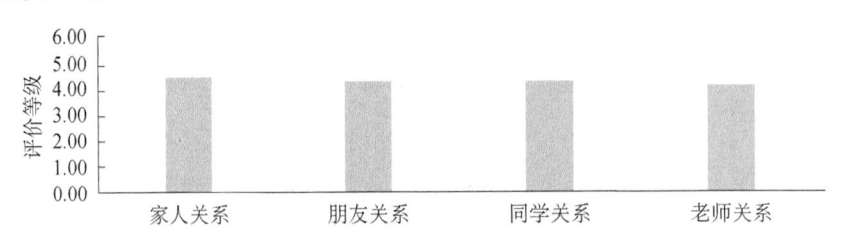

图1-4　6004名教师对人际关系的评价情况

由此我们可以推知，当前中小学教师对于自己所处的人际环境是满意的。中小学教师对人际关系的满意，还说明其人际沟通的渠道较为通畅，工作的软环境相当和谐。在这样的环境中，教师的快乐可以得到分享，教师的悲伤可以得到抚慰，教师的委屈可以得到疏解。因此，教师的工作积极性和创造性就会被充分地激发，有利于他们取得良好的工作业绩。

教师对人际关系的满意，也反映了教师对现实环境中的人和事是抱有积极肯定的态度的，这种感受主要应当归因于他们自己的心态较为积极。

（四）职业选择动机的内源性

从职业心理来看，一个人的职业动机的强弱决定了其在职业活动中的热情与投入的大小。而对工作的热情和投入水平，又可以从一定层面上决定他们的工作成就的大小。

职业选择动机可以是内部动机（如喜爱、兴趣等），也可以是外部动机（如家人影响、工作待遇与报酬等）。一般来说，内部动机越强烈，个体对待工作的态度和热情就高，有利于工作的持久性和职业的稳定性；外部动机越强烈，个体对待工作的态度和热情就受制于客观因素，工作的主动性和积极性的状况完全受制于外部刺激的强烈与否及奖惩力度。很多成功的案例告诉我们，一个人的职业选择动机来源于内部，就不容易受到无关因素的干扰，这种稳定的内驱力会促进其能力的充分发挥。从一定意义上分析，成功在于坚守当初的选择与持之以恒。

职业工作动机也可以划分为内源性动机与外源性动机。内源性动机指人作出某种行为是因为行为本身，因为这种行为可以带来成就感，或者个体认为这种行为是有价值的。比如，我们看重工作本身，寻求挑战与刺激，获得为组织多做贡献的机会及充分实现个人潜力的机会，等等。外源性动机指人为了获得物质或社会报酬，或为了避免惩罚而完成某种行为，完成某种行为是为了行为的结果，而不是行为本身，也就是关注工作所带来的报偿，诸如工资、奖金、表扬、社会地位等。

本次调查过程中，我们以"你当初选择教师职业的原因"为题，对中小学教师最初的职业选择动机情况进行了调查，分析结果见图1-5。

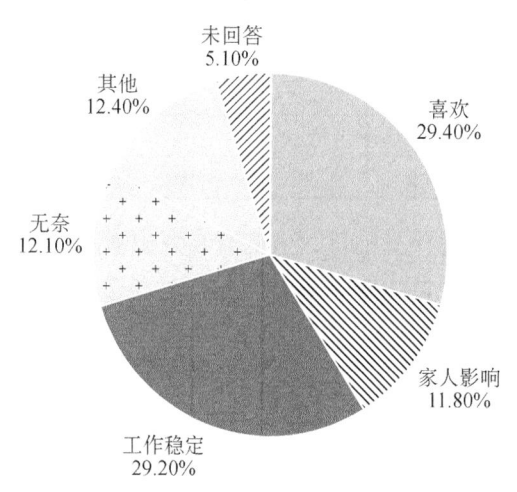

图1-5　6004名教师从教原因的分布图

结果中"喜欢"的选项占29.40%，名列第一，说明多数教师选择教师这一职业是由于自己的兴趣爱好所在。这同时也说明，内部动机是教师职业选择的重要方面。教师的内部动机有利于职业理想的形成和职业价值的追求。

结果中"工作稳定"的选项约占 1/3（29.20%），说明教师选择这一职业也因为工作本身。这表明，外源性的动机也是教师职业选择的一个重要方面。教师的内源性动机有利于工作热情持久地保持。

值得关注的是，有12.10%的被调查者选择了"无奈"，这一方面说明一部分教师对教师职业的失望或者产生了职业倦怠现象；另一方面也提醒我们，教师教育改革（师范生招生）过程中需要增加面试环节，尤其是要在专业志愿填报之前和走上工作岗位成为一名教师之前，对申请者的职业选择动机进行分析研判，把那些有志于从事教育教学工作而且适合从事教育教学工作的人选出来。

当然，我们通过调查结果也发现，家人的影响也是教师职业选择的重要动机之一。大量的事实显示，文化的传承、家风的延续，让教师职业成为一个家族世袭的选择。因为心理学的原理告诉我们，只有内外部动机有机结合，才能保持长久的工作积极性与工作动力。无论是内部（内源性）动机还是外部（外源性）动机，只依靠一种动机都不利于工作成就的取得。

通过进一步的分析，年龄越小的教师，在教师职业的动机中选择"兴趣"的越占主导地位，而教龄在10年以上的教师，当时选择教师职业主要考虑教师职业的稳定性，见表1-2。

表1-2　从教原因的教龄差异检验　　　　　　　　　　　　单位：人

教龄	喜欢	家人影响	工作稳定	无奈	其他	χ^2	p
3年以下	232	67	131	32	20	266.997	0.000
3～5年	189	74	113	39	29		
6～10年	277	117	263	56	54		
10年以上	1030	438	1219	584	621		

这充分表明，随着时代的前进，人的自我意识觉醒，现代人越来越重视个体的自我价值的实现和自我的内在愿望。因此，在自己的职业选择上，也十分关注自己的内心感受和能力倾向。

作为培养教师的专门场所，高等师范院校如何在新形势下强化教师的职业道德和职业理想培养，改革传统的课程结构和内容，切实锻炼师范生的从教技能和基本素质，应当成为当前教师教育改革的重点。习近平总书记提出的"四有"标准，即有理想信念、有道德情操、有扎实知识、有仁爱之心的好老师，把握了新时期教师培养的关键要素，为我们的教师教育改革指明了方向。

只有我们加大培养改革力度，突出核心素养的训练，才能保证师范生走出校园、踏上工作岗位时，具备较强的工作适应性，最大限度地发挥他们的潜力，从而提升教育教学质量。

（五）职业期待的现实性

需要是个体活动积极性的源泉之一。需要是个体内心的一种缺失状态，它激发个体积极活动，努力达到平衡。心理学上，一般将需要视作动机的来源。通过满足个体的需要，可以提高个体的主观幸福感。

本次调查中，我们也对中小学教师当前最关注的需要做了分析。根据现有的研究成果，结合当前的实际，我们将教师的需要划分为提高待遇、促进专业成长、关注身体健康、关注心理健康及其他等几个方面。调查结果表明，大多数中小学教师最为关心的仍然是提高教师的待遇（73.4%的教师认为目前最关注的职业期待是提高待遇），而且在性别和年龄上存在显著的差异，见表1-3和表1-4。

表1-3 对改善教师的工作情况的职业期待性别差异检验　　单位：人

性别	提高待遇	促进专业成长	关注身体健康	关注心理健康	其他	χ^2	p
男	2098	187	178	147	80	11.677	0.020
女	2309	274	165	160	95		

表1-4 年龄对教师职业期待的影响　　单位：人

年龄	提高待遇	促进专业成长	关注身体健康	关注心理健康	其他	χ^2	p
25岁以下	221	27	22	10	8	58.386	0.000
25~34岁	1293	174	70	79	42		
35~49岁	2146	216	168	165	100		
50岁及以上	809	51	92	57	30		

应当说，随着我国经济社会的不断发展，近年来教师的社会地位有一定程度的提高，各种物质待遇也在不断得到改善。然而，与一些其他社会职业相比较，教师的待遇仍然偏低，这是不争的事实。再加上我们本次调查的县城以下乡村教师偏多，乡村教师仍然是一个弱势群体，尤其是在一些偏远落后的地区，一些乡村教师的工资难以按时足额发放。因此，他们的呼声仍然是提高福利待遇就不足为奇了。

根据调查结果，从性别上看，女性教师更加关注提高待遇。这一方面是由于中小学教师中女性占相对多数，另一方面是由于女性往往承担家庭的生活事务，更能够深切体现会到提高待遇对于家庭生活的重要性。

从年龄上分析，关注提高待遇呼声高的群体集中在25~49岁，这是不难理解的。因为这个年龄段恰好是成家立业的时期，他们要承担赡养父母、抚育子女的重任。值得注意的是，也正是在这个年龄段，他们对于专业成长的追求也是最迫切的。

研究结果提示我们，落实国家相关政策，切实提高中小学教师的待遇应当成为各级政府工作的重心，绝不能出现拖欠中小学教师工资待遇的现象，因为这样会极大地挫伤广大中小学教师的工作积极性。

总之，当前中小学教师的心态可以描述为积极向上的社会认知、和谐温馨的人际关系、内在稳定的职业动机、提升待遇的职业诉求及期待成长的职业追求。具体来说，他们对现实的认知、对自己情绪的感知都是相对积极的，在人际关系表现中，中小学教师最为满意的是家人关系，其次是朋友关系，再次为同学（同事）关系，最后为老师（领导）关系，并且其人际关系评价越好，则其对于自身身体健康状况的评价也越好。从事教师职业的初衷主要有兴趣与工作稳定，教龄小于10年的被试从事教师事业更多地源于兴趣、家庭影响及工作稳定。教师普遍关注的是提升教师待遇，而乡镇教师与月收入在1500～4999元的教师更为关注教师待遇的提升，年龄35岁以下与县城的教师更为关注专业成长。

这些结果说明，中小学教师的心态主体是积极向上的，但是还需要我们给予关心尤其是改善他们的工作环境，提高他们的待遇。这些都需要政府和教育行政部门制定相应的政策措施，切实给中小学教师带来实惠。我们已经看到，国务院已经出台《乡村教师支持计划（2015—2020年）》，希望未来有更多的政策与措施出台。

第二章 教师的情绪劳动

第一节 情绪劳动与教师情绪劳动

情绪作为人类心理活动的一个重要组成部分,在人类的工作和生活中扮演着重要的角色,不论从事什么工作,个人的情绪总是如影随形地体现在组织中。然而,直到 20 世纪 70 年代,理论工作者和实际工作者才把研究的兴趣逐渐转移到组织中的情绪问题上来。特别是近二三十年,由于服务业在整个国民经济中的比例不断提高,员工在劳动或工作中的情绪问题,如对于职业倦怠、情绪失调、工作压力和工作引起的不满等问题的研究越来越受到重视。

目前,组织中的情绪已成为组织行为学研究的前沿问题。其中,情绪劳动成为研究的焦点之一。

一、情绪劳动

情绪劳动在工作中是一种比较常见的现象,很多工作都需要员工调节自己与他人的情绪,展现出某些工作需要的特定情绪,如列车服务人员需要向乘客展示友好和热情,护士需要对患者表现出关爱和慈爱,警察在犯人面前则需要表现出镇静和严肃,等等。这些员工无时无刻不在进行着情绪劳动,以促进工作目标的达成。

（一）情绪劳动概念解读

情绪劳动又叫情绪工作，这一概念的提出基于西方发达国家的经济转型和以人为本的服务管理理念的历史背景。随着西方国家从制造型经济向服务型经济转型，对善于表达自我和调控情绪这类员工的需求越来越大，雇主也通常运用警告、解雇、晋升或者加薪等方式对员工的情绪表达实行控制。对于从事这些工作的员工而言，为了有效地完成工作，他们除了需要付出智力和体力劳动，尤其要调控自己的情绪及表达，他们就是在从事情绪劳动。正是在这一背景下，Hochschild 于 1983 年正式提出情绪劳动（emotional labor）这一概念。Hochschild 通过对 Delta 航空公司服务员与客户交往的调查发现，在服务过程中，为了有效完成工作，除了需要认知和体力方面的付出外，员工还需要调控他们的感受及表达（Zapf, 2002）。Hochschild 把需要通过情绪方面的努力才能完成工作这一现象称为"情绪劳动"，并把它定义为"管理好情绪以创造公众可以观察到的面部和肢体表现"，这种情绪是在公共场合表现的，而且"其表现是为了获得工资，因此它具有使用价值"（Kidd, 2004）。

Hochschild 提出情绪劳动的概念后的 20 多年里，情绪劳动的价值日益受到心理学研究者的重视，西方学者展开了对情绪劳动的广泛研究。其中，尤其以 Ashforth 和 Morris 提出的定义倍受关注，其把情绪劳动定义为"员工必须进行努力、计划和控制，在人际交往中按照组织的要求表现出情绪的活动"。简言之，情绪劳动是指个体管理自身的感受以产生公共可见的表情和体态展示（尹弘飚, 2006）。

为了更好地理解情绪劳动，Hochschild（1983）指出情绪劳动的发生需要具备三个条件：①工作者必须与顾客有高度的面对面的接触；②工作者必须在顾客面前展现出特定的情绪状态；③组织可以采用监督或训练的方式，对工作者的情绪活动作某种程度的控制。

（二）情绪劳动的结构

关于情绪劳动的结构，学者对此的看法不一。最初，研究最多的是情绪表达的频率、维度。随着研究的深入，研究者发现单维度结构并不能很好地预测员工的心理和行为。因此很多研究者提出了不同的多维度结构，其中最有影响力的是 Morris 和 Feldman（1996）提出的情绪性工作的多维度结构：①情绪表达的频率（frequency），太频繁的情绪表达要求会导致员工疲惫，会导致员工因负担过重而情绪衰竭，这正是 Hochschild 的基本观点。②情绪表达规则的专注程度（attentiveness），即为表达目标情绪而需要的注意程度，情绪表达注意程度分为情绪表达的持久性（duration）和强度（intensity）。前者是指情绪表达的时间长短，后者是指情绪表达时的强烈程度。③情绪表达的多样性（variety），是指要求表达的情绪种类的多少，当要求表达的情绪越多时，员工因此付出的努力也会越多。④情绪失调（emotional dissonance），是指个体的内在情绪和组织所要求的外在情绪不一致，从而形成冲突。

Davies（2002）在 Morris 理论的基础上提出了自己的六维度结构：①频繁性；②多样性；③情绪不协调；④情绪的强度；⑤情绪努力；⑥情绪表达的持久性（张辉华等，2006）。

（三）情绪劳动的调节策略

情绪劳动策略是员工在工作中为了达到组织的情绪表现规则而采取的一种情绪调节方式，是情绪劳动研究的一项重要内容。那么，在工作中员工如何进行情绪调控呢？Hochschild（1983）提出了三种情绪劳动调节策略。

1. 表面行为

表面行为（surface acting）就是指员工尽量调控表情行为以表现组织所要求的情绪，而内心的感受并不发生改变，这时就存在着员工内心经历的情感与他们表现出来的情感不一致的问题。这种策略的形成是员工在长期的工作中形成的相对程序化的情感表达脚本，因为在无法改变现有的内心感受时，就必须以表面的装扮来开展工作。尽管它与员工内在体验相对分离且较为机械，但在常规的工作环境中，员工可以利用它表演或装扮出符合特定规则的表情。

2. 主动深度行为

主动深度行为（active deep acting）是指为了按要求进入角色，员工采取各种方式影响自己内心的感受，以便使自己感受到组织要求他们表现出来的情绪。此时，不仅对表情行为，而且对内心感受都要进行管理。特别是面临预料之外的突发事件时，员工通过调节自我的内在感受和外在表达，保持良好的情绪工作状态。在这种情况下，表情行为是发自内心的，员工表现出来的情感和内心的情感是一致的。主动深度行为是一个积极主动的过程，要求员工尽可能努力激活那些能够引起某种情绪的思想、想象和记忆等心理活动。当表面行为因为太机械而不能满足顾客对真诚的人际关系的需要时，深层策略就会变得非常必要。

3. 被动深度行为

被动深度行为（passive deep acting）是指员工对情绪工作的目标有着高度的认同，因而将特定规则内化为自己的成就目标，进而能够在工作中自发、真诚地表现出组织期望的情绪。因为表现的情感是他们内心所经历的情感，所以不需要员工去努力调节。

表面行为和主动深度行为需要员工花费精力，才能表现出组织所需要的情感，因此许多学者认为这才是真正意义上的情绪工作。Morris 等指出，即使是自动的情感调节,在工作中要维持它,还是需要付出努力的,只是付出的努力要少些。Diefendorff等(2005)通过实证研究证实了被动的深度表演和表层表演是并列的。

二、教师情绪劳动

(一)何谓教师情绪劳动

情绪已经成为教师职业活动不可分割的一部分,并且对教师及其活动产生了显著影响。Hochschild(1983)认为,教师工作需要情绪劳动,教师在教育和教学工作中要付出大量的情绪劳动,教师是高情绪工作者,对此可从情绪劳动所需的三个条件来理解。

首先,教学是以人际互动为基础的。教师从事的是"人的工作",需要与人直接互动,离开师生间的人际互动,言传身教根本无从发生。不管是课堂中的日常教学,还是与学生谈话、和家长联系、跟同事聊天、听校长报告等,教师都需要为与其互动的人营造情绪氛围,例如,使学生产生愉悦的情绪,使同事感到温馨、支持,使校长觉得信任、欣赏等,这都需要教师与人有面对面的接触,因此符合第一个特征。

其次,在教学中,教师情绪是负载着特定功能的。教师每天必须面对一大群学生,在不同的状况与时空之下,虽有不同的情绪展现,如对表现优良的学生给予口头赞赏、鼓励;对行为有偏差的学生,则要采用严厉的表情与语气给予指正。无论教师运用的情绪激励手段是正面的(如赞扬、鼓励)还是负面的(如批评严厉),其目的都是使学生的注意力能有效维持在课堂教学之上,激发学生积极的情绪状态,从而保证教学活动的顺畅进行,因此符合第二个特征。

最后,虽然学校不会时时监控教师的情绪,但仍然希望教师们能更多展现符合公众期望的情绪状态,对因为情绪表达不当而引起学生或家长不满的教师,也会采取一定的惩戒。尽管看起来教师没有直接的情绪监督者,是他们自主控制自己的情绪活动,但这只是教师将其专业规范内化之后的表象而已。一旦教师对自己的情绪控制不当,情绪表达不符合专业规范的要求,就会引发他人对其专业素养的质疑。于是,原本属于教师私人领域的情绪感受和表达便成为他们的工作内容之一,其必须要接受专业规范的隐性控制。因此,第三个特征也是符合的。

基于上面的分析,我们可以将教师情绪劳动解释为:在教育教学的师生互动情境中,教师为完成学校交给的教育教学任务,对自己的情绪进行必要的心理调节加工,以表达出适合教育教学活动的情绪的过程。

（二）教师情绪表达的规则

从事情绪劳动，意味着教师必须按照某种特定的要求和规则来管理自己的情绪感受和表达，这些规则就是情绪表达规则。

研究者指出，在学校教学中，作为情绪劳动者的教师需要遵循以下情绪表达规则：①要对学生充满感情，乃至爱自己的学生；②要对学科知识有热情；③在工作中要保持镇静，避免公开显示喜悦或悲伤等极端情绪，尤其是愤怒等灰色情绪；④要爱自己的工作；⑤要有幽默感，会调侃自己和学生的错误。这种情绪的表达既包括按照工作要求，自然流露个人情绪，还包括以伪装的方式展现其外在的情绪，以及教师尝试改变内在的感受，从而与教学工作要求的外在情绪表达一致。既然教师是属于较高情绪劳动的专业技术性工作者，那么，从根本上讲情绪劳动就是教师工作的一个必要的成分。

三、教师情绪劳动的作用与研究意义

（一）教师情绪劳动的作用

1. 情绪劳动影响教师心理健康

情绪劳动是一把双刃剑，对教师既有积极影响也有消极影响。一方面，教师的情绪劳动会帮助教师控制和管理情绪，表现出适合教学的情绪，顺利完成教学工作。当教师对工作投入的关爱及其所做的情绪劳动得到学生认可时，他们会在情绪上受到巨大鼓舞，这成为他们愿意在教学中继续付出情绪劳动的动力。另一方面，研究者发现，高负荷的情绪劳动对个体的负面影响也是比较大的。情绪劳动需要持续的意志努力，需要付出较多的身心能量，因此，许多学者认为从事高负荷的情绪劳动容易引发情绪失调和情绪衰竭，从而降低情绪劳动者的工作满意度，引起职业倦怠和离职意向。

可以说，高负荷的情绪劳动是导致教师工作满意度下降的主要因素之一，致使其失去工作热情和兴趣，产生情感冷漠和人际疏离，从而影响教师的心理健康。

2. 情绪劳动影响学生心理健康

学生的心理健康与教师的心理健康紧密联系。学生从教师那里学习知识、技能，也从教师那里感受情绪，学习情绪管理和表达的技能。如果教师不能控制情绪，不能缓解自己的工作压力，则会带来心理健康问题。而一旦教师产生了心理健康问题，则势必会影响其对学生的态度和教学，进而影响学生的心理健康。

另外，学生在学校的学习、交往其实也是学生社会性发展的重要过程，如果教师带着怨气、嘲讽、冷漠等消极情绪与学生交往，则会导致师生间的紧张关系，不利于学生形成宽容、豁达、热情的良好性格，会使学生的社会性发展受到不良影响。

3. 情绪劳动影响实践教学

情绪对个体的认知和行为有影响。积极情绪会促进教师思维活动，提高教学效率，也会激发学生的学习兴趣，激起学生的求知欲；而消极情绪则会阻碍教师的思维活动，使其难以顺利、有效地完成教学活动。同时，教师的消极情绪会造成学生的压抑、紧张、焦虑等不良情绪，抑制学生的思维，甚至导致学习上的情绪障碍，使其对学习失去兴趣和信心，产生厌学情绪和学校恐惧倾向。因而，教师职业要求教师长期保持情绪的稳定、精神的饱满，展露和蔼可亲、蓬勃向上的愉悦情绪，是不无道理的。

有关课堂气氛的研究也表明，教师良好的情绪能够营造亲和、平等、融洽的课堂气氛，这种课堂气氛将增进学生课堂学习的兴趣和信心，激发学生的潜能和积极性，有利于激活学生的思维，有助于学生理解教学内容，从而提高课堂教学的效率。

（二）教师情绪劳动研究的意义

1983年，Hochschild根据情绪劳动的定义与情绪劳动负担的程度，提出了6种在大部分工作中都需要提供情绪劳动的职业类型，其中教师被认为是专业性、技术性工作者中的高情绪劳动者。

教师是高情绪劳动者，这是由教师的职业特点和要求决定的。相对于企业员工或服务行业的从业者，教师工作需要更多的情绪投入。认识到教师所从事的是一种情绪劳动，有助于我们理解教师职业对其情绪活动所造成的影响和限制，指导教师能够更加适时、适宜地管理自己的情绪及与他人的情感联系。

1. 理论层面：开拓了中小学教师心理研究新方向

近年来，人们对情绪智力、情绪管理等问题表现出极大的兴趣，情绪劳动作为情绪心理学的一个新兴研究领域，也日渐引起人们的关注。教师情绪劳动是教师心理的一部分，以往的教师心理研究主要集中在教师心理素质与教学质量、教师心理健康、教师专业素质等方面，有关教师情绪劳动的研究关注度不够。特别是新课程改革实施以来，中小学教师付出的情绪努力比以前有很大增加，由此所引发的教育教学问题也有所增多。要解决这些问题，可以尝试从教师情绪劳动视角来审视和分析，也可以为教师职前培养与职后培训提供新思路。

2. 实践层面：有助于教学效率的提高和身心健康的维护

目前的研究一致表明，情绪性劳动有助于充分实现组织最终的工作目标并提高工作效率。教师在课堂教学中集多种角色于一身，其情绪具有多种功能和效用。教师的情绪不仅是教学内容的一部分，而且是促进教学的一种有效方式和手段。在教学过程中教师要善于利用自身情绪激发和调节学生的情绪，为学生创设学习的最佳情绪状态，使学生乐学、好学，进而提高教师的教育教学效率，提升学生的学习效果。

影响教师心理健康的因素有很多，现有研究表明，职业中的情绪性劳动对教师心理、工作满意度等具有消极影响，而我国教师存在的心理问题主要也表现为情绪性问题，因此从情绪性劳动的角度探讨教师心理健康的维护问题尤为重要。从情绪性劳动的角度维护教师的心理健康，既可以帮助教师调适个人情绪工作负荷，减轻工作压力与倦怠对于教师的消极影响，又可以使教师学会在教育教学中充分发挥情绪的作用，以帮助教师更好地从事情绪劳动。

第二节　教师情绪劳动的现状

一、研究对象的基本情况

为准确了解当前中小学教师的情绪劳动特点与现状，我们在安徽省境内选取相关中小学校开展问卷调查。共发放问卷 1853 份，回收有效问卷 1798 份，有效率为 97.0%。研究对象的基本情况见表 2-1。

表 2-1　研究对象基本情况表

项目	类别	人数/人	百分比/%
性别	男	892	49.6
	女	906	50.4
年龄	25 岁以下	92	5.2
	25～34 岁	425	23.6
	35～49 岁	914	50.8
	50 岁及以上	367	20.4

续表

项目	类别	人数/人	百分比/%
教龄	3年以下	148	8.2
	3～5年	93	5.2
	6～10年	184	10.2
	10年以上	1373	76.4
职称	未定	130	7.1
	初级	476	26.5
	中级	830	46.2
	高级	362	20.2
专业	文科	1102	61.3
	理科	466	25.9
	艺体	90	5.0
	其他	140	7.8
是否参加培训	有参加培训	1601	89.1
	没有参加培训	196	10.9
平均收入	1500元以下	42	2.3
	1500～2999元	730	40.6
	3000～4999元	871	48.4
	5000元及以上	155	8.7
从教原因	喜欢	542	30.1
	家人影响	224	12.5
	工作稳定	561	31.2
	无奈	245	13.6
	其他	226	12.6
身体健康状况	很好	542	30.1
	较好	957	53.2
	较差	271	15.1
	很差	28	1.6
夫妻关系	和睦	1357	82.0
	普通	287	17.3
	冷淡	11	0.7
情绪	糟糕	72	3.9
	不快乐	122	6.8
	不太满意	437	24.3
	满意	832	46.3
	快乐	210	11.7
	愉快	125	7.0

我们采用刘衍玲（2007）编制的"中小学教师情绪工作问卷"进行调查研究，然后对收集到的数据进行分析，概括、总结出中小学教师的情绪劳动特征。该问

卷包括表面行为、主动深度行为、被动深度行为 3 个维度，共 15 个项目。问卷采用 Likert 5 点计分，1~5 分别表示"从未如此"到"总是如此"。经过笔者使用证明，该问卷的 Cronbach's α 系数为 0.78，重测信度系数为 0.86，结构效度系数为 0.61~0.82，且均达到极显著水平（$p<0.001$），说明各因素较好地反映了问卷所要测量的内容，具有较好的内部一致性信度和结构效度，符合心理测量学标准，可以作为评估中小学教师情绪劳动的工具。

对收集到的数据进行整理后，采用 SPSS18.0 统计软件进行统计分析，对数据进行 t 检验、F 方差检验。

二、中小学教师情绪劳动的一般特点

（一）教师的情绪劳动符合职业规范的需求

根据问卷的结构，情绪劳动的 3 个维度（表面行为、主动深度行为、被动深度行为）的最高得分为 5 分，最低为 1 分，中等临界值为 3 分。调查结果显示，中小学教师情绪劳动在表面行为、主动深度行为、被动深度行为 3 个维度上的平均数和标准差如表 2-2 所示。其中，中小学教师表面行为的平均分为 2.52，为教师情绪劳动 3 个维度中最低的，且低于中等临界值；主动深度行为的平均分为 3.34，高于中等临界值；被动深度行为的平均分为 3.60，为教师情绪劳动 3 个维度中最高的，且高于中等临界值。

表 2-2　中小学教师情绪劳动各维度的总体状况

维度	M	SD
表面行为	2.52	0.74
主动深度行为	3.34	0.68
被动深度行为	3.60	0.64

可见，中小学教师在情绪劳动 3 个维度上的平均分有差异：被动深度行为＞主动深度行为＞表面行为。总体上看，这一特点符合教师职业的工作需求。研究发现，中小学教师在教育教学活动中较多地采用被动深度行为（$M=3.60$，$SD=0.64$），即在工作中体验到情绪与学校要求的情绪表达相一致；其次是主动深度行为（$M=3.34$，$SD=0.68$），即大多数教师能主动调整、改变自己的情绪感受，尽力表现出适合学校教育教学活动的情绪；较少使用表面行为（$M=2.52,SD=0.74$），即通过伪装自己的情绪来表达出学校要求的情绪。这与刘衍玲（2007）、杨玲和李明军（2009）的研究结论一致，也符合教师情绪劳动的现实情况。相比之下，深

度行为更具有积极意义。一些研究发现,表层策略对个体有负面的影响,深层策略则不会。Brotheridge 和 Grandey(2002)研究发现,表层策略与情绪耗竭、去人性化呈正相关,与个人成就感呈负相关;深层策略与之正好相反。马淑蕾、黄敏儿(2006)的实验研究也发现,表层策略易导致不良的结果。

中小学教师情绪劳动之所以呈现出这样的特点,原因大致有以下几个:首先,无论是教师的职前教育还是在职的职业规范,抑或是社会对教师的角色期待等,无不渗透着对教师的情绪要求。在专业成长过程中,教师早已将这些观点潜移默化地纳入自己的教育理念之中。因而当投身教育时,大多数教师还是能够比较理性地对待工作,主动关注学生的成长发展,易于形成与学校相符的情绪。

另外,在态度转变中,态度转变的方式方法受教育程度影响。随着教师整体学历层次的提高和职业素养的提升,对于学校的情绪要求,教师不再简单遵照执行。如果学校的情绪要求和教师自身感受相矛盾,失调的认知关系让教师感到不舒服,促使教师重新思考并改变原有认知,从而接受或认同学校要求,使其认知处于协调状态,表现在教育教学中教师真诚地对待学生和同事,更多地采用主动和被动两种深度行为。

此外,由于教师所面临的情境是不断改变的,多数教师不只采用某一种策略,也由于教师这个特殊的职业,在教学过程中很多教师也会假装生气,一方面是把自己生气的情绪信息传递给学生,以便对学生的行为有所警告和约束,另一方面也可以重申教师的权威,并保护教师的身心不受情绪伤害。

(二)情绪劳动存在个体差异

在考察中小学教师情绪劳动的个体因素特征时,我们主要从性别、年龄、教龄、职称、学历、专业、收入、所教学科、是否为班主任、是否兼行政职务、婚姻状况、夫妻关系、是否有孩子、身体健康状况等变量特征来分析,得出了如下的几个有意义的差异。

1. 女教师更容易采用情绪调整策略

采用独立样本 t 检验,考察中小学教师在情绪劳动各维度上的性别差异,其结果见表2-3。

表2-3 教师情绪劳动的性别差异($M \pm SD$)

维度	男($n=892$)	女($n=906$)	t
表面行为	2.58±0.75	2.46±0.74	3.49***
主动深度行为	3.29±0.68	3.40±0.67	-3.52***
被动深度行为	3.51±0.68	3.68±0.59	-5.72***

注:***$p<0.001$

从表2-3可以看出,男女教师在表面行为、主动深度行为和被动深度行为上均存在显著的差异,男教师在表面行为上的得分显著高于女教师,但在主动深度行为、被动深度行为上,女教师的得分显著高于男教师。男教师表面行为的平均分高于女教师,说明男教师更容易采用表面行为这一策略,即男教师更容易表现学校要求的情绪而压抑自己的真实情绪。女教师主动深度行为和被动深度行为的平均分高于男教师,说明女教师比男教师更容易采用这些策略,即女教师在遇到消极情绪时,更倾向于主动调整,改变自己的情绪感受,使其情绪感受与学校要求的情绪一致。

2. 25~34岁的教师较少花费精力进行情绪工作

我们采用单因素方差分析,考察了中小学教师情绪劳动各维度在年龄上的差异,其结果见表2-4。

表2-4 教师情绪劳动的年龄差异($M \pm SD$)

维度	25岁以下 ($n=92$)	25~34岁 ($n=425$)	35~49岁 ($n=914$)	50岁及以上 ($n=367$)	F	LSD
表面行为	2.45±0.75	2.42±0.74	2.56±0.74	2.55±0.74	4.20**	1<2, 3
主动深度行为	3.32±0.63	3.26±0.67	3.37±0.68	3.40±0.69	3.28*	1<2, 3

注:25岁以下=0,25~34岁=1,35~49岁=2,50岁及以上=3;*$p<0.05$,**$p<0.01$

从表2-4可以看出,不同年龄段教师在表面行为、主动深度行为上有显著差异,在被动深度行为上无显著差异。进一步多重比较后发现,25岁以下教师在各维度上的得分与其他年龄段教师无显著差异,25~34岁教师在表面行为和主动深度行为上都显著低于35~49岁、50岁及以上两个年龄段的教师,说明25~34岁的教师较35~49岁、50岁及以上两个年龄段的教师较少采用表面行为和主动深度行为。

3. 教龄长的教师形成固定的情感表达

我们采用单因素方差分析,考察了中小学教师情绪劳动各维度在教龄上的差异,其结果见表2-5。

表2-5 教师情绪劳动的教龄差异($M \pm SD$)

维度	3年以下 ($n=148$)	3~5年 ($n=93$)	6~10年 ($n=184$)	10年以上 ($n=1373$)	F	LSD
表面行为	2.38±0.71	2.43±0.76	2.48±0.75	2.55±0.74	4.59**	3>0, 2
主动深度行为	3.40±0.63	3.23±0.64	3.21±0.69	3.37±0.68	4.04**	2<0, 3

注:3年以下=0,3~5年=1,6~10年=2,10年以上=3

不同教龄教师在表面行为、主动深度行为上均有显著差异,在被动深度行为上无显著差异。进一步多重比较发现,教龄10年以上的教师在表面行为上的得分显著高于教龄 3 年以下教师和教龄 6~10 年的教师，即教龄 10 年以上的教师更多采用表面行为；教龄 6~10 年的教师在主动深度行为上得分显著低于教龄 3 年以下和 10 年以上的教师，说明这一阶段的教师在工作中体会到的情绪与学校要求的适宜情绪不一致的时候，他们不太会主动调整自己的情绪感受以表现出学校要求的适宜情绪。

4. 初级教师不善于主动使用情绪策略

我们采用单因素方差分析，考察了中小学教师情绪劳动各维度的职称差异，结果见表 2-6。

表 2-6 教师情绪劳动的职称差异（$M \pm SD$）

维度	未定 （$n=130$）	初级 （$n=476$）	中级 （$n=830$）	高级 （$n=362$）	F	LSD
表面行为	2.35±0.73	2.49±0.76	2.54±0.73	2.59±0.75	3.55*	0<2, 3; 1<3
主动深度行为	3.36±0.61	3.25±0.71	3.37±0.66	3.45±0.69	5.82***	1<2, 3

注：未定=0，初级=1，中级=2，高级=3

由表 2-6 可知，不同职称教师在表面行为和主动深度行为上有显著差异，在被动深度行为上无显著差异。LSD 事后检验显示，在表面行为上，中级和高级职称教师的得分显著高于未定级的教师，且高级职称教师的得分显著高于初级职称教师，说明高级职称教师表面行为的使用高于未定级和初级教师。在主动深度行为上，高级和中级职称教师的得分显著高于初级职称教师，说明初级职称教师不善于使用主动深度行为。

5. 理科教师在表达情绪上与内心体验剥离

我们使用单因素方差分析，考察了中小学教师情绪劳动各维度的专业差异，结果见表 2-7。

表 2-7 教师情绪劳动的专业差异（$M \pm SD$）

维度	文科 （$n=1102$）	理科 （$n=466$）	艺体 （$n=90$）	其他 （$n=140$）	F	LSD
表面行为	2.47±0.73	2.66±0.73	2.30±0.78	2.60±0.77	5.98***	1>0, 2; 2<3
被动深度行为	3.70±0.62	3.50±0.62	3.57±0.61	3.57±0.71	6.74***	1<0, 2

注：文科=0，理科=1，文体=2，其他=3

由表 2-7 可知，不同专业教师在表面行为、被动深度行为上有显著差异，在主动深度行为上无显著差异。进一步多重比较结果显示，理科专业的教师在表面行为上与文科和艺体专业教师有显著差异，其他专业教师与艺体教师在表面行为上也有显著差异，可以说，理科教师在表面行为的使用上远高于其他所有专业的教师。艺体和文科专业的教师在被动深度行为上与理科专业的教师有显著差异，与艺体及文科教师相比，理科教师不善于使用被动深度行为。

6. 教师情绪劳动特征与其人际关系状况

我们采用单因素方差分析，考察了教师情绪劳动与家人关系、朋友关系及同事关系的差异，都存在着某方面的显著差异。

（1）家人关系亲疏影响教师的情绪劳动的付出程度

教师情绪劳动的家人关系差异，见表 2-8。

表 2-8 教师情绪劳动的家人关系差异（$M\pm SD$）

维度	糟糕 ($n=18$)	不快乐 ($n=23$)	不太满意 ($n=93$)	满意 ($n=945$)	快乐 ($n=414$)	愉快 ($n=305$)	F	LSD
表面行为	2.83±0.71	2.52±0.92	2.80±0.70	2.53±0.73	2.51±0.75	2.40±0.74	4.78***	5<0, 2, 3; 2>3, 4
被动深度行为	3.05±0.68	3.09±0.90	3.45±0.67	3.58±0.62	3.67±0.62	3.68±0.67	7.91***	0<2, 3, 4, 5; 1<2, 3, 4, 5

注：糟糕=0，不快乐=1，不太满意=2，满意=3，快乐=4，愉快=5

不同家人关系状况的教师在表面行为、被动深度行为上有显著差异，在主动深度行为上差异不显著。进一步的多重分析显示，在表面行为上家人关系为愉快的教师的得分显著低于家人关系为糟糕、不太满意、满意的教师，家人关系为不太满意的教师得分显著高于家人关系为满意、快乐的教师，可见其大致倾向是家人关系越和谐，使用表面行为越少，家人关系越不和谐，使用表面行为越多；在被动深度行为上，家人关系为糟糕、不快乐的教师得分都显著低于家人关系为不太满意、满意、快乐、愉快的教师，基本上家人关系越和谐，使用被动深度行为越多，家人关系越不和谐，使用被动深度行为越少。在家人关系中特别考察了夫妻关系，夫妻关系不同的教师在情绪劳动的表面行为上差异显著（$F=5.97$，$p<0.01$），在主动深度行为、被动深度行为上差异不显著，说明夫妻关系不合的教师较依赖表面行为。

（2）朋友关系亲疏影响教师情绪劳动的付出程度

由表 2-9 可见，不同朋友关系的教师在各个维度上都有显著差异。LSD 事后检验显示，在表面行为上，朋友关系为不太满意的教师得分显著高于朋友关系为不快乐、满意、快乐、愉快的教师；在主动深度行为上，朋友关系为快乐的教师得分显著高于朋友关系为不快乐、不太满意的教师；在被动深度行为上，朋友关系为不太满意的教师得分显著低于朋友关系为快乐、愉快的教师，朋友关系为满意的教师得分显著低于朋友关系为快乐的教师。

表2-9 教师情绪劳动的朋友关系差异（M±SD）

维度	糟糕 （n=20）	不快乐 （n=24）	不太满意 （n=105）	满意 （n=1141）	快乐 （n=305）	愉快 （n=203）	F	LSD
表面行为	2.66 ±0.59	2.60 ±0.90	2.97 ±0.70	2.51 ±0.74	2.48 ±0.72	2.41 ±0.75	9.24***	2>1, 3, 4, 5
主动深度 行为	2.88 ±0.94	3.09 ±0.79	3.21 ±0.69	3.34 ±0.65	3.42 ±0.68	3.45 ±0.76	4.63***	4>1, 2
被动深度 行为	3.08 ±0.76	3.17 ±0.97	3.40 ±0.68	3.59 ±0.62	3.70 ±0.58	3.70 ±0.73	8.78***	2<4, 5; 3<4

注：糟糕=0，不快乐=1，不太满意=2，满意=3，快乐=4，愉快=5

我们进一步考察了在朋友关系中具有特殊性的同学关系，结果显示，不同同学关系的教师在情绪劳动各维度上有显著差异，其值分别为：表面行为 $F=9.24$，$p<0.001$、主动深度行为 $F=4.63$，$p<0.001$、被动深度行为 $F=8.78$，$p<0.001$。

（3）同事关系亲疏影响教师情绪劳动的付出程度

由表2-10可见，同事关系是教师工作中非常重要的一种关系，教师与同事之间关系的亲疏远近，对教师的情绪劳动有很大影响。研究显示，不同同事关系的教师在各个维度上有显著差异，LSD事后检验表明，在表面行为上，同事关系为不快乐的教师得分显著高于同事关系为满意、快乐、愉快的教师；在主动深度行为上则正好相反，同事关系为不快乐的教师得分显著低于同事关系为满意、快乐、愉快的教师；在被动深度行为上，同事关系为糟糕的教师得分显著高于同事关系为不太满意、满意、快乐、愉快的教师，同事关系为不快乐的教师得分显著高于同事关系为快乐、愉快的教师。

表2-10 教师情绪劳动的同事关系差异（M±SD）

维度	糟糕 （n=27）	不快乐 （n=30）	不太满意 （n=171）	满意 （n=1234）	快乐 （n=190）	愉快 （n=146）	F	LSD
表面行为	2.70±0.76	2.84±0.74	2.84±0.73	2.49±0.73	2.43±0.75	2.41±0.79	7.90***	1>3, 4, 5
主动深度 行为	2.67±0.90	3.08±0.75	3.24±0.62	3.35±0.66	3.43±0.71	3.56±0.73	8.82***	1<3, 4, 5
被动深度 行为	2.80±0.88	3.25±0.70	3.43±0.68	3.62±0.61	3.69±0.60	3.70±0.73	12.07***	0>2, 3, 4, 5/1>4, 5

注：糟糕=0，不快乐=1，不太满意=2，满意=3，快乐=4，愉快=5

7. 情绪负面的教师较少自发表现组织期望的情绪

我们通过单因素方差分析考察了中小学教师情绪与教师情绪劳动的关系，结果见表2-11。

表 2-11　教师情绪劳动的情绪差异（$M \pm SD$）

维度	糟糕 （$n=72$）	不快乐 （$n=122$）	不太满意 （$n=437$）	满意 （$n=832$）	快乐 （$n=210$）	愉快 （$n=125$）	F	LSD
表面行为	2.84 ±0.76	2.65 ±0.79	2.68 ±0.70	2.44 ±0.73	2.45 ±0.74	2.36 ±0.80	10.83***	0，1>3，4，5 2>3，4，5
被动深度行为	3.30 ±0.76	3.36 ±0.71	3.54 ±0.63	3.65 ±0.60	3.72 ±0.59	3.68 ±0.76	9.06***	1<3，4，5； 2<3，4，5

注：糟糕=0，不快乐=1，不太满意=2，满意=3，快乐=4，愉快=5

由表 2-11 可见，不同情绪的教师在表面行为、被动深度行为上有显著差异，主动深度行为上差异不显著。进一步的多重分析显示，情绪为糟糕、不快乐和不太满意的教师在表面行为上得分显著高于情绪为满意、快乐、愉快的教师；情绪为不快乐、不太满意的教师在被动深度行为上得分显著低于情绪为满意、快乐、愉快的教师。

进一步研究最近发生的愉快、不愉快事件对教师情绪劳动的影响，发现有不愉快事件发生的教师在表面行为上显著高于没有体验不愉快事件的教师（$t=5.43$，$p<0.001$），在被动深度行为上显著低于没有体验不愉快事件的教师（$t=-4.94$，$p<0.001$），在主动深度行为上差异不显著。而体验愉快事件的教师在主动深度行为上显著高于没有体验愉快事件的教师（$t=1.96$，$p<0.05$），在表面行为和被动深度行为上没有显著差异。

8. 身体状况负性的教师较多使用程序化的情感表达

我们采用单因素方差分析，考察了中小学教师情绪劳动各维度的身体状况差异，结果见表 2-12。

表 2-12　教师情绪劳动的身体状况差异（$M \pm SD$）

维度	很好 （$n=542$）	较好 （$n=957$）	较差 （$n=271$）	很差 （$n=28$）	F	LSD
表面行为	2.39±0.75	2.55±0.73	2.70±0.73	2.59±0.83	10.95***	0<1，2；1<2

注：很好=0，较好=1，较差=2，很差=3

不同身体健康状况的教师在表面行为上差异显著，在主动深度行为上及被动深度行为上差异不显著。事后检验显示，身体状况很好的教师与身体状况较好和较差的教师在表面行为上有显著差异；身体状况较好的教师在表面行为维度的得分显著低于身体状况较差的教师。

9. 中小学教师情绪劳动与学历高低、婚姻状况关系不大

考察中小学教师情绪劳动各维度在学历上的差异，结果显示，不同学历的教师在情绪劳动各维度上无显著差异，这一研究结果与葛俭的研究结果一致。另外，

我们还考察了教师情绪劳动各维度在不同婚姻状况上的差异，不同婚姻状况的教师在情绪劳动各维度上均无显著差异。

（三）情绪劳动的个体差异的成因探析

1. 性别角色认同

不同性别的中小学教师在情绪劳动的 3 个维度上都有差异，女教师比男教师更多地使用主动深度行为和被动深度行为，而男教师更多采取表面行为。也就是说，女教师会想方设法调整自己的情绪感受和认知，使自己的情绪感受与学校要求相一致，而男教师主要靠调整外显表情展现出学校要求的情绪。这可能是因为男性作为中小学教师面临更多的社会压力，很多男性感到这个职业的社会地位低，报酬不高，因而较难如同女性那样真正喜爱这个职业。可以说，在角色认同上，男教师的角色认同度低于女教师。另外，由于男女两性在情绪体验与情绪表达上有差异，女教师情感体验更细腻、深刻，更善于管理、调节自己的情绪，进而可以最适宜的方式表达自己的情绪，在工作中表现出较多使用主动深度行为和被动深度行为的现象。杨满云（2008）的研究认为，男女教师在教师情绪劳动的表面行为和主动深度行为上有差异，而刘衍玲（2007）、杨玲和李明军（2009）的研究得到的结果是男女教师只在被动深度行为上存在显著的性别差异。可见，本研究与前人研究有差异，前人研究结论也不尽相同，对此值得进一步探讨和思考。

2. "35 岁分水岭"

中小学教师情绪劳动在年龄上的差异体现在表面行为、主动深度行为上，可以说 35 岁是一个差异点，35 岁以下的年轻教师比 35 岁及以上的中老年教师较少采用主动深度行为，即 35 岁以上的教师在工作中遇到情绪感受与学校的要求不相符的情况下，更倾向于主动调整自己的情绪感受，会尽力去体验学校要求的适宜情绪，然后再表现出来。在表面行为上，35 岁也是一个差异点，35 岁以下的年轻教师比 35 岁及以上的中老年教师较少采用表面行为。也就是说，35 岁及以上的教师中采取表面行为的开始增多。一方面，35 岁后随着职称的提高，职业倦怠有上升趋势，25～34 岁的教师在职业倦怠的所有维度（情感衰竭、低成就感、去个性化）上都低于 35～49 岁和 50 岁及以上的教师。另一方面，他们尝试在教材、教法和课堂管理等方面进行改进，不断突破和超越自己，体会到更大的压力。25～34 岁教师的压力远低于 35～49 岁的教师，这意味着处于 25～34 岁的教师在适度的工作压力之下，在情感上对工作是喜欢且投入的，视学生的健康成长与发展为自我价值感的体现，因而在工作中较少使用表面行为与主动深度行为。在一般教育效能感上，25～34 岁教师的得分显著高于 35～49 岁教师，说明教师相信教育的力量，希望通过教师自身的调适来影响学生，而不是简单的外部情绪表现的改变。

3. 职业发展的阶段性

教龄对教师的教学经验、专业能力和教学成果等方面都有重要的影响。在本研究中，教龄对教师情绪工作的影响体现在表面行为和主动深度行为上。表面行为基本上表现出随教龄增加而上升的趋势，主动深度行为则表现出先下降而后上升的趋势。其中，教龄为10年以上的教师在表面行为上的得分显著高于教龄为3年以下的教师和教龄为6～10年的教师；教龄为6～10年的教师在主动深度行为上得分显著低于教龄为3年以下和10年以上的教师，这一阶段的教师在工作中遇到的情绪与学校要求的适宜情绪不一致的时候，他们一般不主动为适应学校要求去调整自己的情绪感受。根据Fullor的教师职业发展四阶段（职前关注期、关注生存期、关注情境期和关注学生期），教龄5年以下的教师处于关注生存期，对工作充满激情和热情，他们最关心的问题是自己是否能够胜任教学工作，因而努力在课堂教学和与同事交往的过程中表现自己的良好形象和较强的处事能力，因资历较浅，对学校规则容易接受，所以较少采用表面行为。另外，Huberman的教师职业周期理论认为，教龄为5～10年的教师处于平静疏远期，他们在教学上较为轻松自信，但志向水平开始下降，职业投入开始减少，因而他们所采取的主动深度行为减少了。杨玲和李明军（2009）的研究也证实，教龄为11年以上的教师会更多地运用主动深度行为。

关于这一点，我们还可以从教师职称上的差异来证明。不同职称方面，中级和高级职称的教师在表面行为维度上的得分显著高于未定级的教师，高级和中级职称教师的被动深度行为得分显著高于初级职称教师。教师职称随教龄的增长而变化，不同职称大致与教龄的几个阶段相对应，因而上述对教师情绪劳动教龄差异的解释也可以用来说明职称差异，两者互相印证。

4. 理科教师擅长于执行型教学风格

研究表明，教师的专业不同，情绪劳动有差异。相比于文科和艺体专业教师，理科教师表面行为的使用远高于这些专业的教师，而在被动深度行为上，与艺体和文科专业的教师相比，理科教师更不善于使用此策略。究其原因，可能是各专业教师的思维方式和教学风格不同，所擅长解决情绪问题的方法也有差异。相对于文科教师，理科教师和其他学科教师更加倾向于执行型的教学风格。具有这种风格的教师喜欢按照既定的规则、程序解决问题，喜欢按事先计划好的活动进行教学，而不是根据教学情境进行灵活处理。所以，当真的遇到问题时，他们仅能从表面作出改变，而非内心，因而使用表面行为较多。

5. 社会支持对于情绪劳动的作用

在教师的人际关系方面,可以看出,与家人关系和谐愉快的教师使用表面行为的情况最少,这一结果在夫妻关系当中也得到印证;在被动深度行为上,与家人关系和睦愉快的教师更善于调整自己的情绪感受,使之与学校要求相适应。在与朋友、同学、同事之间的关系上,情绪劳动的各维度都有显著差异,呈现出主动深度行为和被动深度行为随着人际关系的改善而上升的趋势,而表面行为则随着人际关系的改善而呈先升后降,说明人际关系对中小学教师的情绪劳动有影响,这种影响体现在教师的各种人际关系和情绪劳动的各个维度上。这表明人际关系作为教师的一种比较重要的社会支持,对教师的情绪劳动会产生影响,这与李红菊(2007)的研究结论一致。

学校情境中的人际交往与家庭及朋友中的人际交往虽有差异,但二者也有共同之处,都需要一定的交往技巧和交往策略,与人交往都需要一定的情绪调控能力。这一结果可以为教师选拔提供些许依据,表明教师人际关系的好坏,可以作为衡量教师的情绪调节和管理能力的一个参考指标。本研究显示,仅有近20%的教师人际关系不容乐观,需要进一步改善,其余约80%的教师人际关系状况尚好,良好的人际关系是教师的情绪劳动的稳定资源和强大支持。

6. 情绪状态的感知直接影响教师的情绪劳动

教师自身的情绪状态对教师所进行的情绪劳动会产生影响。研究显示,情绪不快乐的教师比情绪满意、快乐和愉快的教师,采用的表面行为更多,被动深度行为更少。研究还发现,最近发生的情绪事件性质不同,对教师情绪劳动的影响迥异。有不愉快事件发生的教师,更多采取表面行为,更少采取被动深度行为;有愉快事件发生的教师比没有愉快事件发生的教师采用的主动深度行为和被动深度行为更频繁,这一结论也进一步证实了前面的观点。

个体的情绪特质会直接影响个体对情绪劳动要求的知觉。对于更多感受到正性情绪的教师来说,展示积极情绪不是工作要求,而是自然而然的真实情感表现。而对经常感受到负性情绪的教师来说,要求他们展示积极情绪对其来说就是一种需要付出努力的过程。积极的情绪事件可以提高人体的机能,激励人想方设法把工作做好,促使教师在工作中主动调适自己的情绪,展现出应有的情绪;消极的情绪事件会抑制人的活动能力。研究证明,负性情绪与压抑负性情绪呈正相关(Schaubroeck, Jones, 2000),故而采用表面策略较多。

调查表明,有65%的教师在参与调查的近一个月在情绪上是积极的,说明绝大多数教师的主导心境是积极愉悦的,这有利于教师情绪工作的顺利进行。对最近时间段体验到消极情绪的教师,要给予更多的关注,帮助其分析原因,为他们提供及时和有效的支持,减少不良情绪对教师工作的不利影响。

7. 不可忽视教师的生理健康

在教师的身体健康状况上，身体健康状况较好的教师与身体健康状况较差的教师相比，更倾向于较少使用表面行为。教师的情绪劳动是劳心劳力的活动，既有智力上的积极组织和参与，也需要充沛的精力和体力作为支持。本次调查发现，83.8%的教师身体健康状况较好，可以胜任教师工作对身体素质的要求；同时有16.2%的教师身体健康状况堪忧，他们在面对高负荷的工作时，可能会出现力不从心的状况。因表面行为不需要复杂的认知参与，因而比较简单、快捷，易于采用，故在教师身体健康状况不佳的时候，采取表面行为较多。

本书还考察了教师情绪劳动各维度在学历上的差异，研究结果表明，学历对教师的情绪劳动无明显影响，这一研究结果与刘衍玲（2007）、葛俭（2011）的研究结果一致，说明无论什么学历层次的教师，在面对情绪劳动时，其调节策略都没有实质的区别。本次研究发现，不同婚姻状况的教师在情绪劳动各维度上均无显著差异，但刘衍玲（2007）与杨露（2014）的研究发现，已婚教师比未婚教师更容易采用被动深度行为。未婚教师和已婚教师由于身份角色、生活环境上的变化，在交往对象与方式、情绪表达策略上有所不同，但其差异不足以对教师的情绪劳动造成影响，这可能是本次研究差异不显著的原因。

三、中小学教师情绪劳动的工作因素特征

本次调查对中小学教师情绪劳动的工作因素特征进行了研究，考察了所教学科、是否参加培训、工资水平、学校属性、是否担任行政职务、是否为班主任及工作量等变量。

（一）语数外[①]教师较少使用程序化的情感表达

我们采用单因素方差分析，考察了中小学教师情绪劳动各维度的所教学科差异，结果见表2-13。

表2-13　教师情绪劳动在所教学科上的差异（$M \pm SD$）

维度	语数外 （$n=740$）	政史地[②] （$n=114$）	理化生[③] （$n=142$）	其他 （$n=76$）	F	LSD
表面行为	2.49±0.75	2.57±0.70	2.68±0.75	2.49±0.70	2.74*	1>0

注：语数外=0，政史地=1，理化生=2，其他=3

[①] 即语文、数学、外语，下文简称为"语数外"。
[②] 即政治、历史、地理，下文简称为"政史地"。
[③] 即物理、化学、生物，下文简称为"理化生"。

不同学科教师在表面行为上存在显著差异，但是在主动深度行为、被动深度行为上无显著差异，LSD 事后检验显示，教授语数外课程的教师在表面行为上的得分显著低于教授政史地课程的教师，说明语数外教师较少使用表面行为。

语数外是中小学的核心课程，学生重视程度较高，态度端正，课堂上一般都能自觉遵守要求，积极配合教师的教学活动，教师把更多的精力投放在以怎样的方式组织呈现知识，以便于学生掌握，而非学习氛围的营造和学习规范的执行。政史地老师与语数外老师的地位不同，境遇也有所差别，不仅要传授知识，更要努力维持课堂气氛与秩序，面对尚不成熟、易冲动的中小学生，当"晓之以理，动之以情"不能完全奏效时，这些手中没有"尚方宝剑"的"副科"教师，可能选择直接表达表面行为。此外，中小学班主任一般由语数外这样的"主科"教师担任，慑于班主任的权威，学生在这些教师面前行为会更与教师期望一致。

（二）参加过培训的教师会主动调整情绪

采用独立样本 t 检验考察中小学教师情绪劳动各维度的是否参加培训的差异，其结果见表 2-14。

表 2-14　教师情绪劳动在是否参加过培训上的差异（$M\pm SD$）

维度	参加过培训（$n=1621$）	没有参加过培训（$n=199$）	t
被动深度行为	3.61±0.64	3.49±0.68	2.56*

由表 2-14 可见，参加过培训的教师与没有参加过培训的教师在被动深度行为上有显著差异，但在表面行为及主动深度行为上无显著差异，参加过培训的教师知道如何调整自己的情绪以表现出适宜的情绪来。

在终身教育思想的影响下，在职教师的学习与培训成为教师专业发展中的重点，教师培训工作的主要目的就是促进教师的专业成长。调查显示，有 89%的教师接受过各类培训，着实令人振奋鼓舞。总结表明，参加过培训的教师和没参加过培训的教师，在情绪劳动的被动深度行为上有显著差异。培训使中小学教师能在理论上加深对教育理念的理解，从而在内心深处接纳并认同学校和教育主管部门对教师的要求；在实践上提高了中小学教师的实际教学能力，能更有效地教育学生。在情绪劳动上，表现为能调整自己的情绪感受，使之与学校要求相一致。可以说，培训有助于教师采用深层情绪调节策略。

（三）收入高的教师更多表现符合规定的情绪工作

我们采用单因素方差分析，考察了安徽省中小学教师情绪劳动各维度的收入差异，结果见表 2-15。

表 2-15　教师情绪劳动在收入上的差异（$M \pm SD$）

维度	1500 元以下 （$n=42$）	1500～2999 元 （$n=730$）	3000～4999 元 （$n=871$）	5000 元及以上 （$n=155$）	F	LSD
表面行为	3.08±0.48	3.13±0.50	3.20±0.47	3.14±0.46	2.57*	1<2

注：1500 元以下=0，1500～2999 元=1，3000～4999 元=2，5000 元及以上=3

由表 2-15 可以看出，月收入水平不同的教师在表面行为上差异显著，在主动深度行为、被动深度行为上差异不显著。进一步的多重检验显示，平均收入为 1500～2999 元的教师在表面行为上显著低于平均收入为 3000～4999 元的教师。

教师的收入水平在某种程度上可以反映出教师职业的社会地位，这个职业对教师的吸引力，以及教师需要从这个职业当中获得多大程度的满足等。研究发现，月收入水平不同的教师在表面行为上差异显著，在主动深度行为、被动深度行为上差异不显著。这说明教师的收入水平对教师情绪劳动有影响，但影响有限，主要体现在表面行为上，这样的结果令人欣慰，说明我们广大中小学教师有时虽然也会因为工资待遇偏低而产生抵触心理和抱怨情绪，但更多时候、更多教师面对需要调适情绪的情境，无论是从职责还是道义上，都能够努力调控自己，发自内心地达到和体现教师的职业要求。调查显示，有 91.2%的教师月收入水平在 5000 元以下，而国家统计局发布的 2015 年教育行业的年平均工资为 66 992 元，显然本调查中 9 成教师收入低于全国的平均水平，甚至有 42.8%的教师月收入在 3000 元以下。显而易见，安徽省中小学教师的工资水平存在严重的偏低问题，需要引起重视并着力改进。

（四）内部从教动机的教师更容易主动调整情绪策略

我们采用单因素方差分析，考察了中小学教师情绪劳动各维度的从教原因差异，结果见表 2-16。

表 2-16　教师情绪劳动在从教原因上的差异（$M \pm SD$）

维度	喜欢 （$n=542$）	家人影响 （$n=224$）	工作稳定 （$n=561$）	无奈 （$n=245$）	其他 （$n=226$）	F	LSD
表面行为	2.38±0.76	2.58±0.75	2.53±0.73	2.78±0.72	2.54±0.69	12.52***	0<1, 2, 3, 4; 3>1, 2, 4
主动深度行为	3.45±0.70	3.45±0.62	3.32±0.66	3.21±0.72	3.24±0.64	8.14***	0>2, 3, 4; 1>2, 3, 4; 2>3
被动深度行为	3.70±0.65	3.61±0.60	3.63±0.60	3.40±0.68	3.51±0.67	10.15***	0<3, 4; 3>1, 2

注：喜欢=0，家人影响=1，工作稳定=2，无奈=3，其他=4

由表 2-16 可知，不同从教原因的教师在各个维度上有着显著差异，进一步比较显示，在表面行为上，因为喜欢而从教的教师得分显著低于其他各种原因从教的教师，缘于无奈而从教的教师得分显著高于因家人影响、工作稳定和其他原因从教的教师；在主动深度行为上，从教原因是喜欢、家人影响的教师得分显著高于从教原因是工作稳定、无奈、其他的教师，而且从教原因是工作稳定的教师得分显著高于从教原因是无奈的教师；在被动深度行为上，因喜欢而从教的教师得分显著低于因无奈、其他原因从教的教师，因无奈从教的教师得分显著高于因家人影响、工作稳定而从教的教师。

从教原因对教师情绪劳动策略的影响是比较广泛的，在情绪劳动 3 个维度上均表现出显著差异。在表面行为和被动深度行为上，从教原因是喜欢的教师得分显著低于家人影响、工作稳定、无奈和其他从教原因的教师；在主动行为深度行为上，从教原因是喜欢、家人影响的教师得分显著低于从教原因是工作稳定、无奈、其他的教师。喜欢是一个差异点，教师个人的心向选择对情绪策略的选择有影响。总体的趋势是，越是喜欢教育工作，表面行为和被动深度行为采取的越少，而那些被迫作出无奈选择而从教的教师使用得更多；对主动深度行为，喜欢教育工作的教师更倾向于采用主动深度行为，而因无奈而从教的教师较少采用主动深度行为。这也就意味着，如果从教是因为他们本身喜欢教育工作，他们愿意从教，当工作中遇到与工作要求不一致的情境时，他们会积极主动地调适自身的感受与想法，多采用主动深度行为使自己的表达与教育要求相符；但如果是被迫选择教师行业，当遇到冲突情境时，他们很难从内心改变自己的想法，多采取表面行为来改变自己的外在表现。

（五）其他工作因素特征

本书还考察了学校性质、教师课时数、是否为班主任、是否需要坐班等因素对教师情绪劳动的影响，结果显示，这些变量在情绪劳动的各维度上均无显著差异。

结果显示，教师情绪劳动在学校性质、教师课时数、是否为班主任、是否需要坐班方面没有差异，这与有些研究结论不一致。刘衍玲（2007）的研究结果显示，是否为班主任，教师的被动深度行为存在显著差异；课时数不同时，情绪劳动的 3 个维度上均有差异。张欣（2008）的研究表明，中小学教师的主动深度行为存在学校的所在地（城市和农村）差异。农村中小学教师比城市教师更容易采用主动深度行为。本次研究在这些因素上均未检验到差异，原因值得进一步研究和探讨。

第三节 教师情绪劳动的应对策略

教师的情绪调节与管理能力不是先天就有的,而是在后天的学习和工作中逐渐获得的,是受社会生活条件、学校管理制度、教师个体差异等内外因素的交互作用影响的。下面从内部和外部两方面来探讨应对策略,以促进教师的情绪调节与控制能力。

一、优化环境,构筑有力支持体系

(一)提高中小学教师的工资待遇

工资收入的高低常常被人们视作社会地位高低的一种衡量标准。德国社会学家马克斯·韦伯在分析人们社会地位的高低时,认为经济收入、社会声望和权力3项是评定的参数,经济收入位于首位。研究发现,工资收入是教师情绪劳动策略的影响因素之一。《中国劳动统计年鉴》的数据显示,2012年我国小学教师年均工资达到46 000元,中学教师年均工资达到49 000元。在2003~2010年国民经济新划分的19个行业里,小学教育行业的工资排位最高是2003年,排在国民经济的第12位,最低是在2006年,位于第16位,中学教育行业的工资一直排在第10~13位。可见,教师的工资待遇在整个社会职业体系中处于中下等水平,其收入指数明显偏低,不仅与经济发展水平极不匹配,也与教师的实际付出之间有很大的差距。本次调查发现,安徽省中小学有近9成教师的工资水平集中在1500~2999元和3000~4900元,教师待遇低下带来的直接后果就是中小学难以吸引和挽留优秀的教育人才。由马斯洛的需要层次理论可知,如果教师连物质上的基本需要都难以得到保障,很难谈到对职业的热爱,更难以谈及职业理想的培育和提升。在以人为本的新时代下,我们不应该再片面提倡一味奉献不求回报的"清贫而高尚"的教师职业观。作为"社会人"的教师,不可能超然于现实社会而不受其功利需求的影响。因此,如果我们只是在理性层面上要求教师具备职业道德感，而没有切实的措施提高教师的待遇和社会地位，必然会与各种社会现实产生碰撞，从而使很多教师感到彷徨、苦闷甚至痛苦、绝望（刘晓伟，2007）。

在当前，政府对教育的投入还没有达到发达国家的水平，对教师的物质待遇和社会地位的关注还亟待改善。从人本主义理念出发，切实关心教师群体的现实生活，提高教师的生活水平，保证教师有更多的精力与情感投入到教育教学中，让教师职业真正成为太阳底下最光辉、最具吸引力的职业，应当是我们长期的工作。

（二）培养中小学教师职业情绪素养

系统的培训，不仅可以使教师的教学效能得到提升，有助于教师教学工作的开展，还可以有效地提高中小学教师的情绪智力和情绪工作技能水平，帮助他们降低情绪劳动负荷。教师职业情绪培训主要从以下几个方面入手：首先，培养教师觉察自己与他人情绪的能力。研究发现，教师若能察觉他人的情绪，往往就不容易动怒，更会接纳他人，这样往往可以化解许多冲突。其次，帮助教师认识和了解自己所进行的情绪劳动，知道自己在进行情绪劳动时经常使用的调节策略，理解深度行为相对于表面行为是更好的情绪劳动调节策略，引导教师以深度行为策略进行情绪管理。再次，帮助教师学习教师情绪表达规则。教师情绪表达规则除了说明哪些情绪适当外，也指出这些情绪应该如何被传达，以及如何在不同场合表达这些情绪。只有深入地理解了教师的情绪表达规则，才能更深层次地掌握这些规则的意义并接纳这些规则，从而促进角色的转换。最后，培养教师一定的情绪管理能力。具有情绪管理能力的教师不但能有效应对自己内心的负面情绪，同时也能利用情绪信息去解决学生的情绪问题，并有能力维持情绪生活的平衡，合理地控制情绪，使情绪表现与当时情境相称。

培训过程中常用的方法有情景模拟法、角色扮演法、移情训练法等。这些方法可训练教师多角度、多方位地看待问题，真正从内心感受上发生改变，降低情绪失调水平，提高教师的情绪感受和情绪觉察能力。把这些方法纳入教师培训方案中，可提高教师的情绪管理能力，帮助教师将外在工作要求内化为自身需要，进而在教学中通过改变真实情绪体验，表现出工作所需情绪，并从中获得成就感和满足感。在培训过程中，可适当增加交流观摩环节，让教师观察学习优秀教师处理课堂教学或师生冲突所使用的情绪调节策略与技巧，逐渐使自己的情绪感受与学校的情绪要求和管理相协调。

（三）创建良好和谐的工作环境

从调查结果可以看到，教师日常的情绪状态和人际关系对情绪劳动均有影响，学校管理者应尽量为教师创建良好的情绪工作环境，保证教师在最佳情绪状态下进行工作，以利于情绪劳动的顺畅进行。

管理者需营建民主、平等的管理关系，多和教师沟通，关心、尊重、信任教师，赋予教师一定的专业自主权和心理空间自由度，满足教师的合理需要。此外，营造宽松愉快的组织氛围，增加休闲时间和自我调整空间，多开展文体活动，提供相互交流与沟通的平台，使教师能够通过合适的方式和渠道及时排遣和发泄不良情绪，也是增强教师情绪控制能力和情绪劳动水平的重要方法。

和谐环境中的良好互动关系成为教师情感的重要支柱，是教师心理能量的不竭之源，可以激发教师采用深度行为进行调节的积极性。

（四）实施中小学教师员工帮助计划

随着社会发展的日益加快，社会、学校、家庭对教师的期待和要求也日益提高，教师肩负的责任越来越大，压力也随之增大。根据工作要求——工作资源理论，工作要求高需要教师有丰富的心理资本，否则就会出现或加大职业倦怠的程度。有关个体干预策略有效性的研究表明，干预训练能很好地缓解个体的情绪衰竭症状。学校应该积极主动地采取措施，根据学校及教师现实状况，切实有效地关注和推进教师的心理健康，普及心理健康常识，开展心理健康教育讲座和相关活动，有条件的学校最好实施员工帮助计划（employee assistance program，EAP）。

员工帮助计划是当今国际上比较流行的一种员工心理资本管理的保障系统，即由第三方的专业服务机构提供给员工及其家属成员的一项系统的心理咨询服务，是员工的一种福利。员工帮助计划可以帮助中小学教师有效应对情绪劳动，减缓情绪劳动给教师带来的压力和冲击。

二、修炼内功，不断提升自我

（一）提高教师的职业认同水平

职业认同是个体对所从事职业的目标、职业的社会价值及其他因素的认可。当个体强烈认同个人在团体中扮演的角色，即视其角色为个人主要的中心价值时，个人会顺从该角色所赋予的期待与要求而表现出特定的行为，并与其内心感受一致。教师职业认同是在教师从教的过程中逐渐形成和发展的，它对于教师发展具有重要意义，是教师努力做好本职工作的心理基础和前提。本书研究发现，从教原因不同，教师采取的情绪策略也不同。那些出自内心喜爱教育事业的教师，即职业认同水平高的教师，在工作中所表现的行为不需要经过刻意的压抑来伪装，其真实感更强。因而，对职业认同水平高的教师来说，情绪劳动是一种自我展示，不会导致自我疏离或情绪耗竭之类的消极后果。Rafaeli 和 Sutton（1987）认为，个体为了完成工作而采取的伪装可以分为两类：一类是积极信仰的伪装，即个体认同工作角色所采取的伪装，这种伪装较少引起情绪失调或枯竭；另一类是消极信念的伪装，即个体并不认同工作角色，迫于展示工作的压力而不得不采取表层策略，对个体有较多的负面影响。可以说，职业认同是一种重要的个体内在资源，有助于个体应对工作上的情绪劳动要求。

教师要对自己从事的职业有全面而深刻的认识，努力培养和提升自己的职业情感。因为一个教师只有对自己所从事的职业性质、意义、作用、价值有着深刻、全面的认识，才会对自己的工作及工作对象产生深厚的感情，才会有强烈的事业感、责任感和自豪感等积极的职业情感。同时，教师要努力提升自身的理论水平和思想道德水平，要学会站在学生的立场，能够灵活处理工作和生活中的困扰和挫折，形成稳定、良好的职业情感，用行动和情感去影响和教育学生。

（二）提高教师的职业自我意识和角色意识

每一个教师的内心都有对自己所从事职业的看法或态度，这种主观意识或态度一旦形成，会在很大程度上支配人们的职业行为。教师能否时刻意识到自己的角色身份，关系到教师的事业心、职业责任感，以及对教育教学工作和学生情感的倾注。作为一名教师，无论是自己充满激情地站在讲台上，还是与周围同事的相处，都要时刻意识到自己的教师身份，只有这样，才能逐渐培养并加深自己对教育事业和对学生的情感，形成良好的教师心理品质。

教师在拥有清晰的职业角色意识的基础上，还要善于自我管理，通过自我反思、自我调控、自我激励等多种手段，主动了解自身的心理和行为。如果教师能很好地控制自己的情绪、态度和意志，其内心冲突就会逐渐得到克服，趋于平和（王相，2007）。

（三）训练情绪觉察能力

教师平时习惯压抑、忽略自己的真实感受，故而，情绪管理的第一步就是要能觉察我们的情绪，并且接纳我们的情绪。那么，怎样提升觉察能力呢？

首先，探索自己曾有的各种情绪。找一个独处的时间和一个安全的空间自言自语，教师可以自由地喊叫，大声地把任何感觉不加责备、不逃避地说给自己听。也可以以艺术（如看影视作品、读书、欣赏音乐或绘画等）作为探索和抒发情绪的媒介，需要注意是什么情节、什么歌曲会让你黯然泪下。如果教师记录下这些情节，就会对引发自己情绪的元素有越来越清楚的认识，借此观察刺激情节与情绪反应之间的关联，能准确指出是什么导致自己快乐、愤怒或恐惧等，更加清楚情绪背后的意义。可尝试回到过去，探索过去的回忆，可以更清楚自己个人独特的内在、反应模式及情绪反应的原因，在选定某一种情绪主题后，自由联想童年的相关记忆，把所想到的任何事情，不做任何筛选地大声讲出来，甚至对忘记的部分可以虚构，用来澄清自己内心的感受，从过去经验或回忆中探索自己的情绪。

其次，增进对外在、内在与中间领域的觉察。所谓外在领域，就是身体的知觉，如阳光照在脸上的温暖感、外面嘈杂的汽车声、幽幽飘来的花香……这个领域将教师的注意力转向环境或他人，对这个领域的训练可以帮助我们更真实地接触外在世界，有助于教师观察他人的状态，有助于人际互动与沟通。内在领域是指通过自己的身体和情感所感受到的，如背部僵硬、头晕目眩、心情纠结……这些都是内在的经验，是此刻身体内部某些特定部位的感受，内在领域的觉察对教师了解自己的情绪非常重要，因为一种情绪通常连接着一组身体反应。中间领域不是来自感官信息，是通过抽象化的过程来解释信息，包括思考及与之相关的一切，如担忧、判断、想象、计划、假设、分析等。当教师一直躲在思考、想象的象牙塔里（中间领域）时，因与环境失去真实的接触（内部或外部领域），对真实会有所歪曲，引发过多或不当的情绪。此时可将注意力转向外部领域（现在自己周围所发生的事情），而不是中间领域，如此身体就不会无端处于警戒状态。

最后，记录并整理自己每天的情绪。记录自己的心情日记，在日记中具体地描述事件的发生，感受自己的情绪，了解自己的想法，并检查是否受过去经验的影响。这样一来，教师便可借由心情日记，了解自己的情绪常常被什么事所引发，以及自己常用的解决方式，有利于觉察及行为的改变。

（四）学习情绪管理的方法

有时教师的情绪可能很强烈，需要借助一些方法来加以缓和和疏解，以免被情绪冲昏头脑，作出失去理智的行为。当然，教师可以采用身心松弛的方法来放松，此方法的目标在于帮助人们集中与放松精神，使心理处于一种平静、舒适的状态。它利用生理和心理彼此间的相互影响，使生理和心理同时达到放松的效果，有利于我们进一步觉察自己的情绪状态和想法。在情绪不稳定的时候，还可以找人谈一谈，这具有缓和、抚慰、稳定情绪的作用。在需要的时候，有家人、亲戚或好友可以听教师倾诉，这是很重要的。在倾诉时，不要一味地批评、责怪他人，或只是发泄自己的情绪，应该试着说出自己真正的感受和想法，有助于弄清问题，进一步找出解决问题的办法。此外，将注意力由原来的负面情绪转移到其他的事情上，如出去走一走、做家务、拼图、看电视和电影、听音乐，或打球、跑步、游泳、跳舞等，可以避免情绪和思绪继续恶化。

　　理性情绪治疗理论认为，人的情绪受个人的想法、态度和价值观的影响，造成我们产生某种情绪的并不是事件本身，而是我们对此事件的想法，因此改变想法就可以改变我们对事件所产生的情绪。第一步，要了解情绪的 ABC 理论。情绪 ABC 理论是由美国心理学家埃利斯创建的，其认为激发事件 A（activating）只是引发情绪和行为后果 C（consequence）的间接原因，而引起 C 的直接原因则是个体对激发事件 A 的认知和评价而产生的信念 B（belief），即人的消极情绪和行为结果（C），不是由某一激发事件（A）直接引发的，而是由经受这一事件的个体对它不正确的认知和评价所产生的错误信念（B）所直接引起。第二步，了解与分辨理性与非理性想法，知道非理性想法如何造成不合理的情绪结果。理性情绪治疗的观点是，人的情绪和想法可以分为健康和不健康两种，而理性的想法是健康的，非理性的想法是不健康的。非理性的想法常用的一类词是"夸大"，常出现的词是"受不了""糟透了""以偏概全"，另一类是"不切实际的要求"，此类信念的关键词是"应该""必须""一定"，这些词可作为我们寻找非理性想法的线索。第三步，学习驳斥非理性想法的方法，并练习驳斥的步骤。由前面情绪的 ABC 理论可以知道，当我们产生强烈的情绪时，造成情绪结果（C）的不是引发事件（A），而是我们对此事件的想法（B），所以若要去除这些引起困扰的非理性想法，就需要不断地驳斥这些想法（B），建立理性的想法。因此，通过驳斥能产生更理想、更具建设性的认知结果（effect）。驳斥是指质问、找出证据来反驳某种想法是错误的，在我们找出非理性想法之后，以肯定的方式陈述，再加上反驳的陈述，形成理性的想法（认知）。

（五）掌握沟通技巧，形成良好关系

　　教师不仅要善于与学生沟通，还要善于与上级、同事、家长等沟通，以期在教学及工作中获得他们的合作与支持。教师应掌握通过言语、表情与动作等各种方式，适宜、得体地表达情绪，应知道怎样的情绪表达方式是能够被互动对象所接受的，并有利于和他们建立融洽的人际关系；更要在识别他人情绪感受的基础上，通过适当的调整表达，能与他人进行友好的沟通，进而形成良好的情感关系。

　　总之，在教学过程中，教师需要大量的情绪投入和表露，需要不断的情绪调节与表达，这些会耗费教师大量的体力和心力。希望本书能够为一线教师指点迷津，引导教师正确看待工作中的情绪问题，有效调整情绪，降低情绪劳动带来的消耗，促进教师身心健康和教育的良好发展。

第三章
教师的职业倦怠

第一节　职业倦怠与教师职业倦怠

　　教师担负着教书育人的重任,是百年大计的关键,只有身心健康的教师才能教出身心健康的学生。但是,随着教学时间的不断延长,许多教师大概都会有这样一些感觉:从教之初的豪情壮志逐渐消失了,安于现状、平淡无为、得过且过的想法增多了;原先可爱的学生似乎有时变得令人生厌;走进课堂的神圣感没了,当教师的无奈感却逐渐增强了。这就是我们常说的教师职业倦怠的表现。

　　实际上,在教育教学工作过程中,中小学教师不断经历着身心疲惫、心力交瘁的感觉,不断感受到工作热情的减退及自我评价的降低。尤其是一些在农村任教的教师,工作量大,报酬少,相对城市地区的教师来说成就感较低。在这种环境下成长的教师,因缺乏人才引领,没有活力,又看不到希望,自然而然会产生职业倦怠。

　　由此可见,解决中小学教师中存在的职业倦怠问题,对教育教学质量提高有重要意义,也关系到教育事业的可持续发展和构建和谐社会目标的实现。

一、职业倦怠的内涵与结构分析

(一)心理学界关于职业倦怠的探讨

　　自"职业倦怠"一词出现在广阔的心理学领域,大家对其概念的界定就众说纷纭。

1974年，美国临床心理学家Freudenberger首次提出"职业倦怠"这一概念，他将其定义为："在工作过程中，人们由于工作时间过长、工作量过大、工作强度过高导致超出个体自身的承受范围所产生的一种疲惫不堪的状态，换句话说由于个体过分努力去达到一些个人或社会的不切实际的期望结果。"

Maslach和Jackson（1981）等根据人们在从事以人为服务对象的行业中，个体的情感耗竭、人格解体及成就感降低三个方面的症状，提出了职业倦怠的3个核心组成成分，即情感衰竭、去个性化和低成就感。

Blasé（1982）认为，在长期的压力下，个人在工作中可能开始退缩或不愿投入工作，最后导致了身体、情绪、态度等方面的耗竭，即形成了倦怠。

Pines和Maslach（1978）将职业倦怠定义为"个人对情绪要求的情境的长期卷入而导致的一种身体、情绪和心理的耗竭状态"。

Farber（1991）提出了职业倦怠的定义，大致是说职业倦怠是一种综合征。

Brill（2003）则认为职业倦怠是一种非病理的但个体机能失调的状态。

Cherniss（1980）认为"作为对工作疲劳的反应，职业倦怠是指个体的职业态度和行为以负性的形式发生改变的过程"。

Etzion认为"职业倦怠是一个缓慢的发展过程，开始时没有任何警告，在个体没有觉察到的情况下发展，一旦达到一个特殊的临界点，个体就会突然感到耗竭，并且不能把这种破坏性的体验与任何特殊的应激事件联系起来"。

Crens根据组织和社会文化背景如何影响个人对工作的反应来定义职业倦怠，认为倦怠是对有压力的、使人心烦的、单调乏味的工作的一种应付方式。他还认为导致倦怠的原因主要是工作者的付出与所得不一致。这种不一致可以分为两类：一类是个体处于过多刺激的情境（如教师教太多的学生）；另一类是个体面对有限的刺激情境缺少挑战（如教师多年教同一门学科）。

就职于耶鲁大学的Saroth根据社会历史学的观点，将职业倦怠定义为：倦怠不仅是个人的特征，也是社会面貌在个体心理特征上的一种反映。这一观点强调，当社会条件不能提供一个有助于与人联系的情境时，要保持服务工作的投入是很困难的。

但在众多的文献中，最为广大学者所认可及应用的是Maslach和Jackson（1981）所给出的定义：职业倦怠是在以人为服务对象的职业领域中，个体的一种情感耗竭、人格解体和个人成就感降低的症状。情感耗竭是职业倦怠的核心成分和个体压力维度，是指个体的情绪处于极度疲劳的状态，情感资源过度消耗，疲乏不堪，精力丧失；人格解体又称为"去个性化"，是职业倦怠的人际关系维度，指个体感受到对待服务对象的一种负性情绪,并在工作中对工作对象表现出消极、冷漠、麻木、疏远、非人性的态度;个人成就感降低是职业倦怠的自我评价维度,指在工作中对自我效能感的降低,对自己消极评价倾向的增长,对环境的适应性降低。简言之,职业倦怠就是由于长期处于一种特殊的工作背景下——例如长时间从事同一种工作、长期处于压力较大的工作环境等——而产生的一种亚健康状态。

(二)国外关于职业倦怠的理论

有关职业倦怠产生的理论,目前有三种有代表性的理论观点,具体如下。

1. 资源保存理论

资源保存理论是解释人如何因环境需求、资源供需之间的调节关系而产生压力的一种理论。该理论认为,当出现以下三种情况时,个人就会产生职业倦怠:①个人失去特定的资源;②珍贵资源受到威胁,或不足以应付需求;③投入珍贵资源却无法得到预期的回报。其中,"珍贵资源"的定义包括和个人息息相关的事物、条件、时间、能力、精力等。

Lee 和 Ashforth(1996)的元分析研究即以资源保存理论来解释职业倦怠。他们将研究变量分为"需求"和"资源"两大类。前者是资源保存理论中足以威胁珍贵资源丧失的影响因素,而后者则和资源保存理论中个人希望额外获取的资源有关。具体而言,"需求"相关因素是造成"情绪耗竭"和"人格解体"的主要原因;而"资源"相关因素则可用来支持个人,以减缓"情绪耗竭"和"人格解体"的扩张,同时它也是减缓"降低成就感"的主要因素。

2. 社会胜任模型

Harrison(1982)指出,职业倦怠与自我对工作胜任能力的直觉有关。所谓社会胜任能力,是指个人如何与环境互动,且影响环境的能力。例如,服务类的职业者倦怠的产生,主要取决于其所知觉的与人交往的社会胜任能力之强弱。大多数初入社会服务行业的人有着强烈的助人动机,希望能做些有助于他人的事,但能否达到目标,则还受一些因素的影响,如服务对象问题的严重性、受助者的意愿程度、特殊的环境资源和阻碍、工作方面的专业技术与能力。当工作者认为他们所做的是有价值的事,且可改变其服务对象的生活时,即能对其工作产生一种积极的情感反应。因此,职业倦怠并非从事某些工作的必然结果,而是与个人知觉其胜任能力有关。

此模式最大的优点是提出社会胜任能力在职业倦怠中扮演的角色,但因个人对有关工作效能的认定标准不一,因此造成解释上的许多困难,这也是此模式的局限所在。

3. 生态学模型

Carroll 和 White（1982）的生态学模型强调的是有机体及其环境生态系统之间的相互关系。因此，从生态学的观点来解释职业倦怠的现象，必须探究个体、生态系统及三者之间的相互影响，即从生态学的角度而言，职业倦怠是一种生态学上的功能失常现象，其影响因素如下。

（1）个人因素

个人因素包括身心健康状况、教育与训练程度、个人的应对方式、挫折容忍度、目标、需求、兴趣和价值观等。

（2）环境系统

1）微观系统：最小的组织生态系统，如办公室、机构中的部门。

2）中间系统：为较高层次的工作组织，包括多个微观系统所组成的一个较大的整体，如工作机构。

3）外环系统：指非工作生态系统，但却会直接影响到工作者及其机构运作的系统，如经费来源、工作者期望等。

4）宏观系统：超越外环系统，属于个人生活环境中的所有部分，包括社会、政治、经济、文化和教育等。

Carroll 和 White 认为造成职业倦怠的个人和环境变量是相当复杂的，因此探究职业倦怠，必须借助科学整合的努力，就个人变量而言，包括生物学、生理学、心理学、精神病学等，就环境变量而言，包括经济学、社会学、组织发展、团体动力学等。

此模式最大的优点是强调任何因素都不是造成职业倦怠的唯一因素，研究职业倦怠不能从单一环境或个人因素着手，而是要从环境与个人交互作用的观点进行。但造成职业倦怠的个人、环境变量互动的情形非常复杂，应用此模式亦有其研究上的限制。

（三）关于职业倦怠的测量

1. Maslach 职业倦怠调查普适量表

20 世纪 80 年代早期，研究者开始通过经验研究描述倦怠的发展过程，人们得以更多地认识教师职业倦怠，主要是借助于 Maslach 职业倦怠调查普适量表（Maslach Burnout Inventory General Survey，MBI-GS）进行了大量研究。该量表由 Maslach 和 Jackson 于 1981 年首先提出，并广泛应用于人际服务领域，1996 年进行了修订并扩大了其适用范围。

Maslach 和 Jackson 关于职业倦怠感三维结构的观点得到了多数实证研究的

支持。他们建构的 Maslach 职业倦怠感量表（MBI）因此成为职业倦怠感的经典测量工具，并多次修订。MBI 包括三个分量表，共 22 个项目。早先的 MBI 量表内容包括频次和强度两个部分，后来研究发现两部分有很高的相关，因此，MBI 后来的修订版只包括频次部分。该量表有 3 个结构相同但项目不同的版本：人事服务量表、教育量表和一般量表。其中，MBI-Educators Survey（MBI-ES）是关于教师职业倦怠的版本，国内一些学者已经对其进行了修订，用于研究教师的职业倦怠状况。量表项目均是陈述句式，如"我觉得每天上班工作很疲倦""我对现在的工作感觉有挫败感"，所有项目都从 0~6 的七点频率评定量表计分，"0"代表"从不"，"6"代表"每天"。在情绪衰竭和去人性化维度上，个体的得分越高，表示情绪衰竭和去人性化程度越高，相应的倦怠体验就越高；得分越低，表示情绪衰竭和去人性化的程度越低，相应的倦怠体验就越低。个体在个人成就感维度上的得分越高，表示个人成就感越高，相应的倦怠体验越低；反之，相应的倦怠体验就越高。MBI 应用非常广泛，被称为测量职业倦怠的"黄金准则"，已被证明具有良好的内部一致性信度、再测信度、结构效度、构想效度、判别效度等。其内部一致性信度为 0.52~0.91，其信度和效度具有跨文化的一致性。

2. BM 倦怠问卷

BM 倦怠问卷（Burnout Measure）是由 Pines 和 Aroson（1988）制定的，最初称作厌倦量表，该量表包括 21 个项目，从"从不"到"总是"采用 Likert 7 点计分，将最后计算的总分作为职业倦怠的得分，因此 BM 将职业倦怠看作是一维的结构。职业倦怠被定义为一种生理、精神、心理的衰竭状态，但与 MBI 不同的是，BM 不仅仅特指工作，而是包括生活的各个方面。在几个样本中对其均进行了标准化，作者也报告了可接受的内在一致性信度和 t 检验效度。

Pines（1981）认为倦怠可以产生于任何职业和任何人群，因而 BM 问卷项目的设计并不针对某一专门的职业群体，其含义非常宽泛。BM 测量个体在身体耗竭、情感耗竭和心理耗竭三个方面的倦怠程度，每个方面包括 7 个项目。BM 与 MBI 情感耗竭分量表存在很高的正相关，与抑郁、工作应激等量表有显著的区分度，表明该量表具有一定的可用性。Pines 认为，BM 是一个一维的职业倦怠测量工具，因而他将 BM 问卷的 21 个项目的得分累加起来得到一个简单的倦怠分数。但他同时又假定 BM 测量 3 种不同类型的耗竭，依据倦怠的定义将项目分配到 3 种类型的耗竭中去，这样看来，BM 又像是一个多维的问卷。但到今天为止，Pines 仍然没有发表一篇关于验证 BM 因素结构的研究报告。

许多研究者对不同职业的工作人员、大学生及家庭主妇等非职业群体进行测量后发现，BM 与 MBI 情绪衰竭分量表存在很高的正相关。但是 BM 所测量的职业倦怠是单维的，研究者更多的是把它作为心理紧张的指数。而 MBI 量表的各分量表的内部一致性较高，重测信度好，与工作满意度、抑郁和焦虑等量表的区分度较好，适用于人际服务类工作人员，因此，国内外很多研究者一般采用 MBI 量表对教师职业倦怠的情况进行测量。

3. 教师职业倦怠量表

王国香、刘长江、伍新春等基于 Maslach 等的倦怠问卷，通过对各个维度的题目进行添加或删除，采用自我效能感和抑郁作为职业倦怠的效标，并在初测与正式施测结果的基础上分析研究，最终确定了教师职业倦怠量表（Educator Burnout Inventory，EBI）。

修编的 EBI 保持 MBI 的 3 个核心维度，由 21 道题目构成，其中来自 MB 中的题目和研究编制的题目各占一半。采用 Likert 7 点计分，让被试按出现每种症状的频次进行评定，0~6 表示出现症状的频次依次增加。

除此之外，国内学者徐富明等（2004）编制了我国中小学教师职业倦怠问卷，并对其信效度进行了检测。探索性因素分析表明，我国中小学教师职业倦怠包含 3 个因子，分别为情绪疲惫、少成就感和去个性化。此问卷由 15 个项目构成。采用 Likert 量表形式，分 5 级计分，5 代表"非常符合"，1 代表"非常不符合"。

二、教师职业倦怠的相关研究

（一）关于教师职业倦怠

学术界普遍认为，教师职业倦怠是教师不能顺利应对工作压力时的一种极端心理反应。

德沃金把教师职业倦怠界定为："特定角色异化的极端表现形式，它的特征是感到工作没有意义，而又没有权力来改变并使工作有意义。"

徐瑞和刘慧珍（2010）认为，"教师职业倦怠是指由于工作压力过大导致的教师工作热情的丧失。教师职业倦怠具体表现为：疲劳感、缺乏工作成就感、丧失工作热情、易于贬低学生以及逃避教学的倾向等"。

教师职业倦怠的类型主要有：①精疲力尽型。教师对待工作压力的态度不是迎难而上，而是知难而退，得过且过。②狂热型。指的是教师在面对不可预期的困境和预设目标的失败时，不是试图寻找新的解决方案，而是用现有的方法反复做着无用的尝试。③低挑战型。指教师不是对工作中的压力和困境感到不满，而是对每天面对的单调的、缺乏激情的工作感到厌倦。④混合型。即以上类型的综合，多数教师这几种倦怠类型都有，形成混合型倦怠。

大部分教师职业倦怠的类型并非一成不变的。当工作压力过大、产生悲观心理时，教师会减少投入，这时的职业倦怠属于精疲力尽型；当感到精力充沛时，为了证明自己、实现个人价值，他们将尽一切努力克服困难，这时的职业倦怠属于狂热型；当他们对工作失去原有的兴趣与热情，对身边的人和事不理不问，产生一种得过且过的心态时，这时的职业倦怠属于低挑战型。

借鉴上述对教师职业倦怠概念的界定，参照已有的理论研究和分类，并结合笔者对此定义内容的认识与理解，笔者认为，教师职业倦怠是指教师因长期工作压力、工作中持续疲劳及在与他人相处过程中各种矛盾冲突而引起的挫折感加剧，最终导致在生理、心理、态度与行为等多方面产生负性心理反应，具体表现为教师对自己的工作感到厌倦、工作热情不高、个性丧失、自我效能感降低等一列消极反应的综合征。

（二）国外关于教师职业倦怠的研究

1. Leithwood 的研究

Leithwood 等（1999）的研究较多关注了教师职业倦怠的影响因素。在研究过程中，他强调了学校的领导因素对教师倦怠的影响，而这一因素是未被其他学者特别关注的。具体来说，他认为影响教师职业倦怠的因素主要有三个方面：个人因素、组织因素和学校领导。

首先，在个人因素方面，教师性别、教师年龄、教师教育过程、教师经验、对于教学的情感等都将对教师的职业倦怠产生影响。相关研究发现，较年轻的女性教师比男性教师不容易产生职业倦怠；在人格特质方面，避免极端竞争、有耐心及努力实现自己目标的教师不容易产生职业倦怠；在心理特征方面，具有内在控制信念并对其专业生涯具有强烈使命感的教师不容易产生职业倦怠；在教师的能力信念方面，具有高度自尊、积极的自我观念、高度专业的自我效能感的教师不容易产生职业倦怠。

其次，在组织因素方面，学生的不良行为、工作的过度负荷、过度的文书工作、学生负担、变革的外在压力、组织僵化、角色冲突、角色模糊、科层制的行政结构等因素都将对教师的职业倦怠产生影响。其中，相关研究发现，学生的不良行为是引发教师职业倦怠的主要因素，而获得朋友、家庭与同事的支持则是减少教师职业倦怠的重要影响因素。

最后，在学校领导方面，研究发现校长的领导工作方式与教师职业倦怠有显著的相关。如果学校要获得发展，教师的职业倦怠状况要不断缓解，学校领导的工作方式就要有所转变。校长对教师的不一致期望、不良的教师评价、权威的领导风格、对教师缺乏行政支持、偏袒徇私、不信任教师的专业能力等，都将成为引发教师职业倦怠的消极因素。为转变工作方式，学校领导（特别是校长）应鼓励教师间的合作，创造共同的规范、价值与信念，给予教师参与学校决策的机会等。

2. Byrne 的研究

Byrne 在对教师职业倦怠的研究过程中，对教师职业倦怠的影响因素作了深入的探讨，提出了"人格因素"对教师职业倦怠的影响。他认为，人格因素可以解释教师在相同的工作环境、在同样的监督及拥有相同的教育背景、经验的情况下，为何不同的教师面临相同的压力却有不同的反应。

Byrne 认为影响教师职业倦怠的因素有三方面：个人背景因素、组织因素与人格因素。在人格因素方面，控制信念与自尊是核心因素。这两个因素可以被认为是影响教师在相同的压力情境下有不同反应的内在因素。控制信念有内在与外在之分，具体表现为当个人相信某些事件是其自身行动的结果时即为内在控制，而视事件的发展结果在其控制之外，如由命运、运气或他人控制，即为外在控制。研究发现，持有外在控制信念的教师更可能产生职业倦怠，特别是在情感的耗竭方面。在自尊方面，教师强烈的自尊与职业倦怠有显著相关。根据马斯洛的需要层次理论，大部分人都具有强烈的社会认可的需求，当个体感到自己被社会拒绝时，就会感到压力，容易产生职业倦怠。

3. Dunham 的研究

Dunham 在关于教师压力与职业倦怠的研究中，更多地关注到了课程改革给教师带来的压力问题。众所周知，如果教师不能及时有效地缓解压力、倦怠，就很容易产生作为压力反应的极致状态。因此，教育改革中教师所面临的压力在一定程度上成为教师倦怠的影响因素。研究发现，全国性的课程改革与测验成为教师压力的重要来源，甚至在一定程度上引发了教师的职业倦怠。

Dunham 通过研究英国 1988 年教育改革法案发现，国家课程与关键期的考试威胁教师的专业自主，致使教师产生角色冲突与角色模糊，并且带来了教师过度工作负荷的问题，如增加的文书工作、配合学生评价等行政工作使教师的工作量增加等，这使教师没有时间调适改革带来的压力，也无法适当地准备以实施国家课程与考试。

同时，Black 的研究也发现，英国的国家课程与评价引发了教师的角色冲突，考试使教师陷于思考如何应付考试及学生如何学习以通过考试的紧张与压力之中。

(三) 国内关于教师职业倦怠的研究

近年来，国内学者也开始关注教师职业倦怠问题，并且进行了相关实证研究，但在理论方面主要是参考和借鉴国外的有关理论模型。

刘维良（1999）在《教师心理卫生》一书中谈道：职业倦怠指个体无法应付外界超出个人能量和资源的过度要求而产生的身心耗竭状态。教师的职业倦怠是指教师不能顺利应付工作应激的一种反应。

杨秀玉和杨秀梅（2002）在《教师职业倦怠解析》一文中谈道：职业倦怠是个体因不能有效地缓解工作压力或妥善地应付工作中的挫折所经历的身心疲惫的状态。

曾玲娟（2002）在《新世纪的关注热点：教师职业倦怠》一文中谈了教师产生职业倦怠的原因和对策。

刘晓明、邵海燕（2003）的《中小学教师职业倦怠状况的现实分析》，刘长江等（2004）的《中学教师职业倦怠的状况分析》，赵玉芳、毕重增（2003）的《中学教师职业倦怠状况及影响因素的研究》，曾玲娟的《中小学教师工作压力对职业倦怠的预测性研究》（2004）、《新世纪的关注热点：教师职业倦怠》（2002），高竟玉、余虹（2004）的《教师职业倦怠的成因及对策》等，都对教师的职业倦怠进行了分析。

纵观目前国内的研究，要么仅仅是理论上的探讨研究，要么是以一个城市或者以一个农村地区为单位的调查研究。例如，西南大学的赵玉芳与毕重增的研究是在国内用整群随机抽样的方法，从重庆和四川选取4所中学的230名教师，采用Maslach职业倦怠感量表（MBI）进行测量。再如，北京师范大学的伍新春等采用修订的教师职业倦怠问卷对647名中小学教师进行了调查。

2005年，中国人民大学公共管理学院组织与人力资源研究所和新浪教育频道对近9000名教师进行网上调查，结果显示，82.2%的教师感觉压力大，其中每10名教师中就有3名出现职业倦怠。该研究虽然存在不足，但是所反映的问题值得我们重视。

(四) 教师职业倦怠的过程模式

研究表明，教师职业倦怠的过程一般有3种模式。

第一种模式将教师的应激模式分为4个阶段：①热情期。高希望且希望不切实际。②停滞期。仍能工作，但更关注个人需要。③挫折期。感到无效能，对其他人不满，而且开始经历情绪、生理与行为方面的问题。④冷漠期。要求更少的工作，回避挑战。

第二种模式以倦怠的性质与强度为标志，将倦怠分为3个水平：①一级倦怠。表现为烦躁、担忧与挫折，此水平倦怠是短期的、可恢复的。②二级倦怠。表现为耗竭、玩世不恭、无效能、脾气起伏不定，此级倦怠比较固定、持久、不易克服。③三级倦怠。表现为生理、心理问题，自尊降低，从工作与人际交往中退却。此级倦怠是弥散的、剧烈的、难以处理的。

第三种模式是经验性阶段模式，该模式在服务职业中比较有效，将倦怠分为3个阶段：①性格解体；②个人成就感降低；③情绪耗竭。这个假设认为倦怠首先开始于性格解体。

（五）教师职业倦怠的影响因素

Leithwood 在对教师职业倦怠影响因素的研究中，强调学校的领导因素对其的影响，把影响教师职业倦怠的因素主要归纳为三方面：个人因素（即教师的性别、年龄、教育过程、经验、对于教学的情感等）、组织因素（即学生的不良行为、工作过度负荷、过度文书工作、学生负担、变革的外在压力、组织僵化、角色冲突、角色模糊、科层制的行政结构）和学校的领导（校长的领导工作，即对教师不一样的期望、不良的教师评价、权威的领导风格、对教师缺乏行政支持、偏袒徇私、不信任教师的专业能力等）(郑春林，2008)。

Byrne 也对教师职业倦怠的影响因素作了深入的探讨。人格因素的影响是其研究的特色表现。他认为，人格因素可以解释教师在相同的工作环境，在同样的监督及拥有相同的教育背景、经验的情况下，为何对相同的压力有不同的反应。具体来说，Byrne 认为影响教师职业倦怠的因素有三方面：个人背景因素、组织因素与人格因素（杨秀玉，杨秀梅，2002）。

Dunham 在对教师压力与职业倦怠的研究中，更多地关注到压力问题特别是课程改革给教师带来的压力，认为如果教师不能有效缓解压力，作为压力反应的极致状态即倦怠就很容易产生。在一系列的课程和考试改革中，教师的角色冲突、过度的工作负荷及缺乏专业自主是导致教师职业倦怠的主要因素。

Farber 将教师职业倦怠称为"教育中的危机"。Farber 认为，引发美国教师职业倦怠的根源主要有个人因素和工作相关的组织因素（杨秀玉，2005）。其中，个人因素包括个性因素、生活变故的影响、人口统计学方面的因素。与工作相关的组织因素包括学生的暴力行为、课堂纪律和对学习的冷漠；生气的时候要控制自己；行政管理人员的麻木；学校高层行政人员的不称职；不可理喻或漠不关心的家长；公众的批评；非教师本意的调职；过度拥挤的教室；将残障儿童纳入正规的学习班级；公众对"绩效责任"的要求；过多的文书工作；缺乏专业自主和专业感；不充裕的工资或者缺乏专业晋升的机会；孤立于其他成年人，缺少心理上的群体；不充分的准备；对学校物质条件的抱怨；角色模糊、角色冲突和角色的负荷过重（周月朗，2006）。

有些研究者认为，职业倦怠本身就是一个多维度的概念，其受多种因素影响，在职业倦怠的形成过程中，这些因素间可能存在复杂的相互作用（孟辉，2006）。

国内学者傅道春认为，教师职业倦怠的成因包括社会变迁的影响、外在的期望与教师内在的迷思、教学情境、学校组织结构与气候、教师人格因素（傅道春，2001）。连榕的研究表明，教师的专业成长影响其职业倦怠，新手型教师和熟手型教师的倦怠水平高于专家型教师；赵玉芳、毕重增调查中学教师职业倦怠时也发现，教师工作 6~10 年后最容易出现倦怠问题。陈韶荣的研究以应对方式作为中介变量，探讨教学效能感、工作压力与职业倦怠之间的整合关系，他的调查表明中等职业学校教师的教学效能感对其应对方式、职业倦怠有影响作用，且个人教学效能感的影响更大（陈韶荣，2009）。胡谊、杨翠蓉等将造成教师职业倦怠的原因总结为四个方面：职业因素，包括外在的期望、角色冲突、期望与现实的差距、职业的低创造性；工作环境，包括教学情境、人际关系及组织气氛；个人因素，包括人格特征、社会能力的直觉；社会因素，包括社会的巨变、群体关系、社会支持系统。

三、教师职业倦怠的不良影响

第一，教学效果下降。教师的身心与疲劳过度，对学生的观察、教育能力就会在无形之中降低，对学生的心理援助、管理指导等精神维持能力也会随之变得低下，当然随之而来的是教育、教学方法的不灵活或出现失常现象，在工作上变得机械，工作效率低，工作能力下降，最终导致教学质量降低。

第二，人际关系紧张。在人际关系上变得疏离，摩擦增多，情绪充满忧郁。有些教师使用粗暴的体罚，急躁的情绪、行为来对待学生，实则是一种身心疲倦，是压力增大后所产生的"危险信号"。教师心理疾病会导致严重的后果，有时会给学生造成难以弥补的伤害。

第三，造成自我身心伤害。教师的职业倦怠会造成教师的心理障碍和心理疾病，轻则是教师的消极态度和情绪表现明显，重则会因不良心理状态而引起神经衰弱，或因不堪压力而导致神经崩溃，最终直接影响自己的身心健康。

第四，影响学校的教育发展。教师职业倦怠将会直接影响教师发展，影响教师教学质量的提升，影响学校的整体发展。

第二节 教师职业倦怠的现状

一、教师职业倦怠的研究思路

本次研究采用方便整群取样方法选取被试。经有关部门和教师本人同意，选取安徽省 2020 名中小学教师参与本次研究。共发放问卷 2020 份，回收问卷 1853 份，问卷回收率为 91.73%。样本在性别和年龄段上的分布情况见表 3-1。

表 3-1　样本分布　　　　　　　　　　　　单位：人

项目	25 岁以下	25～34 岁	35～49 岁	50 岁及以上	总人数
男性	27	140	482	251	900
女性	60	293	437	118	908
总人数	77	433	919	369	1808

本次测量所用教师工作倦怠量表系伍新春等修编的 EBI，共有 22 个题目，该量表的 α 系数为 0.84，信度较好。

二、教师职业倦怠的特征分析

本次研究中，教师职业倦怠在情感衰竭、低成就感和去个性化 3 个维度及总分上的均值和标准差见表 3-2。

表 3-2　教师职业倦怠量表的描述统计量

项目	M	SD
情感衰竭	19.59	7.43
低成就感	26.91	5.51
去个性化	11.87	4.54
总分	58.30	11.79

结果表明，中小学教师存在不同程度的职业倦怠现象。

（一）中小学教师的职业倦怠水平存在人口学变量上的差异

本次研究发现，中小学男性教师的职业倦怠总体水平显著高于女教师，特别是在职业倦怠的情感衰竭和去个性化维度上的得分显著高于女教师；年龄较大的中小学教师的职业倦怠总体水平及在情感衰竭、低成就感、去个性化三个工作倦怠维度上的得分显著高于年龄较小的教师；教龄在10年以上的教师在教师职业倦怠量表总分上显著大于其他教龄的教师，而刚工作不久的青年教师职业倦怠水平显著低于教龄较长的教师；职称较高的教师职业倦怠水平显著高于未定职称的青年教师；学历水平较低（大专以下）的教师的职业倦怠水平显著高于学历较高水平（本科及以上）的教师；农村中小学教师职业倦怠水平存在专业和地区差异，理科教师职业倦怠水平显著高于文科教师，乡镇教师职业倦怠水平显著高于县城和城市教师。

1. 男性教师职业倦怠高于女性教师

以中小学教师性别为自变量，中小学教师在职业倦怠量表上的总分及各维度得分为因变量，进行独立样本 t 检验。结果表明（表3-3），不同性别中小学教师在职业倦怠总分和情感衰竭、去个性化两个维度上均有显著差异 $[t(1796)=4.11, p<0.001; t(1796)=2.83, p<0.05; t(1796)=6.67, p<0.001]$；男性教师的总分及情感衰竭维度、去个性化维度上的得分显著高于女教师，但在低成就感维度上和女性教师无显著差异。

表3-3 教师职业倦怠的性别差异（$M \pm SD$）

项目	男	女	t
情感衰竭	20.08±7.39	19.06±7.38	2.83*
去个性化	26.88±5.61	26.89±5.44	6.67***
总分	59.44±4.64	57.03±4.31	4.11***

2. 青年教师职业倦怠程度较低

以中小学教师年龄为自变量，中小学教师在职业倦怠量表上的总分及各维度得分为因变量，进行单因素方差分析。结果表明（表3-4），不同年龄中小学教师在职业倦怠总分及各维度上均差异显著 $[F(3, 1794)=15.84, p<0.001; F(3, 1794)=12.23, p<0.001; F(3, 1794)=6.03, p<0.001; F(3, 1794)=2.60, p<0.05]$。进一步事后多重比较发现，25岁以下教师在总分和情感衰竭维度上显著低于50岁及以上的教师；25~34岁的教师在总分及所有维度上低于35~49岁和50岁及以上的教师。

表 3-4 教师职业倦怠的年龄差异（$M \pm SD$）

项目	25 岁以下	25~34 岁	35~49 岁	50 岁及以上	F	LSD
情感衰竭	17.62±7.07	18.11±7.11	19.82±7.38	21.04±7.43	12.23***	0<3，1<2，3
低成就感	26.21±5.29	26.12±5.46	27.01±5.50	26.92±5.63	6.03***	1<3
去个性化	11.15±4.71	11.46±4.40	11.95±4.58	12.23±4.48	2.60*	1<3
总分	54.81±12.50	55.61±10.96	58.67±11.42	61.08±12.61	15.84***	0<3，1<2，3

注：25 岁以下=0，25~34 岁=1，35~49 岁=2，50 岁及以上=3

3. 从教时间越长的教师职业倦怠程度越高

以中小学教师不同教龄为自变量，中小学教师在职业倦怠量表上的总分及各维度得分为因变量，进行单因素方差分析。结果表明（表 3-5），不同教龄中小学教师在职业倦怠总分及各维度上均差异显著 [$F(3, 1794)=12.78$，$p<0.001$；$F(3, 1794)=11.76$，$p<0.001$；$F(3, 1794)=4.73$，$p<0.01$；$F(3, 1794)=3.93$，$p<0.01$]。进一步事后多重比较发现，教龄在 10 年以上的教师在教师职业倦怠量表总分上显著大于其他教龄的教师，在情感衰竭维度上显著大于教龄为 3 年以下和 3~5 年的教师，在低成就感维度上显著大于教龄为 6~10 年的教师；同时，在去个性化维度上，教龄为 3 年以下的教师得分显著低于教龄为 6~10 年、10 年以上的教师。

表 3-5 教师职业倦怠的教龄差异（$M \pm SD$）

项目	3 年以下	3~5 年	6~10 年	10 年以上	F	LSD
情感衰竭	16.93±6.49	17.27±6.55	18.81±7.62	20.13±7.44	11.76***	3>0，1
低成就感	26.65±5.45	26.09±5.93	25.60±5.29	27.14±5.50	4.73**	2<3
去个性化	10.65±4.18	11.54±4.84	11.88±4.41	11.99±4.52	3.93**	0<2，3
总分	54.24±10.11	54.29±11.47	56.24±11.21	59.21±11.89	12.78***	3>0，1，2

注：3 年以下=0，3~5 年=1，6~10 年=2，10 年以上=3

4. 职称越高的教师职业倦怠程度越高

以不同职称中小学教师为自变量，中小学教师在职业倦怠量表上的总分及各维度得分为因变量，进行单因素方差分析。结果表明（表 3-6），不同职称中小学教师在职业倦怠总分及情感衰竭、低成就感维度上均差异显著 [$F(3, 1794)=6.56$，$p<0.001$；$F(3, 1794)=6.05$，$p<0.001$；$F(3, 1794)=6.19$，$p<0.001$]，但是在去个性化维度上无显著差异。进一步事后多重比较发现，职称未定的教师在情感衰竭维度的得分和量表总分显著低于初级、中级、高级职称的教师；在低成就感维度上，未定职称教师的得分显著低于高级职称的教师，初级职称教师的得分显著低于中级、高级职称的教师。

表 3-6　教师职业倦怠的职称差异（$M\pm SD$）

项目	未定	初级	中级	高级	F	LSD
情感衰竭	16.92±6.75	19.56±7.56	19.94±7.44	19.90±7.12	6.05***	0<1, 2, 3
低成就感	26.31±5.31	26.15±5.44	27.15±5.59	27.70±5.51	6.19***	0<3, 1<2, 3,
总分	54.27±10.13	57.66±11.77	59.11±12.22	58.98±11.01	6.56***	0<1, 2, 3

注：未定=0，初级=1，中级=2，高级=3

5. 大专以下教师职业倦怠程度高于本科及以上教师

以不同学历中小学教师为自变量，中小学教师在职业倦怠量表上的总分及各维度得分为因变量，进行单因素方差分析。结果表明（表 3-7），不同学历中小学教师在职业倦怠总分及情感衰竭维度上均差异显著[$F(3, 1794)=6.40, p<0.001$；$F(3, 1794)=4.97, p<0.05$]，但在低成就感和去个性化维度上无显著差异。进一步事后多重比较发现，在情感衰竭维度上，学历为大专以下的教师得分显著高于学历为大专、本科、本科以上的教师；在总分上，学历为大专以下教师的得分显著高于学历为本科和研究生及以上的教师。

表 3-7　教师职业倦怠的学历差异（$M\pm SD$）

项目	大专以下	大专	本科	本科以上	F	LSD
情感衰竭	22.23±7.59	20.04±7.46	19.32±7.37	17.06±5.73	4.97**	0>1, 2, 3; 1>3
总分	63.61±13.46	59.12±12.37	57.73±11.43	55.06±8.66	6.40***	0>2, 3

注：大专以下=0，大专=1，本科=2，本科以上=3

6. 艺体专业教师职业倦怠程度低于其他教师

以不同专业中小学教师为自变量，中小学教师在职业倦怠量表上的总分及各维度得分为因变量，进行单因素方差分析。结果表明（表 3-8），不同专业中小学教师在职业倦怠总分及情感衰竭、去个性化维度上均差异显著[$F(3, 1794)=6.85, p<0.001$；$F(3, 1794)=6.76, p<0.001$；$F(3, 1794)=6.32, p<0.001$]，但是在低成就感维度上无显著差异。进一步事后多重比较发现，在情感衰竭维度、去个性化维度和总分上理科教师得分显著高于文科和艺体教师；艺体教师的得分在情感衰竭维度上显著低于其他专业教师；在总分上，艺体专业教师的得分显著低于理科教师和其他专业教师。

表 3-8　教师职业倦怠的专业差异（$M\pm SD$）

项目	文科	理科	艺体	其他	F	LSD
情感衰竭	18.91±7.00	20.60±7.99	16.82±5.56	21.11±7.19	6.76***	1>0, 2, 2<3
去个性化	11.41±4.31	12.78±4.70	11.10±4.62	11.69±4.07	6.32***	1>0, 2
总分	57.24±11.07	59.99±12.43	53.63±7.74	60.40±10.62	6.85***	1>0, 2, 2<1, 3

注：文科=0，理科=1，艺体=2，其他=3

7. 乡镇以下教师职业倦怠程度高于其他地区

以教师所在地区为自变量,中小学教师在职业倦怠量表上的总分及各维度得分为因变量,进行单因素方差分析。结果表明(表 3-9),来自乡镇以下、县城、城市地区的教师在低成就感维度上有显著差异[$F(2, 1795)=4.05, p<0.05$],但是在总分、情感衰竭维度、去个性化维度上无显著差异。进一步事后多重比较发现,在情感衰竭维度上,来自乡镇以下的教师的得分显著高于来自县城的教师。

表 3-9 教师职业倦怠的乡镇差异($M±SD$)

项目	乡镇以下	县城	城市	F	LSD
低成就感	27.30±7.40	26.49±7.33	26.71±7.45	4.05*	0>1

注:乡镇以下=0,县城=1,城市=2

(二)中小学教师的工作量影响职业倦怠

本次研究发现,课时量较多的教师职业倦怠水平在情感衰竭维度上显著高于课时量较少的教师,每周课时为 20 节以上的教师,其职业倦怠水平显著高于课时为 20 节以下的教师;班主任教师的职业倦怠水平显著高于非班主任教师;坐班教师的职业倦怠水平显著高于非坐班教师的水平。

1. 课时越少的教师职业倦怠程度越低

以课时为自变量,中小学教师在职业倦怠量表上的总分及各维度得分为因变量,进行单因素方差分析。结果表明(表 3-10),不同课时中小学教师在职业倦怠总分及情感衰竭维度上差异显著[$F(3, 1794)=4.23, p<0.01; F(3, 1794)=3.86, p<0.01$],但是在低成就感和去个性化维度上无显著差异。进一步事后多重比较发现,在情感衰竭维度和总分上,课时为 5 节以下的教师的得分显著低于课时为 6~12 节、13~20 节、20 节以上的教师。

表 3-10 教师职业倦怠的课时差异($M±SD$)

项目	5 节以下	6~12 节	13~20 节	20 节以上	F	LSD
情感衰竭	17.43±5.86	19.47±7.11	19.99±7.95	21.07±6.79	3.86**	0<1, 2, 3
总分	54.37±10.03	58.14±11.70	58.90±12.13	60.61±12.03	4.23**	0<1, 2, 3

注:5 节以下=0,6~12 节=1,13~20 节=2,20 节以上=3

2. 担任班主任更容易使对自己工作的评价降低

以中小学教师是否为班主任为自变量,中小学教师在职业倦怠量表上的总分及各维度得分为因变量,进行独立样本 t 检验。结果表明(表 3-11),中小学教师是否为班主任在低成就感维度上有显著差异[$t(1796)=2.06, p<0.05$];但在总分、情感衰竭维度、去个性化维度上无显著差异。

表 3-11　教师职业倦怠的是否为班主任的差异（$M\pm SD$）

项目	是班主任	不是班主任	t
低成就感	27.27±5.57	26.70±5.49	2.06*

3. 坐班教师职业倦怠程度高于不坐班教师

以中小学教师是否坐班为自变量，中小学教师在职业倦怠量表上的总分及各维度得分为因变量，进行独立样本 t 检验。结果表明（表 3-12），中小学教师是否坐班在职业倦怠总分及 3 个维度上均有显著差异 [$t(1796)=3.39$，$p<0.001$；$t(1796)=2.36$，$p<0.05$；$t(1796)=2.32$，$p<0.05$；$t(1796)=2.83$，$p<0.01$]，坐班的教师在总分和各个维度上的得分都显著高于不坐班的教师。

表 3-12　教师职业倦怠的是否坐班的差异（$M\pm SD$）

项目	坐班	不坐班	t
情感衰竭	19.94±7.46	19.06±7.29	2.36*
低成就感	27.15±5.52	26.51±5.52	2.32*
去个性化	12.08±4.64	11.46±4.25	2.83**
总分	59.04±12.00	56.99±11.35	3.39***

4. 参加过培训的教师更容易在工作中丧失积极感

以中小学教师是否参加培训为自变量，中小学教师在职业倦怠量表上的总分及各维度得分为因变量，进行独立样本 t 检验。结果表明（表 3-13），中小学教师是否参加培训在职业倦怠低成就感维度上有显著差异 [$t(1796)=3.64$，$p<0.001$]，参加过培训的教师在低成就感维度上的得分显著高于没有参加过培训的教师，但在总分、情感衰竭维度、去个性化维度上与没有参加过培训的教师无显著差异。

表 3-13　教师职业倦怠的是否参加过培训的差异（$M\pm SD$）

项目	参加过培训	没有参加过培训	t
低成就感	27.07±5.48	25.53±5.66	3.64***

5. 未婚教师职业倦怠程度低于已婚教师

以不同婚姻状况（划分为未婚、已婚、离异及丧偶等）为自变量，中小学教师在职业倦怠量表上的总分及各维度得分为因变量，进行单因素方差分析。结果表明（表 3-14），不同婚姻状况的中小学教师在职业倦怠总分及情感衰竭、去个性化维度上均差异显著 [$F(3,1794)=6.62$，$p<0.001$；$F(3,1794)=5.05$，$p<0.01$；$F(3,1794)=4.52$，$p<0.01$]，但是在低成就感维度上无显著差异。进一步事后多重比较发现，在情感衰竭维度、去个性化维度和总分上，未婚教师的得分都显著低于已婚教师。

表 3-14　教师职业倦怠的婚姻状况差异（$M\pm SD$）

项目	未婚	已婚	离异	丧偶	F	LSD
情感衰竭	17.58±6.53	19.82±7.45	20.33±7.02	19.86±8.15	5.05**	0<1
去个性化	10.74±3.93	12.00±4.56	12.46±4.17	11.57±4.20	4.52**	0<1
总分	54.58±9.97	58.71±11.87	59.60±12.29	57.43±11.33	6.62***	0<1

注：未婚=0，已婚=1，离异=2，丧偶=3

6. 有子女的教师职业倦怠程度高于无子女的教师

以中小学教师是否有孩子为自变量，中小学教师在职业倦怠量表上的总分及各维度上的得分为因变量，进行独立样本 t 检验。结果表明（表 3-15），中小学教师是否有孩子在职业倦怠总分及 3 个维度上均有显著差异［$t(1796)=6.32$，$p<0.001$；$t(1796)=5.21$，$p<0.001$；$t(1796)=2.68$，$p<0.01$；$t(1796)=3.53$，$p<0.001$］，有孩子的教师在教师职业倦怠量表总分及各个维度上的得分都显著高于没有孩子的教师。

表 3-15　教师职业倦怠的是否有孩子的差异（$M\pm SD$）

项目	有孩子	没有孩子	t
情感衰竭	19.89±7.44	17.33±6.56	5.21***
低成就感	27.04±5.50	25.97±5.73	2.68**
去个性化	11.99±4.52	10.85±4.28	3.53***
总分	58.85±11.87	54.05±9.94	6.32***

7. 夫妻关系冷淡的教师职业倦怠程度高于夫妻关系和睦的教师

以中小学教师对自己夫妻关系认知的不同为自变量，中小学教师在职业倦怠量表上的总分及各维度得分为因变量，进行单因素方差分析。结果表明（表 3-16），不同夫妻关系的中小学教师职业倦怠总分及 3 个维度上的得分均有显著差异［$F(2,1795)=18.38$，$p<0.001$；$F(2,1795)=29.05$，$p<0.001$；$F(2,1795)=6.78$，$p<0.001$；$F(2,1795)=21.25$，$p<0.001$］。进一步事后多重比较发现，在总分和各个维度上夫妻关系和睦的教师的得分显著低于夫妻关系普通的教师；在总分上，夫妻关系冷淡的教师的得分显著高于夫妻关系和睦的教师。

表 3-16　教师职业倦怠的夫妻关系差异（$M\pm SD$）

项目	和睦	普通	冷淡	F	LSD
情感衰竭	19.24±7.13	22.40±8.16	29.30±11.80	29.05***	0<1
低成就感	27.20±5.43	25.93±5.53	29.00±10.11	6.78***	0>1
去个性化	11.69±4.41	13.44±5.01	16.30±7.56	21.25***	0<1
总分	58.01±11.29	61.78±13.70	74.00±22.67	18.38***	0<1，2

注：和睦=0，普通=1，冷淡=2

（三）农村中小学教师的职业倦怠水平存在个体特征方面的差异

同时，本研究结果表明，相对于身体健康状况差的教师，身体健康状况好的教师职业倦怠水平较低；从内心喜欢教师职业的教师的职业倦怠水平整体上较低，而因外部因素从教（如家人影响、工作稳定或无奈）的教师，其职业倦怠水平较高；个体情绪较差的教师职业倦怠水平显著高于情绪快乐的教师；问题解决过程中，关注个人专业成长的教师，其职业倦怠水平整体较低，而关注提高个人待遇、自身身体和心理的教师，其职业倦怠整体水平较高。

1. 身体状况不佳的教师职业倦怠程度高于健康教师

以中小学教师不同身体状况为自变量，中小学教师在职业倦怠量表上的总分及各维度得分为因变量，进行单因素方差分析。结果表明（3-17），不同身体状况的中小学教师在职业倦怠量表总分及各维度上均差异显著［$F(3,1794)=36.62$，$p<0.001$；$F(3,1794)=68.86$，$p<0.001$；$F(3,1794)=9.31$，$p<0.01$；$F(3,1794)=24.34$，$p<0.001$］。进一步事后多重比较发现，在总分和情感衰竭维度、去个性化维度上，身体状况很好的教师得分显著低于身体状况较好、较差、很差的教师，身体状况较好的教师得分显著低于身体状况较差、很差的教师；在情感衰竭维度和总分上，身体状况较差的教师得分显著低于身体状况很差的教师；在低成就感维度上，身体状况很好的教师得分显著高于身体状况较好和较差的教师。

表3-17 教师职业倦怠的身体状况差异（$M±SD$）

项目	很好	较好	较差	很差	F	LSD
情感衰竭	17.07±6.42	19.62±6.88	23.70±8.27	29.67±7.53	68.86***	0<1, 2, 3/1<2, 3, 2<3
低成就感	27.93±5.70	26.51±5.31	26.20±5.66	27.75±5.77	9.31***	0>1, 2
去个性化	11.08±4.46	11.77±4.13	13.54±5.19	15.88±5.855	24.34***	0<1, 2, 3/1<2, 3
总分	55.79±10.63	57.89±10.98	63.39±13.90	73.09±15.35	36.62***	0<1, 2, 3/1<2, 3, 2<3

注：很好=0，较好=1，较差=2，很差=3

2. 内部从教动机的教师职业倦怠程度低于外部从教动机的教师

以中小学教师不同从教原因为自变量，中小学教师在职业倦怠量表上的总分及各维度得分为因变量，进行单因素方差分析。结果表明（表3-18），不同从教原因中小学教师在职业倦怠量表总分及各维度上均差异显著［$F(4,1793)=25.31$，$p<0.001$；$F(4,1793)=59.29$，$p<0.001$；$F(4,1793)=26.12$，$p<0.001$；$F(4,1793)=44.19$，$p<0.001$］。进一步事后多重比较发现，从教原因是喜欢教师职业的教师在情感衰竭维度、低成就感维度、去个性化维度上的得分都显著低于从教原因是家人影响、教师工作稳定、无奈选择的教师；在去个性化维度上，从教原因为喜欢教师职业的教师得分显著低于从教原因为其他的教师；在总分上，

从教原因为喜欢教师职业的教师得分显著低于从教原因为工作稳定的教师。从教原因为出于无奈的教师，在情感衰竭维度、去个性化维度和总分上的得分显著高于从教原因为家人影响、工作稳定和其他的教师；在低成就感维度上显著低于从教原因为家人影响、工作稳定的教师，在总分上显著高于从教原因为喜欢教师职业的教师。

表 3-18　教师职业倦怠的从教原因差异（$M±SD$）

项目	喜欢	家人影响	工作稳定	无奈	其他	F	LSD
情感衰竭	16.68 ±6.36	19.27 ±6.81	20.20 ±6.96	25.10 ±7.87	19.58 ±7.25	59.29***	0<1, 2, 3, 4; 3>1, 2, 4
低成就感	28.76 ±5.35	26.65 ±5.73	26.54 ±5.30	24.91 ±5.34	25.72 ±5.24	26.12***	0>1, 2, 3; 3<1, 2
去个性化	10.40 ±4.01	11.88 ±4.30	11.94 ±4.26	14.93 ±4.93	11.91 ±4.35	44.19***	0<1, 2, 3, 4; 3>1, 2, 4
总分	55.59 ±10.16	57.67 ±10.52	58.67 ±11.49	64.86 ±13.83	57.07 ±12.37	25.31***	0<2; 3>0, 1, 2, 4

注：喜欢=0，家人影响=1，工作稳定=2，无奈=3，其他=4

3. 有负性情绪的教师职业倦怠程度高于无负性情绪的教师

以是否发生不愉快事件为自变量，中小学教师在职业倦怠量表上的总分及各维度得分为因变量，进行独立样本 t 检验。结果表明（表 3-19），中小学教师是否发生不愉快事件在职业倦怠量表总分及 3 个维度上均有显著差异 [$t(1796)=7.90$, $p<0.001$；$t(1796)=10.81$, $p<0.001$；$t(1796)=-2.37$, $p<0.01$；$t(1796)=8.29$, $p<0.001$]，工作中发生不愉快事件的教师，在教师职业倦怠量表的总分及情感衰竭、去个性化维度上的得分都显著高于工作中没有发生不愉快事件的教师。

表 3-19　教师职业倦怠的是否发生不愉快事件的差异（$M±SD$）

项目	发生	没有发生	t
情感衰竭	23.47±7.69	18.59±7.00	10.81***
低成就感	26.30±5.46	27.08±5.53	−2.37*
去个性化	12.73±4.85	11.38±4.32	8.29***
总分	63.19±13.02	57.02±11.16	7.90***

4. 有正性情绪的教师职业倦怠程度高于无正性情绪的教师

以是否发生愉快事件为自变量，中小学教师在职业倦怠量表上的总分及各维度上的得分为因变量，进行独立样本 t 检验。结果表明（表 3-20），中小学教师是否发生愉快事件在情感衰竭、低成就感维度上有显著差异 [$t(1796)=-4.17$, $p<0.001$；$t(1796)=-4.08$, $p<0.001$]，工作中发生愉快事件的教师在情感衰竭维度上的得分显著低于工作中没有发生愉快事件的教师，在低成就感维度上显著

高于工作中没有发生愉快事件的教师，但工作中发生愉快事件的教师在总分、去个性化维度上的得分和没有在工作中发生过愉快事件的教师无显著差异。

表3-20 教师职业倦怠的是否发生愉快事件的差异（$M\pm SD$）

项目	发生	没有发生	t
情感衰竭	18.55±7.02	20.11±7.49	-4.08***
低成就感	28.06±5.47	26.32±5.46	-4.17***

5. 负性情绪认知的教师职业倦怠程度高于正性情绪认知的教师

以中小学教师不同情绪认知差异（划分为糟糕、不快乐、不太满意、满意、快乐、愉快等6级）为自变量，中小学教师在职业倦怠量表上的总分及各维度得分为因变量，进行单因素方差分析。结果表明（表3-21），不同情绪差异的中小学教师在职业倦怠总分及各维度上均差异显著[$F(5,1792)=35.68, p<0.001$；$F(5,1792)=69.38, p<0.001$；$F(5,1792)=18.93, p<0.001$；$F(5,1792)=40.00, p<0.001$]。进一步事后多重比较发现，在情感衰竭维度、去个性化维度、总分上，情绪为糟糕的教师得分显著高于其他教师，情绪为不快乐的教师得分显著高于情绪为满意、快乐、愉快的教师；在情感衰竭维度、去个性化维度上，情绪为不太满意的教师得分显著高于情绪为满意、快乐、愉快的教师；在情感衰竭维度上，情绪为不快乐的教师得分高于情绪为不太满意的教师；在低成就感维度上，情绪为不快乐的教师得分显著低于情绪为糟糕、满意、快乐、愉快的教师，情绪为不太满意的教师得分显著低于情绪为满意、快乐、愉快的教师，情绪为满意的教师得分显著低于情绪为快乐、愉快的教师；在去个性化维度上，情绪为满意的教师得分显著高于情绪为快乐的教师。

表3-21 教师职业倦怠的情绪差异（$M\pm SD$）

项目	情感衰竭	低成就感	去个性化	总分
糟糕	29.81±8.06	26.44±5.60	16.75±4.77	73.14±14.67
不快乐	24.53±7.47	24.64±5.79	14.04±4.73	63.47±12.61
不太满意	24.53±7.47	25.50±5.24	12.74±4.67	60.07±12.04
满意	18.10±6.35	27.27±5.22	11.21±4.05	56.45±10.47
快乐	16.78±6.68	28.49±5.65	10.60±4.21	55.48±10.59
愉快	16.59±6.29	29.27±6.03	10.25±3.84	55.83±10.70
F	69.38***	18.93***	40.00***	35.68***
LSD	0>1, 2, 3, 4, 5; 1>2, 3, 4, 5; 2>3, 4, 5	1<0, 3, 4, 5; 2<3, 4, 5; 3<4, 5	0>1, 2, 3, 4, 5; 1>3, 4, 5; 2>3, 4, 5; 3>4	0>1, 2, 3, 4, 5; 1>3, 4, 5

注：糟糕=0，不快乐=1，不太满意=2，满意=3，快乐=4，愉快=5

（四）农村中小学教师的职业倦怠水平存在社会关系方面的差异

研究发现，农村中小学教师的职业倦怠水平在社会关系方面存在不同程度的差异，具体表现在家庭关系、同学关系、朋友关系和老师关系较差的教师，其职业倦怠水平显著高于上述关系较好的教师；工作中是否发生愉快与不愉快事件的教师在职业倦怠水平上也存在不同程度的差异，愉快事件多和不愉快事件少的教师的职业倦怠水平整体较低；不同婚姻状况的农村中小学教师的职业倦怠也存在差异，在情感衰竭维度、去个性化维度和工作倦怠总体水平上，未婚教师的得分都显著低于已婚教师；婚姻关系冷淡的教师职业倦怠水平更高；有孩子的教师在教师职业倦怠量表总分及各个维度上的得分都显著高于没有孩子的教师。

1. 负性朋友关系认知的教师职业倦怠程度高于正性朋友关系认知的教师

以中小学教师对朋友关系的认知差异（划分为糟糕、不快乐、不太满意、满意、快乐、愉快等6级）为自变量，中小学教师在职业倦怠量表上的总分及各维度得分为因变量，进行单因素方差分析。结果表明（表3-22），不同朋友关系的中小学教师在职业倦怠总分及各维度上均差异显著[$F(5, 1792)=8.29, p<0.001; F(5, 1792)=17.48, p<0.001; F(5, 1792)=22.45, p<0.001; F(5, 1792)=21.98, p<0.001$]。

进一步事后多重比较发现，在情感衰竭维度、去个性化维度、职业倦怠总分上，朋友关系为不太满意的教师得分显著高于朋友关系为满意、快乐、愉快的教师；在低成就感维度上，朋友关系为不快乐的教师得分显著低于朋友关系为满意、快乐、愉快的教师，朋友关系为不太满意的教师得分显著低于朋友关系为满意、快乐、愉快的教师，朋友关系为满意的教师得分显著低于朋友关系为快乐、愉快的教师，朋友关系为快乐的教师得分显著低于朋友关系为愉快的教师；在去个性化维度上，朋友关系为不快乐的教师得分显著高于朋友关系为快乐、愉快的教师，朋友关系为糟糕的教师和其他教师差异不显著。

表3-22 教师职业倦怠的朋友关系差异（$M \pm SD$）

项目	情感衰竭	低成就感	去个性化	总分
糟糕	23.14±8.67	27.17±5.67	13.86±4.96	61.50±11.50
不快乐	23.85±7.65	23.79±5.33	16.50±5.34	64.69±14.58
不太满意	25.25±8.14	23.82±5.15	15.10±5.25	64.37±13.07
满意	19.30±7.11	26.48±5.31	11.73±4.34	57.46±11.71
快乐	18.69±6.87	27.98±5.44	11.73±4.34	57.89±10.81
愉快	18.51±7.68	29.64±5.73	10.80±4.48	58.48±11.58
F	17.48***	22.45***	21.98***	8.29***
LSD	2>3, 4, 5	1<3, 4, 5; 2<3, 4, 5; 3<4, 5; 4<5	1>4, 5; 2>3, 4, 5	2>3, 4, 5

注：糟糕=0，不快乐=1，不太满意=2，满意=3，快乐=4，愉快=5

2. 负性家人关系认知的教师职业倦怠程度高于正性家人关系认知的教师

以中小学教师对家人关系认知的差异（划分为糟糕、不快乐、不太满意、满意、快乐、愉快 6 级）为自变量，中小学教师在职业倦怠量表上的总分及各维度得分为因变量，进行单因素方差分析。结果表明（表 3-23），不同家人关系的中小学教师在职业倦怠量表总分及各维度上均差异显著［为 $F(5, 1792)=9.00$，$p<0.001$；$F(5, 1792)=14.87$，$p<0.001$；$F(5, 1792)=14.43$，$p<0.001$；$F(5, 1792)=16.04$，$p<0.001$］。

进一步事后多重比较发现，在情感衰竭维度上，家人关系为愉快的教师的得分显著低于家人关系为糟糕、不快乐、不太满意的教师，家人关系为快乐的教师的得分显著低于家人关系为糟糕、不快乐、不太满意的教师，家人关系为满意的教师得分显著低于家人关系为糟糕、不快乐、不太满意的教师；在低成就感维度上，家人关系为愉快的教师得分显著高于家人关系为不快乐、不太满意、满意、快乐的教师，家人关系为快乐的教师得分显著高于家人关系为不快乐、不太满意、满意的教师，家人关系为满意的教师得分显著高于家人关系为不太满意的教师。在去个性化维度和总分上，家人关系为糟糕的教师得分显著高于其他教师，家人关系为不快乐的教师得分显著高于家人关系为满意、快乐、愉快的教师，家人关系为不太满意的教师得分显著高于家人关系为满意、快乐、愉快的教师；在去个性化维度上，家人关系为不快乐的教师得分显著高于家人关系为不太满意的教师，家人关系为满意的教师得分显著高于家人关系为快乐、愉快的教师。

表 3-23 教师职业倦怠的家人关系差异（$M\pm SD$）

项目	情感衰竭	低成就感	去个性化	总分
糟糕	29.60±8.67	26.33±6.46	19.67±4.45	80.13±11.76
不快乐	26.10±8.96	24.00±5.95	16.39±5.21	67.31±14.52
不太满意	24.06±8.16	24.85±5.49	13.86±5.21	62.54±13.84
满意	19.57±7.27	26.31±5.36	11.97±4.39	57.87±11.75
快乐	19.14±6.76	27.43±5.37	11.38±4.21	57.89±10.95
愉快	17.95±7.14	28.88±5.59	10.89±4.32	57.30±11.13
F	14.87***	14.43***	16.04***	9.00***
LSD	5<0, 1, 2, 3; 4<0, 1, 2; 3<0, 1, 2	5>1, 2, 3, 4; 4>1, 2, 3; 3>2	0>1, 2, 3, 4, 5; 3>4, 5; 1>2, 3, 4, 5; 2>3, 4, 5	0>1, 2, 3, 4, 5; 1>3, 4, 5; 2>3, 4, 5

注：糟糕=0，不快乐=1，不太满意=2，满意=3，快乐=4，愉快=5

3. 负性同学（同事）关系认知的教师职业倦怠程度高于正性同学（同事）关系认知的教师

以中小学教师对同学（同事）关系的不同认知（划分为糟糕、不快乐、不太满意、满意、快乐、愉快 6 级）为自变量，中小学教师在职业倦怠量表上的总分及各维度得分为因变量，进行单因素方差分析。结果表明（表 3-24），不同同学（同事）关系的中小学教师在职业倦怠量表总分及各维度上均差异显著[$F(5, 1792)=12.15, p<0.001; F(5, 1792)=19.77, p<0.001; F(5, 1792)=18.77, p<0.001; F(5, 1792)=18.64, p<0.001$]。

进一步事后多重比较发现，在情感衰竭维度，同学（同事）关系为糟糕的教师得分显著高于同学（同事）关系为满意、快乐、愉快的教师，同学（同事）关系为不快乐的教师得分显著高于同学（同事）关系为满意、快乐、愉快的教师，同学（同事）关系为不太满意的教师得分显著高于同学（同事）关系为满意、快乐、愉快的教师，同学（同事）关系为满意的教师得分显著高于同学关系为快乐的教师；在低成就感维度上，同学（同事）关系为愉快的教师得分显著高于其他教师，同学（同事）关系为快乐的教师得分显著高于同学（同事）关系为不太满意、满意的教师。同学（同事）关系为满意的教师得分显著高于同学（同事）关系为不快乐、不太满意的教师；在去个性化维度上，同学（同事）关系为糟糕、不快乐、不太满意的教师得分显著高于同学（同事）关系为满意、快乐、愉快的教师，同学（同事）关系为满意的教师得分显著高于同学（同事）关系为快乐、愉快的教师；在总分上，同学（同事）关系为不快乐、不太满意的教师得分显著高于同学（同事）关系为满意、快乐、愉快的教师。

表 3-24　教师职业倦怠的同学（同事）关系差异（$M±SD$）

项目	情感衰竭	低成就感	去个性化	总分
糟糕	27.00±10.01	25.75±7.72	17.00±6.13	72.71±18.17
不快乐	28.36±6.44	22.17±4.68	16.80±3.63	68.56±8.17
不太满意	24.59±7.69	24.88±5.00	14.81±5.01	64.22±12.44
满意	19.34±7.17	26.52±5.34	11.69±4.35	57.54±11.72
快乐	18.26±6.73	27.83±5.63	11.08±4.13	56.96±11.80
愉快	18.19±7.58	30.02±5.52	10.92±4.51	58.66±11.21
F	19.77***	18.77***	18.64***	12.15***
LSD	0>3, 4, 5; 1>3, 4, 5; 2>3, 4, 5; 3>4	5>0, 1, 2, 3, 4; 4>2, 3; 3>1, 2	0>3, 4, 5; 1>3, 4, 5; 2>3, 4, 5; 3>4, 5	1>3, 4, 5; 2>3, 4, 5

注：糟糕=0，不快乐=1，不太满意=2，满意=3，快乐=4，愉快=5

4. 负性领导（老师）关系认知的教师职业倦怠程度高于正性领导（老师）关系认知的教师

以中小学教师对领导（老师）关系的不同认知（划分为糟糕、不快乐、不太满意、满意、快乐、愉快 6 级）为自变量，中小学教师在职业倦怠量表上的总分及各维度得分为因变量，进行单因素方差分析。结果表明（表3-25），不同领导（老师）关系的中小学教师在职业倦怠量表总分及各维度上均差异显著［$F(5, 1792)=15.81, p<0.001; F(5, 1792)=27.76, p<0.001; F(5, 1792)=12.26, p<0.001; F(5, 1792)=23.74, p<0.001$］。

进一步事后多重比较发现，在情感衰竭维度，领导（老师）关系为糟糕、不快乐、不太满意的教师得分显著高于领导（老师）关系为满意、快乐、愉快的教师；在低成就感维度上，领导（老师）关系为愉快的教师得分显著高于其他教师，领导（老师）关系为快乐的教师得分显著高于领导（老师）关系为不快乐、不太满意、满意的教师。领导（老师）关系为满意的教师得分显著高于领导（老师）关系为不快乐、不太满意的教师；在去个性化维度上，领导（老师）关系为糟糕、不快乐、不太满意的教师得分显著高于领导（老师）关系为满意、快乐、愉快的教师；在总分上，领导（老师）关系为糟糕、不快乐、不太满意的教师得分显著高于领导（老师）关系为满意、快乐、愉快的教师。

表3-25 教师职业倦怠的领导（老师）关系差异（$M\pm SD$）

项目	情感衰竭	低成就感	去个性化	总分
糟糕	26.16±8.97	25.89±6.50	15.78±5.07	68.06±13.99
不快乐	25.66±6.25	24.77±5.85	16.80±3.63	65.89±10.30
不太满意	24.84±8.09	25.04±5.65	14.83±4.84	64.79±13.90
满意	18.92±6.88	26.74±5.27	11.42±4.16	57.02±11.82
快乐	18.04±6.78	28.08±5.69	11.41±4.63	57.17±11.26
愉快	17.57±7.39	29.65±5.88	10.52±4.65	57.36±10.87
F	27.76***	12.26***	23.74***	15.81***
LSD	0>3, 4, 5; 1>3, 4, 5; 2>3, 4, 5	5>0, 1, 2, 3, 4; 4>1, 2, 3; 3>1, 2	0>3, 4, 5; 1>3, 4, 5; 2>3, 4, 5	0>3, 4, 5; 1>3, 4, 5; 2>3, 4, 5

注：糟糕=0，不快乐=1，不太满意=2，满意=3，快乐=4，愉快=5

（五）内部职业期待的教师职业倦怠低于外部职业期待的教师

以中小学教师在职业期待上的差异为自变量，中小学教师在职业倦怠量表上的总分及各维度得分为因变量，进行单因素方差分析。结果表明（表3-26），中小学教师在职业倦怠总分及情感衰竭维度上存在显著差异［$F(4, 1793)=3.56, p<0.01; F(4, 1793)=3.99, p<0.01$］。

进一步事后多重比较发现，职业期待为促进专业成长的教师在情感衰竭维度、总分上得分显著低于职业期待为提高待遇、关注身体、关注心理的教师。职业期待为关注心理的教师在情感衰竭维度上的得分显著高于职业期待为提高待遇的教师。这说明，教师关注自我专业成长，有利于消除职业倦怠。

表 3-26 教师职业倦怠的职业期待差异（$M \pm SD$）

项目	提高待遇	促进专业成长	关注身体	关注心理	其他	F	LSD
情感衰竭	19.22±6.48	17.01±6.53	20.16±7.61	21.16±7.44	19.31±6.99	3.99**	1<0, 2, 3/3>0
总分	57.87±10.19	53.32±11.37	58.85±11.21	60.01±11.89	57.24±12.01	3.56**	1<0, 2, 3

注：提高待遇=0，促进专业成长=1，关注身体=2，关注心理=3，其他=4

另外，本书研究结果表明，是否兼任行政职务和不同收入水平的教师在职业倦怠总体水平和各个维度上不存在显著差异。

第三节 教师职业倦怠的消解策略

研究表明，中小学教师存在不同程度的职业倦怠现象。通过分析发现，中小学教师的工作环境、个体特征和社会关系等都会影响教师对工作的负面情绪、对学生的负面情绪及对工作的自我成就感。因此，相关的教育部门、学校及教师本身都不能忽视中小学教师中存在的职业倦怠，应积极采取有效的政策和措施加以改善和调节。

尽管教师中存在着职业倦怠心理是客观事实，但具体到每个人或不同的学校，教师的职业倦怠又有较大差异。引起中小学教师职业倦怠的因素很多，缓解教师职业倦怠是一个庞大而系统的工程，不可能一蹴而就，需要社会各界、各阶层的关注，也需要学校改善管理状况，更需要教师个人采取有效的措施，缓解其倦怠的心态。为防止职业倦怠在教师群体中继续蔓延，针对上述研究结果，我们以影响中小学教师职业倦怠的几个最显著因素为基础，提出了相应的应对策略，希望能为后续研究者和有关部门提供一些借鉴，切实有效地缓解中小学教师的职业倦怠状况，并对教育教学质量提高，提供一点借鉴和参考。

一、建立有效的社会支持系统

教师职业有很强的社会性。一直以来，教师职业被社会各界认为是人类最光辉的事业，整个社会对教师职业的期望也非常高。从本书研究所做的教师职业倦怠调查的结果来看，不被社会支持和理解是影响教师职业倦怠的一个重要因素。因此，建立有效的社会支持系统，可以使教师个体减轻工作压力，减少职业倦怠感的产生。

（一）形成合理的社会期望，建立恰当的教师评价体系

整个社会应对教师有合理的期望，教师也是普普通通的人，其能力是有限的。因此，相关部门和媒体要逐步引导社会对教师职业角色，特别是农村中小学教师（乡村教师）的角色形成合理的期待，以减轻教师的工作压力。

以素质教育取代应试教育的要求已提出多年，但无论对教师还是对学生的评价标准，仍然是分数。当今建立与素质教育相一致的教师评价标准十分必要。对教师职业的期望也应该从抽象的、神圣的角色期望，向具体的、个性化的角色期望转变，即由应然向实然转变。我国的中小学课程改革正在轰轰烈烈地进行，然而却很少有人关心教师应该如何应对新的课程、新的教材，以及怎样改进自己的教学方法等。因此，进行教育改革要把教师放在很重要的位置，帮助农村中小学教师不断提高他们的各种素质，以应对各种压力，减轻各种负担。

（二）加大政府对农村教育投入，改善教师待遇和办学条件

一种职业的社会地位，取决于它的经济地位和职业声望，同时也决定了该职业的吸引力和从事该职业人员的社会地位。目前，安徽省中小学教师的待遇普遍偏低，导致部分教师心理失衡，失落感也由此产生，于是职业倦怠感不可避免。要让教师热爱自己的职业，社会必须将"尊师重教"真正落到实处，加大政府投入，切实提高农村中小学教师的社会和经济地位，在全社会营造尊师重教的良好氛围，对教师这个职业树立起新的、合理的期望，尤其是在农村地区。一是要加大《中华人民共和国义务教育法》在普通群众中的宣传力度，让群众了解和支持义务教育，减少学生流失和降低辍学率；二是要加强科技致富、知识改变命运等方面的正面宣传，以改变"读书无用论"等"近视性"误导，尊师从重教开始；三是将改善教师的教学、办公环境作为我国现阶段农村教育改革的重点，避免教育经费的投入只注重城市、只注重"重点"校，而冷落农村学校，真正实现教育的区域均衡发展。

（三）形成尊师重教的良好社会风尚，给教师一个舒适的人文环境

目前，教师的社会地位受到了很多的挑战，教师诚挚的话语在学生心目中不再是金玉良言。更有甚者，教师善意地批评了学生，学生就大哭大闹、离校出走等，

家长也不表示支持，甚至跑到学校吵闹、辱骂或殴打教师，产生了极为严重的负面影响。学生和家长这种对教育教学工作的不理解和不支持，是教师社会地位下降的表现之一。因此，在全社会营造一种尊师重教的良好风尚，让教师在繁重的教学工作之余，切实感受到自豪和尊重，可以在一定程度上缓解教师的职业倦怠感。

（四）加大对农村教师继续教育的财政投入

提高教师教育包括职前教育和在职培训的质量来提高教师素质，也是缓解教师职业倦怠的间接途径之一。

在教师教育中，不仅要注重专业知识和教育理论知识的提高，还要引导教师树立坚定的职业信念；不仅要提高教师的智力品质，还要加强教师的非智力品质教育，尤其是要重视增强教师承受挫折的能力，教给教师应对压力的有效策略，从而避免因压力无法及时缓解而出现倦怠心理。

最新的课程改革对于教师的意识和素质都有了一个全新的标准和要求，但现实情况却是广大的农村学校教师综合素质普遍偏低，而改变这一现象的最具实效的做法应该是加大农村教师的进修力度。政府和各级教育行政部门一方面要出台更为完善和具体的政策意见，另一方面要加大经费投入，并督促学校管理者具体实施，而学校管理者也应该认识到在职进修的重要意义，尤其是在社会急剧变迁的时代，如果不把教师定期送出学校进修学习，不仅学校的教学质量上不去，教师也会因为失去发展所需要的"新鲜血液"而陷入机械重复的窘境，最终不可避免地产生职业倦怠感。

二、转变学校管理策略，营造良好的工作环境

从组织管理的角度讲，宽松愉快的工作环境，是教师保持健康心态的重要因素。而通常在一所学校中，学校的组织文化与人际关系往往比较复杂，其包括各种有形与无形、正式与非正式的组织结构与人际关系，教师在这些人际网络中与其他人员的互动交流，即形成一种学校文化。如果学校的人际氛围不和谐，如充满个人主义，教师之间缺乏交流与激励，甚至互相攻击，都会导致教师职业倦怠的产生。

因此，对学校管理人员来说，营造良好的学校文化与氛围是缓解教师职业倦怠的重要举措。目前，有些学校尤其是农村学校，工作氛围整体上比较消极，对升学率过于看重，对教师的精神需求关注不够，从而导致学校人力资源的浪费。本次调查的结果也表明，农村中小学感到与同事关系为糟糕、不快乐、不太满意的教师，其职业倦怠感水平明显高于同事关系好的教师。

（一）实行民主管理，让教师积极参与学校决策

相关研究表明，教师的职业倦怠在下列情况下会降低许多：当教师个体感到在教学中有更大的自由与更多的自主权时；当教师确信他们能够参与学校决策时；当教师感到他们的学校组织有一套对教师教学赏罚分明的激励机制时。因此，校长要实行开放式的民主管理，赋予教师更多的专业自主权与更大的自由度；要建立赏罚分明的激励机制；改革教师教学评价体系，以形成性评价代替终结性评价；建立教师定期进修制度，以缓解教师的工作压力。

另外，学校管理者要有知人善任的领导能力，要善于发现人才、选拔人才，建立一支高素质的教师骨干队伍，营造健康向上的工作氛围。同时，要合理地引入竞争机制，使学校的中层干部分工合作、各司其职，使学校的管理规范化、合理化、科学化、人性化，使教师对工作充满渴望和信心。这样既能有效地调动教师工作的积极性，又能避免教师被倦怠情绪所控制。

（二）着力构建和谐的校园人际关系

教师在学校中的人际关系主要表现在三方面：与学生的交往、与同事的交往、与学校管理者的交往。建立良好的学校人际关系网络，是教师保持良好心理状态及预防教师职业倦怠的重要途径。

首先，学校管理者要发挥其表率作用，转变其高高在上的领导方式与领导形象，以自身的良好形象为教师树立良好人际关系的榜样。同时，学校管理者应该充分尊重教师，给普通任课教师参与学校管理和决策的权力和机会，多与教师进行交流和沟通，力所能及地帮助他们解决实际生活和工作中的难题，激励和满足教师精神上的追求，化解教师内心的消极情绪，在这个过程中使学校管理者与教师之间逐步建立良好的人际关系。

其次，要帮助教师调节自我认知和形成对同事的正确认识。调节自我认知是建立良好人际关系的前提，而对他人及同事的正确认识，则是建立良好人际关系的基础。

（三）积极加强与家长的沟通

相关研究发现，学生的品行不端，对学习冷漠，对学习资料缺乏热情，是引起教师职业倦怠的一个重要因素。而造成学生这些品行的原因主要有两个方面：一方面，是学生家长对学校教育的不理解。这种不理解表现在认为学校教育是万能的，教师教育学生的方式应该是和风细雨的，教师应该承担所有教育职责等，这与大多数农村学生的家长本身受教育程度低、对学校和其他教育部

门认识不足有很大关系；另一方面，学生家长对学生的溺爱也是造成学生品行不端的重要原因。

对于上述现象，笔者认为并非完全不可改变。只要学校加强与家长的沟通，以多召开家长会、多组织班主任和任课老师进行家访，保持学生、家长、教师、学校四位一体的紧密联系，这种状况便会有所改变。学生每天的行为都处于家长与教师的了解范围内，不给学生沾染各种陋习的机会，是能够提高学生的学习积极性的。只有通过各种有效方式帮助家长认识到学校教育真实的一面，才能使学校与家长更好地通力合作，抑制和预防学生的厌学情绪，从而也能在一定程度上减轻由学生品行不端和对学习冷漠而造成的教师职业倦怠。

三、改变不良个性特征，加强自我心理保健

教师要了解自己，悦纳自己。教师只有清楚地认识了自己，才能为自己确立适当的奋斗目标，而不至于使目标脱离实际，甚或因为无法实现预期目标经受挫折，教师能更理性地分析所面对的种种压力，增强处理问题的自信心。个别教师人格存在着不良方面，如怯懦、自卑、孤僻、狭隘等，在面临压力时，往往不能采用适当的策略加以应付。因此，教师应努力改变自己不良的人格特征，培养良好的个性特征。

目前，在教师队伍中也还存在着一些不和谐的音符，如"小富即安、不思进取""敷衍塞责、得过且过""无所事事、虚度光阴"。这也要求教师自身要加强心理保健，不断调节自己的心态，采取各种措施维护自身的心理健康。英国作家狄更斯说：一个健全的心态，比一百种智慧都有力量。可见作为教师拥有一个健康的心理，对于学生和教师本人来说多么重要。只有教师的生命姿态积极向上，学生的生命姿态才有可能变得健康向上、亮丽起来。

（一）加强师德教育，树立坚定的职业理想

习近平总书记 2014 年教师节前夕在同北京师范大学师生座谈时，曾语重心长地勉励广大教师要做好教师，即"要有理想信念"，"要有道德情操"，"要有扎实学识"，"要有仁爱之心"[①]。众所周知，态度决定着一个人事业的成败，态度还可以决定一个人的职业生活是否幸福。态度影响着一个人的心态，不同的人对于同样的事情会有不同的看法。对教师而言，职业态度不仅影响着他们的教育教学质

---

① 习近平同北京师范大学师生代表座谈时的讲话（全文）. 人民网. http://politics.people.com.cn/n/2014/0910/c70731-25629093.html.[2017-06-30].

量，还影响着他们职业生活的质量和心态。但教师良好的师德修养不是与生俱来的，是在科学理论的指导下，经过长期的教育社会实践，不断自我完善的结果。

因此，新时期的中小学教师应在教育教学实践过程中，按"四有"好教师的要求严格要求自己，充分认识到教师事业的重要性，明白自己在这个重要事业中是占据着重要地位的，不断提高自身的职业道德感、责任感和自豪感，树立为人民教育事业而奉献的坚定信念。

（二）确立合理的角色期待

教师应了解自己事业发展的可能性与局限性，而不能一味强调专业的自主性与为社会培养人才的重大责任，应承认自己也是一个平凡的人，会有七情六欲、喜怒哀乐，不要因为自己的现状与预期目标相差太远而产生幻灭感。教师要了解自己的优缺点，做一个真实的人，而不是古书上的圣贤。

同时，教师对学生的期望不要过高，对学生的要求也不要过高，以免学生达不到自己的要求，便会沮丧失望。

（三）学会自我减压、自我调节

苏霍姆林斯基说过："农村教师要善于掌握自己，克服自己是一种最必要的能力，它既关系到农村教师的工作成就，也关系自身的健康，不会正确地抑制每日每时的激动，不会掌握局面，是最折磨农村教师的心脏，消磨农村教师的神经系统的事。"（转引自：韩培庆，2004）由于教师的工作长期处于持续性的紧张状态，身心的疲惫在所难免。因此，对于教师本人来说，学会自我调节是非常必要的。要正确认识并接纳现实，改变对职业价值的认识，发现教师工作的乐趣，教师要进行合适的职业心理定位，将自己的价值、追求融入学生成长的喜悦中，并使之转化为强烈的职业责任感；要善于调节情绪，运用情绪转移法转换情景，转换注意力以改变心境；要加强体育锻炼，如爬山、朋友聚会、做运动等，让自己的身心得到很好的放松，以强健的体魄迎接挑战，这样会更有利于精神抖擞地去应付繁重的教学工作，消除倦怠感。

此外，教师还要掌握情绪调控的方法，及时调整自己的认知心态。教师可以参加学校或社会一些机构开展的心理训练营、讲座、心理辅导，也可以通过自学来掌握一些情绪的调节技能技巧，营造积极向上的阳光心态。

（四）坚持学习，充实自我

我们通过观察发现，有一部分教师出现倦怠的心理，是由于不适应新课程改革的新理念及学生发展的特殊性。换句话说，就是不能很好地接受并适应社会的变化。因此，通过学习来改变自己内在固有的认知结构，也是缓解教师职业倦怠的行之有效的方法。

具体来说，教师要在实践中学习，在教育教学的过程中树立起教学探索的新理念，把每堂课都上成一节崭新的课，对自己的教学活动进行经常性的反思、思考和感悟；教师要向书本学习，不断学习和掌握新的教育理念方法和技术，树立起终身学习的观念，活到老，学到老；教师要向他人学习，三人行必有我师。例如，平时和同事多探讨一些教学体会，也可以上网结交一些网友，通过发电子邮件、写"博客"日志交流心得等。教师通过不断学习，充实自我，可以有效转移注意力，培养兴趣，降低工作倦怠感。

总之，农村中小学教师必须清醒而深刻地认识自己的职业倦怠的成因和危害，积极调整，以乐观向上的心态面对自己的工作。我们有理由相信，只要教师树立对人民教育事业的坚定信念，采取积极的应对策略，就一定会走出职业倦怠的阴影和困境，使自己的心中充满和煦的阳光。

第四章 教师的职业认同

第一节 教师职业认同的相关研究

百年大计,教育为本。基础教育作为国民教育体系的最重要一环,是国民教育的基础,是教育工作的重中之重。教育大计,教师为本。在影响和决定基础教育质量的诸因素中,中小学教师是其中的最关键因素,因此中小学教师教育和管理工作也是教师教育和管理工作的重中之重。

《国家中长期教育改革和发展规划纲要(2010—2020年)》提出,要加强师德建设,加强教师职业理想和职业道德教育,增强广大教师教书育人的责任感和使命感,将师德表现作为教师考核、聘任(聘用)和评价的首要内容。所谓师德,即教师的职业道德,它是教师和一切教育工作者在从事教育活动中必须遵守的道德规范和行为准则,以及与之相适应的道德观念、情操和品质。"从根本上说,师德建设是一项文化建设,在于最深层的、难度最大的精神建设,所有的制度安排、政策设计、环境改造终须抵达教师个人的精神——心灵层面,即稳固教师心中的'锚'。这个'锚'即教师对其职业的爱与责任。"(朱小蔓,2009)而教师对教师职业和教师角色的心理认同,则是教师对其职业的爱与责任的出发点和心理基础。

一、关于教师职业认同研究意义的思考

（一）理论价值

目前，在国内外教师心理的研究中，教师职业认同正成为一个前沿的研究主题。对于教师职业认同的专门系统研究，国外始于20世纪90年代，我国则于近10年开始这一研究。对教师职业认同进行系统的研究，可以拓展教师心理的研究领域，深化教师心理研究，丰富教师心理研究的理论成果。

完善教师职业认同理论，丰富教师教育理论、教师专业发展理论，都是教师心理研究必须关注的内容，也会对教师心理研究起到补充和参考的作用。

（二）实践价值

教师职业认同的研究成果，可以为教师教育和教师管理提供理论依据，增强教师教育和教师管理的针对性和有效性。

通过对教师职业认同的现状、特点及影响作用机制进行调查分析，可以了解影响教师职业认同的各种条件，分析这些因素对教师职业认同的作用机理，能够知晓教师职业认同的产生与发展趋势，并据此找到提升教师职业认同水平的措施和策略，促使学校的领导、学生家长及社会更加关注义务教育阶段教师的职业成长和专业发展，为提高他们的职业生涯质量和个人生活质量提供更多的支持和帮助。

二、心理学家关于教师职业认同的研究

（一）认同与职业认同

1. 认同的定义

《现代汉语词典》中对"认同"的解释为"认为跟自己有共同之处而感到亲切"或"承认、认可"。顾明远主编的《教育大词典》认为，"认同即自居，是把自己亲近或尊重的人作为榜样进行模仿或内投自身的过程"。

最早提出认同概念的是心理学家詹姆斯和弗洛伊德。他们认为认同是一个心理过程，是个体向他人或团体的价值、规范与面貌去模仿、内化，使其成为个人人格的一个部分的心理过程。

埃里克森把认同称为同一性或自我同一性，认为认同是人们对自己的身份或

角色的确认，是对于我是谁或我的身份是什么的感知。

美国《心理学百科全书》对认同则做了如下解释："认同是精神分析理论中的一个核心概念，指的是主体同化、吸收其他人或事，以构建自身人格的过程。"

在朱智贤主编的《心理学大词典》中，认同是"社会化过程中个体对他人的整个人格发生全面性、持久性的模仿学习"，它是"一种防御性机制，指由于某种动机而有选择地模仿别人某些特质的行为，如模仿他所崇拜或羡慕对象的某些行为"。

荆其诚在其主编的《简明心理学百科全书》中，认为认同即"把自己看成是所期望的对象，并表现出与对象类似的态度和行为，又称自居。这是一种将对象内投的心理机制"。

沙莲香（2002）认为，"认同是心理学中用来解释人格结合机制的概念，即人格与社会及文化之间怎样互动而维系人格的统一性和一贯性。认同是维系人格与社会及文化之间互动的内在力量，从而是维系人格统一性和一贯性的内在力量，因此这个概念又用来表示主体性、归属感"。

魏淑华（2008）认为，"认同是指向一定对象的，认同的对象可以是自我，可以是自己的某些特征比如社会角色等，也可以是自己欣赏、接纳的他人或事物。认同涉及的是认同主体与认同对象的'同一'、'一致'、'协调'等"。

与心理学家的理解不同，社会学家对认同概念的理解更强调认同主体与社会之间的互动。如社会学家米德认为，认同即自我社会化发展的过程，认同主体在这个过程中不断认可和同化社会规范，并调整自身的行为以适应社会。

2. 职业认同的定义

Miller（1962）认为认同就好比一个包括了三个同心领域的抽象的整体：中心领域包括防护的和应付的自我；中间是多重社会次自我领域，其中包括职业次认同；边缘领域是"表现出来的自我"。

McGowen 和 Hart（1990）认为，职业认同是在一个职业群体中其成员共有的态度、价值、知识、信念和技能，这与个体承担的职业角色紧密相关，是一种与主体接纳的工作角色相联系的主观自我概念。

Goodson 和 Cole（1994）认为，"职业认同类似于职业现实，这种现实的建构是一个正在进行的个体的和情境的解释过程"。

Beijaard（1995）认为，职业认同是动态的，随着时间的推移，通过相关的他人、事件和经验而改变，可以通过职业的相关特征来表征。

Gaziel（1995）认为，职业认同类似于表征职业的各个方面的一系列项目。

Nixin（1996）认为，职业认同是用特定的工作条件来刻画一个职业团体的特征的东西。

Moore 和 Hofman（1998）根据一系列社会认同研究，对职业认同的界定如下："……个体在多大程度上认为自己的职业角色是重要的、有吸引力的、与其他角色是融洽的。"

Coldron 和 Smith（1999）提出，职业认同不是一个稳定的实体，它不能被解释为固定的或单一的，它是人们认清自己与他人或环境之间关系的一种途径。

Korthagen（2004）认为，"职业认同常采用格式塔的形式：关于需要、形象、感觉、价值、角色模型、先前的经验和行为倾向的无意识的整体，共同创造了一种认同感。这个格式塔会影响信念、能力和行为等外在的层面。生命路径和故事讲述等方法可以帮助学生意识到这个格式塔"。

在国内，《心理咨询大百科全书》中把职业认同定义为：个体对于所从事的职业的目标、职业的社会价值及其他因素的看法，与社会对该职业的评价及期望一致，即个人对他人或群体的有关职业方面的看法、认识完全赞同或认可。

孙美红和钱琴珍（2007）认为，职业认同是指一个人从内心认为自己所从事的职业有价值、有意义，并能从中找到乐趣。

魏淑华（2008）将职业认同界定为："职业认同是与特定的职业特征联系在一起的；职业认同是个体建构的；职业认同是动态的；职业认同可能包含一系列次认同。"

王传利等（2011）认为，职业认同是一个心理学概念，是指个体对所从事的职业的肯定性评价。

秦海峰（2012）认为，职业认同即一个人对自己职业的认可和承认，它贯穿于个体整个的职业生涯，是个体对自己所从事的职业在社会中的地位和功能的理解，以及对该职业给自身带来的物质和心理的满足程度的认可，它是个体对自己职业的肯定性评价。

梁进龙（2012）认为，职业认同是个体在职前、从事职业和职后的过程中对某一项职业的感知、认识和评价，以及形成的信念、情感、态度、归属感和行为卷入。

3. 教师职业认同的定义

职业认同在近年来已经发展为一个独立的研究领域，越来越多的研究者、学者关注着职业认同的研究态势。然而，很多研究者都把研究的对象集中在管理领域中的职业认同，而对于教师职业认同的研究相对较少。但是，随着社会的发展，教师在社会中扮演的角色越来越重要，对教师职业认同的研究也显得越来越重要。

在教学和教师教育领域中，学者对职业认同概念也有多种解释。但许多研究者都认为，教师职业认同是一个综合了作为教师的个人与职业两方面的正在进行的过程。例如，Goodson 和 Cole（1994）认为，"教师职业认同是教师作为个人和职业者，对自己所从事的教师工作，受学校内外和教师内外各种因素影响，产生的完全认可的情绪体验或心理感受"。Cooper 和 Olson（1996）指出教师职业认同是一个多面体的事实，而且职业认同可能由多个次认同组成，这些次认同可能相互冲突或相互联系。Beijaard 等（2004）认为，"职业认同不但是指其他人的期望和设想的影响，包括被社会广泛接受的关于一个教师应该知道些什么以及该怎么做的印象，而且还指教师自己在他们的实践经验和个人背景的基础上去发现在他们的职业工作和生活中，什么是重要的"。

职业认同是以社会认同理论为理论基础的。社会认同理论认为，个体通过社会分类对自己的群体产生认同，个体通过实现或维持积极的社会认同来提高自尊。因此可以说，职业认同与特定的社会氛围、人文传统关系密切。下面我们主要分析国内有关教师职业认同概念的界定，在此基础上，提出本次研究的观点。

关于教师职业认同概念的界定，目前国内的看法也不尽统一，比较有代表性的观点主要有如下几个。

教师职业认同是指教师对所从事职业的内化态度，包括积极的信念、情感和行为倾向（孙利，佐斌，2010）。

教师职业认同是指教师承认自己的教师身份，从内心接受这个职业，并能对职业的各个方面作出积极的感知和正面的评价（于慧慧，李巧平，2012）。

教师职业认同是教师对其职业及个体内化的职业角色的积极的认知、体验和行为倾向的综合体（魏淑华等，2013）。

综观这些表述，第一种表述中教师职业认同的对象仅限于教师对其所从事的职业，没有考虑到教师对从事教师这一职业的人（自己和他人）；第二种表述是从感性经验的角度出发加以定义，因而作为一个抽象概念使用难称严谨，然又不能体现操作概念的具体指标；第三种表述则相对完整严谨，本次研究即采用这一定义。

笔者认为，职业认同的内涵也可以被更简单直白地表述为个体对某一职业及从事这一职业的人（包括自己和他人）所持有的积极的认知评价、情感体验及行为意向。相应地，教师职业认同的含义就可以界定为：教师个体对教师职业及从事教师职业的人（包括自己和他人）所持有的积极的认知评价、情感体验及行为意向。职业认同是自我在职业领域寻求内在同一性的过程，代表一个人的职业适应状态。可以说，职业认同是直接推动教师专业发展与成长的内部动力，也间接影响了个体对其整个生活的满意度和幸福感。换句话说，职业认同对于个体的职业行为乃至个人生活均产生了重大影响。

（二）影响教师职业认同的因素

已有研究认为，教师的职业认同，既受到教师的个体因素如性别、年龄、教龄、所教学科领域和教学经验的影响，又受到环境因素如重要他人、重要事件、学校文化、教育争论及工资水平等的影响。Cooper 和 Olson（1996）指出，历史因素、社会因素、心理因素和文化因素都会影响到教师的自我职业认同。

1. 个体因素

（1）性别

Beijaard 等（2000）在关于教师对学科专家、教育学专家和教导专家的认同的研究中发现，相比于女教师，有相对较多的男教师当前将自己感知为学科专家，而大部分女教师把自己看作是均衡组（即学科专家、教育学专家和教导专家三方面在教师的职业认同中所占的比例相当）的教师。魏淑华（2005）的研究发现，女教师的职业认同水平比男教师高。

在教师职业认同的各个因素中，男女教师在教师职业认识、职业情感、职业技能和职业期望等因素上存在显著的差异，而在教师职业意志和职业价值观因素上不存在显著的差异。于慧慧（2006）的研究结果与魏淑华的相似，发现在 9 个维度上女教师的职业认同水平比男教师都要高：在对学生和工作回报的认同上存在显著性差异；在对职业意义、职业特征及同事的认同上存在极其显著的差异；而在对职业能力、领导、对工作背景的认同及归属感上没有显著性差异。梁进龙和崔新玲（2011）运用魏淑华的"教师职业认同问卷"对甘肃省的中小学教师进行调查发现，中小学教师职业认同在性别上存在显著的差异，女教师的职业认同水平高于男教师。

（2）年龄

关于年龄对教师职业认同的影响，出现了不一致的研究结果。Bloom（1988）的研究发现，许多教师变老的时候倾向于丧失他们的动机和承诺；在服务学生多年后，教师可能会丧失他们的奉献精神，不再严肃地对待为学生的服务。魏淑华（2005）的研究发现，不同年龄的教师在职业认同水平上不存在显著的差异。于慧慧（2006）的研究发现，在对领导、工作回报和工作背景的认同上，各个年龄阶段的教师存在显著的差异，在其他维度上没有显著的差异。李壮成（2009）的研究认为，教师的职业认同在年龄上存在显著差异。黄丽静（2008）对台湾小学教师的职业认同进行调查，得出不同年龄教师的职业认同存在显著的差异，其中

29岁以下的教师的职业认同显著低于40～49岁的教师。

（3）教龄

关于教龄对教师职业认同的影响，国内外研究结果也不一致。有些研究认为教师职业认同在教龄上不存在差异，但有些研究认为存在差异。造成研究结果不一致的原因，有对象选取的不同和学校的类型、地域不同，采用工具的不同等。Beijaard等（2000）在关于教师对学科专家、教育学专家和教导专家的认同的研究中，比较了教师当前对自己的职业认同的感知和他们在职业生涯初期的感知，结果发现，31%的教师清楚地表示，相比于先前的感知，他们当前的感知没有发生变化，大约69%的教师表示他们的感知已经发生了变化。这表明教师当前与先前对教师职业的认同感知已经发生显著差异。具体来说，许多教师在职业生涯初期将自己认同为学科专家，随着职业生涯的发展，大部分教师都经历了由学科专家向均衡组的转变，却很少向教导专家转变。魏淑华在2005年的研究中得出，职业认同程度在不同教龄教师上不存在显著性的差异，但在2008年的一次调查中发现，教师职业认同水平在不同教龄上存在着显著的差异，教龄在21～25年的教师显著低于其他阶段的教师。但李彦花（2009）的研究发现，不同教龄的中学教师在职业认同水平上不存在显著的差异。

（4）学科领域

Beijaard等（2000）在关于教师对学科专家、教育学专家和教导专家认同的研究中，四个学科领域（语言、科学和数学、社会研究和人文科学、艺术）中，均衡组的教师数量都有一个显著的增长（语言组中有20%的增长，而艺术组的增长率达到了100%）。相比于其他学科领域的教师，科学和数学教师在职业生涯中有一个从学科专家分别向教导专家和均衡组教师的转变，语言教师从一开始就以均衡组认同为特征，社会研究和人文学科的教师在他们的职业生涯中都坚持认为自己为学科专家。

此外，教师的教学经验也会对其职业认同产生影响。Newman（2000）的研究认为，个人的历史和教育实践都对教师职业认同有着重要的影响。吴慎慎（2002）的研究也认为，教师的个人特质及教师在之前的经验都会影响教师职业认同。

2. 环境因素

（1）重要他人和关键事件

影响教师职业认同的重要他人包括当教师的父母、亲人、朋友，以及职前学习期间的师资培育者、大学主管、实习辅导教师和研究者等，这些人形成的角色模范对教师职业认同具有相当的意义。Malm（2004）在对蒙台梭利教师的研究中指出，教师的职业认同受到了关键事件和情境（如新课程的出现、赏识一种对待儿童的方式、被新的工作方式所吸引）的影响。甚至还有一些更加具有个体本质的关键事件（如离婚），也能够导致新的和重大的改变。Huberman（1993）曾得出结论说，当教师自己有学龄期孩子时，他们对学生的容忍度会提高，这表明私人生活中的事件深刻影响了教师的职业生活。

（2）学校文化

Doyle（1990）指出教学在很大程度上是事务结构化的或情境化的。学校文化包括了由相关参与者共同分享的概念、规则和价值，它们决定了工作的特定方式。学校文化的相关方面有：团体的期望，学生、学校委员会的成员和同事，基于所使用的课程的规定，物质环境。教学文化和学校文化可能在很大程度上决定了个体教师感知他们的职业认同的方式。Reynolds（1996）认为，学校作为工作场域通过规定他们怎么想和怎样做的文化剧本（cultural scripts）来与教师的认同发生联系。Flores和Day（2006）发现，对学校文化和领导的积极或消极感知，在塑造（重塑）教师对教学的理解，促进或阻碍他们的专业学习和发展，建构（重构）他们的职业认同中扮演了关键的角色。对学校文化和领导的感知影响新教师随着时间发展的学习和成长的方式。大体上说，教师中的割据和竞争、教学的"标准化的"和官僚的方面、学校中"既得利益"和潜规则的存在消极地影响了新教师的态度和实践，使其变得很少有进步和创新。在支持性的、信息通畅的和鼓励性的领导和教师间，在有效工作关系的学校中教学的教师，更倾向于表示出对教学的积极态度。

（3）教育争论

教育争论也是影响教师职业认同的广泛意义上的环境因素的一部分。Chappell（1999）发现，在澳大利亚技术与继续教育协会中的三种主流论述影响了技术与继续教育教师的认同的形成：经济技能发展、自由教育、公共服务。Sachs（2001）发现，在教育政策和实践中的两种争论塑造了两种教师职业认同：管理主义的争论引发了企业家认同，而民主主义的争论引发了行动主义者认同。Beijaard等（2004）认为，教育理论是教师场域的一部分，并在职业认同形成中起重要作用。

（4）工资水平

魏淑华（2008）通过对中小学教师的研究认为，不同月收入水平教师的职业认同总体上不存在显著差异，但在职业价值观因子上存在显著差异，其他因子上则不存在显著差异。岳金环（2010）对农村小学教师的研究也支持了魏淑华的结论。但严玉梅（2008）在对湖南省长沙市高校教师的调查研究中，认为不同月收入的高校教师在职业认同各因素上存在显著差异，即月收入越高，教师职业认同度越高。

三、现有研究结果的分析

笔者总结已有研究发现，在对教师职业认同的研究中，涉及其影响因素的研究相对较多，研究成果亦相对丰富，涉及的变量基本上包含了个体因素和环境因素。但是，影响教师职业认同水平和发展的因素相当复杂，仅仅从个体与环境两个层面分析还显得简单，而且不够全面。例如，有关个体因素中的身体心理状况、从事教师职业的动因、个人感知的人际关系等方面对职业认同影响的研究还很少或没有。有关环境因素中的学校管理因素，如教师有无培训机会、是否兼职行政、是否担任班主任工作、是否为"主课"教师、学校是否实行坐班制及学校所在地等方面的研究也没有或较少。而这些研究对于丰富和深化教师职业认同的研究不仅是必要的也是可行的。

此外，有关教师职业认同的差异与表现特点、职业认同的功能与价值、职业认同的内在发生过程与作用机制的研究等，都应当受到关注。

第二节 中小学教师职业认同的差异分析

一、研究的整体流程

（一）研究使用量表的介绍

本次研究主要采用问卷调查研究。问卷包括两部分内容：第一部分是教师个人基本信息，第二部分是教师职业认同问卷。

教师个人基本信息部分共27题，涉及人口学变量、专业背景、工作状况、家庭情况、社会关系和心理状态等方面。

教师职业认同问卷采用的是魏淑华（2008）编制的中小学教师职业认同量表。量表包括18个项目，4个一阶因子，分别是角色价值观、职业行为倾向、职业价值观和职业归属感。4个因子的内涵基于魏淑华对职业认同的概念界定：教师职业认同是教师对其职业及内化的职业角色的积极认知、体验和行为倾向的综合体。这一概念内涵的结构关系可通过表4-1加以表达。

表 4-1 教师职业认同测量的理论结构

项目	认知	体验	行为倾向
职业角色	角色价值观	职业自尊感	额外行为倾向
职业	职业价值观	职业归属感	要求行为倾向

具体来说，角色价值观是指教师个体对"教师角色"对自我的重要程度等的积极认识和评价，表现为教师个体以"教师"自居并用"教师"角色回答"我是谁"的意愿；职业价值观是指教师个体对教师职业的意义、作用等的积极认识和评价；职业自尊感反映教师的角色感受和体验，是指教师对自己作为一名教师具有的价值、重要性、效能等的积极感受和体验；职业归属感则反映教师个体对自己与其职业的关系的积极感受和体验，是指教师个体意识到自己属于教师群体中的一员，经常有与教师职业荣辱与共的情感体验；额外行为倾向是指教师个体表现出没有在职业责任中明确规定但有益于提高职业工作效能的行为的倾向；要求行为倾向是指教师表现出完成工作任务、履行职业责任必需的行为的倾向。

后来，魏淑华运用实证分析的方法进行了修正，保留了职业认同理论结构中的职业积极认知方面的两个因子——"角色价值观""职业价值观"；职业积极情感方面的一个因子——"职业归属感"；将职业行为倾向方面的"额外行为倾向"和"要求行为倾向"合为了一个因子，重新命名为"职业行为倾向"。

为了便于理解，我们把4个因子的内涵简单表述为："角色价值观"是指教师对"教师角色"（意指从事"教师职业"的人，包括自己和他人，主要是自己，所以也可以说成是"作为教师的自己"）的重要性或价值的积极认知；"职业价值观"是指教师对教师这一职业的重要性或价值的积极认知；"职业归属感"是指教师对教师职业的积极情感体验；"职业行为倾向"是指教师在职业活动中投入时间、付出劳动的行为倾向。

问卷采用 Likert 5 点计分，从完全不符合到完全符合，分别计 1~5 分，单选迫选方式。各因子的 Cronbach's α 系数在 0.72~0.86，总量表的 Cronbach's α 系数为 0.89，问卷具有良好的内容效度、结构效度和效标效度。各因子之间都有显著的相关，其相关系数在 0.38~0.60，呈中等程度的相关；而量表各因子与总分之间也都有显著相关，相关系数在 0.71~0.84，高于各因子之间的相关。

（二）参与调查研究教师的人口学信息

本次调查在安徽省内共发放问卷 2500 份，回收问卷 1963 份，其中有效问卷

1827 份。各地区有效问卷数量及百分比见表 4-2。

表 4-2 教师职业认同调查样本地区分布

地区	数量/人	占总数量的百分比/%
黄山	158	8.6
宣城	153	8.4
马鞍山	172	9.4
淮北	203	11.1
阜阳	150	8.2
滁州	211	11.5
蚌埠	166	9.1
芜湖	218	11.9
六安	123	6.7
安庆	137	7.5
合肥	136	7.4
总计	1827	100.0

（三）研究步骤的实施

以学校为单位进行团体测试，根据统一指导语进行。要求被试尽可能在规定的时间内完成测试问卷中所有的题目，并强调回答的真实性。测试时间为 2015 年 4~6 月和 9~11 月。全部数据采用 SPSS18.0 软件进行统计处理。

二、中小学教师职业认同的差异分析

（一）教师职业认同的总体水平与个体特征差异

通过调查，义务教育阶段教师职业认同的总体状况见表 4-3。

表 4-3 教师职业认同调查结果描述性统计

因子	总分均值	每题均值	标准差
角色价值观（6 项）	21.30	3.55	0.92
职业行为倾向（5 项）	21.87	4.37	0.60
职业价值观（4 项）	17.53	4.38	0.71
职业归属感（3 项）	12.26	4.09	0.82
总的职业认同（18 项）	72.98	4.06	0.57

从表 4-3 可以看出，教师职业认同每题均分为 4.06，高于临界值 3，说明安徽

省义务教育阶段教师的职业认同水平总体较高。

在教师职业认同的各个因子上,平均值由大到小依次是职业价值观、职业行为倾向、职业归属感、角色价值观,除角色价值观因子外,其他因子平均值均大于4。这个结果和魏淑华(2008)的研究结果基本一致,只是总均分及各因子均分均略低于后者。因为魏淑华的1676个研究样本来源于全国多地,而本次研究的1827个样本只来源于安徽省,这是不是意味着安徽省的中小学教师职业认同水平低于全国水平?这还有待于通过进一步的研究加以证实。

1. 女性教师职业认同感更强

我们的调查表明,从性别上来看,女性比男性更趋向于选择教师职业。教师职业认同的性别差异见表4-4。

表4-4 教师职业认同的性别差异

项目	男(n=825, $M\pm SD$)	女(n=968, $M\pm SD$)	t
角色价值观	20.32±5.69	22.13±5.20	−6.99***
职业行为倾向	21.51±3.15	22.20±2.83	−4.89***
职业价值观	17.22±3.06	17.86±2.53	−4.78***
职业归属感	12.05±2.56	12.45±2.33	−3.42***
总的职业认同	71.13±10.76	74.64±9.59	−7.24***

性别差异可以说是职业认同所有变量差异中最大的一个,不仅职业认同总分存在性别差异,而且职业认同的每一个因子都具有极其显著的性别差异,男教师得分均低于女教师,显著性水平达到0.001。职业认同的性别差异也为国内外几乎所有相关研究所证实。但是,对于职业认同之所以存在性别差异的解释不尽相同。笔者认为,职业认同性别差异的存在还是受到社会对于两性分工、两性角色传统观念的影响。

从社会分工来说,当代社会虽然表面上已经不强调"男主外女主内",但是从职业选择来说,为了一个家庭的稳定和谐及增强抗风险能力,一般还是认为男性选择风险高、变动大但预期收入可能更高的职业较为合适,而女性选择低风险、较稳定、收入可能不会很高的职业更合适。从性别角色来说,"男强女弱"的社会角色期待依然存在,我们的理想男性形象依然是勇敢胆大、积极进取,而理想的女性形象则还是温柔细心、安于本分。因此,可以看出,无论从两性社会分工还是两性社会角色的要求来看,教师尤其是中小学教师这一职业都契合了两者的需要。所以,我们可以毫不困难地理解这个结果:男教师的总体职业认同及职业认同各因子水平都极其显著地低于女教师。但我们可以设想,假设我们把教师职业认同研究的对象向上扩展到高中甚至高校教师,结果会如何?性别差异会不会依然存在？或至少差异会没有那么大？再设想把教师职业认同研究对象向下扩展到幼儿教师，结果又会如何？当然目前幼儿园男教师依然是稀缺的资源，幼儿园男教师的样本能不能收集到，能不能有代表性都是问题，但幼儿园男教师数量如此有限本身就已经能说明问题。

2. 教师职业认同感随年龄的增长而日益降低

从表4-5可以看出，年龄为25～34岁的教师比年龄为35～49的教师职业认同总体水平更高。从样本数量可以看出，这两个年龄群体也是教师队伍的主体。为什么年龄越大，职业认同水平反而越低？这主要可能跟他们的从教时间有关，因为较大的年龄一般也就意味着较长的从教时间。这个我们在后面职业认同的教龄差异部分再作详细分析。

另外，角色价值观和职业行为倾向因子在年龄上也存在差异。如表4-5所示，角色价值观总的来说表现为随年龄增长而下降，而职业行为倾向则是25岁以下这个最小年龄组显著低于其他较大年龄组，表现出和角色价值观变化相反的倾向。如前所述，角色价值观是指教师对作为教师的自己的重要性或价值的积极认知。角色价值观因子得分随年龄下降，一方面可能主要跟教龄延长有关，另一方面可能跟年龄对人的影响分不开。年轻往往是和"气盛"联系在一起的，意气风发、神采飞扬、踌躇满志、自视甚高，而随着年龄的增长，则会变得稳重、踏实、内敛、平和，对自我价值的评价也会随之走低。而"职业行为倾向"是指教师在职业活动中投入时间、付出劳动的行为倾向，该因子得分中25岁以下年龄组最低，意味着刚刚踏入工作岗位的年轻教师可能还不善于有效地利用时间、完成工作，又或是他们的评价标准更加严格，对自己行为的要求更高，因而对自己的教学行为作出较低评价。

表4-5　教师职业认同的年龄差异（$M \pm SD$）

	25岁以下 （$n=110$）	25～34岁 （$n=521$）	35～49岁 （$n=886$）	50岁及以上 （$n=298$）	F	LSD/ Tamhane's T2
角色价值观	23.29±5.06	22.40±5.31	20.19±5.48	21.84±5.47	26.57***	1, 2, 4>3 1>4
职业行为倾向	20.87±3.02	21.82±3.29	21.96±2.86	21.89±3.16	4.56**	1<2, 3, 4
总的职业认同	73.41±11.28	74.16±10.95	72.03±9.43	73.57±10.98	5.21**	2>3

注：25岁以下=1，25～34岁=2，35～49岁=3，50岁及以上=4

3. 教师收入状况不影响教师的职业认同感

不同收入水平的教师在职业认同各因子及总分上均无显著差异，这可能是所取样本在收入水平上比较集中、变异较小所致。这个调查结果意味着教师群体的收入较为均衡，但并不意味着这样的收入令教师群体满意，这从他们对于后面"您认为，解决农村教师的现实困境主要应当关注什么"这一问题的回答便可以看出。

4. 良好的身体状况有利于教师职业认同

身体健康状况对职业认同的影响表现为：身体健康状况好，职业认同水平也高。从表4-6可以看出，无论职业认同总分还是角色价值观因子，都表现出这个趋势。身体健康状况很差这一组别样本量过小，得分变异大，所以经由方差分析没能得到比较的结果，但通过其余3组的比较结果已经可以得出身体健康状况对职业认同具有积极影响的结论。

教师身体健康状况越好，在工作中精力相对越旺盛，效率越高，往往效果也会越好。能够看到自己的工作业绩和表现，看到学生的成长和进步，无疑使得教师无论是对作为教师的自己，还是对教师这个职业，都更容易建立积极的认知和情感，也就是说拥有更高的职业认同水平。

表4-6 教师职业认同的身体健康状况差异（$M\pm SD$）

项目	很好 ($n=599$)	较好 ($n=941$)	较差 ($n=233$)	很差 ($n=15$)	F	Tamhane's T2
角色价值观	22.41±5.44	21.17±5.24	18.79±5.65	17.06±7.62	25.74***	1>2>3
总的职业认同	74.15±10.80	72.83±9.81	70.55±10.18	69.27±13.56	7.04***	1, 2>3

注：很好=1，较好=2，较差=3，很差=4

（二）教师职业认同感的专业背景差异

1. 学历高低与教师的职业认同感

如表4-7所示，教师职业认同在教师学历上的差异体现为本科学历的教师职业认同水平较低，他们在角色价值观上得分低于硕士及以上学历的教师，在职业归属感和职业认同总分的得分上低于大专学历的教师。而魏淑华的研究发现，在职业归属感因子上，研究生学历的教师得分显著低于专科、本科学历的教师。这两个调查结果给人一个印象，就是在占教师队伍绝大多数的大专和本科学历的教师中，似乎大专学历的教师在职业认同水平上要优于本科学历的教师。为什么会出现这样的结果？为什么学历更高的本科学历教师反而职业认同水平低呢？可能的原因会不会

表4-7 教师职业认同的学历差异（$M\pm SD$）

项目	大专以下 ($n=49$)	大专 ($n=476$)	本科 ($n=1214$)	硕士及以上 ($n=46$)	F	LSD/ Tamhane's T2
角色价值观	22.34±5.08	21.60±5.37	21.08±5.54	22.84±6.20	3.03*	3<4
职业归属感	12.34±2.35	12.61±2.22	12.16±2.48	11.73±3.29	5.06**	2>3
总的职业认同	73.94±10.36	74.13±9.64	72.54±10.23	74.74±14.40	3.30*	2>3

注：大专以下=1，大专=2，本科=3，硕士及以上=4

在于我们的调查对象是义务教育阶段的教师,其中很大一部分是小学教师,而具有本科学历担任中小学教师,尤其是小学教师,心里会觉得有落差,反而大专学历的教师内心更坦然,不会失落,对自己的职业和角色有更积极的认知和体验。

2. 文科艺体类教师的职业认同感较高

从所学专业来看,文科与艺体类专业背景的教师比理科专业背景的教师职业认同更积极,并且在其中的职业价值观因子上也表现出同样的倾向。这是不是可以理解成文科与艺体类专业背景的教师对自己的专业更自信,从而也就对教师职业的价值更自信?又或者是文科与艺体类专业背景的教师与理科专业背景的教师相比,更加容易进行自我反思,反思自我的价值、自己职业的价值,会在提高自己的专业认同和职业认同上主动去做更多的努力,因而会有更高的职业认同水平?

表4-8 教师职业认同的所学专业差异($M\pm SD$)

项目	文科($n=723$)	理科($n=296$)	艺体($n=59$)	其他($n=80$)	F	LSD
职业价值观	17.49±2.80	16.94±3.12	17.99±2.86	17.49±3.36	3.65*	1,3>2
总的职业认同	73.27±10.38	71.23±10.36	74.83±12.71	72.81±11.72	3.37*	1,3>2

注:文科=1,理科=2,艺体=3,其他=4。

3. 因喜欢而从教的教师职业认同感最高

从教原因不同,对教师职业认同的影响是极其明显的。在除职业归属感以外的3个因子上,因喜欢而从事教师工作的教师都具有明显的优势。由表4-9可以看出,在角色价值观、职业价值观和总的职业认同上,因喜欢而从事教师工作的教师,其得分均显著高于因家人影响、工作稳定、无奈等原因而从事教师工作的教师;其中,在角色价值观和总的职业认同上,因家人影响和工作稳定而从事教师工作的教师,其得分又显著高于因无奈而从事教师工作的教师。这个结果再次印证了"兴趣是最好的老师"这一观点。

表4-9 教师职业认同的从教原因差异($M\pm SD$)

项目	喜欢($n=550$)	家人影响($n=198$)	工作稳定($n=532$)	无奈($n=215$)	其他($n=222$)	F	Tamhane's T2
角色价值观	24.43±4.27	20.86±5.11	20.99±4.85	15.88±5.39	19.16±5.22	141.57***	1>2,3>5>4
职业行为倾向	22.22±2.95	21.71±3.27	21.87±2.80	21.24±3.67	21.71±2.90	3.93**	1>4
职业价值观	18.01±2.53	17.37±2.74	17.41±2.66	16.87±3.46	17.34±3.11	7.81**	1>2,3,4,5
总的职业认同	77.15±9.46	72.07±9.87	72.71±9.08	66.16±10.82	70.60±10.04	51.41***	1>2,3,5>4

注:喜欢=1,家人影响=2,工作稳定=3,无奈=4,其他=5。

一个人之所以喜爱他所从事的工作，本身可能就是其认识到了工作的意义和价值之所在。因为他热爱自己的工作，所以愿意在工作中付出努力，愿意把工作做好，得到大家的认可，这样又反过来强化了其对自己和自己工作的意义和价值的进一步认定。另外，从表4-9中我们也可以看出，出于无奈而选择教师职业的教师，其职业认同水平是最低的，而且这部分教师数量不少，超过由于家人影响而从事教师工作的人数，占样本总数的比例超过12%，这需要引起我们的重视。在目前教师职业仍基本上属于"铁饭碗"的制度设计下，如何解决这部分教师的职业困惑，提升他们的职业认同水平，值得我们深思。

4. 从教时间越长，职业认同感越低

教师职业认同和教龄的关系表现为：总的来看，随着教龄的延长职业认同水平呈现出下降趋势，尤其是刚刚踏入教师职业生涯的教龄3年以下的教师在职业认同上的优势非常明显。但具体分析会发现，实际上随着教龄的增加，职业认同先是下降，然后又有回升，然后再下降（表4-10）。

表 4-10 教师职业认同的教龄差异（$M±SD$）

项目	3年以下 (n=185)	3~5年 (n=156)	6~10年 (n=247)	10年以上 (n=1207)	F	LSD/ Tamhane's T2
角色价值观	23.55±4.72	22.34±5.28	22.54±5.25	20.54±5.53	29.03***	1, 2, 3>4
职业行为倾向	21.43±3.12	20.89±3.68	21.62±3.25	22.06±2.89	7.34***	2<4
职业价值观	17.56±2.80	16.85±3.09	17.39±2.96	17.60±2.76	3.58*	1, 4>2
总的职业认同	74.85±10.94	72.37±11.80	74.00±10.43	72.53±9.94	3.82*	1>2, 4 3>4

注：3年以下=1，3~5年=2，6~10年=3，10年以上=4

结合其他相关研究，我们发现，职业认同水平随教龄的发展趋势是比较复杂的，由于我们的研究对10年以上教龄的教师群体没有再划分，所以无法获得教师在其完整职业生涯中职业认同水平发展的更详细的脉络。但已有的调查结果已经能够说明，教龄本身并不是导致职业认同水平高低的直接因素，而是教龄不同的教师意味着个人生活也处在不同的阶段，个人生活当中的家庭、社会等复杂的关系和因素才是影响其职业认同水平的直接因素。我们以一头一尾为例来分析，教龄3年以下的教师刚刚踏上工作岗位，雄心壮志，他们大都也是刚刚走出校园的20多岁的年轻人，往往还没有建立家庭，社会关系简单，没有多少繁杂事务的牵绊，有条件也有热情全身心投入到教师工作中去，所以也往往容易在工作中体验到积极情感、建立积极认知。而教龄满了10年的教师，则基本处在30~40岁，这个年龄段正上有老下有小，家庭事务繁杂，工作中也面临职称评审、职位升迁等状况，同事、领导关系变得微妙，所以很难全身心投入教师工作的本质内

容——教书育人中去，因而就会对作为教师的自己和教师这一职业产生一些负面的认知和情感。当然，从表4-10中我们也可以看出，职业认同的不同因子和教龄的关系也是有区别的。在角色价值观因子上，10年以上教龄的教师得分明显低于10年以下教龄的各组教师；而职业行为倾向和职业价值观因子则是3～5年教龄的教师得分偏低。

5. 职称未定的教师职业认同感往往较高

由表4-11可以看出，职称未定的教师在角色价值观因子上占优势。究其原因，应该与年龄小、教龄短在职业认同上表现出优势是一致的。刚刚走上工作岗位的年轻教师想法还比较单纯，乐观积极、热情满满，职业认同水平不可能会低。

表4-11 教师职业认同的职称差异（$M\pm SD$）

项目	未定 （$n=153$）	初级 （$n=474$）	中级 （$n=834$）	高级 （$n=332$）	F	LSD/ Tamhane's T2
角色价值观	23.59±4.59	20.98±5.42	21.09±5.64	21.11±5.53	14.04***	1＞2，3，4

注：未定=1，初级=2，中级=3，高级=4

6. 培训对教师职业认同感的提升影响不大

教师近3年内是否参加过相关职业培训，其在职业认同方面不存在显著差异。这一点似乎很难理解。但出现这个结果的原因，一方面是现在的教师由于各类培训机会较多，参加过职业培训的教师占绝大多数（超过90%），没有参加培训的教师只占很小的比例；另一方面可能在于培训内容主要集中于新的教育理念、教学技能，而不是巩固专业思想、提升职业认同，这被视作职前应当解决的问题。还有一个更可能的原因，也许是我们的提问是"近3年内有无参加过相关职业培训"，所以如果培训是发生在一年甚至更久以前，那么因职业培训带来的对职业认同的积极影响可能会由于边际递减效应的存在而变得不再明显。

（三）教师职业认同感的工作环境特点差异

1. 城市教师的职业认同感最高

从调查结果来看（表4-12），学校所在地对教师职业认同水平的影响还是比较显著的。总的来说，县城教师职业认同水平偏低。具体来说，在角色价值观因子得分上，县城教师最低，城市教师最高，乡镇及以下教师居中。而对于总的职业认同，由于城市教师得分的变异较大，所以方差分析未能表明其次序，但从其平均得分看，基本是和乡镇及以下教师相当的，因此也基本可以得出县城教师得分最低的结论。这个结果和其他相关研究是不一致的。这种不一致首先可能是由于对学校所在地的划分方式不同引起的。魏淑华把学校所在地分为城市、乡镇和农村3类，于慧慧则将其分成城镇和农村两类。而我们的分类则是把县城独立出来加以讨论，没有区分乡镇和农村。这样做的原因在于，随着适龄儿童数量的减少，交通的便利，近些年农村小学经过拆、并、改，实际上已经所剩不多，农村儿童大多已经集中到乡镇学校接受教育。而乡镇和县城在多方面还是有着比较明显的区别，因此我们把城、镇区别开。调查结果也说明，这样做是有意义的，得以让我们发现县城教师在职业认同上的弱势。

表4-12　教师职业认同的学校所在地差异（$M\pm SD$）

项目	乡镇及以下（$n=857$）	县城（$n=538$）	城市（$n=400$）	F	LSD/Tamhane's T2
角色价值观	21.44±5.40	20.39±5.47	22.15±5.70	12.98***	2<1<3
总的职业认同	73.33±9.57	71.98±9.66	73.61±12.43	3.96*	1>2

注：乡镇及以下=1，县城=2，城市=3

近年来，各种扶持计划、国培省培等政策都倾向于乡镇教师，使得乡镇教师的社会地位、福利待遇等比原来有了明显改善。而县城教师，就像一个家庭里的老二，是最容易被忽视的一个。他们的各种资源既不及城市教师丰富，又不像乡镇教师那样能够得到更多关怀和重视，反而成为三者里最弱势的一个群体。

2. 理科教师的职业认同感偏低

从表4-13可以看出，担任理化生课程教学的教师，职业认同水平显著低于语数外教师，这很容易理解。语数外依然是义务教育阶段的"主课"，担任这些课程教学的教师在学校里都属于骨干教师，他们的自我认同和职业认同无疑都会比较优越。但通过表4-13我们也可以看到，政史地课程的教师与语数外教师相比，职业认同并不存在显著差异；并且他们在角色价值观和职业价值观两个因子上，都和语数外教师一样，要优于理化生课程的教师。

表4-13　教师职业认同的课程差异（$M\pm SD$）

项目	语数外（$n=800$）	政史地（$n=147$）	理化生（$n=121$）	其他（$n=93$）	F	LSD/Tamhane's T2
角色价值观	21.46±5.31	21.59±5.82	20.05±5.67	23.17±5.24	6.06***	3<1, 2<4
职业行为倾向	21.82±3.02	21.60±3.49	20.61±4.05	22.05±2.82	3.83*	3<1, 4
职业价值观	17.44±2.89	17.23±3.17	16.49±3.08	17.94±2.68	5.19**	3<1, 2, 4
总的职业认同	72.99±10.07	72.70±12.39	68.99±11.55	75.41±10.50	6.36***	3<1, 4

注：语数外=1，政史地=2，理化生=3，其他=4

要分析其中的原因，我们可以参照前面所分析的所学专业对职业认同的影响的观点，因为先前的专业背景和现在所担任的课程之间应该是有着紧密的关联度的。前面的结果已经告诉我们，理科专业背景的教师，其职业认同水平是要低于文科背景的教师的。而从学科分类来讲，理化生毫无疑问是属于理科，政史则是属于文科，语数外文理兼有。如此一来，教师职业认同在所教课程上的差异就很容易理解了。

3. 课时量的多少对教师职业认同感影响不大

教师每周课时量不同，其在职业认同及各个因子上均没有表现出差异。这可能是由于绝大多数教师课时量比较接近，数据变异小，未能检验出统计差异。这也说明安徽省不同地区的学校及担任不同课程的教师总体上工作量还是比较均衡的，也间接说明教师数量在不同地区的分布，在不同类型课程上的分配还是比较合理的。

4. 班主任职位对教师职业认同没有影响

是否为班主任，教师职业认同无差异。原因如下：一方面在于职业认同与是否为班主任本身的关系不大。另一个原因在于我们的问题是"本年度是否担任班主任"，而本年度没有担任班主任，也许去年或者前年就是班主任，这两者很难导致明显区别。如果把问题换成"是否担任过班主任"，也许回答就会有差异。从我国当前班主任的工作性质和工作内容来看，我们可以推测，是否担任过班主任，尤其是是否较长时间担任过班主任，比近一年内是否担任班主任，更可能对职业认同造成影响，无论这种影响是积极的还是消极的。另外，由于我国现阶段社会的快速发展和教育变革，我们可以推测，如果把问题换成"近三年内是否担任过班主任"或"近五年内是否担任过班主任"，结果可能也会不一样。

5. 兼任行政职务的教师的职业认同感偏低

中小学教师是否兼任行政职务，对其职业认同中的职业行为倾向因子表现出不同影响：兼任行政职务的教师职业行为倾向因子得分显著低于不兼任行政职务的教师。这是因为职业行为倾向因子反映的是教师在其职业活动中投入时间、付出劳动的行为倾向，而教师的"职业活动"就其本质而言乃是"教书育人"（问卷的职业行为倾向因子所涉及的也主要是这方面的内容），兼任行政职务势必分散教师从事"教书育人"活动的精力。也就是说，兼任行政职务的教师，在教师职业活动的本质内容"教书育人"中投入的时间、付出的劳动，与不兼任行政职务的教师相比，是偏低的（表 4-14）。

表 4-14 教师职业认同的兼任行政职务与否的差异（$M \pm SD$）

项目	是（$n=252$）	否（$n=1552$）	t
职业行为倾向	21.52±3.06	21.94±2.99	−2.04*

6. 坐班较不坐班教师的职业认同感更高

中小学尤其是中学，对非班主任教师是否需要坐班是没有统一规定的。从学校管理的角度来说，要求教师坐班易于管理；而从教师的角度来说，当然是希望学校不要求坐班。因此，我们希望了解学校要求教师坐班与否对教师的职业认同是否会产生不同影响。如表 4-15 所示，调查结果表明，在总的职业认同和角色价值观因子上，坐班比不坐班表现出优势。分析原因，可能因为坐班，教师互相之间有了更多的交流机会，合作分享更频繁，集体意识、集体归属感、荣誉感、自豪感更强，自然就会有更高的职业认同感。这提示学校管理者需要规范管理，要使教师个人能够克服困难，工作时间到岗坐班。

表 4-15　教师职业认同的坐班与否的差异（$M \pm SD$）

项目	是（$n=1148$）	否（$n=620$）	t
角色价值观	21.556±5.558	20.858±5.329	2.555*
总的职业认同	73.419±10.610	72.397±9.532	2.067*

（四）教师职业认同感的家庭环境特征差异

1. 婚姻对教师职业认同感各因子的影响不同

对于教师个人婚姻状况对其职业认同的影响，我们主要分析未婚和已婚两种情况，因为处于离异和丧偶两种情形的教师样本量过小（低于 30 人），可能导致其不具有代表性。从表 4-16 可以看出，在角色价值观因子上，未婚教师得分高于已婚教师，在职业行为倾向因子上则恰好相反，已婚教师得分高于未婚教师，差异水平达到了 0.001。婚姻一向被形容为围城，有没有进入婚姻和家庭，对个体而言，究竟意味着什么？一般来说，进入了婚姻，可能意味着人变得更成熟，但同时也可能变得悲观了。无论成熟也好，悲观也罢，对自我价值评判的影响方向则是一致的——自我价值评价会变得更为实际。可以说，某种程度上也就同时意味着对作为教师的自己的价值评价下降了，即角色价值观因子得分下降。

而职业行为倾向分数按理说，单身没有家庭的负累，个人杂事少，可以把更多的时间和精力投入到职业活动中去。为什么不降反升呢？究其原因，我们认为，可能是因为现在社会的多元化，结婚年龄差别也比较大。一方面，教师一般在 25～30 岁进入婚姻生活，很快有了孩子。由于他们的父辈年龄也不大，精力还不错，所以在照顾孩子、家庭生活方面能够给予充足的支持，使得他们并没有多少后顾之忧，不需要为家庭事务分散精力。而等他们人到中年，虽说上有老，但孩子也大了，而且现在人均寿命延长，等他们的父母真正需要照顾时，自己也年过五十，进入了职业生涯的晚期，孩子则完全成年。所以，对于这个群体来说，婚姻和家庭生活造成的对职业活动的不利影响是微乎其微的。而样本量远小于已婚教师的未婚教师群体，其年龄差异可能比较大。有的教师虽然未婚，但年龄可能已然不小，面临着父母即将老去的生活压力、不婚的社会压力，而个人生活中的诸多烦心事可能就会对其职业活动造成不利影响。

表4-16　教师职业认同的婚姻状况差异（$M\pm SD$）

项目	未婚（$n=247$）	已婚（$n=1524$）	离异（$n=22$）	丧偶（$n=15$）	F	LSD
角色价值观	22.71±5.22	21.06±5.53	21.77±4.94	21.94±6.35	6.79***	1>2
职业行为倾向	21.38±3.34	21.97±2.99	20.17±3.44	20.67±3.20	5.99***	1, 3<2
职业价值观	17.41±2.86	17.57±2.79	16.50±3.81	15.88±3.18	3.19*	1, 2>4

注：未婚=1，已婚=2，离异=3，丧偶=4

2. 有无子女对教师职业认同感各因子的影响不同

有无孩子对教师职业认同的影响与我们刚刚讨论的婚姻状况对职业认同的影响，两者之间的关联非常紧密，表现出共同的特点。从表4-17可以看出，在角色价值观因子上，已经有孩子的教师得分低于还没有孩子的教师，而在职业行为倾向因子上则恰好相反，有孩子的教师得分高于没有孩子的教师，差异显著水平分别达到了0.001和0.01。我国尤其是安徽省的社会发展现状表明，有孩子的教师意味着是已婚的（当然可能包括离异和丧偶的情况），而没有孩子的教师一般则是未婚的或结婚时间不长的（当然也包括离异或丧偶无孩的情况）。

表4-17　教师职业认同的有无孩子差异（$M\pm SD$）

项目	是（$n=1475$）	否（$n=320$）	t
角色价值观	20.91±5.51	23.06±5.20	−6.63***
职业行为倾向	21.99±2.90	21.44±3.32	2.98**

前面所分析的是否进入婚姻对教师职业认同造成了不同影响的原因，在这里依然是适用的。另外，有孩子的教师，相比没有孩子的教师来说，对儿童的个体差异、生命的复杂性、教育的复杂性都会有更深刻的体会，没有孩子的教师往往把教育活动看得简单，把教育效果想得乐观，由此造成了两者在角色价值观上的差异。而有孩子的教师也是由于深刻体会到了儿童个体的特殊性及教育的复杂性，所以可能不自觉地就会在职业活动中投入较多的精力和耐心，也就是说在职业行为倾向上的表现更为积极。国外的研究也曾证实，当教师自己有学龄期孩子时，他们对学生的容忍度会提高。由此我们也可以推知，在对学生的教育行为上，有了孩子的教师也会变得更加有耐心与从容。

3. 和睦的夫妻关系有利于提升教师职业认同感

夫妻关系对教师职业认同的影响如表 4-18 所示，夫妻关系和睦的教师在总的职业认同和除职业归属感以外的 3 个因子的得分上，均高于夫妻关系普通的教师。从表 4-18 中还可以看出，夫妻关系冷淡的教师总的职业认同和几个因子的得分都是低的，但可能因样本量太小、得分变异大，所以经由方差分析未能得出比较结果。当然，由调查结果我们也可以知道，已婚教师群体中绝大多数教师的婚姻生活是幸福的，不幸福的是少数。和睦的夫妻关系具有建设性的力量，对个人心理成长、职业生涯发展的积极作用已经无需赘述。

表 4-18 教师职业认同的夫妻关系差异（$M \pm SD$）

项目	和睦（$n=1292$）	普通（$n=280$）	冷淡（$n=13$）	F	Tamhane's T2
角色价值观	21.32±5.52	19.82±5.43	19.00±8.12	9.30**	1>2
职业行为倾向	22.02±2.98	21.40±3.34	21.08±4.54	4.51*	1>2
职业价值观	17.61±2.75	17.08±3.22	16.50±3.99	3.87*	1>2
总的职业认同	73.37±10.10	70.51±10.66	70.00±15.00	8.49**	1>2

注：和睦=1，普通=2，冷淡=3

4. 良好家人关系的正面性

教师对家人关系的感受与其职业认同之间存在什么样的关系？表 4-19 告诉我们，教师对其与家人之间的关系感受越佳，职业认同水平越高。由于对家人关系感受糟糕和不快乐的教师样本量过少（均小于 30 人），我们不予讨论。在总的职业认同上，对家人关系感受不太满意的教师，其得分显著低于对家人关系感受满意、快乐和愉悦的 3 组教师。在角色价值观因子上，组别之间的差异体现得更为明显，不太满意组低于满意组，满意组低于快乐组，快乐组低于愉悦组。可见家人关系也是影响教师职业认同水平的一个重要因素。

表 4-19 教师职业认同的家人关系差异（$M \pm SD$）

项目	糟糕（$n=14$）	不快乐（$n=20$）	不太满意（$n=105$）	满意（$n=914$）	快乐（$n=417$）	愉悦（$n=315$）	F	LSD/Tamhane's T2
角色价值观	17.19±7.05	16.85±6.18	19.43±4.84	20.95±5.29	21.58±5.48	22.90±5.70	13.89***	1<4, 5, 6; 2<3<4<5<6
职业行为倾向	17.13±5.63	19.57±4.98	20.82±3.52	21.76±2.98	22.00±2.90	22.62±2.66	10.11***	1<6; 3<5, 6; 4, 5<6
职业价值观	13.67±3.94	16.05±3.65	16.56±3.00	17.42±2.78	17.72±2.76	18.05±2.68	8.78***	1<4, 5, 6; 3<5, 6; 4<6
总的职业认同	60.36±17.73	64.45±12.28	69.18±9.38	72.48±9.90	73.67±10.36	75.79±10.02	12.19***	2<6; 3<4, 5, 6; 4<6

注：糟糕=1，不快乐=2，不太满意=3，满意=4，快乐=5，愉悦=6

（五）教师职业认同感的人际关系差异

1. 良好朋友关系的正面性

与家人关系对职业认同的影响一样，朋友关系越佳，教师职业认同水平越高。如表 4-20 所示，在总的职业认同上，对朋友关系感受不太满意的教师得分低于感受满意的教师，而感受满意的教师得分又低于感受快乐和愉悦的教师。

表 4-20　教师职业认同的朋友关系差异（$M\pm SD$）

项目	糟糕 ($n=19$)	不快乐 ($n=21$)	不太满意 ($n=112$)	满意 ($n=1078$)	快乐 ($n=353$)	愉悦 ($n=214$)	F	Tamhane's T2
角色 价值观	17.95 ±7.13	16.91 ±6.92	17.56 ±5.44	21.02 ±5.21	22.36 ±5.35	23.62 ±5.20	25.42***	1<6 2<5, 6 3<4<5, 6
职业行 为倾向	18.84 ±4.45	20.96 ±3.93	20.70 ±3.62	21.76 ±3.04	22.23 ±2.69	22.53 ±2.89	8.10***	1<6 3<4, 5, 6 4<6
职业 价值观	14.74 ±3.94	15.32 ±5.09	16.92 ±3.24	17.45 ±2.76	17.80 ±2.56	18.09 ±2.62	6.38***	1<5, 6 3, 4<6
总的职 业认同	64.42 ±14.68	64.48 ±13.66	67.46 ±10.05	72.58 ±9.97	74.56 ±9.68	76.91 ±9.90	18.12***	1<6 2<5, 6 3<4<5, 6

注：糟糕＝1，不快乐＝2，不太满意＝3，满意＝4，快乐＝5，愉悦＝6

2. 良好的同事关系有助于提高教师职业认同感

同事关系对职业认同的影响，在总的职业认同和职业认同的所有 4 个因子上均有表现。如表 4-21 所示，从总的职业认同的得分来看，同事关系对职业认同的影响与前面刚刚阐述的朋友关系对职业认同的影响效果几乎一致，即对同事关系感受不太满意的教师得分低于感受满意的教师，而感受满意的教师得分又低于感受快乐和愉悦的教师。

表 4-21　教师职业认同的同事关系差异（$M\pm SD$）

项目	糟糕 ($n=16$)	不快乐 ($n=23$)	不太满意 ($n=108$)	满意 ($n=1152$)	快乐 ($n=319$)	愉悦 ($n=171$)	F	Tamhane's T2
角色 价值观	17.85 ±7.20	16.21 ±6.74	18.28 ±5.31	20.91 ±5.19	22.97 ±5.19	23.73 ±5.75	25.15***	1<6 2, 3<4<5, 6
职业行 为倾向	16.82 ±5.62	20.00 ±5.04	20.78 ±3.07	21.74 ±2.88	22.60 ±2.82	22.61 ±3.16	12.82***	1, 3<4<5, 6
职业 价值观	13.32 ±3.89	16.04 ±4.19	16.59 ±3.23	17.42 ±2.76	18.22 ±2.38	18.05 ±2.83	13.70***	1<3, 4, 5, 6 3<5, 6 4<5
职业归 属感	11.47 ±2.84	11.64 ±2.80	12.03 ±2.42	12.21 ±2.41	12.66 ±2.27	12.22 ±2.92	2.82*	4<5

续表

项目	糟糕 ($n=16$)	不快乐 ($n=23$)	不太满意 ($n=108$)	满意 ($n=1152$)	快乐 ($n=319$)	愉悦 ($n=171$)	F	Tamhane's T2
总的职业 认同	61.75 ±18.70	65.65 ±12.32	67.76 ±9.33	72.28 ±9.64	76.53 ±9.54	76.47 ±11.68	22.05***	2<5, 6 3<4<5, 6

注：糟糕=1，不快乐=2，不太满意=3，满意=4，快乐=5，愉悦=6

3. 处理好与领导的关系有利于提高教师职业认同感

领导关系对教师职业认同的影响与家人关系和同事关系也是一致的，即对与领导关系感受不太满意的教师得分低于感受满意的教师，而感受满意的教师得分又低于感受快乐和愉悦的教师。与其他社会关系的感受相比，与领导关系感受糟糕和不快乐的教师数量有所增加，感受不太满意的教师数量增加更为明显，这是不是说明对于教师来说，与领导关系的质量较其他社会关系质量更低？（表4-22）

表4-22　教师职业认同的领导关系差异（$M\pm SD$）

项目	糟糕 ($n=25$)	不快乐 ($n=36$)	不太满意 ($n=177$)	满意 ($n=1160$)	快乐 ($n=212$)	愉悦 ($n=146$)	F	Tamhane's T2
角色价 值观	17.04 ±7.07	17.33 ±6.60	18.86 ±5.44	21.23 ±5.17	23.04 ±5.04	24.26 ±5.77	24.84***	1<5, 6 2, 3<4<5, 6
职业行 为倾向	19.78 ±4.92	21.19 ±3.81	20.90 ±3.58	21.90 ±2.83	22.20 ±3.05	22.78 ±3.16	6.83***	3<4, 5, 6 4<6
职业 价值观	14.83 ±4.53	16.35 ±3.99	16.80 ±3.47	17.55 ±2.65	18.07 ±2.29	18.05 ±2.92	7.47***	1<4, 5, 6 3<5, 6 4<5
总的职 业认同	65.52 ±15.71	66.97 ±13.58	69.18 ±10.46	72.88 ±9.71	76.00 ±9.29	77.51 ±11.77	15.66***	1, 2<5, 6 3<4<5, 6

注：糟糕=1，不快乐=2，不太满意=3，满意=4，快乐=5，愉悦=6

（六）教师职业认同的心理状态特点差异

1. 愉悦感能帮助教师提高职业认同感

从表4-23和表4-24可以看到，最近一个月个体是否发生重大的正向或负向事件，对教师的职业认同均具有显著影响，而且重大的负性事件对职业认同的影响似乎更大。当然，两者的作用方向刚好相反。最近一个月有重要的愉快事件发生的教师，在总的职业认同和角色价值观因子的得分上，显著高于无重要愉快事件发生的教师；最近一个月有重大的不愉快事件发生的教师，在总的职业认同及角色价值观、职业行为倾向、职业价值观3个因子的得分上，显著低于无重大不愉快事件发生的教师，所有差异均达到0.001的显著水平。

表 4-23　是否有重大的愉快事件发生（$M \pm SD$）

项目	是（$n=558$）	否（$n=1219$）	t
角色价值观	22.53±5.49	20.72±5.41	6.54***
总的职业认同	74.46±10.21	72.33±10.27	4.07***

表 4-24　是否有重大的不愉快事件发生（$M \pm SD$）

项目	是（$n=392$）	否（$n=1398$）	t
角色价值观	19.90±5.43	21.69±5.44	−5.78***
职业行为倾向	21.04±3.44	22.12±2.81	−5.74***
职业价值观	16.99±3.31	17.70±2.64	−3.89***
总的职业认同	70.20±11.12	73.81±9.88	−5.81***

2. 情绪越积极，职业认同感越高

为了进一步探讨教师的具体情绪状况对职业认同的影响，我们设计了"您最近一个月左右的情绪状况如何"这一问题，要求参加调查的教师作出判断。结果证实，最近一个月的具体情绪状况，对教师职业认同水平确实存在显著影响，情绪越积极，职业认同水平越高。

如表 4-25 所示，具体来说，在总的职业认同得分上，最近一个月情绪状况糟糕的教师显著低于不快乐、不太满意、满意的教师，而这 3 类教师的得分又低于情绪状况快乐、愉悦的教师。另外，在总的调查样本中，最近一个月情绪状况满意的教师占近一半，而情绪状况不太满意的教师数量则位居其次，占总样本的比例也超过 20%。而且调查同时发现，情绪状况不太满意的教师，其职业认同水平显著低于情绪状况满意的教师。

表 4-25　教师职业认同的情绪状况差异（$M \pm SD$）

项目	糟糕（$n=55$）	不快乐（$n=127$）	不太满意（$n=375$）	满意（$n=879$）	快乐（$n=227$）	愉悦（$n=127$）	F	Tamhane's T2
角色价值观	17.02±6.33	19.65±5.51	19.23±5.27	21.76±5.11	23.14±5.21	24.13±5.32	34.23***	1, 2, 3<4<5, 6
职业行为倾向	20.35±3.91	21.79±3.26	21.46±3.15	21.88±2.93	22.24±2.81	22.81±3.07	6.36***	1, 3<5, 6 4<6
职业价值观	15.10±4.18	17.43±2.71	17.28±2.99	17.52±2.72	17.98±2.36	18.38±2.60	9.00***	1<2, 3, 4, 5, 6 3<5, 6 4<6
总的职业认同	64.31±12.31	71.40±9.56	70.16±10.07	73.54±9.95	75.94±9.13	77.55±10.42	21.98***	1<2, 3, 4<5, 6 3<4

注：糟糕=1，不快乐=2，不太满意=3，满意=4，快乐=5，愉悦=6

3. 提高教师工资待遇有利于提高教师职业认同感

我们通过了解中小学教师的现实诉求，来认识教师职业认同感与职业期待之间的关系，从提高福利待遇、促进专业成长到关注心理健康、身体健康以及其他等几个方面进行了调查，结果见表 4-26。

表 4-26　教师职业认同在教师困境解决策略不同观点上的差异（$M \pm SD$）

项目	提高工资待遇（n=1062）	促进专业成长（n=111）	关注身体健康（n=100）	关注心理健康（n=102）	其他（n=63）	F	LSD/Tamhane's T2
角色价值观	21.11±5.56	22.97±4.68	22.87±5.76	21.44±5.04	21.41±5.13	5.71***	1<2, 3
职业行为倾向	21.93±3.08	21.40±3.27	21.02±3.63	21.42±3.30	21.74±3.09	2.99*	1>3

注：提高工资待遇=1，促进专业成长=2，关注身体健康=3，关注心理健康=4，其他=5

如表 4-26 所示，首先可以得到的一个结论是，认为解决当前教师的现实困境主要应当关注工资待遇提高的教师占到了总样本数的 70%以上（73.85%）。认为主要应当关注专业成长、身体健康或心理健康的教师人数基本相当，占总样本数的 7%左右，仅相当于认为应当关注工资待遇提高的教师人数的 10%。这个结论本身给我们的启示超过由于对农村教师困境解决策略持有不同观点而对职业认同产生不同影响的结论。另外，尽管对解决农村教师的现实困境主要应当关注什么这一问题持有不同观点，但这实际上并没有造成教师在总的职业认同水平上出现差异，只是在角色价值观和职业行为倾向因子上产生一些差异。在角色价值观上，认为主要应当关注工资待遇提高的教师得分低于认为主要应当关注专业成长，以及认为主要应当关注身体健康的教师；而在职业行为倾向上，关注点却恰好相反，认为主要应当关注工资待遇提高的教师得分高于认为主要应当关注身体健康的教师。这个结果也是比较容易理解的。

关注点主要在专业成长的教师，可能由于个人和家庭的原因，经济已经不再是他们考虑的首要问题，借鉴马斯洛的需要层次理论，他们基本的生存需要已经得到较好满足，迈向了较高层次的爱与归属、尊重和自我实现的需要，而这些和职业认同的角色价值观因子的内涵是非常契合的，所以他们在角色价值观因子上无疑会具有优势。而关注点主要在身体健康的教师，可能个人本身就存在身体健康方面的困扰，身体健康状况欠佳致使他们很难在职业活动中投入很多的时间和精力；主要关注工资待遇提高的教师基于生活的压力，更会在工作中努力表现，争取早日提升自己的职称、职位，提高收入水平，改善物质生活质量。两者一低一高，就造成了他们在职业行为倾向因子上的区别。

第三节　提高中小学教师职业认同感的有效措施

一、影响中小学教师职业认同感的因素

通过上面的分析，我们知道，教师的职业认同感受到家庭、学校、社会及教师个体等诸因素的影响。认识这些因素及其作用，是我们改善和提升教师的职业认同感的前提。下面笔者从三个方面做一个简短的归纳。

（一）教师个体的身心特征

从人口学变量来看，教师职业认同存在性别、年龄和身体健康状况的差异：男教师职业认同水平低于女教师；年龄在25～34岁的教师职业认同水平高于年龄在35～49岁的教师；身体健康状况很好和较好的教师职业认同水平高于身体健康状况较差的教师。不同收入水平的教师职业认同无显著差异。

从专业背景来看，教师职业认同存在学历、所学专业、从教原因、教龄和职称的差异：本科学历的教师职业认同水平低于大专学历的教师；所学专业为文科或艺体类的教师职业认同水平高于所学专业为理科的教师；因喜欢而从事教师工作的教师，职业认同水平显著高于因家人影响、工作稳定、无奈等原因而从事教师工作的教师，因家人影响和工作稳定而从事教师工作的教师又显著高于因无奈而从事教师工作的教师；3年以下教龄的教师职业认同水平高于3～5年和教龄为10年以上的教师，6～10年教龄的教师职业认同水平也高于教龄为10年以上的教师；职称未定的教师职业认同水平高于初级和中级职称的教师。近3年内是否参加过相关职业培训，其教师职业认同不存在显著差异。

从心理状态来看，最近一个月有重要的愉快事件发生的教师职业认同水平高于无重要愉快事件发生的教师；最近一个月有重大的不愉快事件发生的教师职业认同水平低于无重大不愉快事件发生的教师；最近一个月的情绪越积极，职业认同水平越高；在解决农村教师的现实困境主要应当关注什么这一问题上持不同观点的教师，职业认同的总体水平不存在显著差异，但值得注意的是，70%以上的教师认为解决农村教师的现实困境主要应当关注工资待遇的提高。

（二）教师职业的工作劳动特性

从工作状况来看，教师职业认同存在学校所在地、所教课程和学校要求坐班与否的差异：县城教师职业认同水平低于乡镇及以下教师；理化生课程教师职业认同水平低于语数外和政史地教师；学校要求坐班的教师职业认同水平高于不要求坐班的教师。

当然，教师每周课时量多少、是否担任班主任及是否兼任行政职务，在总体职业认同水平上并无显著差异。

（三）教师的人际关系

从家庭情况来看，教师夫妻关系不同、家人关系不同，职业认同水平具有显著差异：夫妻关系和睦的教师职业认同水平高于夫妻关系普通的教师；对家人关系感受不太满意的教师，职业认同水平低于对家人关系感受满意、快乐和愉悦的教师。婚姻状况不同、有无孩子，教师总体职业认同水平均不存在显著差异，但它们对职业认同的角色价值观和职业行为倾向两个因子具有反向作用：在角色价值观因子上，未婚教师得分高于已婚教师，无孩教师高于有孩教师；在职业行为倾向因子上，已婚教师得分高于未婚教师，有孩教师高于无孩教师。

从社会关系来看，朋友关系、同事关系及领导关系对教师职业认同的影响效果是一致的，即对朋友、同事、领导关系感受不太满意的教师职业认同水平低于感受满意的教师，而感受满意的教师又低于感受快乐和愉悦的教师。

二、从多方面入手提升教师职业认同水平

（一）进一步提升教师职业认同水平

本次调查虽然让我们看到总体上安徽省义务教育阶段教师职业认同水平较高，但跟全国水平相比仍有一些差距，这就需要政府多管齐下，进一步加强教师工作。其中，特别重要的一个方面仍然是提高教师的工资水平、福利待遇。教师属于专业化人才，他们的社会地位、经济收入应该与医生、公务员等职业相当，但目前安徽省普通中小学教师的收入水平也就相当于一般技术工人的水准，应当得到较大幅度的提升。

（二）提升男教师的职业认同水平

从数量来看，安徽省义务教育阶段男教师占比也接近一半（46.01%），这是可

喜的现象。男性形象对儿童青少年成长的重要性越来越为心理学和教育学的研究所证实。在很多父亲缺席儿童教育的社会大环境下，如果学校教师也以女性为主，那么这对儿童的成长是极为不利的。所幸义务教育阶段还有这么一批男性教师在默默耕耘。然而，男教师的职业认同水平却严重低于女教师，男性从事教师职业比女性面临更多的不利因素，承受更大的社会压力。因此，需要为提升男教师的从教意愿、自我认同做些专门工作。这可以从增加教师工作的挑战性、流动性等入手，比如，扩大不同职级的工资差距，为教师在校际自由流动等提供机会。假如工作成绩出色，即给予晋级和流动的机会，这同时意味着增加了收入并提高了社会地位。

（三）确保教师职业认同水平的稳定性

在教师的职业生涯中，教师职业认同水平随年龄、教龄、学历、职称等的上升表现出复杂的变化趋势，有时不升反降。从未婚到已婚、从没有孩子到养育孩子，教师职业认同中的角色价值观也是不升反降。如何使教师职业认同保持稳定水平或稳步上升，而不是下行，是值得我们思考的。这就需要排除与这些变量伴随的影响教师职业认同的不利因素。

（四）除继续重视乡镇和农村教师工作以外，还应重视加强县级教师工作

县城教师的职业认同水平低于乡镇及农村教师，这是以前的研究没有发现的。这提示我们，县城教师的处境某种程度上还不如乡镇及农村教师，因此应采取相关措施服务于县城教师，提升其职业认同水平。

（五）规范学校管理

中小学校应规范学校管理，加强制度建设，如对教师坐班进行规范，可实行轮班制，既不要求必须全天候坐班，又不能上课才来下课即走完全不坐班。轮班制既保证了教师工作具有一定的自由度，又使教师能有机会在一起交流及合作，能增强集体归属感，提升职业认同水平。

（六）关注教师的心理健康

教师的兴趣爱好、人际关系（包括夫妻关系、家人关系、朋友关系、同事关系和领导关系等）、情绪状况及价值观等诸多心理因素都会影响其职业认同水平。因此，要关注教师的心理健康状况，营造重视教师心理健康的氛围，通过多种途径开展教师心理健康教育。

第五章
教师的职业压力

第一节 从教师职业劳动到职业压力

一、教师职业劳动的特点

作为传播和传递人类文明的专职人员,教师的劳动具有自己的特点和价值。

(一)教师劳动具有示范性

教育是培养人的活动。教师主要是用自己的思想、学识和言行直接影响其学生。这种影响包括有目的、有计划的影响,也包括不自觉、无意识的影响。模仿是中小学生一种重要的学习方式之一。中小学生无论是在知识、智力还是在心理品质、思想道德等方面,都处于不成熟时期,独立性和自我教育的能力都比较欠缺。他们对教师有着特殊的信任和依恋,在天真的孩子眼里,教师一般都具有一定的权威性,教师是他们重要的模仿对象。特别是在思想教育中,学生的人生观、世界观、道德风貌、文明习惯的形成,都与教师的言传身教密切相关。

(二)教师劳动具有复杂性

教师的劳动对象是活生生的人,每个人由于先天的遗传素质、家庭环境、社会影响的差异,往往有着不同的能力、不同的兴趣爱好和气质、性格特点。每个学生都有自己的精神世界,都具有主观能动性,都处在不断的发展和变化之中。

教师需要针对学生的静态特点和动态变化制订方案，因材施教。教师还必须促使学生身心得到和谐统一的发展，既要教书，又要育人。现代教育倡导学生主动参与教学过程，倡导研究式、探究式学习，这也对教师的教育教学提出更高的要求，也增加了教学工作的复杂性。

（三）教师劳动具有创造性

教师劳动的复杂性决定了教师劳动的创造性。虽然年轻教师在初期的教育教学工作中带有模仿的特点，但教师的教育活动并无固定不变的规范、程式或方法可以套用。一般来说，随着经验的丰富，教师需要针对学生的不同特点选择最能奏效的方法与途径来实现教育目的。在教育工作中根本就没有一套可供教师在任何情况下对任何学生都有效的模式。

教师对教学内容的处理和加工也是一种创造性劳动。教师需要对教学内容进行加工处理，恰当取舍，合理组织，使之成为学生可以接受和掌握的知识体系，并在此基础上巧妙地设计问题和情境，再通过讲授表现出来。这个过程就是一次创造性的艺术加工过程。

二、教师的职业压力

教师职业压力研究始于20世纪70年代，此后引起专家与学者的广泛关注。西方国家把它作为社会科学的重要课题来研究，并取得了大量的研究成果。在我国，随着教育改革的不断深化和教师专业化进程的日益推进，教师的压力问题也日益彰显，教师群体的高压力现象引起了国内许多学者的关注，这一现象也成为我国教育科研领域的一个热点问题。

网络上有教师调侃自己"起得比鸡早，睡得比狗晚，吃得比猪差，干得比牛累"。这里不免有夸张的成分，但这种调侃足以说明教师对自己工作状态的强烈不满。人们可能觉得教师每周只工作5天，每天工作8小时，暑假和寒假逍遥自在。其实，教师真正的累是无形的，当别人还在睡梦中时，教师已经闻鸡起舞，开始新一天的工作；当别人午睡的时候，教师还在教室里照看学生；当别人已经进入梦乡或者窝在舒适的沙发上看着热播的电视剧的时候，教师才顶着黑夜回家。教师的工作看上去是8小时，事实上却远远超出8小时。为了升学质量，很多教师累出了病，一些教师甚至倒在了讲台上再也没有起来。

"教师是人类灵魂的工程师"，这句话在给教师罩上至高无上的荣誉的同时，也给教师带来了沉重的压力。教师不仅要努力教书，还得为人师表，做学生的楷模,谈吐要文明礼貌、举止要适当得体、行为要符合规范,别人能做的事情教师不一定能做。在开放的、彰显个性的社会,教师特别是年轻的教师感受到教师职业对彰显个性的局限。

社会在高速发展,教师承受着来自多方面的压力,过重的压力影响到教师的生理及心理健康,影响到教师的专业成长,并对学生的成长也造成一定的影响。压力究竟是利还是弊,取决于压力的大小,也取决于个体对压力的认识和对压力的心理承受能力。鉴于此,笔者以中小学教师作为研究对象,通过文献资料法和问卷调查法对当前安徽省中小学教师的工作压力问题进行研究,着重研究安徽省中小学教师工作压力的现状、产生的根源,并根据研究结果提出调适中小学教师工作压力的对策,呼吁社会关注中小学教师群体。

(一)教师职业压力的定义

压力一词源自于拉丁语"strictus",意思是"to tighten"(使精神紧绷)(Jex,1998),是指个体认为时常伴随着有压迫状态的感觉。压力的词义最早源于物理学术语,在工程学和建筑学上指"负荷"。压力被看成外力的一种,是指将充分的力量用到一种物体和系统上使其扭曲变形,这种力量被称为压力。

对于压力(stress,也称应激)的研究,最早可追溯到古希腊医学之父希波克拉底(公元前460—前377年),他首先认识到人类有一种本能的应激行为,这种应激行为使人体具有的一种自愈能力,这是医学上对于压力概念最早的认识。

Selye(1956)首次将压力定义为"身体为满足其自身需求所产生的一种非特定反应,包括个体面对问题时所做的任何调适"。他将这一反应称为一般适应征候群,划分为三个阶段:警惕与觉醒、抵抗、耗竭。

美国心理学家Lazarus和Folkman(1984)对压力又有了新的认识,他认为"压力是指环境或内部的需要超出个体、社会系统或机体组织系统的适应能力"。他强调认知因素在压力反应中的作用,注重对压力的过程进行研究,是现代压力认知及应对研究领域的重要先驱,直到现在,他仍是这一领域最重要的代表人物之一。

Munz等(2001)认为,"压力是由于环境要求与个体特征交互过程中所导致的焦虑性反应和生理紧张状态,压力是反映个体在某些方面过分紧张的一个预警指标,在工作场所发生的压力称之为工作压力"。

职业压力的概念源于压力的概念定义,目前国外对于压力的研究已经比较系统化,并且进入了一个多元化的时代。职业压力的概念也表现出了多样性的特点。以戴维·丰塔纳为代表的一部分学者认为压力源就是职业压力,并将工作负荷、工作复杂性、人际关系、性别冲突、角色冲突、职业倦怠等压力源定义为职业压力。与此同时，以 Lazarus 为代表的学者认同的是认知交互模型，这种模型将职业压力定义为个体和环境交互作用的产物。

Summers 等（1995）对职业压力的定义则是："当个体偏离正常的或期望的生活方式时体验并感觉到的不舒服的感觉。"

徐长江（1999）将职业压力定义为："个人目标在工作环境中受到来自于压力源长期的、持续作用的威胁，同时在个人特质及应对方式的作用下所形成的一系列心理和生理行为的应付过程。"

石林（2005）认为，"职业压力就是自身认为在工作过程中感觉需要付出较大努力的才能达到的工作要求，以及由于适应这种要求所产生的心理和生理的应激反应"。

Kyriacou 和 Sutcliffe（1978）认为，教师职业压力是指"教师在任教的过程中而引起的负面情绪反应，如恐慌、焦虑、心情低落、愤怒、忧伤等，长此以往可能会产生生理上的病变"。

Moracco 和 McFadden（1982）认为，教师职业压力是指"教师在工作及工作的过程中，觉知到的被要求的工作，挟制到自身的自尊、幸福、用以维持稳定的状态及应对方式等各个方面，从而诱发心理稳定状态的变化及生理状态的变化"。

Litt 和 Turk（1985）认为，"教师职业压力是当教师的幸福受到威胁时，且所要解决的问题超过其能力范围时，所产生的不愉快情形与困惑的经验"。

周立勋（1986）认为，教师职业压力是指"教师在工作过程中，把潜在的工作情境因素当作威胁，甚至妨碍到自身的工作时，所出现的消极的情感与情感反应"。

Borg 等（1991）认为，"它是教师对负面情感的一种反应，这种反应跟随由教师的职业所引起的内在的病理性的生理的变化，导致自身的应对机制难以进行调节"。

台湾学者蔡先口（张蓓莉，蔡先口，1995）指出"其是指教师被职位上所赋予的具体事物、期盼以及岗位职责时所感知到的压力"。

McCormick（1997）认为教师职业压力指的是"教师在工作过程中，觉知到个人资源的不足以无法应对外在的要求，从而产生的消极情绪"。

程一民（1997）认为，"教师职业压力是教师在学校工作中，与人、事、物互动过程中所产生的负面情感"。

吕秀华（1996）将其定义为："因教师工作的因素所导致的紧张，使得教师感受到的不愉快或负面的情绪。"

王以仁等（2003）将教师职业压力定义为："教师因职务上所赋予之要求、期许和职责所感受到的压力"。

近年来，学者在研究中普遍认为教师的职业压力是教师在工作环境中无法从容应对或满足其期望时造成生理、心理和行为上一系列负面或脱离正常状态反应的过程。

综合上述各位专家的看法，本书将教师职业压力界定为：教师在工作过程中，由于工作方面的原因，导致身体和心理机能的异常，如身心过度疲劳、精神高度紧张、思维紊乱等引起的不良的、消极的情绪与情感体验，如焦虑、烦恼、愤怒、郁郁寡欢、挫折感大等。工作方面的原因主要包括社会地位低、工作时限长、工作负载量大、班级人数多、学生的言行举止不礼貌等。

（二）国内外教师职业压力的测量工具

目前，在教师职业压力的研究中，定量研究多于定性研究。国外研究者常用的工具主要有：Cichon 和 Koff 于 1978 年编制的"教学事件压力量表"，Clark 于 1989 年编制的"教师职业压力因素问卷"，Fontana 于 1989 年编制的"职业生活压力量表"和 Maslach 和 Pines 于 2001 年编制的 MBI 和 BM 等量表（郑晓芳，2013）。

国内研究者采用的工具主要有：朱从书等于 2002 年编制的"中小学教师职业压力问卷"、许延礼等于 2003 年初步编制的"高中教师工作压力源量表"、程俊玲等于 2004 年编制的"中小学教师职业压力问卷"、李虹于 2005 年编制的"中国大学教师压力量表"等（郑晓芳，2013）。

（三）教师职业压力的相关研究

1. 教师职业压力明显存在

国外对于教师职业压力的大量研究表明，教师是一种高压力职业，它所产生的压力远远高于其他行业。1967 年美国教育学会在对教师工作压力强度进行研究时发现，将近 3/4 的教师有"些许""相当"多程度上的职业压力。

英国学者 Kyriacou 和 Sutcliffe（1978）把英国综合中学教师作为研究对象，通过 4 次调查发现，有 1/5~1/3 的教师认为教师压力很大或是非常大。此后，在澳大利亚和新西兰的研究也同样证实了这个事实。瑞士日内瓦大学哈伯曼在研究中也发现，将近 40% 的教师曾有过疲惫的经历。

上海师范大学、上海精神卫生中心和上海师资培训中心组织的一次联合调查中显示，高达 48% 的教师存在心理障碍，其中包括 12% 的教师存在明显的心理障碍，2% 比较严重，其症状为抑郁、烦躁、焦虑和记忆力下降等。杭州市教育科学研究所对杭州市的 31 所中小学教师的职业压力进行调查时发现，感到压力很大的教师达到 76%，不太喜欢或很不喜欢自己的职业的教师有 13.25%，表示如果有机会考虑换工作的教师占 50.8%，表示愿意终身从事这一职业的教师只有 49.2%。

湖南师范大学的孙慧在对湖南省 260 位不同类别学校的教师进行问卷调查时发现，感到有职业压力的教师占 88.3%，其中，表示压力较大或极大的教师占 37.7%。

北京教育科学院在 2003 年对该市城郊 300 名中小学教师实施素质教育情况随机抽查时发现，表示"当教师不容易，压力很大"的教师占 93.1%。

徐长江（1998）对黑龙江省 3 所学校的教师调查也发现，认为自己的压力很大或极大的教师有半数以上。

2006 年台湾教育部门公布的一份中小学教师需求及对教育施政看法的问卷调查显示，感到工作压力大的教师占 79%，想提早退休的教师占 52%。

以上调查在一定程度上表明，我国的教师群体正承受着极其严重的职业压力。

2. 教师职业压力源存在于多方面

导致教师产生职业压力的各类因素统称为教师职业压力源。国外有关中小学教师压力源的研究，大致将压力源归纳为以下几个方面：①学生的学习能力和行为规范；②与校领导或周围同事的人际关系；③工作时间长、行政领导支持度不够等；④角色负荷过度或角色冲突等；⑤教师缺乏自身职业规划。随着研究的深入，关于压力源的研究也更加细致、具体。如："学生个体的不规范行为"也作为小学教师的一种相关的压力源（Mike, Thomas, 1985）。给教师带来压力的如"过大的班级规模"也不容忽视（Brown, 1984）。"与领导的关系""工作超负荷""专业薄弱""班级管理"和"人际关系"等是小学教师的压力源之一（Halpin et al., 1985）。

有人指出教师职业压力也源于"学生的恶习""工作氛围不佳""专业能力较差"等（Borg et al., 1991）。

有人认为教师职业压力源于"学生的问题、班级管理、学生家长、自身因素"（Salo, 1995）。

我国对于小学教师职业压力源的研究起步较晚，唐晓涛、朱从书的研究发现，教师的主要压力源是工作时间长和学生的因素。浙江省杭州市教育科学研究所对杭州市 28 所中小学的教师进行调查时发现，教师职业压力较大的主要因素是工作超负荷和学生教育问题。徐富明等（2002）通过教师对压力来源阐述的形式，调查了 300 多名中小学教师后发现，小学教师主要的职业压力源是升学考试和工作负担，而学生因素则退居其次。陈德云（2004）在研究中发现，工作时间长、升学和绩效挂钩、工资福利低、教学制度改革、人事改革、校长负责制、教师人身权的侵害等是我国中小学教师的压力源。

同国外研究相比，考试压力是我国中小学教师面对的一个很具特色的重要压力源，非常值得关注。往往将学生的考试成绩作为考核教师工作的一项重要指标，甚至是唯一尺度，教师的聘任、工资绩效和晋级等也和学生的考试成绩或升学率挂钩。

三、教师职业压力影响与应对研究

（一）职业压力对教师的消极影响

孙慧（2004）的研究表明，职业压力过重会导致教师出现不稳定的情绪和不良的心境。压力的情绪反应是多样的，有较正面的情绪，也有负面情绪，但过度压力所带来的多是负面的情绪反应。调查发现，处于职业压力中的教师情绪多表现为焦虑、压抑、忧郁、暴躁、沮丧等，并且经常感到心理紧张不安，疲惫、发脾气，缺乏自信，自我效能感下降，精神不振等，其中大多数教师都感到心情烦躁和紧张不安等，甚至会出现认知障碍。

王爱军（2007）认为，教师职业压力会对学校组织产生不良影响，高度的职业压力导致教师对工作的满意度下降，没有热情和兴趣，情感也变得冷漠，对学生失去耐心和爱心，无法在教育教学方面投入全部的精力，甚至出现旷工、离职等，这些变化对学校的正常组织工作产生了不良的影响，不仅会降低学校的工作效率和影响正常教学，还会把负面影响带给其他教师。

褚建平（2012）认为，其影响既有积极的一面又有消极的一面，但多数的研究发现消极影响多于积极影响，因此将研究的重点多放在消极影响上，认为对教师的消极影响主要表现为对教师本身产生消极作用，如压抑焦虑、无助、缺乏安全感、性格脆弱、没自信等，而且过大的职业压力也会导致生理疾病增多，如心脏病、身体疲劳、心理障碍等，损害身体健康。一些教师会出现如抽烟、喝酒、暴饮暴食、食欲不振、旷工等消极行为。

（二）缓解教师职业压力的相关建议对策

国内外的学者在方法和策略上提出许多观点，以应对教师的职业压力。

邵光华和顾泠沅（2002）提出，要恰当地处理问题、远离对抗、放松、控制感情、认识自己的不足。

陈德云（2004）提出开设教师压力管理培训研讨班，学校领导要为缓解教师压力而努力,并为教师营造一个公平、民主的组织环境等。

高建凤(2008)通过对教师职业心理压力的分析,试图从社区、学校和个人层面寻找缓解教师职业压力的对策,以便提高教师群体的身心健康和生活质量,借以促进中小学教育教学质量的提高。

康康(2011)认为,可以通过客观认识压力、肌肉放松、集中冥想和有氧活动等来缓解职业压力。

国内外学者提出的缓解教师职业压力的策略,多是从社会、学校教育机构和教师自身三个方面出发,首先是教师个人的努力,发挥教师本人的主观能动性,进行自我调节;其次是学校要采取减少教师职业压力方面的措施;最后是社会的支持。

崔璐和王晓娜(2012)认为,"解决教师职业压力问题政府应该有所'作为',提高教师的社会地位和经济待遇,缓解教师生存压力;社会建立对教师的合理期望;学校的组织管理制度民主化,合理地分权授权,使管理权层次化;赋予教师教学自主权,即自主安排教学时间;自主安排工作内容;允许教师的个人观点、个性以及情感得到体现"。

久米(2016)指出,要全面认识教师职业,正确看待教师群体;提倡尊师重教,切实提高教师待遇,特别是高海拔、偏远地方、农牧区等学校教师的工资待遇和生活水平;关注教师的身心健康;改革教师的评价机制;重视教师的在职培训;加强自我调节,增强其职业适应能力等。

所有这些研究成果,都给我们以启发,为我们进一步的分析奠定了基础。

第二节 中小学教师职业压力的现状

一、研究的整体流程

(一)参与调查的教师的人口学信息

本节研究的对象是安徽省中小学教师,主要是通过问卷调查分析的方式,在合肥、芜湖、蚌埠、阜阳、安庆、池州、淮北等城市发放调查问卷共 2400 份，回收 2033 份，回收率为 84.71%。在对有效问卷进一步筛选的基础上，获得本次研究的有效被试样本 1389 人。样本的分布情况见表 5-1。

表 5-1　样本分布情况

变量	类别	人数/人	百分比/%
地域	黄山	180	12.96
	宣城	143	10.30
	马鞍山	145	10.44
	淮北	136	9.79
	阜阳	149	10.73
	滁州	147	10.58
	蚌埠	115	8.28
	芜湖	125	9.00
	合肥	133	9.58
	安庆	116	8.34
大地域	皖南	593	42.69
	皖北	400	28.80
	中部	396	28.51
性别	男	671	48.31
	女	718	51.69
年龄	25 岁以下	57	4.10
	25～34 岁	372	26.78
	35～49 岁	720	51.84
	50 岁及以上	240	17.28
教龄	3 年以下	114	8.21
	3～5 年	87	6.26
	6～10 年	167	12.02
	10 年以上	1021	73.51
职称	未定	99	7.13
	初级	383	27.57
	中级	638	45.93
	高级	269	19.37
学历	大专以下	42	3.02
	大专	325	23.40
	本科	982	70.70
	研究生及以上	40	2.88

续表

变量	类别	人数/人	百分比/%
所在学校	乡镇以下	633	45.57
	县城	449	32.33
	城市	307	22.10
课时	5节以下	71	5.11
	6~12节	721	51.91
	13~20节	563	40.53
	20节以上	34	2.45
是否担任班主任	是	510	36.72
	否	879	63.28
是否兼职行政	是	240	17.28
	否	1148	82.72
是否坐班	是	892	64.22
	否	497	35.78
有无参加培训	有	1243	89.49
	无	146	10.51
婚姻状况	未婚	149	10.73
	已婚	1217	87.62
	离异	17	1.22
	丧偶	6	0.43
是否有孩子	是	1197	86.18
	否	192	13.82
月平均收入	1500元以下	32	2.30
	1500~2999元	509	36.65
	3000~4999元	699	50.32
	5000元及以上	149	10.73
身体状况	很好	425	30.60
	较好	743	53.49
	较差	207	14.90
	很差	14	1.11

（二）研究方法的介绍

本次研究主要采用问卷调查、访谈与文献法相结合的方法来进行研究。研究者以自编问卷对部分安徽省中小学教师进行调查来获取相关信息，通过问卷了解中小学教师承受压力的现实情况，并在此基础上寻找深层次的原因，以此探究缓解中小学教师心理压力的策略和措施。研究中，研究者增加了对安徽省部分中小学教师的访谈环节，通过访谈深入了解中小学一线教师所承受压力的现实情况。此外，研究者还查阅了大量文献资料，这些文献资料集中于教师压力、社会学及心理健康等方面的相关研究。通过对这些文献资料的分析和整理，试图从全局把握安徽省中小学教师心理压力与心理健康状况的概貌，以利于加深对调查访谈资料的理解和分析。

（三）研究步骤的实施

第一，深入实际，了解情况。通过与安徽省中小学教师的广泛接触，了解他们的实际生活状态，并逐步了解安徽省中小学教师的压力状况及其相关情况。

第二，进行问卷调查。运用"安徽省中小学教师压力调查问卷"对安徽省各地区的中小学教师进行问卷调查。调查通过集体施测的方式进行，要求被试按照自己的实际情况如实填写，不允许讨论。在正式开始调查之前，对100人进行了试测，对问卷进行了信度检验，信度为0.87，已达到较高的信度，可以进行正式调查。正式调查发放问卷2400份，回收问卷2033份，其中无效问卷644份，有效问卷1389份，回收有效率为68.32%。

第三，对调查结果进行统计。整个问卷采用了5级评分制，首先对压力状况进行了总体上的分析及各个维度的相关分析，对不同人口学变量的教师的压力状况进行差异性检验，并对其结果进行统计分析。

第四，根据统计结果，对安徽省中小学教师的压力现状进行分析。分析主要压力表现及其压力来源，并对不同年龄、职称、婚姻状况、学校及对班主任与非班主任等人口学变量的教师的压力状况的差异进行分析。在此基础上提出了缓解中小学教师心理压力的策略和措施。

（四）研究问卷的组成部分

本次研究是在参考国内相关的教师研究和国外教师压力问卷的基础上，收集整理导致教师职业压力的主要事件，编制成"中小学教师压力调查问卷"。

问卷分为9个部分，共35道题，简要介绍如下：

调查教师对自身感受到的压力程度的直观感受（共1题）；

调查教师在教学工作方面感受到的压力情况（共5题）；

调查教师在教育制度方面感受到的压力情况（共5题）；

调查教师在自己的家庭生活中感受到的压力情况（共5题）；

调查教师对教学班级中的学生情况感受到的压力情况（共5题）；

调查教师面对学校领导作风方面感受到的压力情况（共4题）；

调查教师与他人人际关系方面感受到的压力情况（共4题）；

调查教师在自我实现方面感受到的压力情况（共3题）；

调查教师面对自己的社会地位方面感受到的压力情况（共3题）。

每题均给出5个选项（①非常不符合；②有些不符合；③不能确定；④有些符合；⑤非常符合），让被调查者判断自己与问题的符合程度，数字越大，表示符合等级越高。对某项选择的符合程度亦表明个体在此项目中感受到的压力感程度，符合程度越高，压力感越大。

该问卷的内部一致性信度为0.87。

（五）数据处理的工具

将所有数据用Excel及SPSSl8.0输入计算机，建立原始数据库，再利用Excel及SPSS18.0统计软件对所回收的调查问卷的数据进行分析与处理。

二、中小学教师职业压力的现状

（一）中小学教师的职业压力的总体自我评价正常

按照量表的理论构架，职业压力为5级计分，3分为中等水平。从总体上看，中小学教师的职业压力整体处于中等水平（平均分为2.95）。这说明，中小学教师感受到了一定的职业压力，这对于他们努力做好工作具有积极意义。没有压力，就不会有动力，但是过高的压力又会产生焦虑和不适应。在一定的职业压力驱动下，教师可以更加集中工作精力，可以自觉地约束自己的行为，可以更加明确自己的职业追求。

进一步，笔者对其职业压力的各个维度（包括自身感受、教学工作、教育制度、家庭生活、学生情况、学校领导作风、人际关系、自我实现、社会地位）进行描述性统计分析，结果见表5-2。

表5-2　中小学教师的职业压力的总体状况

变量	N	M	SD
自身感受	1389	3.53	2.49
教学工作	1389	3.19	0.88
教育制度	1389	2.89	0.90
家庭生活	1389	3.16	0.90
学生情况	1389	3.60	0.79
学校领导作风	1389	2.79	1.05
人际关系	1389	2.18	0.81

续表

变量	N	M	SD
自我实现	1389	3.16	0.97
社会地位	1389	4.01	0.99
职业压力总量表	1389	2.95	0.60

从表5-2可以看出，安徽省中小学教师在自身感受方面，平均值为3.53，其维度的压力处于中等偏高水平；在教学工作方面，平均值为3.19，其维度的压力处于中等水平；在教育制度方面，平均值为2.89，其维度的压力处于中等水平；在家庭生活方面，平均值为3.16，其维度的压力处于中等水平；在学生情况方面，平均值为3.60，其维度的压力处于中等偏高水平；在学校领导作风方面，平均值为2.79，其维度的压力处于中等水平；在人际关系方面，平均值为2.18，其维度的压力处于中等偏低水平；在自我实现方面，平均值为3.16，其维度的压力处于中等水平；在社会地位方面，平均值为4.01，其维度的压力处于中等偏高水平。从标准差可以看出，职业压力的总体差异不是很大；职业压力的9个维度中，自身感受维度的标准差最大为2.49，学生情况维度的标准差最小为0.79，总的来说职业压力的9个维度之间的差异性很大。

以上充分说明，教师虽然总体压力一般，但是在不同职业压力来源的感知方面是存在差异的，来自社会地位和学生情况方面的压力感知最明显。

长期以来，尊师重教的观念已经深入人心。教师是人类灵魂的工程师，教师是社会的楷模，教师的一言一行都会被放大，受到社会舆论的关注和评论。因此，作为教师，这样一种社会地位的定位决定了其要承受更大的职业压力。另外，要让教师职业成为全社会最受人尊重的职业，要让教师成为全社会最受人尊重的人，必须具备相应的支撑条件，诸如物质待遇、社会荣誉、精神倡导等方面的优越或者政策倾斜。然而教师在感知这些支撑条件时，却没有感受到优越或者倾斜。比如，中小学教师的工资收入与劳动付出之间总体来说是不相称的，与同等学历、同等劳动强度的其他职业相比，教师的待遇还是比较低的。因此，中小学教师靠自己的工资无法让全家过上稳定而体面的生活，也无法获得社会所期望的较高的社会地位，这样便产生了社会地位感知的压力。

随着社会信息化、网络化的不断发展，学生获取的信息量也越来越大，对教师在教学理念、教学手段等方面的要求越来越高。现阶段，学生家长、学校、社会对学生升学的关注度持续增加，学生的升学率与教师的绩效工资、优秀评比、职称评定挂钩，这些来自于学生方面的情况给教师带来了巨大的压力。

另外，一些学生受不良信息的影响，在学习或心理发展方面出现一些问题，如学习意愿降低，课堂中注意力集中度不高，打扰他人学习，违反课堂纪律等情况，加大了教师课堂管理的难度，需要教师倾注更多的精力。特别是当学生的问题行为走上极端，给社会、家庭、学校造成不可挽回的影响时，教师往往首当其冲地感受到巨大的社会压力。此外，在家庭生活、教育制度、学校领导作风等方面，教师也都面临着无法回避的压力。

（二）教师职业压力的个体特征

1. 男性比女性承担更大的职业压力

以性别为组别变量，职业压力为检验变量，进行差异性检验，比较不同性别在职业压力上是否存在显著性差异，具体结果见表 5-3。

表 5-3 中小学教师职业压力各维度在性别变量上的差异分析

项目	男（$n=671$） M	男 SD	女（$n=718$） M	女 SD	t
自身感受	3.54	1.18	3.52	3.28	0.16
教学工作	16.23	4.44	15.70	4.34	2.25*
教育制度	14.95	4.40	13.97	4.52	4.11***
家庭生活	16.11	4.60	15.49	4.40	2.57**
学生情况	18.46	3.97	17.55	3.92	4.33***
学校领导作风	11.70	4.24	10.62	4.06	4.86***
人际关系	9.01	3.35	8.48	3.11	3.01**
自我实现	9.56	2.20	9.40	2.88	0.99
社会地位	12.14	2.95	11.92	3.02	1.36
职业压力总量表	111.70	22.23	106.65	21.92	4.26***

从表 5-3 可以看出，不同性别的安徽省中小学教师在教学工作（$p<0.05$）、教育制度（$p<0.001$）、家庭生活（$p<0.01$）、学生情况（$p<0.001$）、学校领导作风（$p<0.001$）、人际关系（$p<0.01$）这 6 个维度得分上存在着显著性差异；不同性别的安徽省中小学教师在职业压力总得分上存在着显著性差异，男性中小学教师在职业压力总分上显著高于女性中小学教师（$p<0.001$）。

多数男教师是家里的主要经济支柱，承担着挣钱养家的重大责任，而教师群体收入低，很难完成自身的角色使命，经济负担沉重；女教师在照看孩子和老人、家务劳动等方面承担着繁重的压力，虽然与男教师相比经济压力稍小，但在时间和精力分配上比男教师压力大。

2. 35~49 岁年龄段的教师职业压力最明显

为将连续变量转化为分类变量，将安徽中小学教师划分为 4 个年龄阶段，即

25 岁以下、25～34 岁、35～49 岁、50 岁及以上，采用单因素方差分析的方法进行差异性检验，比较不同年龄阶段的教师在职业压力变量上是否存在显著性差异，具体结果见表 5-4。

表 5-4 中小学教师职业压力各维度在年龄变量上的差异分析

项目	25 岁以下 (n=57) M	SD	25～34 岁 (n=372) M	SD	35～49 岁 (n=720) M	SD	50 岁及以上 (n=240) M	SD	F
自身感受	3.00	1.18	3.31	1.22	3.65	3.26	3.65	1.18	2.60
教学工作	14.91	4.59	15.35	4.41	16.24	4.36	16.24	4.36	4.96**
教育制度	13.78	2.43	13.37	3.02	14.75	4.50	14.43	4.67	3.05*
家庭生活	13.14	4.24	15.08	4.30	16.45	4.50	15.53	4.51	15.53***
学生情况	16.16	3.63	17.27	4.08	18.09	3.90	19.20	3.70	16.28***
学校领导作风	10.26	3.95	10.42	4.13	11.50	4.13	11.38	4.32	6.61***
人际关系	8.39	3.29	8.46	3.14	8.98	3.26	8.50	3.24	2.92*
自我实现	9.98	2.70	9.84	2.85	9.41	2.88	9.01	3.01	4.73**
社会地位	10.81	2.80	11.60	3.09	12.24	2.98	12.35	2.76	7.90***
职业压力总量表	100.65	22.24	105.26	21.78	111.32	22.18	110.36	21.80	9.28***

从表 5-4 可以看出，不同年龄段的中小学教师在教学工作（$p<0.01$）、教育制度（$p<0.05$）、家庭生活（$p<0.001$）、学生情况（$p<0.001$）、学校领导作风（$p<0.001$）、人际关系（$p<0.05$）、自我实现（$p<0.01$）及社会地位（$p<0.001$）这 8 个维度上存在着显著性差异，经过多重比较分析发现，在职业压力总分上，年龄在 35～49 岁的中小学教师的职业压力得分显著高于其他年龄段的中小学教师（$p<0.001$）。

处于 35～49 岁的中小学教师，教龄也在 10 年以上，处于事业上升期，承担着学校中的大量事务，在不断学习进修之外，还需要参加学校安排的各类比赛为学校争取荣誉，对学校布置的各项事务都力求做到完美，不敢有半点马虎。而对于这一年龄阶段的教师而言，孩子的学习和成长也处在关键时期，对孩子成长的事可不敢有丝毫懈怠，他们往往有疲于奔命、力不从心的感觉。

3. 学历为大专的教师职业压力高

为将连续变量转化为分类变量，将中小学教师划分为 4 个学历级别，即大专以下、大专、本科和本科以上，采用单因素方差分析的方法进行差异性检验，比较不同学历情况在职业压力变量上是否存在显著性差异，具体结果见表 5-5。

表 5-5　中小学教师职业压力各维度在学历变量上的差异分析

项目	大专以下（n=42） M	SD	大专（n=325） M	SD	本科（n=982） M	SD	本科以上（n=40） M	SD	F
自身感受	3.55	1.25	3.59	1.14	3.54	2.87	2.95	1.34	0.79
教学工作	16.05	4.65	16.21	4.31	15.90	4.42	15.18	4.28	0.83
教育制度	14.64	4.68	14.34	4.48	14.51	4.48	13.30	4.69	1.03
家庭生活	15.31	4.46	15.86	4.27	15.85	4.60	15.79	4.51	1.55
学生情况	17.26	4.60	18.22	3.44	18.01	4.09	16.45	3.90	2.85*
学校领导作风	10.55	4.36	11.39	4.11	11.13	4.21	9.95	3.82	1.74
人际关系	9.24	4.02	8.71	3.09	8.75	3.23	8.03	3.53	0.99
自我实现	9.98	3.46	9.80	2.98	9.38	2.84	9.08	2.96	2.52
社会地位	11.98	3.08	12.31	2.61	12.02	3.05	9.93	3.39	7.69***
职业压力总量表	108.55	25.52	110.43	20.30	109.08	22.56	99.23	22.72	3.05*

从表 5-5 可以看出，不同学历层次的中小学教师在学生情况（$p<0.05$）、社会地位（$p<0.001$）这 2 个维度上存在着显著性差异，经过多重比较分析发现，在职业压力总分上，学历为大专的中小学教师的职业压力得分显著高于其他学历的中小学教师（$p<0.05$）。

研究发现，专科学历的中小学教师在学生教育和社会地位方面的压力最大，其次为本科学历的教师，研究生学历的安徽省中小学教师在这两方面感受到的压力最小。大专以下学历的安徽省中小学教师对一份固定的工作和固定的收入已经感到满足，他们对职业的期望值较低，更看重这个职业带给其的尊严与快乐。目前，在安徽省中小学中具有硕士学历的教师比例还不高，他们学识水平较高，教学上往往得心应手，处理学生的问题、面对学习落后的学生，会更讲究方式方法，在学校中也得到各方面的重用，自我成就感较高。

4. 已婚教师的职业压力高于未婚教师

为将连续变量转化为分类变量，将中小学教师的婚姻状况划分为 4 个等级，即未婚、已婚、离异和丧偶，采用单因素方差分析的方法进行差异性检验，比较婚姻状况在职业压力变量上是否存在显著性差异，具体结果见表 5-6。

表 5-6　中小学教师职业压力各维度在婚姻变量上的差异分析

项目	未婚（n=149） M	SD	已婚（n=1217） M	SD	离异（n=17） M	SD	丧偶（n=6） M	SD	F
自身感受	3.19	1.22	3.59	2.62	2.82	1.24	3.00	1.67	1.70
教学工作	15.15	4.33	16.01	4.40	14.41	4.15	14.00	2.97	3.13*

续表

项目	未婚（n=149） M	SD	已婚（n=1217） M	SD	离异（n=17） M	SD	丧偶（n=6） M	SD	F
教育制度	13.89	4.21	14.56	4.51	12.12	4.40	11.33	5.39	3.51*
家庭生活	13.74	4.03	16.06	4.52	15.65	3.62	12.67	1.86	13.04***
学生情况	17.01	3.61	18.12	3.99	16.59	3.89	19.83	2.04	4.60**
学校领导作风	10.35	3.87	11.28	4.21	9.29	3.42	8.17	3.49	4.36**
人际关系	8.34	3.03	8.78	3.25	8.77	3.78	9.17	3.92	0.85
自我实现	9.99	2.62	9.43	2.91	8.94	3.51	7.67	4.13	2.61
社会地位	11.06	2.61	12.16	3.00	11.77	3.56	10.67	2.50	6.49***
职业压力总量表	102.73	19.51	110.06	22.40	100.35	19.83	96.50	22.20	6.45***

从表 5-6 的统计结果中可以看出，不同婚姻状况的中小学教师在教学工作（$p<0.05$）、教育制度（$p<0.05$）、家庭生活（$p<0.001$）、学生情况（$p<0.01$）、学校领导作风（$p<0.01$）及社会地位（$p<0.001$）这 6 个维度上存在着显著差异，经过多重比较分析发现，在职业压力总分上，婚姻状况为已婚的中小学教师的职业压力得分显著高于其他婚姻状况的中小学教师（$p<0.001$）。

5. 有子女的教师职业压力较高

以是否有孩子为组别变量，职业压力为检验变量，进行差异性检验，比较是否有孩子在职业压力上是否存在显著性差异，具体结果见表 5-7。

表 5-7 中小学教师职业压力各维度在是否有孩子变量上的差异分析

项目	是（n=1197） M	SD	否（n=192） M	SD	t
自身感受	3.59	2.64	3.18	1.23	2.13*
教学工作	16.10	4.40	15.07	4.26	3.02**
教育制度	14.55	4.52	13.79	4.23	2.19*
家庭生活	16.15	4.47	13.54	4.08	7.62***
学生情况	18.18	3.96	16.78	3.78	4.59***
学校领导作风	11.32	4.22	10.04	3.78	4.27***
人际关系	8.76	3.23	8.58	3.26	0.72
自我实现	9.40	2.92	9.98	2.72	-2.61**
社会地位	12.21	2.98	10.92	2.81	5.58***
职业压力总量表	110.25	22.33	101.88	19.99	5.30***

从表 5-7 可以看出，是否有孩子在自身感受（$p<0.05$）、教学工作（$p<0.01$）、教育制度（$p<0.05$）、家庭生活（$p<0.001$）、学生情况（$p<0.001$）、学校领导作

风（$p<0.001$）、自我实现（$p<0.01$）及社会地位（$p<0.001$）这8个维度得分上存在着显著差异，是否有孩子在职业压力总得分上存在着显著差异，有孩子的中小学教师在职业压力总分上显著高于没有孩子的中小学教师（$p<0.001$）。

6. 职称越高，职业压力反而越低

为将连续变量转化为分类变量，将安徽中小学教师划分为4个职称级别，即未定级、初级、中级和高级，采用单因素方差分析的方法进行差异性检验，比较不同职称状况在职业压力变量上是否存在显著性差异，具体结果见表5-8。

表5-8 中小学教师职业压力各维度在职称变量上的差异分析

项目	未定（$n=99$） M	SD	初级（$n=383$） M	SD	中级（$n=638$） M	SD	高级（$n=269$） M	SD	F
自身感受	3.11	1.24	3.68	4.33	3.52	1.19	3.51	1.19	1.41
教学工作	15.36	4.66	15.97	4.32	16.04	4.36	15.97	4.48	0.68
教育制度	14.15	4.20	14.53	4.38	14.58	4.59	14.11	4.51	0.87
家庭生活	13.55	4.01	16.17	4.51	15.98	4.50	15.65	4.47	9.70***
学生情况	16.77	3.76	18.19	3.81	17.84	4.04	18.51	3.99	5.32**
学校领导作风	9.75	3.64	11.04	4.13	11.31	4.23	11.39	4.25	4.42**
人际关系	8.27	3.64	8.67	3.37	8.96	3.20	8.47	3.16	2.37
自我实现	9.83	3.08	9.85	2.81	9.54	2.76	8.67	3.13	9.93***
社会地位	10.63	3.14	12.32	2.85	12.03	2.93	12.12	3.13	8.75***
职业压力总量表	101.41	21.59	110.42	22.45	109.78	22.10	108.38	21.86	4.74**

从表5-8可以看出，安徽省不同年龄段的中小学教师在家庭生活（$p<0.001$）、学生情况（$p<0.01$）、学校领导作风（$p<0.01$）、自我实现（$p<0.001$）及社会地位（$p<0.001$）这5个维度上存在着显著性差异，经过多重比较分析发现，在职业压力总分上，职称为初级和中级的中小学教师的职业压力得分高于高级职称和未定级的中小学教师（$p<0.01$）。

初级和中级职称的中小学教师承担着烦琐的教育教学任务，在应对各种各样的考核与评比的同时，还需要挤出时间进修学习，以进一步提高自己的教育教学能力，往往无暇分身应对职称评定需要撰写的论文。因此，这一阶段其承受的压力往往也是最大的。

7. 良好的身体状况有利于减轻职业压力

为将连续变量转化为分类变量，将安徽中小学教师的身体状况划分为4个等级，即很好、较好、较差和很差，采用单因素方差分析的方法进行差异性检验，比较身体状况在职业压力变量上是否存在显著性差异，具体结果见表5-9。

表 5-9 中小学教师职业压力各维度在身体状况变量上的差异分析

项目	很好（n=425） M	SD	较好（n=743） M	SD	较差（n=207） M	SD	很差（n=14） M	SD	F
自身感受	3.11	1.29	3.65	3.18	3.89	1.14	4.64	0.63	7.16***
教学工作	14.81	4.61	16.23	4.09	17.24	4.48	17.50	4.57	17.76***
教育制度	13.68	4.69	14.44	4.16	15.83	4.69	16.93	6.57	12.39***
家庭生活	14.18	4.36	16.13	4.35	17.64	4.28	19.36	4.43	36.73***
学生情况	17.06	4.11	18.17	3.78	19.11	3.90	20.07	4.18	15.57***
学校领导作风	10.59	4.26	11.04	3.86	12.55	4.70	12.64	5.40	11.28***
人际关系	8.12	3.19	8.72	2.99	9.98	3.64	9.64	5.17	16.29***
自我实现	9.31	3.10	9.43	2.75	9.99	2.83	9.86	4.61	2.86*
社会地位	11.46	3.30	12.05	2.89	13.01	2.33	13.29	3.07	13.76***
职业压力总量表	102.30	22.33	109.86	20.05	119.25	24.06	123.93	29.03	32.08***

从表 5-9 可以看出，不同身体状况的中小学教师在自身感受（$p<0.001$）、教学工作（$p<0.001$）、教育制度（$p<0.001$）、家庭生活（$p<0.001$）、学生情况（$p<0.001$）、学校领导作风（$p<0.001$）、自我实现（$p<0.05$）及社会地位（$p<0.001$）这 8 个维度上存在着显著差异。经过多重比较分析发现，在职业压力总分上，身体状况为很差的中小学教师的职业压力得分显著高于其他身体状况的中小学教师（$p<0.001$）。

（三）教师职业压力的工作环境特征

1. 担任班主任的教师职业压力更大

以是否担任班主任为组别变量，职业压力为检验变量，进行差异性检验，比较是否担任班主任在职业压力上是否存在显著性差异，具体结果见表 5-10。

表 5-10 中小学教师职业压力各维度在是否担任班主任变量上的差异分析

项目	班主任（n=510） M	SD	非班主任（n=879） M	SD	t
自身感受	3.61	1.14	3.49	3.01	0.92
教学工作	16.71	4.42	15.52	4.33	4.90***
教育制度	14.68	4.48	14.30	4.49	1.53
家庭生活	16.36	4.28	15.46	4.60	3.59***
学生情况	18.41	3.98	17.74	3.94	3.06**
学校领导作风	11.57	4.34	10.89	4.07	2.93**
人际关系	8.62	3.21	8.80	3.25	-1.02

续表

项目	班主任（n=510）		非班主任（n=879）		t
	M	SD	M	SD	
自我实现	9.78	2.93	9.31	2.87	2.92**
社会地位	12.46	2.79	11.78	3.06	4.19***
职业压力总量表	112.20	22.06	107.29	22.10	4.00***

从表 5-10 可以看出，是否担任班主任在教学工作（$p<0.001$）、家庭生活（$p<0.001$）、学生情况（$p<0.01$）、学校领导作风（$p<0.01$）、自我实现（$p<0.01$）、社会地位（$p<0.001$）这 6 个维度得分上存在着显著差异，是否担任班主任在职业压力总得分上存在着显著差异，担任班主任的中小学教师在职业压力总分上显著高于不担任班主任的中小学教师（$p<0.001$）。

中小学教师的工作内容常包括备课、教研、听课、开会、批改作业、教学反思，撰写各种业务学习、政治学习、读书笔记等。当班主任的教师还要负责班级纪律管理，早晨组织学生晨练，晚上带领学生打扫卫生，自习课辅导学习困难学生等。此外，班主任还有许多隐形劳动量（如家访、接待家长来访等）无法计算，全方位的责任增加了教师的工作量。这类付出如果无法得到家人的理解与支持，会让教师压力倍增。有些教师在工作上追求完美，并渴望得到他人的肯定，这种追求"完美"的心态，容易忽视自身条件的限制，如个性、能力、机遇等。一旦过高的自我期望目标不能实现，就会使其产生很强的挫败感，对自己过分责备，对他人怀有敌意，以致产生对立情绪，致使压力增大。

因此，班主任有着更大的工作压力和心理负担。由于身份、角色的不同，照顾家庭的时间有限，家人、朋友对其工作的不解，使其在家庭生活方面也面临巨大的压力。班主任责任使得他们每时每刻都不敢放松警惕，时时刻刻关注着每位学生的成长。

2. 兼任行政职务不影响教师的职业压力水平

以是否兼职行政职务为组别变量，职业压力为检验变量，进行差异性检验，比较是否兼职行政职务在职业压力上是否存在显著性差异，具体结果见表 5-11。

表 5-11　中小学教师职业压力各维度在是否兼职行政职务变量上的差异分析

项目	是（n=241）		否（n=1148）		t
	M	SD	M	SD	
自身感受	3.53	1.13	3.53	2.70	−0.04
教学工作	15.22	4.71	16.11	4.45	−2.70**
教育制度	14.20	4.68	14.49	4.45	−0.93
家庭生活	15.59	4.52	15.84	4.51	−0.78

续表

项目	是（n=241） M	SD	否（n=1148） M	SD	t
学生情况	17.78	4.17	18.03	3.92	-0.89
学校领导作风	10.67	4.13	11.24	4.19	-1.91
人际关系	8.67	3.30	8.75	3.22	-0.35
自我实现	9.32	3.08	9.51	2.86	-0.94
社会地位	11.85	2.95	12.07	2.96	-1.03
职业压力总量表	106.82	23.28	109.57	21.95	-1.75

从表 5-11 的统计结果中可以看出，是否兼职行政职务与安徽省中小学教师在教学工作（$p<0.01$）这一维度得分上存在着显著性差异，其他维度不存在显著性差异。

3. 需要坐班的教师职业压力偏大

以是否需要坐班为组别变量，职业压力为检验变量，进行差异性检验，比较是否需要坐班在职业压力上是否存在显著差异，具体结果见表 5-12。

表 5-12　中小学教师职业压力各维度在是否需要坐班变量上的差异分析

项目	是（n=892） M	SD	否（n=497） M	SD	t
自身感受	3.58	2.98	3.45	1.22	0.92
教学工作	16.21	4.48	15.51	4.20	2.86**
教育制度	14.87	4.48	13.68	4.41	4.75***
家庭生活	16.02	4.58	15.38	4.34	2.52*
学生情况	18.09	4.02	17.81	3.87	1.26
学校领导作风	11.41	4.25	10.66	4.01	3.20***
人际关系	8.87	3.35	8.49	3.01	2.21*
自我实现	9.50	2.94	9.44	2.83	0.40
社会地位	12.15	2.95	11.81	3.05	2.04*
职业压力总量表	110.69	22.46	106.22	21.47	3.61***

从表 5-12 可以看出，是否需要坐班在教学工作（$p<0.01$）、教育制度（$p<0.001$）、家庭生活（$p<0.05$）、学校领导作风（$p<0.001$）、人际关系（$p<0.05$）、社会地位（$p<0.05$）这 6 个维度得分上存在着显著差异，是否需要坐班在职业压力总得分上存在着显著差异，需要坐班的中小学教师在职业压力总分上显著高于不需要坐班的中小学教师（$p<0.001$）。

许多学校实行坐班制度，要求教师没有课也必须在办公室里面批改作业、备课。中学教师有的还要参加晚自习值班。坐班制在客观上加强了对教师的管理，确保了教师批改作业和备课学习的时间，可能在提高学校升学率方面有所贡献，但也给教师带来一些困难，如没有时间处理个人或家庭的事务，照顾家人的时间得不到保证等。尤其是班主任，其任务涵盖对班级的全权管理和对全体学生的全面负责，其角色的多重性使之在学校中担负更多的责任。

4. 组织培训有利于降低教师职业压力

以是否参加过培训为组别变量，职业压力为检验变量，进行差异性检验，比较是否参加过培训在职业压力上是否存在显著差异，具体结果见表5-13。

表5-13 中小学教师职业压力各维度在是否参加过培训变量上的差异分析

项目	是（$n=1243$） M	是（$n=1243$） SD	否（$n=146$） M	否（$n=146$） SD	t
自身感受	3.54	2.60	3.44	1.28	0.48
教学工作	15.91	4.38	16.35	4.48	−1.14
教育制度	14.28	4.49	15.86	4.20	−4.04***
家庭生活	15.75	4.47	16.13	4.79	−0.96
学生情况	17.93	3.97	18.44	3.96	−1.15
学校领导作风	11.06	4.18	11.82	4.13	−2.09*
人际关系	8.63	3.20	9.65	3.42	−3.64***
自我实现	9.44	2.91	9.79	2.79	−1.36
社会地位	11.99	2.98	12.38	3.04	−1.52
职业压力总量表	108.53	22.10	113.86	22.58	−2.75***

从表5-13可以看出，是否参加过培训在教育制度（$p<0.001$）、学校领导作风（$p<0.05$）、人际关系（$p<0.001$）这3个维度得分上存在着显著差异，是否参加过培训在职业压力总得分上存在着显著差异，参加过培训的中小学教师在职业压力总分上显著高于没有参加过培训的中小学教师（$p<0.01$）。

5. 教师职业压力存在地域差异

按照安徽省现有的大地域位置分类标准，将其划分为3类，即皖南地区、皖北地区和安徽中部，采用单因素分析的方法进行差异性检验，比较安徽不同地域位置的中小学教师在职业压力变量是否存在显著差异，具体结果见表5-14。

表5-14 安徽中小学教师职业压力各维度在大地域位置变量上的差异分析

项目	皖南地区（$n=593$） M	皖南地区（$n=593$） SD	皖北地区（$n=400$） M	皖北地区（$n=400$） SD	安徽中部（$n=396$） M	安徽中部（$n=396$） SD	F
自身感受	3.54	1.18	3.38	4.23	3.34	1.28	2.25
教学工作	15.67	4.29	16.50	4.23	15.83	4.66	4.46*
教育制度	13.58	4.37	15.50	4.08	14.67	4.78	23.17***

续表

项目	皖南地区 ($n=593$)		皖北地区 ($n=400$)		安徽中部 ($n=396$)		F
	M	SD	M	SD	M	SD	
家庭生活	15.43	4.43	16.49	4.67	15.62	4.39	7.07**
学生情况	17.91	3.81	18.64	3.72	17.45	4.34	9.21***
学校领导作风	10.67	4.12	11.83	4.07	11.14	4.30	9.35***
人际关系	8.57	3.03	8.75	3.42	8.97	3.33	1.76
自我实现	9.51	2.85	9.62	2.89	9.29	2.98	1.30
社会地位	11.87	2.88	12.49	2.81	11.80	3.27	6.85**
职业压力总量表	106.74	21.67	113.53	20.51	108.14	23.97	11.85***

从表 5-14 可以看出，安徽省不同地域位置的教师在教学工作（$p<0.05$）、教育制度（$p<0.001$）、家庭生活（$p<0.01$）、学生情况（$p<0.001$）、学校领导作风（$p<0.001$）及社会地位（$p<0.001$）这 6 个维度上存在着显著差异。经过多重比较分析发现，在职业压力总分上，皖北地区中小学教师的职业压力得分显著高于皖南地区和安徽中部地区的中小学教师（$p<0.001$）。

6. 乡镇及以下教师的职业压力最大

按照学校地理位置分类标准，将其划分为 3 类，即乡镇及以下、县城和城市，采用单因素分析的方法进行差异性检验，比较不同学校地理位置的中小学教师在职业压力变量是否存在显著差异，具体结果见表 5-15。

表 5-15 中小学教师职业压力各维度在学校地理位置变量上的差异分析

项目	乡镇及以下 ($n=633$)		县城 ($n=449$)		城市 ($n=307$)		F
	M	SD	M	SD	M	SD	
自身感受	3.48	1.19	3.70	4.03	3.40	1.20	1.63
教学工作	15.99	4.59	16.30	4.13	15.40	4.31	3.80*
教育制度	15.04	4.33	13.77	4.58	14.20	4.54	11.24***
家庭生活	16.09	4.45	15.83	4.29	15.12	4.87	4.87**
学生情况	18.58	3.92	17.83	3.75	17.00	4.17	17.19***
学校领导作风	11.73	4.30	10.82	3.91	10.40	4.16	12.59***
人际关系	8.90	3.28	8.50	3.10	8.75	3.32	2.02
自我实现	9.60	2.93	9.28	2.88	9.53	2.85	1.67
社会地位	12.34	2.88	12.23	2.96	11.10	3.07	19.77***
职业压力总量表	111.73	21.71	108.25	22.17	104.90	22.58	10.40***

从表 5-15 可以看出，不同学校地理位置在教学工作（$p<0.05$）、教育制度（$p<0.001$）、家庭生活（$p<0.01$）、学生情况（$p<0.001$）、学校领导作风（$p<0.001$）

及社会地位（$p<0.001$）这 6 个维度上存在着显著差异，经过多重比较分析发现，在职业压力总分上，乡镇及以下的中小学教师职业压力得分显著高于城市和县城的中小学教师（$p<0.001$）。

7. 从教时间越长，职业压力越大

为将连续变量转化为分类变量，将安徽中小学教师划分为 4 个教龄阶段，即 3 年以下、3～5 年、6～10 年、10 年以上，采用单因素方差分析的方法进行差异性检验，比较不同教龄在职业压力变量上是否存在显著差异，具体结果见表 5-16。

表 5-16　中小学教师职业压力各维度在教龄变量上的差异分析

项目	3 年以下 ($n=114$) M	SD	3～5 年 ($n=87$) M	SD	6～10 年 ($n=167$) M	SD	10 年以上 ($n=1021$) M	SD	F
自身感受	3.11	1.29	3.25	1.12	3.25	1.18	3.65	2.81	2.94*
教学工作	15.39	4.86	15.07	3.61	15.28	4.46	16.21	4.37	4.30**
教育制度	13.96	4.22	13.24	4.14	14.04	4.09	14.67	4.59	3.83*
家庭生活	13.54	4.39	14.20	3.87	14.97	4.32	16.31	4.48	20.39***
学生情况	17.04	3.80	16.15	4.06	17.05	4.27	18.40	3.84	15.65***
学校领导作风	10.00	3.97	9.71	3.65	10.37	3.88	11.52	4.23	11.09***
人际关系	8.22	2.92	8.38	3.43	8.61	3.22	8.84	3.25	1.79
自我实现	10.16	2.84	9.74	2.57	9.34	2.85	9.40	2.93	2.68*
社会地位	10.93	3.05	10.69	2.75	11.55	3.23	12.34	2.89	16.74***
职业压力总量表	102.34	22.46	100.43	18.18	104.45	21.50	111.35	22.18	14.26***

从表 5-16 统计结果中可以看出，不同教龄段的中小学教师在自身感受（$p<0.05$）、教学工作（$p<0.01$）、教育制度（$p<0.05$）、家庭生活（$p<0.001$）、学生情况（$p<0.001$）、学校领导作风（$p<0.001$）、自我实现（$p<0.05$）及社会地位（$p<0.001$）这 8 个维度上存在着显著差异，经过多重比较分析发现，在职业压力总分上，教龄在 10 年以上的中小学教师的职业压力得分显著高于其他教龄段的中小学教师（$p<0.001$）。

8. 课时数偏多增加了教师的职业压力

为将连续变量转化为分类变量，将中小学教师的任课时数划分为 4 个等级，即 5 节以下、6～12 节、13～20 节和 20 节以上，采用单因素方差分析的方法进行差异性检验，比较不同课时数情况在职业压力变量上是否存在显著差异，具体结果见表 5-17。

表 5-17　中小学教师职业压力各维度在不同课时数变量上的差异分析

项目	5节以下 (n=71) M	SD	6~12节 (n=721) M	SD	13~20节 (n=563) M	SD	20节以上 (n=34) M	SD	F
自身感受	3.30	1.20	3.38	1.20	3.74	3.63	3.91	0.93	2.66*
教学工作	12.94	4.25	15.43	4.20	16.82	4.37	19.29	3.71	30.06***
教育制度	12.76	4.18	14.18	4.57	14.89	4.39	16.21	3.55	7.87***
家庭生活	14.35	4.40	15.41	4.70	16.43	4.22	16.44	3.74	8.25***
学生情况	16.55	4.30	17.86	3.90	18.31	3.98	18.32	3.81	4.77**
学校领导作风	9.86	4.15	11.05	4.10	11.28	4.20	13.35	4.89	5.75**
人际关系	8.06	3.14	8.80	3.17	8.67	3.33	9.74	2.97	2.31
自我实现	8.21	2.99	9.44	2.86	9.63	2.88	10.41	3.27	6.35***
社会地位	11.17	3.57	11.82	3.01	12.39	2.83	12.27	3.11	6.06***
职业压力总量表	97.20	21.07	107.36	21.55	112.16	22.47	119.94	20.38	14.97***

从表 5-17 可以看出，不同任课时数的中小学教师在自身感受（$p<0.05$）、教学工作（$p<0.001$）、教育制度（$p<0.001$）、家庭生活（$p<0.001$）、学生情况（$p<0.01$）、学校领导作风（$p<0.01$）、自我实现（$p<0.001$）及社会地位（$p<0.001$）这 8 个维度上存在着显著差异，经过多重比较分析发现，在职业压力总分上，课时数为 20 节以上的中小学教师的职业压力得分显著高于其他课时数的中小学教师（$p<0.001$）。

9. 提高工资水平可减轻压力

为将连续变量转化为分类变量，将中小学教师的平均收入状况划分为 4 个等级，即 1500 元以下、1500~2999 元、3000~4999 元和 5000 元以上，采用单因素方差分析的方法进行差异性检验，比较平均收入情况在职业压力变量上是否存在显著差异，具体结果见表 5-18。

表 5-18　中小学教师职业压力各维度在平均收入变量上的差异分析

项目	1500元以下 (n=32) M	SD	1500~2999元 (n=509) M	SD	3000~4999元 (n=699) M	SD	5000元以上 (n=149) M	SD	F
自身感受	3.44	1.22	3.51	1.24	3.57	3.30	3.44	1.14	0.16
教学工作	16.84	4.44	16.43	4.29	15.73	4.40	15.25	4.54	4.34**
教育制度	15.53	4.08	14.78	4.60	14.26	4.45	13.91	4.31	2.70*
家庭生活	15.03	4.58	16.15	4.47	15.76	4.51	14.89	4.52	3.42*
学生情况	17.72	4.41	18.24	3.84	17.73	4.07	18.40	3.76	2.31

续表

项目	1500元以下 ($n=32$)		1500~2999元 ($n=509$)		3000~4999元 ($n=699$)		5000元以上 ($n=149$)		F
	M	SD	M	SD	M	SD	M	SD	
学校领导作风	10.72	4.41	11.41	4.40	11.08	4.08	10.57	3.87	1.79
人际关系	8.84	3.20	9.09	3.43	8.55	3.10	8.73	2.84	3.64*
自我实现	9.28	3.08	10.12	2.77	9.18	2.91	8.73	2.84	14.72***
社会地位	11.72	3.22	12.41	2.83	11.98	3.02	11.02	3.11	8.73***
职业压力总量表	109.13	22.24	112.16	22.16	107.84	22.04	104.52	21.96	6.15***

从表 5-18 可以看出，不同收入水平的中小学教师在教学工作（$p<0.01$）、教育制度（$p<0.05$）、家庭生活（$p<0.05$）、人际关系（$p<0.05$）、自我实现（$p<0.001$）及社会地位（$p<0.001$）这 6 个维度上存在着显著差异，经过多重比较分析发现，在职业压力总分上，平均收入为 1500~2999 元的中小学教师的职业压力得分显著高于其他收入层次的中小学教师（$p<0.001$）。

三、中小学教师职业压力来源的综合性

在对 1389 名安徽省中小学教师的职业压力情况的调查研究中，得出的调查研究的结论是安徽省中小学教师职业压力的整体处于中等水平，各个维度的总体平均分的高低排列情况为：社会地位（4.01）>学生情况（3.60）>自身感受（3.53）>教学工作（3.19）>自我实现（3.16）>家庭生活（3.16）>教育制度（2.89）>学校领导作风（2.79）>人际关系（2.18），其中中小学教师在社会地位、学生情况和自身感受方面的压力处于中等偏高水平。

本次研究采用 Pearson 相关分析方法对安徽省的中小学教师职业压力及各其维度的相关做分析，具体结果见表 5-19。

表 5-19 职业压力各维度的 Pearson 相关分析

	自身感受	教学工作	教育制度	家庭生活	学生情况	学校领导作风	人际关系	自我实现	社会地位	总体压力情况
自身感受	1	0.27**	0.16**	0.20**	0.15**	0.11**	0.07*	0.05	0.19**	0.33**
教学工作	0.27**	1	0.53**	0.55**	0.44**	0.40**	0.33**	0.30**	0.39**	0.74**
教育制度	0.16**	0.53**	1	0.58**	0.45**	0.55**	0.45**	0.38**	0.41**	0.80**

续表

	自身感受	教学工作	教育制度	家庭生活	学生情况	学校领导作风	人际关系	自我实现	社会地位	总体压力情况
家庭生活	0.20**	0.55**	0.58**	1	0.44**	0.46**	0.40**	0.31**	0.49**	0.78**
学生情况	0.15**	0.44**	0.45**	0.44**	1	0.36**	0.23**	0.29**	0.51**	0.67**
学校领导作风	0.11**	0.40**	0.55**	0.46**	0.36**	1	0.56**	0.24**	0.35**	0.71**
人际关系	0.07*	0.33**	0.45**	0.40**	0.23**	0.56**	1	0.30**	0.17**	0.60**
自我实现	0.05	0.30**	0.38**	0.31**	0.29**	0.24**	0.30**	1	0.41**	0.53**
社会地位	0.19**	0.39**	0.41**	0.49**	0.51**	0.35**	0.17**	0.41**	1	0.65**
总体压力情况	0.33**	0.74**	0.80**	0.78**	0.67**	0.71**	0.60**	0.53**	0.65**	1

从表 5-19 可以看出，中小学教师职业压力与其各维度之间呈显著正相关，相关系数分别为 0.33、0.74、0.80、0.78、0.67、0.71、0.60、0.53、0.65。这充分说明，安徽省中小学教师职业压力的产生具有综合性。社会地位、学生情况、自身感受、教学工作、自我实现、家庭生活、教育制度、学校领导作风、人际关系这 9 个维度的压力越大，教师整体的职业压力就越大。

压力源理论告诉我们，压力不是单一的，而是综合工作、学习、生活等各个方面的因素交织而成的。要缓解中小学教师的职业压力，必须综合治理。

第三节 教师职业压力的应对

根据调查结果我们发现，中小学教师存在一定程度的职业压力，尤其是中小学新入职教师的职业压力中的社会地位、学生情况和自身感受这 3 个维度的平均分处于中等偏高水平。研究结果提示我们，教师职业压力问题需要引起社会各界的重视，教育行政主管部门应该为缓解中小学教师职业压力采取切实可行的措施。

从社会、大众、学校、家庭到教师自己，都要关注教师的心理健康。

一、教师需要正确认识自己

教师要客观地看待自己，为自己设立合理的近期与远期目标，认清理想与现实的差距，体会每一个奋斗目标实现后的成功体验；对自己的职业保持浓厚的乐趣，在自己工作的过程中时刻保持信心满满，懂得适时地调整自己的行为，调节自己的情绪，通过健身、爬山、旅行、倾诉等方式合理宣泄自己的不良情绪体验；辩证地看待自己的工作与生活，学会对事情进行合理的归因，学会对自己进行积极的自我暗示，及时地帮助自己克服困难、消除烦恼，坦然面对自己的工作与生活，合理安排工作与生活，进而提高自身心理资本的水平，增大对工作投入的程度。教师劳动的高度复杂性决定了教师在教育教学层面必然会遭遇种种困难，社会形势的变化和教育环境的变革迫切需要教师积极应对，不断提高自身的专业素质，以使教师能动地适应职业要求。因此，教师需要在具备追求卓越和勇于创新的心理前提下，不断充电，挑战自我、超越自我。

二、学校的管理观念和体制需要变革

学校管理工作应该由强调整齐划一的"刚"性管理转变为有较高智慧水平的"柔"性管理。柔性管理是一种采用非强制方式和非权力性影响力，在人们心目中产生潜在的说服力，从而把组织意志转变为自觉行动的管理，其最大特点是以人为本。

首先，学校应合理安排教师的工作，做到知人善任，用其所长，人尽其才，使每位教师都能适得其所，在各自的岗位上发挥聪明才智，提高工作质量和效率。

其次，学校要满足教师的合理、正当的需要，如住房、子女就业、夫妻分居、学习进修、个人发展等问题。在学校现有条件下，学校领导应尽可能给予其关心和帮助。

最后，在当代教育思想观念迅速发展，教育改革风行的情况下，学校对在职教师的培训要讲究实效，学校应根据实际情况制定规划和目标，建立健全各种学习、进修、奖励等制度，使教师在日常工作中得到培养。

对于参加工作 3 年以下的中小学教师，学校应引导其建立正确的职业观念，塑造组织忠诚度及使命感，确立职业方向，避免脱离实际的个人职业期望。对于工作6~10年的教师，学校应多提供培训机会，鼓励教师以积极的态度参与竞争，累积成果，并尽可能多地提供晋升的机会，使其能健康地成长。对于已经参加工作10年以上的教师，学校可以鼓励其从各个角度探究使工作更有乐趣、更富于变化的方法，更好地帮助教师克服职业高原状态。

第六章 教师的人际关系

第一节 从教师人际关系到人际关系满意感

一、人际关系及重要性

(一) 人际关系的定义

简单地说,人际关系就是人与人之间的关系。人生活在社会中,所以,哲学上认为人际关系就是一切社会关系的总和。在中国的文化背景中,人际关系一直以来都是受到较多关注的话题,它是中国文化的重要组成部分,人们对于中国文化下的人际关系的评价可谓是剪不断理还乱。

乔建(1982)将关系界定为"一个和一个以上的个人或团体与一个或一个以上的个人或团体间相互作用,相互影响的状态"。

翟学伟(1998)认为,中国人的人际关系是一个包含价值、心理及规范的完整系统。

心理学界一般从心理状态来理解人际关系。人际关系反映了个人或群体寻求满足其社会需要的心理状态。

乐国安(2002)指出,人际关系是人与人之间在活动过程中直接的心理上的关系或心理上的距离。

（二）人际关系的重要性

首先，现代社会分工细化，竞争激烈，任何人单凭自己的努力根本无法获得事业上的成就。一个人，即便是天才，也不能样样精通。所以，他要完成自己的工作，获得事业上的成功，就必须学会合作，善于借助别人的智力、能力和才干。只有借助众人之力，才有可能抓住机会，创造辉煌的人生。

其次，人是群居动物，还必须有友谊的滋润，在生活中必须归属一定的团体或者组织。要想在团体或者组织中得心应手，要想激发下属的积极性，就必须掌握一定的人际沟通技巧。同时，每个人在开创自己的事业时，总希望有好的机遇降临到自己头上，而要想获得机遇，改写人生，就必须学会经营人际关系。良好的人际关系能够助我们一臂之力，为我们扫清障碍，创造难得的人生机会。

再次，我们常说"人多力量大""人心齐、泰山移""团结就是力量"。良好的人际关系会使人获得强大的热情力量，随之，在迈向成功的道路上，成功时得到分享和提醒，失败时可以倾诉和获得鼓励。

最后，良好的人际关系有助于保持良好的心态，使人在成功时看到更为长远的机会，在失败时也会做好心理准备，耐心等待机会的来临。

二、人际关系满意感及其价值

（一）人际关系满意感的定义

人际关系满意感是个体根据自己选择的标准对其与他人之间心理关系的总体评价。根据马斯洛的需要层次理论，需要包括生理需要、安全需要、爱和归属的需要、尊重需要和自我实现需要。由此可见，当人的生理和安全需要得到满足时，爱和归属需要就相应地需要得到满足，这就是人际关系在人一生的生存发展中所占的重要地位，相应的人际关系满意程度成了衡量个体幸福感的一个重要指标。

对于人际关系满意感的研究是从 20 世纪 50 年代开始的，目前已经成为社会心理学和人际关系心理学的一个重要研究方向。

由于对人际关系满意感研究的范围、方向等因素不同，学者对于人际关系满意感的定义也不尽相同。

Erbert 和 Duck 主张关系满意感通常是一个动态的二元实体，关系的对象通常处于一种持续变化的状态，是个体对一种特定关系的感知，以及在这个感知的基础上产生的态度判断。

Roach 等认为,"关系满意感是指在某一个特定的时间点,个体对自己的婚姻更大或更少的喜爱态度",这是在当时对于人际关系满意感的研究还局限在婚姻关系时所得出的结论。

西方对于人际关系满意感的研究以人际互倚理论、依恋理论、危机理论和社会交换理论为基础,其研究深入探讨了能够预测人际关系满意感的变量,如分享、表露、支持和冲突、人格和相似性等,把个体对关系的认知、情感和行为有机地统一起来。但西方关注的是个体对其婚姻关系和亲密关系的满意感,因此其应用集中在小群体中人际关系满意感问题。如 Tesser 及其同事发现,与人分享成功的能力可以预测情感幸福感和关系满意感。Gable 和 Reis 发现,与他人分享积极的生活事件,能够通过积极互动来构建个体的社会资源,而这些社会资源有的在分享的过程中得到强化,因此增加了个体对关系的满意感。

当人际关系满意感的研究不仅拘泥于个体而是发展到群体的时候,关系满意感的内涵随之发生相应的变化。个体认知理想的人际关系时持有一个内在的标准,个体对关系的评价符合或超过这个标准,就会体验到关系满意感(赵菊,2006)。因此,赵菊(2006)认为,人际关系满意感是指个体根据自己选择的标准对其与他人之间心理关系的总体评价。

人际关系满意感涵盖了所有群体,对于教师而言,他们的人际关系满意感是指在日常工作和生活中所形成的教师与教师、教师与领导、教师与家人的心理关系满意程度(张文渊,2002)。

国内致力于在人际关系这一研究领域构建本土化的理论体系,其重点集中在中国人的关系取向研究及儒家传统的人情、人伦和人缘研究,关系满意感这一领域的研究还处于起步阶段,主要研究特定群体的人际关系满意感,比如,刘会驰、吴明霞(2011)对大学生宽恕、人际关系满意感与主观幸福感的关系的研究。

国内研究中小学教师人际关系满意感的学者也很多,其研究的范围主要是中小学教师的工作满意度、工作绩效等,例如,西北师范大学汪丽的《西北少数民族地区农村中小学教师工作满意度的调查研究——以甘肃省临夏州东乡县为例》,研究了中小学教师的人际关系满意感,并得出结论:当今学校中教师人际关系不容乐观。

(二)良好人际关系满意感的重要性

我们说良好的人际关系对于人际交往的顺利进行、个人的心理发展和健全都有促进作用,不良的人际关系不仅影响人际沟通,而且对于人的心理发展会产生阻碍作用。对于人际关系满意感而言,其自然有着极其重要的作用。

首先,人际关系满意感对于个人身心健康十分重要。美国心理学家摩根对纽约领取退休工资的老年人进行了调查，结果发现，凡是在人际关系方面保持较多来往并获得满意感的老年人，都比那些对人际关系感到不满意的老年人有更多的幸福感。也就是说，人际关系满意感越高，幸福感越明显。人本主义心理学家罗杰斯认为，只有创造出真诚相处、相互理解、彼此尊重的人际关系，才能使人格得到完美的发展。

其次，人际关系满意感对于个人的社会化有着促进作用。美国心理学家克特·巴克指出，社会化是人类之间的一种互动，也就是说，个体社会化的过程是通过人与人之间的交往实现的。对教师而言，教师之间良好的人际交往是教师积极工作的保障，是教育工作的必然要求，对学生进行教育工作需要教师的集体努力，也需要教师之间的密切配合和相互协作。对人际关系感到满意的个体总是积极主动地参与关系互动，在互动中接受社会行为规范，获得更多的社会刺激以促进个体的内化过程。

最后，人际关系满意感对自我意识的形成和发展起非常重要的作用。自我意识不是在封闭的自我中形成和发展的，而是在自我与他人的接触、沟通和互动中不断内化和提升的。在人际关系中，他人对个体的期待会使个体产生相应的自我期待。而满意的人际关系可以使个体更多体验到这种期待，促使个体朝着自我期待的方向前进。教师间良好的人际关系是教师实现自我价值，达成自我实现的基础，良好的人际关系有利于实现教师群体的同一性和稳固的性格，有利于教师对自身工作的价值形成积极评价。

第二节　中小学教师人际关系满意感的现状

一、研究目标与研究对象

（一）研究目的的思考

人际关系满意感是属于人际交往研究的重要课题，包括研究人际关系满意感受什么因素影响，怎样控制这些因素来调节人际关系，进而达到更好的水平。本节探讨中小学教师人际关系满意感的影响因素，了解中小学教师人际关系满意感的现状，分析这些影响因素，探究人际关系的调节策略，以增进中小学教师心理健康，提高人际交往水平，增进家庭幸福和谐，进而改善教师的教学水平，提高教学质量，促进学校心理健康工作的开展。

（二）研究工具的选择

本次调查研究采用赵菊的"人际关系满意感问卷"，该问卷共 28 个项目，包括 3 个维度 6 个因子，3 个维度分别是关系认知维度、关系情感维度和关系行为维度，6 个因子分别是关系中心论、关系缘分论、关系利用论、关系资源化、关系情绪影响性和关系敏感性因子，采用 Likert 5 点计分，从 1~5 为"完全不符合"到"完全符合"。

对人际关系量表进行信度分析，其 Cronbach's α 系数为 0.83，信度较高。

（三）研究对象的特性

本次研究以安徽省的 2008 名中小学教师为研究对象。对象的选择采取方便抽样的方式，从安徽省各地相关中小学校的教师中选择。从参与问卷调查的教师的态度和完成情况来看，他们的态度绝大多数是认真的，回答问题也是客观、真实的。具体参与调查的教师背景信息见表 6-1。

表 6-1　调查样本一览表

人口学资料		人数（百分比）
性别	男	887（44.20%）
	女	1040（51.80%）
	缺失值	81（4.00%）
年龄	25 岁以下	104（5.20%）
	25~34 岁	627（31.20%）
	35~49 岁	912（45.40%）
	50 岁及以上	323（16.10%）
	缺失值	42（2.10%）
教龄	3 年以下	171（8.50%）
	3~5 年	183（9.10%）
	6~10 年	307（15.30%）
	10 年以上	1277（63.60%）
	缺失值	70（3.50%）

续表

人口学资料		人数（百分比）
职称	未定	146（7.30%）
	初级	427（23.50%）
	中	945（47.10%）
	高	384（19.10%）
	缺失值	61（3.00%）
学历	大专以下	47（2.30%）
	大专	483（24.10%）
	本科	1323（65.90%）
	本科以上	80（4.00%）
	缺失值	75（3.70%）
专业	文科	779（38.80%）
	理科	349（17.40%）
	艺体	115（5.70%）
	其他	114（5.70%）
	缺失值	651（32.40%）
课程	语数外	870（43.30%）
	政史地	217（10.80%）
	理化生	149（7.40%）
	其他	175（6.20%）
	缺失值	647（32.20%）
所在学校	乡镇以下	757（37.70%）
	县城	704（35.10%）
	城市	498（24.80%）
	缺失值	49（2.40%）
每周课时	5节以下	107（5.30%）
	6～12节	974（48.50%）
	13～20节	781（38.90%）
	20节以上	93（4.60%）
	缺失值	53（2.60%）
是否担任班主任	是	787（39.20%）
	否	1172（58.40%）
	缺失值	49（2.40%）
是否兼职行政职务	是	281（14.00%）
	否	1682（83.80%）
	缺失值	45（2.20%）

续表

人口学资料		人数（百分比）
是否坐班	是	1118（55.10%）
	否	782（38.90%）
	缺失值	108（5.40%）
是否参加培训	有	1729（86.10%）
	无	211（10.50%）
	缺失值	68（3.30%）
婚姻状况	未婚	259（12.9%）
	已婚	1675（83.40%）
	离异	22（1.10%）
	丧偶	12（0.60%）
	缺失值	40（2.00%）
是否有孩子	是	1636（81.50%）
	否	321（16.00%）
	缺失值	51（2.50%）
夫妻关系	和睦	1448（72.10%）
	普通	293（14.60%）
	冷淡	17（0.80%）
	缺失值	250（12.50%）
身体健康状况	很好	684（34.10%）
	较好	974（48.50%）
	较差	276（13.70%）
	很差	23（1.10%）
	缺失值	51（2.50%）
月收入	1500元以下	47（2.30%）
	1500～2999元	782（38.90%）
	3000～4999元	967（48.20%）
	5000元及以上	158（7.90%）
	缺失值	54（2.70%）

二、中小学教师人际关系满意感的现状

（一）人际关系具有正面、积极性

人际关系满意感量表共发放2008份，回收有效问卷1734份，回收问卷有效率为86.35%。对人际关系满意感量表进行信度分析，其Cronbach's α 系数为0.83，信度较高。

我们首先对参与调查的中小学教师的人际关系满意感总体情况进行分析。人际关系满意感的总分和各个维度得分的具体情况见表6-2。

表6-2 人际关系满意感总分和维度分的描述统计

项目		有效问卷数（N）	$M\pm SD$
关系认知分量表		1873	37.04±5.74
	关系中心论	1919	17.54±3.45
	关系缘分论	1908	19.47±3.61
关系行为分量表		1866	27.73±6.57
	关系利用论	1905	14.05±4.32
	关系资源化	1914	13.67±3.32
关系情感分量表		1861	32.49±5.91
	关系情绪影响性	1907	14.17±3.54
	关系敏感性	1907	18.29±3.71
人际关系满意感量表		1734	97.33±14.37

从表6-2可以看出，中小学教师的人际关系满意感较为正面和积极，这有利于他们在教育教学工作中投入精力，完成教学任务。人际关系认知维度得分高于关系情感与行为维度。

（二）人际关系满意感与教师的个体差异

1. 男教师注重外在行为成分，女教师注重内在认知成分

表6-3为男女被试该问卷得分的独立样本 t 检验的结果，表明：在关系中心论与关系缘分论、关系利用论与关系资源化、关系情绪影响性与关系敏感性3个维度共6个因子中，关系认知量表得分差异显著（$t=4.79$，$p<0.01$），其中女性得分显著高于男性；关系缘分论得分差异显著（$t=6.22$，$p<0.01$），其中女性得分显著高于男性；关系行为分量表得分性别差异显著（$t=3.27$，$p<0.01$），男性得分显著高于女性；关系利用论得分性别差异显著（$t=4.99$，$p<0.01$），其中男性得分显著高于女性；关系情感分量表得分性别差异显著（$t=3.71$，$p<0.01$），女性得分显著高于男性；关系情绪影响性得分性别差异显著（$t=5.34$，$p<0.01$），女性得分显著高于男性。这表明，女教师更加关注认知与情感成分，而男教师则更加注重行为表现成分。

表6-3 性别因素对人际关系满意感的影响

项目	男（$M\pm SD$）	女（$M\pm SD$）	t
关系中心论	17.39±3.78	17.64±3.14	1.59
关系缘分论	18.88±3.84	19.93±3.35	6.22**

续表

项目	男（$M\pm SD$）	女（$M\pm SD$）	t
关系利用论	14.57±4.31	13.57±4.23	4.99**
关系资源化	13.67±3.16	13.67±3.45	0.13
关系情绪影响性	13.71±3.13	14.59±3.83	5.24**
关系敏感性	18.18±4.32	18.41±3.15	1.29
关系认知分量表	36.29±6.17	37.60±5.29	4.79**
关系行为分量表	28.26±6.49	27.24±6.59	3.27**
关系情感分量表	31.95±6.24	33.00±5.65	3.71**
人际关系满意感量表	96.76±15.29	97.79±13.60	1.43

但总体而言，性别因素对人际关系的影响不显著（$t=1.43$，$p>0.05$），或许这是因为性别因素在这些分量表中的差异相互抵消了。就像学生对教师的评价是"男老师都帅，很幽默""女老师都漂亮，很温柔""男老师下课后会跟我们一起做游戏、踢足球""女老师下课后会找我们谈心，关心我们的生活"一样。

2. 中年教师注重对人际关系资源的利用

表6-4为不同年龄段被试问卷得分的单因素方差分析结果，表明：仅关系资源化维度年龄差异显著（$F=2.64$，$p<0.05$），通过事后比较，LSD结果表明年龄组为25～34岁与年龄组为35～49岁的教师在关系资源化维度上差异极其显著（$p<0.01$），后者更加注重人际关系资源的利用。

表6-4 年龄因素对人际关系满意感的影响

项目	25岁以下（$M\pm SD$）	25～34岁（$M\pm SD$）	35～49岁（$M\pm SD$）	50岁及以上（$M\pm SD$）	F
关系中心论	17.61±3.73	17.66±3.11	17.56±3.68	17.21±3.	1.20
关系缘分论	19.86±3.26	19.52±3.08	19.48±4.67	19.21±3.21	0.94
关系利用论	14.01±4.14	14.16±4.71	13.88±3.43	14.32±4.68	0.98
关系资源化	13.71±3.41	13.41±3.21	13.89±3.43	13.59±3.18	2.64*
关系情绪影响性	14.31±3.42	14.43±3.02	13.97±3.61	14.20±4.24	2.04
关系敏感性	18.07±3.25	18.41±3.97	18.28±3.41	18.27±4.14	0.30
关系认知分量表	37.45±5.93	37.24±5.11	37.05±6.21	36.47±5.31	1.40
关系行为分量表	27.81±6.93	27.54±6.86	27.79±6.22	27.73±6.56	0.27
关系情感分量表	32.51±5.91	32.89±5.82	32.23±5.72	32.58±6.63	1.47
人际关系满意感量表	98.31±16.03	97.82±14.06	96.91±14.36	97.21±14.68	0.58

进一步的分析说明，年龄因素对整体人际关系满意感的影响不显著（$F=0.58$，$p>0.05$）。在与青年教师的交谈过程中得知，他们在刚刚参加工作时，一心想把工作干好，希望能够得到领导的重视，更加看重的是自己的实力和努力。但对中年

教师来说，伴随着当初入职时激情的消退，家庭负担不断加重，他们在诸多方面都表现出了一些负面的情绪，所以更加看重一些关系所带来的便捷。但总体来说，年龄因素对人际关系的影响不显著，这或许是因为不同的年龄阶段应该做不同的事，在我们的教育行业中，对于教育改革来说，关于教师的年龄与工作的关系是合理的，我们存在到一定年龄退休的机制，这个机制没有破坏教师的人际关系，所以我们说，年龄或许对于教师在某些方面存在一定的影响，比如，年龄大的教师一般不坐堂了，但是这对于人际关系却没有影响。

3. 教师从教时间的长短不影响其人际关系

表 6-5 为不同教龄的教师该问卷得分的单因素方差分析结果，表明：教龄不同，关系缘分论（$F=4.16$，$p<0.01$）、关系资源化（$F=6.36$，$p<0.01$）、关系行为分量表（$F=3.20$，$p<0.05$）维度得分差异显著。通过事后比较，LSD 结果表明在关系缘分论中，3 年以下和 3～5 年、6～10 年这两组差异极其显著（$p<0.01$）和与 10 年以上差异显著（$p<0.05$），6～10 年和 10 年以上之间差异显著（$p<0.05$）；在关系资源化中，3 年以下和 10 年以上差异极其显著（$p<0.01$），3～5 年与 6～10 年和 10 年以上这两组之间的差异极其显著（$p<0.01$）；在关系行为分量表中，3 年以下和 6～10 年、10 年以上的差异显著（$p<0.05$），3～5 年与 6～10 和 10 年以上这两组之间的差异显著（$p<0.05$）。但教龄因素对整体人际关系满意感的影响不显著（$F=0.78$，$p>0.05$）。

表 6-5 教龄因素对人际关系满意感的影响

项目	3 年以下 （$M\pm SD$）	3～5 年 （$M\pm SD$）	6～10 年 （$M\pm SD$）	10 年以上 （$M\pm SD$）	F
关系中心论	17.57±3.23	17.45±3.00	17.49±3.17	17.56±3.61	0.07
关系缘分论	20.12±2.84	19.03±3.37	19.02±3.29	19.52±3.79	4.16**
关系利用论	13.59±3.80	13.81±3.57	14.49±4.51	14.01±4.32	1.82
关系资源化	13.13±3.22	12..84±3.08	13.67±3.32	13.86±3.52	6.36**
关系情绪影响性	14.57±3.14	14.19±2.85	14.08±3.07	14.14±3.79	0.80
关系敏感性	18.36±2.86	17.93±2.98	18.23±5.11	18.36±3.53	0.70
关系认知分量表	37.75±4.94	36.45±5.24	36.62±5.35	37.08±6.00	1.93
关系行为分量表	26.75±6.48	26.67±5.81	28.12±6.84	27.89±6.59	3.20*
关系情感分量表	32.95±5.20	32.27±4.87	32.35±6.94	32.51±5.91	0.46
人际关系满意感量表	97.65±13.00	95.62±12.15	97.46±15.70	97.44±14.56	0.78

对于教龄来说，其能够影响的主要是教师的教学水平，教龄长的教师有着更丰富的经验。教龄或许也能够影响教师的教学资源的获得，教龄越长的教师或许可以优先挑选一些教学资源，比如，可以获得一些进修的机会，可以代表学校与

其他教师进行交流，但是我们说的是在人际关系方面，可以看出，在处理与家人、朋友、同事之间的关系时，由于不同的人有不同的交际圈，对于他们共同的交际圈，不同教龄的老师都遵守着同一个法则，尊老爱幼，所以对于人际关系而言就不存在差异。

4. 教师学历与职称的高低对其人际关系没有影响

表 6-6 为不同职称的教师该问卷得分的单因素方差分析结果，表明：职称不同的教师人际关系满意感量表的各维度及其因子得分差异均不显著，职称因素在人际关系满意感量表总分上的差异也不显著（$F=1.01$，$p>0.05$）。

表 6-6　职称因素对人际关系满意感的影响

项目	未定（$M\pm SD$）	初级（$M\pm SD$）	中级（$M\pm SD$）	高级（$M\pm SD$）	F
关系中心论	17.55±3.39	17.52±3.74	17.67±3.31	17.29±3.42	1.69
关系缘分论	20.14±2.91	19.58±3.16	19.33±3.68	19.37±4.13	2.29
关系利用论	13.33±3.89	14.16±4.17	14.03±4.39	14.34±4.47	1.93
关系资源化	13.36±3.18	13.75±3.10	13.78±3.51	13.57±3.16	0.85
关系情绪影响性	14.50±3.04	14.40±3.89	14.17±3.12	13.88±4.12	1.83
关系敏感性	18.10±2.84	18.51±4.42	18.32±3.49	18.11±3.60	0.91
关系认知分量表	37.73±5.14	37.11±5.69	37.07±5.72	36.62±6.03	1.31
关系行为分量表	26.68±6.33	27.92±6.37	27.83±6.69	27.87±6.55	1.36
关系情感分量表	32.66±5.05	32.96±6.82	32.49±5.46	32.03±6.10	1.68
人际关系满意感量表	97.26±12.94	98.07±14.97	97.58±14.29	96.21±14.47	1.10

表 6-7 为不同学历的教师该问卷得分的单因素方差分析结果，表明：学历因素在关系缘分论（$F=5.10$，$p<0.01$）、关系资源化（$F=6.22$，$p<0.01$）两个维度上差异显著。通过事后比较，LSD 结果表明在关系缘分论中，大专以下和大专学历之间差异显著（$p<0.05$），大专和本科学历之间差异极其显著（$p<0.01$），大专和研究生以上学历之间差异显著（$p<0.05$）；在关系资源化中，本科和大专学历之间差异极其显著（$p<0.01$），显示出教师学历越高，对关系缘分越不看重。同时，学历因素对整体人际关系影响显著（$F=2.89$，$p<0.05$），学历高者，其人际关系满意感也相应较高。

表 6-7　学历因素对人际关系满意感的影响

项目	大专以下（$M\pm SD$）	大专（$M\pm SD$）	本科（$M\pm SD$）	本科以上（$M\pm SD$）	F
关系中心论	17.77±3.17	17.52±3.42	17.52±3.48	17.77±2.87	0.20
关系缘分论	18.60±3.74	19.99±3.43	19.33±3.68	19.04±3.32	5.10**
关系利用论	14.45±4.53	14.11±3.91	14.04±4.49	13.92±3.46	0.18

续表

项目	大专以下 （$M\pm SD$）	大专 （$M\pm SD$）	本科 （$M\pm SD$）	本科以上 （$M\pm SD$）	F
关系资源化	13.79±3.30	14.25±3.95	13.49±3.44	13.99±2.65	6.22**
关系情绪影响性	13.91±2.96	14.50±2.89	14.07±3.48	14.18±2.63	1.78
关系敏感性	18.07±3.38	18.54±3.82	18.20±3.76	18.51±2.49	1.04
关系认知分量表	36.40±5.96	37.54±5.59	36.88±5.78	36.91±5.51	1.64
关系行为分量表	28.33±7.13	28.41±5.96	27.52±6.76	27.85±5.18	2.14
关系情感分量表	32.19±5.50	33.06±6.33	32.29±5.89	32.93±5.89	2.03
人际关系满意感量表	92.24±16.48	99.06±14.58	96.67±14.45	98.32±9.95	2.89*

通过访谈我们得知，职称是影响教师薪资和专业发展的最重要因素。中小学教师中高级职称名额往往受学校知名度、教师人数等条件的限制。中级晋升高级、高级晋升特级都是很难的事情，所以很多教师在面对职称时，考虑更多的是工资收入的增加及权力的大小，但在面对人际关系时，由于很多人都处于同一个职称水平，不存在比较，所以对于人际关系的影响没有那么显著。

不同学历教师接受的教育程度不同，但这并不能代表教学水平的高低。刚走上工作岗位，面对相同的工作、生活环境时，可以说大家又一起回到起点。在这样的环境下，教学水平和教学质量成为衡量教师的新标准。不同学历的教师虽然也可能会产生一种不平衡的心态，但是他们必须明白，只有不同的付出才能获取不同的回报。就好像对于教师考编来说，以前师范专业的教师不需要考编就有编制，但是现在的教育机制是师范专业和普通专业一样，不但要考编制，还要考教师资格证，这是教育改革的结果。从某种意义上讲，师范类学生也必须接受这样的改革结果。所以，现在我们的教师理解，现阶段在教育公平方面还存在一些不公平的现象，体现在不同学历的教师在人际关系方面有一点偏差，但是总体上没有差异的结果上。

5. 对职业的喜欢程度影响教师人际关系的发展

根据表6-8，笔者分析了从教原因对人际关系满意感量表的3个维度共6个因子的影响，结果表明：不同从教原因教师在关系利用论、关系资源论、关系情绪影响性、关系行为分量表、关系情感分量表和人际满意感关系总量表分上差异显著。

进行事后比较，LSD结果表明：在关系利用维度上，从教原因为喜欢的教师与从教原因为家人影响、工作稳定或无奈的教师差异显著，从教原因为无奈的教师与从教原因为其他的教师差异显著；在关系资源维度上，从教原因为喜欢的教师与从教原因为家人影响、工作稳定、无奈或其他的教师差异显著；在关系情绪论因素上，从教原因为喜欢的教师与从教原因为家人影响的教师差异显著;在关系行为维度上,从教原因为喜欢的教师与从教原因为家人影响、工作稳定或无奈的教师差异显著,从教原因为无奈的教师与从教原因为其他的教师差异显著;在关系情感维度上,从教原因为喜欢的教师与从教原因为家人影响的教师差异显著;在人际关系满意感总分上,从教原因为喜欢的教师与从教原因为家人影响或工作稳定的教师差异显著。喜欢教师职业而从事教师工作的个体,他们对教师这一神圣的职业可能抱有过高的期待,他们对人际关系满意感的要求也随之增加,而现实的状况是教师群体也是一个复杂的人际关系群体,这里也存在复杂多变的人际交往和人际沟通。总之,从教原因因素对整体人际关系满意感影响极其显著($F=6.82$, $p<0.01$)。

表6-8 从教原因因素对人际关系满意感的影响

项目	喜欢 ($M\pm SD$)	家人影响 ($M\pm SD$)	工作稳定 ($M\pm SD$)	无奈 ($M\pm SD$)	其他 ($M\pm SD$)	F
关系中心论	17.32±3.20	17.61±3.44	17.84±3.78	17.37±3.51	17.39±3.28	1.89
关系缘分论	19.58±3.87	19.58±4.43	19.60±3.25	19.22±3.42	19.08±3.10	1.30
关系利用论	13.37±4.06	14.40±5.22	14.45±4.52	14.82±3.681	13.68±3.86	7.24**
关系资源化	12.79±3.44	13.69±3.40	14.14±2.87	14.47±3.09	13.84±2.71	17.78***
关系情绪影响性	13.96±3.38	14.40±3.19	14.55±4.20	13.95±3.19	13.91±2.96	2.76*
关系敏感性	18.07±3.86	18.36±3.87	18.45±3.15	18.30±3.42	18.37±3.40	0.81
关系认知分量表	36.93±5.72	37.22±6.57	37.49±5.74	36.68±5.72	36.42±5.03	1.82
关系行为分量表	26.09±6.74	28.17±7.17	28.60±6.44	29.36±5.77	27.55±5.35	15.07***
关系情感分量表	32.01±5.91	32.85±6.06	33.11±5.88	32.27±5.88	32.29±5.55	2.76*
人际关系满意感量表	95.05±15.05	98.75±15.79	99.26±13.34	98.47±14.68	95.99±12.39	6.82**

从教原因不同的教师在人际关系满意感上存在差异。自己喜欢而选择做教师的人或许对人际关系的环境要求更高,因此,他们的人际关系满意感就显得较低。进一步分析,我们说一个人只有真正喜欢一件事,才会用心去做,只有真正喜欢教师这个职业,才会用心去承担这份责任,所以有着不同从教原因的教师在人际交往方面,表现出了对于所处的人际交往环境的不同认知,有的人将这个环境视作正常的社会环境,因而就抱有正常的心态;有的人对这个环境的要求较高,希望这个环境是纯洁、友好的,而当出现不如意时就会有抱怨的情绪,这样对于这个环境里的人际交往满意感就会出现下降。

6. 关注自身职业发展有利于人际关系的建立

笔者分析关注因素对人际关系量表的3个维度共6个因子的影响,单因素方差分析结果(表6-9)表明:关注因素在关系缘分论($F=5.42$, $p<0.01$)、关系资源化($F=2.76$, $p<0.05$)、关系敏感性($F=2.29$, $p<0.05$)、关系认知分量表

（$F=3.68$，$p<0.01$）、关系情感分量表（$F=2.52$，$p<0.05$）上差异均显著。

通过事后比较，LSD 结果表明：关注因素的不同层面之间有差异，关注提高待遇的教师得分高于关注促进专业成长和关注身体的教师，但显著低于关注心理方面的教师，关注心理的得分是最高的。因为人际关系本身就是心理关系。总体而言，关注因素对人际关系满意感量表总分的影响极其显著（$F=3.41$，$p<0.01$）。

表6-9 关注因素对人际关系满意感的影响

项目	提供待遇 （$M\pm SD$）	促进专业成长 （$M\pm SD$）	关注身体 （$M\pm SD$）	关注心理 （$M\pm SD$）	其他 （$M\pm SD$）	F
关系中心论	17.65±3.66	17.05±3.51	17.22±2.84	17.20±3.29	17.57±2.40	1.11
关系缘分论	19.54±3.69	18.80±3.31	18.35±3.36	20.73±5.18	19.67±3.11	5.42**
关系利用论	14.20±4.58	13.88±3.85	14.46±4.06	14.09±4.28	14.57±3.32	0.31
关系资源化	13.82±3.18	12.93±3.48	13.29±2.84	14.28±5.67	13.59±3.20	2.76*
关系情绪影响性	14.30±3.68	13.70±3.35	13.77±2.96	14.10±3.54	14.10±2.94	1.39*
关系敏感性	18.42±2.85	17.79±2.96	17.46±3.47	18.55±3.25	18.41±2.25	2.29*
关系认知分量表	37.24±5.98	35.85±3.51	35.41±5.33	37.96±6.64	37.23±4.53	3.68**
关系行为分量表	28.01±6.71	26.73±6.42	27.83±6.12	28.27±8.30	28.16±5.78	0.98
关系情感分量表	32.78±6.08	31.57±5.24	31.30±5.65	32.71±5.81	32.54±4.43	2.52*
人际关系满意感量表	98.17±14.59	94.13±13.97	93.99±13.95	99.30±16.28	97.89±17.78	3.41**

关注因素对人际关系满意感影响显著，因为关注因素不同，所以会有着不同的奋斗目标，进而大家的想法就会产生偏差，比如，有的教师关注提高待遇，有的教师关注心理，教师在沟通时就会出现偏差。大家想的不一样，就自然地形成一种小团体在活动，在大的人际交往范围内就会出现小团体，大家的人际交往就会出现差异。

我们的研究表明，教师最为关心的单项为提高待遇，其次为促进专业成长，再次是关注身体健康，最后是关注心理健康。由此可见，教师最关注的因素不是心理因素。但是对于人际关系满意感的提升来说，我们应该更多地关注心理因素，因为我们不能一味地注重身体的保养、追求物质享受，而必须更多地要进行心理上的保健，要通过拉近心理距离来提高人际交往的满意度，心理健康还需要心理上的关注来实现。

7. 强健的体魄有利于教师人际关系的建立

表6-10 为不同健康状态的教师该问卷得分的单因素方差分析结果，表明：身体健康因素在关系中心论维度上差异极其显著（$F=4.08$，$p<0.01$），在关系缘分论维度上差异极其显著（$F=6.10$，$p<0.01$），在关系资源化维度上差异极其显著

（$F=5.65$，$p<0.01$），在关系敏感性维度上差异极其显著（$F=4.74$，$p<0.01$），在关系认知分量表维度上差异极其显著（$F=5.97$，$p<0.01$），在关系行为分量表维度上差异显著（$F=3.16$，$p<0.05$），在关系情感分量表上差异极其显著（$F=4.20$，$p<0.01$）。

通过事后比较，LSD 结果表明：在关系中心论维度上，健康状态为很好的教师得分显著高于健康状态为很差的教师，健康状态为较好的教师得分显著高于健康状态为很差的教师，健康状态为较差的教师得分显著高于健康状态为很差的教师；在关系缘分论维度上，健康状态为很好的教师得分显著高于健康状态为很差的教师，健康状态为很好的教师得分显著高于健康状态为较差的教师，健康状态为较好的教师得分显著高于健康状态为很差的教师，健康状态为较差的教师得分显著高于健康状态为很差的教师；在关系资源化维度上，健康状态为很好的教师得分显著高于健康状态为很差的教师；在关系敏感性维度上，健康状态为很好的教师得分显著高于健康状态为很差的教师，健康状态为较好的教师得分显著高于健康状态为很差的教师，健康状态为较差的教师得分显著高于健康状态为很差的教师；在关系认知分量表维度上，健康状态为很好的教师得分显著高于健康状态为很差的教师，健康状态为较好的教师得分显著高于健康状态为很差的教师，健康状态为较差的教师得分显著高于健康状态为很差的教师。随着个体感知的身体状况的下降，其心理状况（人际关系满意感）随之下降，表现出非常明显的共振效应。这充分说明，心理特征与生理特征是交互影响的，身心和谐才是真正的健康。

从总体上看，我们也能够得出身体健康因素对整体人际关系满意感影响显著（$F=3.66$，$p<0.05$）的结论。

表 6-10　身体健康因素对人际关系满意感的影响

项目	很好（$M\pm SD$）	较好（$M\pm SD$）	较差（$M\pm SD$）	很差（$M\pm SD$）	F
关系中心论	17.56±3.40	17.60±3.08	17.45±3.12	14.97±3.99	4.08**
关系缘分论	19.64±3.20	19.50±3.95	19.08±3.03	16.42±5.03	6.10**
关系利用论	14.00±4.94	14.25±4.07	13.46±3.60	13.73±3.35	2.32
关系资源化	13.30±3.50	13.96±3.20	13.71±3.26	12.77±3.39	5.65**
关系情绪影响性	14.16±4.32	14.21±2.96	14.27±3.28	12.05±3.93	2.50
关系敏感性	18.18±3.39	18.46±3.87	18.12±3.21	15.60±4.36	4.74**
关系认知分量表	37.25±5.81	37.10±5.82	36.57±4.88	31.79±7.09	5.97**
关系行为分量表	27.30±7.36	28.20±6.20	27.27±5.78	26.50±6.12	3.16*
关系情感分量表	32.36±6.41	32.73±5.60	32.34±5.17	28.00±7.32	4.20**
人际关系满意感量表	96.78±14.89	98.18±14.23	96.35±12.80	88.52±20.02	3.66*

身心之间有密切的关系，心理状态会影响身体健康，身体健康也会影响心理

因素。我们说拥有不同的健康水平的人有着不同的心态，对于人际交往就会有不同的影响。就像身体健康的人，其在生活上大多都是乐观的，所以其人际交往相对而言就要积极一点。而那些身体状况很差的人，他们的心态大多都有一点悲观，所以对于人际交往而言更多的是有一种掩藏的自卑心态。还有就是身体状态不同的人，在学校中承担的角色也会不同，比如，学校管理者在考虑给教师提供培训进修的机会时，会优先选那些可以去的人，对于其他资源的分配，比如，担当行政职务、班主任等，都会优先考虑身体健康的教师，对于那些身体比较弱的教师，大家都会适当地为其减少一些工作，会十分小心地对待那些身体状况差的人，这样大家在人际交往上就会出现一些态度的偏差，尤其是同事关系上会出现差异。然而，这种差异却不具有统计学意义的。

（三）人际关系满意感与教师工作劳动特征

1. 文科类专业的学习或教学使得教师拥有更好的人际关系

表 6-11 为不同专业的教师问卷上得分的单因素方差分析结果，表明：专业因素在关系中心论（$F=40.93$，$p<0.01$）、关系缘分论（$F=12.38$，$p<0.01$）、关系资源化（$F=3.62$，$p<0.05$）、关系情绪影响性（$F=10.57$，$p<0.01$）、关系敏感性（$F=7.57$，$p<0.01$）、关系认知分量表（$F=35.87$，$p<0.01$）、关系情感分量表（$F=13.18$，$p<0.01$）上差异显著。

通过事后比较，LSD 结果表明：文科与理科教师之间得分差异极其显著（$p<0.01$），文科与艺体之间差异极其显著（$p<0.01$），文科与其他专业之间差异极其显著（$P<0.01$）；理科与艺体之间差异极其显著（$p<0.01$），理科与其他专业之间差异极其显著（$p<0.01$）。由此可见，专业因素对整体人际关系满意感影响极其显著（$F=16.24$，$p<0.01$）。相对来说，毕业于文科专业的教师比毕业于理科专业的教师具有较为满意的人际关系状况，而与毕业于艺体类专业的教师相比，则显得人际关系较为复杂一些。

表 6-11 专业因素对人际关系满意感的影响

项目	文科（$M\pm SD$）	理科（$M\pm SD$）	艺体（$M\pm SD$）	其他（$M\pm SD$）	F
关系中心论	17.77±3.49	15.98±2.95	18.76±1.98	19.37±4.45	40.93**
关系缘分论	19.85±3.89	18.44±3.28	19.95±2.52	20.05±4.47	12.38**
关系利用论	13.91±4.52	13.91±3.70	14.46±5.70	14.51±5.03	1.01
关系资源化	13.73±3.22	13.47±2.97	14.59±4.56	14.05±2.86	3.62*
关系情绪影响性	14.43±4.12	13.32±3.49	15.11±2.15	14.89±2.43	10.57**
关系敏感性	18.53±3.85	17.58±3.40	18.95±2.47	18.88±2.51	7.57**
关系认知分量表	37.70±5.97	34.38±5.10	38.72±3.76	39.39±6.70	35.87**

续表

项目	文科（$M\pm SD$）	理科（$M\pm SD$）	艺体（$M\pm SD$）	其他（$M\pm SD$）	F
关系行为分量表	27.68±6.71	27.39±5.59	29.09±7.92	28.44±7.05	2.27
关系情感分量表	32.97±6.49	30.91±5.26	34.04±3.74	33.71±4.01	13.18**
人际关系满意感量表	98.24±14.96	92.93±12.91	101.9±11.79	101.6±14.33	16.24**

表 6-12 为不同课程的教师该问卷得分的单因素方差分析结果，表明：课程因素在关系中心论（$F=24.86$，$p<0.01$）、关系缘分论（$F=2.65$，$p<0.05$）、关系利用论（$F=3.31$，$p<0.05$）、关系情绪影响性（$F=5.79$，$p<0.01$）、关系认知分量表（$F=15.01$，$p<0.01$）、关系情感分量表（$F=4.73$，$p<0.01$）上差异显著。

通过事后比较，LSD结果表明，语数外与政史地教师之间差异极其显著（$p<0.01$），语数外与理化生教师之间差异极其显著（$p<0.01$），语数外与其他专业教师之间差异极其显著（$p<0.01$），政史地与理化生教师之间差异极其显著（$P<0.01$），政史地与其他专业教师之间差异极其显著（$p<0.01$）。由此可见，课程因素对整体人际关系满意感影响极其显著（$F=8.68$，$p<0.01$）。这表明任教主要课程的教师具有更加多的人际关系资源，中心、敏感性和人际关系认知与情感得分较高，这与他们所任教的课程时数较多，人们对这些课程的重视程度较高，以及随之带来的这些教师经常与学生接触、交往频度较高不无关系。

表 6-12 课程因素对人际关系满意感的影响

项目	语数外（$M\pm SD$）	政史地（$M\pm SD$）	理化生（$M\pm SD$）	其他（$M\pm SD$）	F
关系中心论	17.74±3.43	16.07±3.29	18.78±2.13	18.84±4.90	24.86**
关系缘分论	19.71±3.92	19.05±2.90	20.12±4.10	19.49±3.16	2.65*
关系利用论	13.96±4.46	13.63±3.33	14.90±6.32	14.01±4.11	3.31*
关系资源化	13.75±3.23	13.81±3.92	14.10±2.17	13.72±3.71	0.49
关系情绪影响性	14.42±4.15	13.47±3.11	15.07±2.23	14.42±3.21	5.79**
关系敏感性	18.43±3.97	18.06±2.66	18.93±2.34	18.71±6.17	1.59
关系认知分量表	37.52±6.01	35.07±4.99	38.87±5.19	38.32±6.61	15.01**
关系行为分量表	27.74±6.65	27.17±5.82	28.94±7.96	27.73±7.08	1.99
关系情感分量表	32.85±6.55	31.54±4.61	33.95±3.70	33.27±8.02	4.73**
人际关系满意感量表	98.16±15.68	93.69±11.99	101.6±12.93	99.63±17.29	8.68**

文理分科是高等教育中存在的客观现象，它必然会对教师的心理和行为产生一定的影响。可能是因为文科学生更多地接触社会科学、人文科学，他们更多地关注现实的社会，对生活中的人际现象更为敏感，所以在人际交往中以较乐观的态度看待人性，对他人和社会的信任度相对较高。而理科学生则是生活在自然科

学的氛围中,更多时候是与物而非人打交道,他们遵循的大多是理性的原则,因而将某些不良人际现象作为普遍现象看待,所以在人际交往中持较为现实、理性、谨慎的态度。因此,不同专业背景的教师所带的课程是与之相匹配的,专业因素的影响会在课程方面有所体现。教授不同课程的教师一开始接受的教育就是不一样的,有不一样的起点,故而也有不一样的表现。

2. 教师工作量的多少对人际关系没有影响

表 6-13 为不同课时数教师该问卷得分的单因素方差分析结果,表明:每周课时因素在人际关系量表的各维度及其因子上影响均不显著,每周课时因素对整体人际关系满意感影响不显著($F=0.12$,$p>0.05$)。

表 6-13 每周课时因素对人际关系满意感的影响

项目	5节以下 ($M±SD$)	6~12节 ($M±SD$)	13~20节 ($M±SD$)	20节以上 ($M±SD$)	F
关系中心论	17.35±3.40	17.53±3.59	17.59±3.31	17.01±3.40	0.63
关系缘分论	19.15±3.68	19.48±3.57	19.55±3.68	18.73±3.40	1.18
关系利用论	14.14±5.50	14.24±4.41	13.83±4.02	13.73±4.50	1.09
关系资源化	13.36±3.54	13.59±3.25	13.86±3.41	13.18±3.14	1.57
关系情绪影响性	14.21±3.08	14.22±4.02	14.13±2.99	14.00±3.23	0.22
关系敏感性	18.31±3.35	18.26±3.77	18.36±3.09	18.15±7.20	0.11
关系认知分量表	36.58±5.95	37.00±5.78	37.17±5.73	36.05±5.32	0.48
关系行为分量表	27.40±8.02	27.83±6.57	27.69±6.36	27.20±6.79	0.37
关系情感分量表	32.54±5.62	32.50±6.27	32.53±5.09	32.36±9.00	0.06
人际关系满意感量表	96.43±16.47	97.29±14.53	97.49±13.78	97.03±16.50	0.12

表 6-14 为班主任教师与非班主任教师该问卷得分的独立样本 t 检验结果,表明:是否担任班主任因素在关系中心论与关系缘分论、关系利用论与关系资源化、关系情绪影响性与关系敏感性 6 个因子上差异均不显著,同时在人际关系满意感量表总分上不显著($t=1.02$,$p>0.05$)。

表 6-14 是否班主任因素对人际关系满意感的影响

项目	班主任($M±SD$)	非班主任($M±SD$)	t
关系中心论	17.67±3.36	17.43±3.53	1.45
关系缘分论	19.30±3.29	19.54±3.81	1.39
关系利用论	14.23±4.24	13.93±4.36	1.48
关系资源化	13.73±3.27	13.65±3.37	0.50
关系情绪影响性	14.27±3.89	14.10±3.30	0.97
关系敏感性	18.28±4.27	18.29±3.32	0.64
关系认知分量表	37.02±5.66	36.99±5.81	0.07

续表

项目	班主任（$M\pm SD$）	非班主任（$M\pm SD$）	t
关系行为分量表	27.98±6.55	27.58±6.57	1.28
关系情感分量表	32.59±6.68	32.42±5.39	0.60
人际关系量表	97.76±15.20	97.03±13.89	1.02

表 6-15 中兼职行政教师与不兼职行政教师在该问卷上得分的独立样本 t 检验的结果表明：在关系中心论与关系缘分论、关系利用论与关系资源化、关系情绪影响性与关系敏感性 6 个因子中，在关系中心论上差异显著（$t=2.06$，$p<0.05$），其中兼职行政教师的得分显著高于不兼职教师的得分；是否兼职行政教师的在关系行为分量表上差异显著（$t=1.96$，$p<0.01$），兼职教师得分显著高于不兼职教师；在关系利用论上差异显著（$t=1.77$，$p<0.05$），其中兼职教师得分显著高于不兼职教师的得分。但总体而言，是否兼职行政对教师人际关系满意感影响不显著（$t=1.00$，$p>0.05$）。

表 6-15　是否兼职行政教师对人际关系满意感的影响

项目	兼职行政教师（$M\pm SD$）	不兼职行政教师（$M\pm SD$）	t
关系中心论	17.94±4.11	17.47±3.34	2.06*
关系缘分论	19.29±3.07	19.47±3.69	0.76
关系利用论	14.55±5.08	13.97±4.18	1.77
关系资源化	13.99±2.97	13.63±3.37	1.80
关系情绪影响性	13.81±3.01	14.23±3.63	1.75
关系敏感性	18.49±3.61	18.26±3.75	0.97
关系认知分量表	37.21±5.84	36.97±5.74	0.61
关系行为分量表	28.48±6.86	27.62±6.52	1.96*
关系情感分量表	32.37±5.68	32.51±5.98	0.36
人际关系满意感量表	98.16±14.99	97.16±14.33	1.00

表 6-16 为坐班教师与不坐班教师该问卷得分的独立样本 t 检验结果，表明：在关系中心论与关系缘分论、关系利用论与关系资源化、关系情绪影响性与关系敏感性 6 个因子上，是否坐班因素在关系缘分论上差异显著（$t=2.47$，$p<0.05$），不坐班教师得分显著高于坐班教师的得分；是否坐班因素在关系敏感性上差异显著（$t=2.05$，$p<0.05$），不坐班教师得分显著高于坐班教师的得分；是否坐班因素在关系认知分量表上差异显著（$t=2.38$，$p<0.05$），不坐班教师得分显著高于坐班教师的得分；是否坐班因素在关系情感分量表上差异显著（$t=1.99$，$p<0.05$），不坐班教师得分显著高于坐班教师的得分。但总体而言，是否坐班因素对人际关系满意感影响不显著（$t=1.80$，$p>0.05$）。

表 6-16　是否坐班对人际关系满意感的影响

项目	坐班（$M\pm SD$）	不坐班（$M\pm SD$）	t
关系中心论	17.44±3.39	17.65±3.55	1.262
关系缘分论	19.27±3.82	19.68±3.25	2.47*
关系利用论	14.80±3.85	14.08±4.92	0.38
关系资源化	13.74±3.38	13.53±3.22	1.30
关系情绪影响性	14.05±3.84	14.31±3.12	1.60
关系敏感性	18.14±3.97	18.51±3.36	2.05*
关系认知分量表	36.73±5.85	37.38±5.50	2.38*
关系行为分量表	27.75±6.19	27.63±7.03	0.37
关系情感分量表	32.25±6.32	32.81±5.36	1.99*
人际关系满意感量表	96.76±14.36	98.05±14.39	1.80

综上所述，教师的工作量大小虽然对有些维度产生一定的影响，但是整体上并不会影响教师的人际关系满意感。教师的人际关系满意感作为一种心理特征，有其内在的规律和特点。

教师从教课时不同，必然要付出不同的劳动，有着不同的回报也是肯定的，课时的高低影响了工资水平，或许会有人说因工资的多少不同会产生矛盾，但是我们也要看到不同课时意味着有不同的备课，付出与回报是对等的，大家都可以理解，就不会产生矛盾，所以就不会影响我们的人际交往。

是否担任班主任，意味着教师在行政管理和时间精力的投入上肯定存在显著差异。与普通教师相比，班主任在完成本职教学工作的同时，在学校管理方面也承担相应的职责，有更多机会参与决策和讨论，这必然导致了时间精力的分散。但是，在人际交往方面，班主任和普通教师所面对的人际环境是一样的，因此，在人际关系满意感方面没有显著差异。通过访谈得知，兼任班主任工作在很多学校已经成为常态，教师要晋升、评先评优，都必须有班主任的经历。

因为是否兼职行政教师在一定程度上影响了教师的人际交往广度，所以，我们设计了该项调查，探讨是否兼职行政对于教师的人际关系满意感的影响。研究结果显示，这种影响作用不显著。我们常说隔行如隔山，对于兼职行政职务的教师来说，在与人不断交流的过程中，或多或少可以优先得到一些关于学校改革发展的信息，也会不断地扩大与本校教师的接触面，但是，只要教师注重人际关系的维护，重视人际关系的作用，大家的交际圈往往都大同小异，所以对于教师的人际交往没有太大影响。另外，现在学校对于是否兼职行政职务管理得比较严格，并不是大多数教师都会兼职行政职务，所以对于大部分人来说这种影响还是很小的。

关于教师坐班与不坐班的区别，实际上是时间长短的差异。再者，因为我们知道，坐班的一般都是班主任，但是一个班就一名班主任，有坐班机会的教师是很少的；从某种意义上讲，很多其他任课教师不坐班，因此，坐班与否对中小学教师人际关系满意感的影响是很小的。对于中小学教师而言，无论是担任班主任坐班，或者是没有担任班主任不坐班，都不会对其人际关系满意感产生大的影响和作用。

3. 参加培训有利于教师人际关系和谐

表6-17为参加培训教师与不参加培训教师该问卷得分的独立样本 t 检验结果，表明：在关系中心论与关系缘分论、关系利用论与关系资源化、关系情绪影响性与关系敏感性6个因子中，是否参加培训因素在关系资源化上差异显著（$t=1.99$，$p<0.05$），其中不参加培训教师的得分显著高于参加培训教师的得分。总体而言，是否参加培训因素对人际关系满意感影响不显著（$t=1.18$，$p>0.05$）。

表6-17　是否参加培训因素对人际关系满意感的影响

项目	参加培训（$M\pm SD$）	不参加培训（$M\pm SD$）	t
关系中心论	17.53±3.45	17.58±3.60	1.93
关系缘分论	19.42±3.52	19.63±4.19	0.78
关系利用论	13.99±4.27	14.28±4.69	1.19
关系资源化	13.62±3.35	14.07±2.98	1.99*
关系情绪影响性	14.18±3.61	14.03±3.11	0.56
关系敏感性	18.28±3.58	18.21±3.79	0.25
关系认知分量表	36.96±5.67	37.30±6.20	0.78
关系行为分量表	27.62±6.52	28.49±6.79	1.78
关系情感分量表	32.48±5.87	32.29±5.79	0.44
人际关系满意感量表	97.11±14.36	98.43±15.06	1.18

关于有无参加培训的经历对人际关系满意感的影响，我们最初设想可能会由于人际关系方面的原因，导致有些中小学教师不能参加相关的培训，这样那些无培训经历的教师的人际关系满意感就会有所差异。实际上，从我们调查的结果来看，这种担心是没有必要的。进一步来说，是否参加培训影响的或许是教师的教课质量，因为参加培训的过程是一个学习提高的过程，教师把从培训中学到的东西运用到以后的教学上，就会提升教学水平和教学质量。再者，从当前师资培训的现状来看，由于国家的重视，在职教师的继续教育已经常态化，根本不存在由于人际关系而出现的管、卡、压，对于现在的学校来说，一般都鼓励教师参加各级各类部门组织的进修、培训等活动，学校对机会的分配是公平的，或许会由于时间上的冲突而耽搁，但是，总体上没有数量上的差异，所以不存在参加培训与

否对教师人际关系满意感会产生影响。

（四）人际关系满意感的工作环境特征

1. 县城教师人际关系更为敏感

表 6-18 为不同学校教师该问卷得分的单因素方差分析结果，表明：学校因素在关系敏感性（$F=4.55$，$p<0.01$）、关系情感分量表（$F=3.12$，$p<0.05$）上差异显著。

通过事后比较，LSD 结果表明：在关系敏感性中，乡镇以下教师与县城教师之间的差异极其显著（$p<0.01$），乡镇以下教师与城市教师之间的差异显著（$p<0.05$）；在关系情感分量表中，乡镇以下教师与县城教师之间的差异显著（$p<0.05$）。县城学校的教师具有更为敏感的人际关系。但是，从总体上分析，所在学校因素对整体人际关系满意感的影响不显著（$F=1.01$，$p>0.05$）。

表 6-18　因素对人际关系满意感的影响

项目	乡镇及以下（$M\pm SD$）	县城（$M\pm SD$）	城市（$M\pm SD$）	F
关系中心论	17.41±3.40	17.53±3.36	17.62±3.13	0.60
关系缘分论	19.44±4.37	19.48±3.09	19.44±3.02	0.03
关系利用论	14.09±4.76	13.85±3.75	14.21±4.43	1.07
关系资源化	13.49±3.41	13.76±3.48	13.85±2.96	1.94
关系情绪影响性	14.09±3.42	14.31±4.09	14.15±2.83	0.73
关系敏感性	17.96±3.70	18.50±3.82	18.49±3.62	4.55**
关系认知分量表	36.91±6.25	37.02±5.30	37.08±5.21	0.13
关系行为分量表	27.58±7.09	27.61±6.18	28.07±6.33	0.90
关系情感分量表	32.07±5.88	32.84±6.37	32.70±5.33	3.12*
人际关系满意感量表	96.78±15.63	97.28±13.58	98.05±13.55	1.01

所在学校的不同影响了教学资源的分配，例如，城市学校的教学资源更丰富一些，其设置了各种课程。但是对于乡镇以下的学校尤其是偏远地区的学校而言，或许连教师都不够，一名教师身兼数职，虽然不同学校的教师有着不同的生活环境，但是在处理人际关系的问题上都是有着相似的处理风格，比如，不同学校的教师在处理与家人关系时都是有着一样的想法的，幸福的生活都是一样的。

2. 良好的婚姻家庭关系有利于教师人际关系的建立

表 6-19 中各婚姻状态下教师该问卷得分的单因素方差分析结果，表明：不同婚姻状态下的教师在关系缘分论上差异显著（$F=3.16$，$p<0.05$），在关系敏

感性上差异极其显著（$F=4.16$，$p<0.01$），在关系情感分量表上差异极其显著（$F=3.71$，$p<0.01$）。总体上，婚姻因素对整体人际关系满意感影响不显著（$F=1.58$，$p>0.05$）。

表 6-19　婚姻因素对人际关系满意感的影响

项目	未婚（$M\pm SD$）	已婚（$M\pm SD$）	离异（$M\pm SD$）	丧偶（$M\pm SD$）	F
关系中心论	17.56±3.40	17.53±3.47	17.01±3.22	17.57±3.50	0.25
关系缘分论	19.90±4.04	19.42±3.52	17.62±3.90	19.75±3.73	3.16*
关系利用论	13.84±4.69	14.07±4.28	14.65±3.53	15.38±4.87	0.48
关系资源化	13.28±3.32	13.74±3.33	13.37±2.97	14.56±2.13	1.28
关系情绪影响性	14.38±3.08	14.17±3.61	12.76±3.43	14.13±3.27	1.07
关系敏感性	18.18±3.84	18.34±3.55	16.14±3.71	22.43±16.42	4.16**
关系认知分量表	37.51±6.08	36.98±5.68	34.46±6.03	37.63±4.24	2.10
关系行为分量表	2712±7.19	27.81±6.49	28.44±5.70	30.13±6.71	0.88
关系情感分量表	32.64±5.71	32.53±5.84	28.90±5.77	38.67±18.86	3.71**
人际关系满意感量表	92.52±14.77	97.32±14.27	93.25±13.2	109.3±27.91	1.58

表 6-20 为有子女教师与无子女教师该问卷得分的独立样本 t 检验结果，表明：在关系中心论与关系缘分论、关系利用论与关系资源化、关系情绪影响性与关系敏感性 6 个因子中，是否有孩子因素在关系缘分论上差异显著（$t=2.00$，$p<0.05$），其中没有孩子教师的得分显著高于有孩子教师的得分；是否有孩子因素在关系资源化上差异显著（$t=2.13$，$p<0.05$），其中没有孩子教师的得分显著高于有孩子教师的得分。总体而言，是否有孩子因素对人际关系满意度影响不显著（$t=0.38$，$p>0.05$）。

表 6-20　是否有孩子对人际关系满意感的影响

项目	有（$M\pm SD$）	无（$M\pm SD$）	t
关系中心论	17.53±3.49	17.51±3.30	0.10
关系缘分论	19.38±3.57	19.84±3.77	2.00*
关系利用论	14.08±4.21	13.83±4.55	0.92
关系资源化	13.76±3.33	13.31±3.29	2.13*
关系情绪影响性	14.15±3.63	14.23±3.08	0.34
关系敏感性	18.32±3.86	18.24±2.87	0.35
关系认知分量表	36.94±5.77	37.42±5.51	1.31
关系行为分量表	27.84±6.46	27.17±7.04	1.60
关系情感分量表	32.49±6.10	32.53±4.97	1.00
人际关系满意感量表	97.30±14.59	97.33±13.45	0.38

表 6-21 为不同夫妻关系教师该问卷得分的单因素方差分析结果，表明：夫妻关系因素在关系中心论维度上差异极其显著（$F=4.91$, $p<0.01$），在关系资源化维度上差异极其显著（$F=4.83$, $p<0.01$），在关系行为分量表上差异显著（$F=3.82$, $p<0.05$）。通过事后比较，LSD 结果表明：在关系中心论维度上，夫妻关系和睦的教师得分显著高于夫妻关系普通的教师，夫妻关系普通的教师的得分高于夫妻关系冷淡的教师；在关系资源论维度上，夫妻关系和睦的教师的得分显著高于夫妻关系普通的教师；在关系行为分量表维度上，夫妻关系和睦的教师的得分显著高于夫妻关系普通的教师。总体而言，夫妻关系因素对整体人际关系满意感影响不显著（$F=2.97$, $p>0.05$）。

表 6-21　夫妻关系因素对人际关系满意感的影响

项目	和睦（$M\pm SD$）	普通（$M\pm SD$）	冷淡（$M\pm SD$）	F
关系中心论	17.42±3.53	18.01±3.13	15.79±3.12	4.91**
关系缘分论	19.41±3.66	19.18±3.85	18.00±4.92	1.33
关系利用论	14.04±4.42	14.42±3.94	15.50±3.32	1.48
关系资源化	13.61±3.41	14.29±2.88	14.25±3.05	4.83**
关系情绪影响性	14.12±3.72	14.26±2.96	13.67±2.71	0.30
关系敏感性	18.28±3.84	18.45±3.59	17.33±4.19	0.63
关系认知分量表	36.87±5.81	37.19±6.02	33.43±5.43	2.45
关系行为分量表	27.64±6.65	28.70±5.91	29.70±5.12	3.82*
关系情感分量表	32.43±6.13	32.77±5.55	31.09±3.47	0.66
人际关系满意感量表	96.93±14.63	99.33±14.43	93.91±5.24	2.97

对于我们所研究的群体来说，其大多数都是已婚，且大多数教师是有孩子的，所以大家有着相似的人际环境。另外，对于婚姻关系而言，作为一名高素质人才，每个人对于婚姻的理解都是不同的，既然大家选择了婚姻，对于婚姻最起码的责任感是有的，所以，婚姻关系对于人际关系的影响有着一致性，不存在差异。

对于本节所研究的群体而言，夫妻关系冷淡的占极少数，可以忽略不计。所以，对于夫妻关系而言，大家处于同样的水平，没有了比较，就没有了差异。另外，对于教师来说，夫妻关系对他的人际关系的影响只是表现在家人方面，而且作为高素质个体，教师在处理夫妻关系时比普通人或许更和谐、更慎重一些，因为他们更了解夫妻关系对一个家庭和孩子的影响，所以，虽然其对夫妻关系都有着自己的理解和感知，但是结果都是一致的，即夫妻关系大多都是和谐的。

3. 提高收入有利于调节教师的人际关系

表 6-22 呈现的是月收入因素对人际关系量表的 3 维度 6 因子的影响，结果表明：月收入因素在关系资源化维度上差异显著（$F=3.23$，$p<0.05$），在关系敏感性维度上差异显著（$F=3.25$，$p<0.05$）。

通过事后比较，LSD 结果表明：在关系资源化维度上，月收入在 1500 元以下的教师得分显著低于月收入为 3000~4999 元的教师，月收入为 1500~2999 元的教师得分显著低于月收入为 3000~4999 元的教师；在关系敏感性维度上，月收入为 1500 元以下的教师得分显著低于月收入为 3000~4999 元的教师，月收入为 1500~2999 元的教师得分显著低于月收入为 3000~4999 元的教师。这一结果表明收入与人际关系满意感之间正加速曲线的关系，说明收入的增加可以调节教师的人际关系满意感。但是，总体上月收入因素对整体人际关系满意感影响不显著（$F=0.86$，$p>0.05$）。

表 6-22 月收入因素对人际关系满意感的影响

项目	1500 元以下 ($M±SD$)	1500~2999 元 ($M±SD$)	3000~4999 元 ($M±SD$)	5000 元及以上 ($M±SD$)	F
关系中心论	17.19±3.52	17.52±3.42	17.56±3.56	17.55±2.95	0.18
关系缘分论	19.66±7.39	19.30±3.22	19.58±3.71	19.46±3.12	0.88
关系利用论	13.87±4.24	13.98±4.12	13.97±4.02	14.97±6.56	2.44
关系资源化	12.87±3.63	13.46±3.24	13.88±3.44	13.82±2.83	3.23*
关系情绪影响性	13.78±3.42	14.18±3.36	14.24±3.81	13.82±2.82	0.79
关系敏感性	17.11±3.89	18.10±4.08	18.52±3.53	18.42±2.69	3.25*
关系认知分量表	36.97±9.56	37.87±5.42	37.17±5.90	37.03±4.88	0.37
关系行为分量表	26.74±7.33	27.45±6.39	27.85±6.43	28.79±7.92	2.14
关系情感分量表	31.05±6.72	32.28±6.01	32.80±6.02	32.41±4.67	1.94
人际关系满意感量表	94.89±20.21	97.00±14.10	97.61±14.43	98.41±13.81	0.86

那些月收入不同的教师，他们自己已经接受了这种差别，所以其人际关系满意感的心理感受不存在差异。另外，因为对于教师这个行业来说，月收入是国家规定的，教师的月收入很集中，不会很高，但也不会很低，大多数都是中等水平，不存在太大的差距，所以大家之间没有比较，这样对于人际关系满意感的影响就不大。

（五）心理状态的感知与调节有利于增强满意感

1. 体验愉快感，可以优化人际关系

表 6-23 呈现的是不愉快事件因素对人际关系量表的 3 维度 6 因子的影响，结果表明：在关系中心论与关系缘分论、关系利用论与关系资源化、关系情绪影响

性与关系敏感性3个维度共6个因子中，不愉快事件因素在关系缘分论上差异极其显著（$t=9.44$，$p<0.001$），其中没有不愉快事件的教师得分显著高于有不愉快事件的教师的得分；不愉快事件因素在关系利用论上差异显著（$t=2.04$，$p<0.05$），其中没有不愉快事件的教师的得分显著低于有不愉快事件的教师的得分；不愉快事件因素在关系敏感性上差异显著（$t=2.47$，$p<0.05$），其中没有不愉快事件的教师的得分显著高于有不愉快事件的教师的得分；不愉快事件因素在关系认知分量表上差异极其显著（$t=2.73$，$p<0.01$），其中没有不愉快事件的教师的得分显著高于有不愉快事件的教师的得分；不愉快事件因素在关系行为分量表上差异显著（$t=2.12$，$p<0.05$），其中没有不愉快事件的教师的得分显著低于有不愉快事件的教师的得分。但总体而言，不愉快因素对人际关系满意感影响不显著（$t=0.65$，$p>0.05$）。

表 6-23　不愉快事件因素对人际关系满意感的影响

项目	不愉快事件（$M±SD$）	非不愉快事件（$M±SD$）	t
关系中心论	17.57±3.17	17.53±3.53	0.23
关系缘分论	18.74±3.93	19.67±3.28	9.44***
关系利用论	14.44±3.68	13.95±4.49	2.04*
关系资源化	13.86±3.03	13.63±3.39	1.27
关系情绪影响性	14.11±3.20	14.20±3.63	0.46
关系敏感性	17.93±3.75	18.44±3.68	2.47*
关系认知分量表	36.33±6.10	37.24±5.46	2.73**
关系行为分量表	28.35±5.64	27.67±6.79	2.12*
关系情感分量表	32.11±5.95	32.65±5.89	1.64
人际关系满意感量表	96.93±14.65	97.48±14.21	0.65

表 6-24 呈现的是愉快事件因素对人际关系量表3维度6因子的影响，结果表明：在关系中心论与关系缘分论、关系利用论与关系资源化、关系情绪影响性与关系敏感性3个维度共6个因子中，愉快事件因素在关系资源化上差异显著（$t=2.16$，$p<0.05$），其中没有愉快事件的教师的得分显著高于有愉快事件的教师的得分。但总体而言，愉快因素对人际关系满意感影响不显著（$t=0.11$，$p>0.05$）。

表 6-24　愉快事件因素对人际关系满意感的影响

项目	愉快事件（$M±SD$）	非愉快事件（$M±SD$）	t
关系中心论	17.48±3.42	17.55±3.49	0.41
关系缘分论	19.68±4.04	19.37±3.34	1.64
关系利用论	14.20±4.53	13.97±4.24	1.08
关系资源化	13.45±3.51	14.17±3.22	2.16*
关系情绪影响性	14.19±3.99	14.17±3.29	0.15

续表

项目	愉快事件（$M\pm SD$）	非愉快事件（$M\pm SD$）	t
关系敏感性	18.27±4.38	18.32±3.17	0.29
关系认知分量表	37.17±6.11	36.97±5.34	0.68
关系行为分量表	27.65±7.14	27.79±6.27	0.41
关系情感分量表	32.47±6.89	32.53±5.27	1.00
人际关系满意感量表	97.29±16.27	97.37±13.30	0.11

生活事件是影响个体情绪和认知的重要因素，有"愉快的事件"或者无"不愉快事件"都是基于近期的遭遇而评定的。因为这是一个短期的情绪变化，影响的是短期的事情，对于人际关系这种需要长期经营的行为来说，自然没有什么影响。

另外，情绪感知可能主要偏重于客观事件的认识，影响的是认知方面的事情，但是对于人际关系满意感这种情绪特征的影响就没有那么重要。

2. 调节情绪认知，可以增强教师的人际关系满意感

表 6-25 呈现的是一个月内情绪因素对人际关系量表的 3 个维度共 6 个因子的影响，单因素方差分析结果表明：情绪因素在关系缘分论维度上差异显著（$F=2.30$，$p<0.05$），在关系资源化维度上差异显著（$F=4.06$，$p<0.01$），在关系行为分量表上差异显著（$F=2.46$，$p<0.05$）。通过事后比较，LSD 结果表明：在关系缘分论上，情绪状态为快乐的教师的得分显著高于情绪状态为糟糕的教师，情绪状态为愉快的教师的得分显著高于情绪状态为糟糕的教师，情绪状态为愉快的教师的得分显著高于情绪状态为不快乐的教师，情绪状态为快乐的教师的得分显著高于情绪状态为不太满意的教师，情绪状态为愉快的教师的得分显著高于情绪状态为不太满意的教师，情绪状态为愉快的教师的得分显著高于情绪状态为满意的教师；在关系资源论维度上，情绪状态为快乐的教师的得分显著高于情绪状态为不快乐的教师的得分，情绪状态为愉快的教师的得分显著高于情绪状态为不快乐的教师。但是，一个月内情绪因素在人际关系满意感量表总分上的差异不显著（$F=0.90, p>0.05$）。

表 6-25 一个月内情绪因素对人际关系满意感的影响

项目	糟糕（$M\pm SD$）	不快乐（$M\pm SD$）	不太满意（$M\pm SD$）	满意（$M\pm SD$）	快乐（$M\pm SD$）	愉快（$M\pm SD$）	F
关系中心论	16.94±3.53	17.71±3.19	17.67±3.05	17.62±3.65	17.55±3.11	16.71±4.08	2.21
关系缘分论	18.82±6.27	19.23±3.52	19.24±3.38	$M\pm SD$	19.83±3.39	20.13±2.99	2.30*
关系利用论	15.19±5.51	14.44±3.76	14.17±3.97	13.87±4.38	14.02±4.39	13.97±4.51	1.59
关系资源化	13.59±3.70	14.15±3.18	14.12±2.83	13.65±3.38	13.08±3.47	13.23±3.84	4.06**

续表

项目	糟糕 ($M\pm SD$)	不快乐 ($M\pm SD$)	不太满意 ($M\pm SD$)	满意 ($M\pm SD$)	快乐 ($M\pm SD$)	愉快 ($M\pm SD$)	F
关系情绪 影响性	14.03±3.58	14.73±2.81	14.23±2.95	14.16±3.85	14.19±3.60	13.65±3.57	1.20
关系 敏感性	17.58±4.13	18.57±3.58	18.36±3.63	18.14±2.95	18.72±5.24	18.62±4.88	1.86
关系认知 分量表	35.74±8.68	36.83±5.73	36.94±5.29	37.12±5.77	37.41±5.48	36.88±5.40	1.06
关系行为 分量表	29.01±7.84	28.62±6.04	28.32±5.70	27.52±6.57	27.08±7.21	27.19±7.40	2.46*
关系情感 分量表	32.03±6.75	33.34±5.50	32.66±5.42	32.30±5.65	32.86±6.85	32.31±7.30	1.01
人际关系 满意感量表	99.09±19.34	99.01±15.02	97.91±13.22	96.84±13.64	97.57±15.76	96.36±16.85	0.90

3. 密切人际关系有利于增强满意感

分析与朋友关系因素对人际关系量表的 3 个维度共 6 个因子的影响，单因素方差分析结果（表 6-26）表明：与朋友关系因素在关系中心论、关系缘分论、关系利用论、关系资源化和关系敏感性 5 个因子上及人际关系满意感量表的 3 个维度和总分上差异显著。

通过事后比较，LSD 结果表明，在关系中心论维度上，与朋友关系不太满意或满意的教师均和与朋友关系快乐的教师差异显著；在关系缘分论维度上，与朋友关系不太满意或满意的教师均和与朋友关系快乐的教师差异显著；在关系资源化维度上，与朋友关系不太满意的教师得分显著高于与朋友关系愉快的教师；在关系敏感性维度上，与朋友关系满意的教师得分显著低于与朋友关系快乐的教师；在关系认知分量表上，与朋友关系满意的教师得分显著低于与朋友关系快乐的教师；在关系行为分量表上，与朋友关系不太满意的教师得分显著高于与朋友关系愉快的教师；在关系情感分量表上，与朋友关系满意的教师得分显著低于与朋友关系快乐的教师；在人际关系量表上，与朋友关系满意的教师得分显著低于与朋友关系快乐的教师。因此，与朋友关系因素在人际关系满意感量表总分上差异极其显著（$F=2.97$，$p<0.01$）。

表 6-26 与朋友关系因素对人际关系满意感的影响

项目	糟糕 ($M\pm SD$)	不快乐 ($M\pm SD$)	不太满意 ($M\pm SD$)	满意 ($M\pm SD$)	快乐 ($M\pm SD$)	愉快 ($M\pm SD$)	F
关系 中心论	15.46±3.20	17.25±4.10	17.51±3.00	17.43±3.43	17.96±3.24	17.63±4.37	2.92**
关系 缘分论	16.52±4.63	16.75±5.48	18.19±4.73	19.25±3.39	20.30±3.69	20.30±3.10	12.67**

续表

项目	糟糕 ($M\pm SD$)	不快乐 ($M\pm SD$)	不太满意 ($M\pm SD$)	满意 ($M\pm SD$)	快乐 ($M\pm SD$)	愉快 ($M\pm SD$)	F
关系利用论	15.46±4.27	18.36±9.85	14.36±3.61	13.94±4.04	14.19±4.79	13.67±4.49	3.41**
关系资源化	12.30±4.26	14.73±4.13	13.96±3.20	13.70±3.24	13.88±3.24	13.17±3.72	2.40*
关系情绪影响性	12.48±3.68	14.00±3.84	14.15±3.30	14.09±3.63	14.44±3.15	14.36±3.78	1.47
关系敏感性	15.54±4.20	17.07±4.57	17.52±3.79	18.18±3.74	19.10±3.47	18.40±3.55	6.42**
关系认知分量表	31.73±6.12	33.11±9.03	35.82±6.64	36.71±5.40	38.27±5.77	37.97±6.60	9.77**
关系行为分量表	28.09±7.18	33.45±13.61	28.41±5.90	27.66±6.17	28.02±7.03	26.87±7.26	2.44*
关系情感分量表	28.82±6.78	31.07±7.90	31.75±6.08	32.32±5.60	32.58±5.44	32.65±5.78	4.10**
人际关系满意感量表	91.12±15.54	95.91±30.64	96.36±16.31	96.72±13.64	99.99±14.58	97.40±15.34	2.97**

根据表 6-27，分析与家人关系因素对人际关系满意感量表的 3 个维度共 6 个因子的影响，单因素方差分析结果表明：与朋友关系因素在关系缘分论、关系情绪影响性、关系资源化和关系敏感性 4 个因子上，以及人际关系满意感量表的 3 个维度和总分上差异显著。

通过事后比较，LSD 结果表明，与家人关系满意及以上的教师得分高于不太满意及以下的教师。因此，与家人关系因素在人际关系满意感量表总分上差异极其显著（$F=3.10$，$p<0.01$）。

表 6-27　与家人关系因素对人际关系满意感的影响

项目	糟糕 ($M\pm SD$)	不快乐 ($M\pm SD$)	不太满意 ($M\pm SD$)	满意 ($M\pm SD$)	快乐 ($M\pm SD$)	愉快 ($M\pm SD$)	F
关系中心论	15.26±3.58	17.94±3.75	17.61±3.42	17.53±3.51	17.74±3.16	17.44±3.63	1.99
关系缘分论	15.20±4.20	16.77±15.04	18.74±3.47	19.29±3.88	19.65±3.11	20.34±2.96	11.05**
关系利用论	15.40±4.30	15.08±5.54	14.48±3.77	13.93±3.93	14.47±5.21	13.58±4.27	2.10
关系资源化	11.21±4.02	13.14±3.99	14.28±3.00	13.75±3.24	13.82±3.13	13.27±3.69	3.70**
关系情绪影响性	12.26±3.77	13.07±3.45	14.20±3.11	13.95±2.87	14.71±4.63	14.32±3.81	3.47**
关系敏感性	14.95±4.36	16.64±4.94	17.75±3.59	18.14±3.31	18.72±4.66	18.71±3.38	5.80**

续表

项目	糟糕 （M±SD）	不快乐 （M±SD）	不太满意 （M±SD）	满意 （M±SD）	快乐 （M±SD）	愉快 （M±SD）	F
关系认知分量表	30.03±6.69	34.21±8.50	36.43±5.64	36.85±5.96	37.38±5.23	37.82±5.29	7.02**
关系行为分量表	26.29±6.60	28.62±8.48	28.90±5.86	27.68±6.05	28.24±7.29	26.87±7.07	2.32*
关系情感分量表	25.50±7.78	35.00±4.16	33.03±4.35	32.78±4.85	33.64±5.72	33.11±5.64	5.48**
人际关系满意感量表	85.52±17.60	90.42±24.25	97.87±15.15	96.86±13.62	99.09±14.8	92.27±15.0	3.10**

分析与同事关系因素对人际关系量表的 3 个维度共 6 个因子的影响，单因素方差分析结果表明（表6-28）：与朋友关系因素在关系中心论、关系缘分论、关系利用论、关系资源化、关系情绪影响性和关系敏感性 6 个因子上及人际关系满意感量表的 3 个维度和总分上差异显著。

通过事后比较，LSD 结果表明：与同事关系糟糕的教师得分显著低于与同事关系不太满意的教师；与同事关系糟糕的教师得分显著低于与同事关系满意的教师；与同事关系糟糕的教师得分显著低于与同事关系快乐的教师；与同事关系糟糕的教师得分显著低于与同事关系愉快的教师；与同事关系不快乐的教师得分显著低于与同事关系不太满意的教师；与同事关系不快乐的教师得分显著低于与同事关系快乐的教师；与同事关系不快乐的教师得分显著低于与同事关系愉快的教师；与同事关系不太满意的教师得分显著低于与同事关系满意、快乐和愉快的教师；与同事关系满意的教师得分显著低于与同事关系快乐和愉快的教师；与同事关系快乐的教师得分显著低于与同事关系愉快的教师。总体而言，与同事关系因素在人际关系满意感量表总分上差异极其显著（$F=6.64$，$p<0.01$）。

表6-28 与同事关系因素对人际关系满意感的影响

项目	糟糕 （M±SD）	不快乐 （M±SD）	不太满意 （M±SD）	满意 （M±SD）	快乐 （M±SD）	愉快 （M±SD）	F
关系中心论	15.72±3.53	16.02±3.46	17.81±2.87	17.48±3.47	17.94±3.32	17.58±3.83	3.62**
关系缘分论	15.08±4.43	16.36±4.68	18.72±4.36	19.37±3.57	20.07±3.12	20.54±2.97	18.44**
关系利用论	15.93±7.80	14.36±4.48	14.80±3.46	13.90±4.05	14.33±4.99	13.74±3.82	2.51*
关系资源化	11.30±3.99	12.92±3.52	14.18±2.90	13.73±3.25	14.03±3.21	13.06±3.82	5.71**
关系情绪影响性	11.50±4.10	14.08±4.23	13.88±2.90	14.07±3.30	14.75±4.18	14.55±3.96	5.41**

续表

项目	糟糕 ($M\pm SD$)	不快乐 ($M\pm SD$)	不太满意 ($M\pm SD$)	满意 ($M\pm SD$)	快乐 ($M\pm SD$)	愉快 ($M\pm SD$)	F
关系敏感性	14.41±4.32	15.38±4.73	18.41±2.84	18.18±3.62	19.05±3.89	18.71±3.76	12.39**
关系认知分量表	30.44±6.59	32.15±7.65	36.58±6.37	36.88±5.65	37.98±5.30	38.15±5.41	13.35**
关系行为分量表	27.00±10.51	27.33±7.42	29.17±5.21	27.63±6.22	28.33±7.14	26.74±7.52	2.60*
关系情感分量表	26.13±7.33	29.42±7.71	32.39±4.91	32.28±5.70	33.83±6.38	33.16±6.06	10.60**
人际关系满意感量表	84.40±24.52	87.96±22.20	98.86±13.49	96.81±3.78	100.07±14.42	97.80±15.74	6.64**

分析与老师关系因素对人际关系满意感量表的 3 个维度共 6 个因子的影响，单因素方差分析结果表明（表 6-29）：与朋友关系因素在关系缘分论、关系利用论、关系资源化、关系情绪影响性和关系敏感性 5 个因子上及人际关系量表的 3 个维度和总分上差异显著。

通过事后比较，LSD 结果表明：与老师关系糟糕的教师得分显著低于与老师关系不太满意的教师；与老师关系糟糕的教师得分显著低于与老师关系满意的教师；与老师关系糟糕的教师得分显著低于与老师关系快乐的教师；与老师关系糟糕的教师得分显著低于与老师关系愉快的教师；与老师关系不快乐的教师得分显著低于与老师关系不太满意的教师；与老师关系不快乐的教师得分显著低于与老师关系快乐的教师；与老师关系不快乐的教师得分显著低于与老师关系愉快的教师；与老师关系不太满意的教师得分显著低于与老师关系满意、快乐和愉快的教师；与老师关系满意的教师得分显著低于与老师关系快乐和愉快的教师；与老师关系快乐的教师得分显著低于与老师关系愉快的教师。总体而言，与老师关系因素在人际关系满意感量表总分上差异极其显著（$F=4.89$，$p<0.01$）。

以上的结果是完全可以理解的，因为无论是在学校中还是社会现实中，各种人际关系都是人与人之间的关系，人际交往的密切程度是决定人际关系满意感的唯一因素。

表 6-29 与老师关系因素对人际关系满意感的影响

项目	糟糕 ($M\pm SD$)	不快乐 ($M\pm SD$)	不太满意 ($M\pm SD$)	满意 ($M\pm SD$)	快乐 ($M\pm SD$)	愉快 ($M\pm SD$)	F
关系中心论	16.05±3.18	17.12±3.10	17.86±3.19	17.53±3.46	17.66±3.41	17.54±3.80	1.75
关系缘分论	15.82±5.18	17.85±3.77	19.26±4.02	19.39±3.60	20.31±2.86	20.26±3.04	12.63**

续表

项目	糟糕 ($M\pm SD$)	不快乐 ($M\pm SD$)	不太满意 ($M\pm SD$)	满意 ($M\pm SD$)	快乐 ($M\pm SD$)	愉快 ($M\pm SD$)	F
关系利用论	14.31±3.62	14.91±7.31	14.99±3.58	13.82±4.04	14.59±5.38	13.63±4.76	3.70**
关系资源化	12.03±4.25	13.56±3.47	14.41±2.76	13.76±3.23	13.71±3.42	12.69±3.88	6.73**
关系情绪影响性	12.06±4.26	13.41±2.78	14.51±3.14	14.12±3.28	14.54±4.82	14.39±3.94	3.73**
关系敏感性	15.71±4.96	17.47±3.74	18.78±3.42	18.28±3.83	18.61±3.13	18.20±3.40	4.70**
关系认知分量表	31.84±8.05	34.96±5.73	37.09±6.22	36.94±5.66	37.98±5.32	37.85±5.28	5.16**
关系行为分量表	26.61±6.39	28.57±10.08	29.49±5.28	27.57±6.20	26.30±7.58	26.28±7.89	5.00**
关系情感分量表	28.34±8.38	30.69±5.83	33.35±5.35	32.44±5.82	33.21±6.56	32.43±5.71	5.21**
人际关系满意感量表	88.46±21.43	95.72±19.07	100.12±14.20	96.90±13.73	99.85±14.97	96.44±15.65	4.89**

人际关系包括朋友关系、家人关系、同事关系、教师关系等。人际关系满意感说到底就是对这些人际关系的主观态度体验，因而，人际关系满意感在这些人际关系表现方面存在差异就十分明显了。

朋友关系是人际关系的重要组成部分之一，教师工作关系很大程度上是人际关系中的朋友关系。一旦出现了与朋友之间的障碍，那么人际关系就会出现偏差。另外，与朋友关系的好坏在很大程度上会影响一些资源、消息、机会等的获得，如果与朋友关系好，我们就可以从朋友那里得到精神上的支持等，所以与朋友关系的差异，自然而然会影响到教师的人际关系满意感。

家人关系也是人际关系的重要组成部分之一，只有处理好了与家人之间的关系才会有良好融洽的朋友关系、同事关系。我们说家庭是最具包容性的地方，与家人的关系都不好，何谈与其他人的关系，所以在与家人的关系中，不同的人有着不同的处理方法，结果也会不一样，可能出现结果差异甚大的情况，家人关系的感知情况必定会影响教师的人际关系满意感。

对于一名教师而言，最主要的是与学生的关系，但是与同事的关系也是相当重要的，因为与同事的关系直接关系到人际关系的和谐。很好地处理与同事的关系有利于教师之间的交流与沟通，便于发现优点与缺点，可以很好地提升自己。与同事的关系是人际关系的重要组成部分之一，与同事之间的关系存在差异，人际关系就会产生差异。

在这里与老师的关系指的是教师自己在学习生涯中对与自己老师的关系的

感知，这是教师人际关系很重要的组成部分之一，因为它直接影响了教师对与自己学生的关系的把握与处理。教师在学习成长过程中会有许许多多老师教授过他们，其很多行为和处事方式也会无形中影响着教师自身。所以，教师与老师关系的好与坏、近与远、亲与疏这种差异就会影响到教师的学习，影响到教师自己处理与学生关系时的定位。比如，一位教师与自己学业生涯中一位老师有着亦师亦友的关系，那么他在和他的学生的交往过程中更多地也会扮演一种亦师亦友的角色。

我们通过本次问卷反馈的信息可知，在人际关系方面，无论是在与朋友的关系，还是与家人的关系方面，抑或是与同事的关系方面及与老师的关系方面，自我感知人际关系糟糕、不快乐乃至不太满意的教师，所占比例都相当低。这说明当前中小学教师人际关系满意感较好。

第三节　中小学教师人际关系满意感的提升策略

百年大计，教育为本。教育大计，教师为本。国家繁荣、民族振兴、教育发展，均需要我们大力培养和造就一支师德高尚、业务精湛、结构合理、充满活力的高素质、专业化教师队伍，需要涌现一大批好教师。全国广大教师要做有理想信念、有道德情操、有扎实知识、有仁爱之心的好教师，为发展具有中国特色、世界水平的现代教育，培养社会主义事业建设者和接班人作出更大贡献。所以，对于教师人际关系的改变，可以采取以下措施。

一、创设温馨的教学工作环境

2014年8月18日，习近平主持中央全面深化改革领导小组第四次会议并发表讲话时指出，"考试招生制度是国家基本教育制度。总体上看，我国考试招生制度符合国情，同时也存在一些问题。必须通过深化改革，促进教育公平、提高人才选拔水平，适应培养德智体美全面发展的社会主义事业建设者和接班人的要求。深化考试招生制度改革，总的目标是形成分类考试、综合评价、多元录取的考试招生模式，健全促进公平、科学选才、监督有力的体制机制，构建衔接沟通各级各类教育、认可多种学习成果的终身学习立交桥。考试招生制度改革要在充分论证搞好顶层设计的基础上，试点先行，分步实施，有序推进"[1]。2015年，教育部部长袁贵仁指出："要以改革推动教育发展，以改革提高教育质量，以改革增强教育活力，进一步消除制约教育发展和创新的体制机制障碍。"[2]我们要全面形成与社会主义市场经济体制和全面建成小康社会目标相适应的充满活力、富有效率、更加开放、有利于科学发展的教育体制机制。

未来教育的改革，要紧紧抓住"立德树人"这个根本，把教育从市场化、商品化中解救出来。教育的改革还应当以务实、轻松为主线，既要让教育服务于社会之所需，又要让少年儿童有一个健康成长的轻松环境。宇宙的知识是无限的，人的生命是短暂的。无论是国家领导还是普通百姓，无论是知识精英还是一般技术人员，都不可能掌握宇宙所有的知识。无数的事实说明，任何一个工种，任何一个行业，既无需懂得宇宙的所有知识，也无需掌握课程设置的全部书本上的东西。只有实际工作需要，才能达到学以致用的目的，才是教育的必需。现在国家已经开始实施教育改革，这就要求学校要根据其所处的环境，更加合理地利用改革这个契机为教师创造更加合理的教学环境。

二、加大教师进修与培训的力度，提高教师竞争意识

科教兴国已成为中国的基本国策。我们将秉持科技是第一生产力、人才是第一资源的理念，兼收并蓄，吸取国际先进经验，推进教育改革，提高教育质量，培养更多具有更高素质的人才，同时为各类人才发挥作用、施展才华提供更加广阔的天地。对于教师进修与培训而言，学校要加大教师这方面的培训意识，同时教育部门一方面要更多地开展一些高质量的培训，不仅仅包括传授国内比较好的教学经验，也要适当地传授国际上比较好的办学经验，当然这种培训更多需要政府来承担费用，另一方面也要开展一些自费的、针对性的进修与培训，增强教师在自身教学水平提高上的竞争意识。例如，可以开展一些国际性的教师夏令营活动，这样教师既能学到知识，也不耽误日常教学工作。

---

[1] 习近平主持召开中央全面深化改革领导小组第四次会议.中央政府网.http://www.gov.cn/xinwen/2014-08/18/content_2736451.htm.[2017-06-30].

[2] 袁贵仁.中国教育巨变的重要启示.http://old.moe.gov.cn/publicfiles/business/htmlfiles/moe/moe_176/201210/143388.html.[2017-06-30].

三、提升学校管理水平，建立和谐工作氛围

人在良好的心境下，心情舒畅地去做事，能充分发挥其潜能，工作会做得更加出色。如果个人在社会交往中得到尊敬、信任、支持和谅解，就会产生情感上和道义上的满足，进而产生积极的工作热情。学校领导应该尽可能在学校倡导、创造一种能令心情舒畅的工作和生活文化环境，包括上下级之间、同事之间、师生之间的和谐关系。学校领导应主动接近教师，关心他们的工作、学习和生活，倾听他们的意见、建议和要求，尽可能解决教师提出的问题，平等、公正、诚恳地待人处事。同时，我们也应该认识到，对于从事行政管理工作的人与专门从事教学的教师来说，他们的处事风格有所不同，我们不能说谁好谁坏，这就要求学校要把握好合理的比重，不能有过多的行政人员去干涉教学，也不能有过多的教学教师兼职行政工作。

四、搭建教师交流平台，为教师提供交流机会

对于很多教师而言，其工作及交流局限在自己的学校或者相近的学校，这样大家的想法就得不到碰撞与创新，教师的思想也受到了局限。所以，学校要为教师创造交流平台，让教师在这个平台上可以更好地发表自己的看法，这样教师们就可以借鉴别人的长处，并加以运用。比如，创造一个专用于教师交流的 APP，在这个 APP 里，教师可以发表自己的看法，可以推荐自己看的好书，也可以剖析自己遇到的问题等。

五、帮助教师专业成长，为其提供更多发展机会

由于教师在"专业发展"和"职称评定公平"满意度上的统计得分较低，不满主要表现在进修晋升机会少和机会不均等，不同学历、职称教师之间存在差异，教师职称晋升还存在论资排辈的问题，不公平不透明的现象较多。因此，国家推出教师职称改革。目前，中小学教师职称各自独立，分别有三个等级。改革后，两者将统一并入新设置的中小学教师职称（职务）系列。改革将原来相互独立的中学与小学两个教师职务系列合并为统一的职称等级和名称，初级设原级和助理级，高级设副高级和正高级。原级、助理级、中级、副高级和正高级职称（职务）名称依次为三级教师、二级教师、一级教师、高级教师和正高级教师，并首次对

中小学（含幼儿园）教师增加了正高级职称。部分省市还结合中小学教师职称制度改革，使中小学教师实现新旧职称的平稳过渡。人力资源和社会保障部专业技术人员管理司负责人指出，全面实施中小学教师职称制度改革，是提高中小学教师职业地位，鼓励更多高学历、高素质人才从事中小学教育的重要举措，可以从制度上保证为中小学教师晋升提供了相应的方向与标准。在职务职称选拔和评聘中，领导者要最大限度地保证教师职称评定的公平、科学、合理，同时，要及时反馈教师的工作成绩，使他们看到自己的工作成果，享受到劳动的乐趣。另外，要为教师多创造自我实现的机会，不断满足他们的成就感和创造欲。

六、提高教师工资待遇，缩小工资差距

为了切实解决目前乡村教师所面临的种种问题，国务院办公厅于2015年6月1日颁布了《乡村教师支持计划（2015—2020年）》（以下简称《计划》）。《计划》中提到"全面落实集中连片特困地区乡村教师生活补助政策""依法依规落实乡村教师工资待遇政策"，其核心是要增加教师工资。但是如何增加呢？调研组的建议如下。

一是优化教师工资结构。建议将70%的绩效工资与职称脱钩，与岗位工资合并，作为基础性工资；取消扣除30%的绩效工资的做法，将这部分金额独立，设为"绩效奖励金"，在有条件的地方增加"绩效奖励金"预算，奖励奋战在一线讲坛上的教师，劳者多得。

二是建议增加教龄补贴，3~10元的教龄补贴并不能激励教师。切实落实《计划》中"对在乡村学校长期从教的教师予以表彰"和"鼓励"的措施。

三是"国标"工资（包括岗位工资、10%工资和薪级工资）继续由中央统筹，建议各项补贴、绩效奖励金由市（地级市）一级或更高级的教育主管部门来统筹，确保同一地区（地级市）之内统一等量，有利于实现教育资源的优化配置和教育公平。

因此，我们要改革现行校内结构工资制，改变"校自为政"的分配形式，避免拉大学校之间教师收入不合理差距。同时，改革中小学教师结构工资制，建立岗位工资模式。依据"按需设岗，择优聘任，职事相符，责酬一致，严格考核"的思路来规范岗位聘任制度。通过建立岗位工资模式，使教师师资合理流动，从人力资源方面解决教育的均衡发展，达到解决教师待遇偏低问题的目的，这样能缩小不同工作岗位、不同任教学科教师之间薪资福利满意度的差异。

七、切实关心教师身心健康

习近平总书记在全国卫生与健康大会上发表重要讲话,提出"努力全方位、全周期保障人民健康"。随后在学习习近平主席的讲话内容上,复旦大学公共卫生学院教授胡善联认为,习近平总书记"在讲话中提出的全方位健康服务,不仅是指生理健康,还包括心理健康、道德健康、社会健康、环境健康等,这些共同构成了完整的健康概念"。山东省济宁市妇幼保健院儿童康复中心主任赵淑珍说:"习近平总书记强调,要加大心理健康问题基础性研究,这对于我们心理健康工作从业者来说,是一剂强心针。"[1]

教师的心理问题会导致他们对学生爱心的缺乏,甚至持消极的态度从事教育工作,社会应该关注教师并且切实帮助教师减压。对于教育主管部门和学校而言,可以采取一些具体的措施减轻教师的心理压力,有条件的学校应为教师建立心理咨询室,采取多种方法帮助教师疏导心理压力;不要随意增加教师的工作量,科学、合理地安排教师教学工作,控制教师工作强度;安排适当的体育锻炼,帮助教师缓解心理压力;了解教师的心理需求,建立减轻教师压力的机制,多与教师沟通,要鼓励教师说出自身的感受,以减轻心理负担。

---

[1] 努力全方位、全周期保障人民健康——习近平总书记在全国卫生与健康大会上的讲话引起强烈反响[OL]. 新华网. http://www.xinhuanet.com/politics/2016-08/22/c_1119434555.htm.[2016-08-20].

第七章
教师的教学效能感

第一节　新课程改革与教师教学效能感

新课程改革以不可阻挡的汹涌之势，对每一个教育者都提出了严峻的挑战，其传统的思维模式和知识结构受到了巨大的冲击。什么是教师？教师在教学中有什么样的地位？扮演什么样的角色？如何进行教学？……许多原本是常识的问题，现在也似乎变得模糊起来。时代要求教育者必须对固有的东西作出思考，在困境中去求得新的发展。

新课程目标对教师提出了基础教育下全面素质教育的实质性内容和具体要求。新课程强调以学生的学习为中心，让学生学会学习，以促成学生的全面发展和终身学习为目的。在这样的背景下，教师对新课程的理解和参与是实施新课程、完善新课程的关键，同时，作为教师在积极地参与这场课程改革的前提下，也应及时地对自己的教育观念、教学过程进行系统反思，重新审视自身的角色，不断调整自己，以适应新课程目标的要求。

教师在教育中扮演着至关重要的角色，是培养社会新人、延续人类社会发展、传承人类文化遗产、提高国民素质的关键力量。在全球新一轮的基础教育改革中，世界各国对教师的从业能力和基本素质提出了新的要求，要求教师不仅发展专业技能、知识结构等方面，同时也需要发展教师的心理素质，促进教师的专业化发展，以保证教育改革的顺利进行。

在教师的心理素质中，教师对自身教学能力的主观判断，即教师的教学效能感对教师的教学行为、教学效果产生重要的影响，继而对学生的学习成绩及学生的心理产生极大的作用。

一、教师教学效能感的内涵研究

1. 教学效能的含义

按照《辞海》的解释，效是指效果、功用，能是指能力、才能、技能、能够、善于。《现代汉语词典》对效能的释义是事物所蕴藏的有利的作用。于是，我们对效能的理解需要从作用和能力这两个方面着手。一方面，是某一事物所产生的有利作用；另一方面，是该事物产生有利作用的能力。

教学是教师传授和学生学习的共同活动。从定义上可以看出，教学是一种活动过程，并且该过程的主要参与者是教师和学生。那么，对于教学效能而言，应该指的是教学活动的有利作用及产生这种作用的能力，既包括教师传授的功用及教师能力的发挥，也包括学生学习的效用及学习能力的发挥。因此，教学效能是指教学活动在教师行之有效地完成教学任务和学生卓有成效地达到教育目的的过程中所表现出的积极作用及产生该作用的能力。本书主要探讨教师的教学效能，所以此时的教学主体便是教师，对教师教学效能的界定也应该从教师教学的有效性和教学能力的发挥入手。

2. 学者对教学效能感的概念界定

教学效能强调的是教师的教学成效和个人的教学能力，是教师对自己教学作用和教学能力的知觉，即教师对自己是否有能力作用于教学，并有效地完成教学任务的主观判断和知觉。

教学效能感这一概念最早出现在1976年，Armor（1976）和Berman等（1977）在关于教师教育效果评估的研究问卷中，增加了两个对教师教学能力判断的题目，研究者并依此提出教学效能感这一概念，指出教学效能感是教师对自己能够影响学生学业的能力信念。从此以后，这一研究便引起了研究者对教学效能感的大探讨。

Ashton（1985）最初认为教学效能感是教师对学生学习行为产生有效作用的信念。

Dembo和Gibson（1985）将教学效能感定义为教师相信他们有能力影响学生的学习的程度，其由两个维度构成，即一般教学效能感和个人教学效能感。

Brissie等（1987）认为教师教学效能感是教师的一种主观能力信念，即教师的专业知识水平和教学能力能够影响学生健康成长的信念。

Woolfolk 等（1990）把教学效能感界定为教师对学校教育力量的认识、学生学业成败的责任理解、一般的教育哲学理念及教师对学生的影响程度等多方面的信念。

Hall 等（1992）将教师教学效能感界定为教师对自己是否有效地影响学生成长的能力的主观信念。

Tschannen-Moran 等（1998）认为教师的教学效能感是指教师对其成功地完成某个具体的教学任务所需主导整个行动过程的能力信念。

二、教师教学效能感的相关研究侧重点

（一）国外学者的研究重点

教师教学效能感来源于班杜拉（Bandura）的自我效能理论，他第一次在《自我效能：行为变化的综合理论》（*Self-Efficacy: Toward a Unifying Theory of Behavioral Change*）中，将自我效能定义为个人对自己在特定情景中是否有能力去完成某个行为的期望，并建构了自我效能的 4 个主要信息来源，即亲身经验、替代经验、言语说服和情绪唤起。所有特定的影响因素，根据其具体不同的形式，都可以通过这些效能信息来源中的一个或多个发挥作用。

纵观国外 40 多年的研究，我们可以发现，国内外学者对教学效能感的研究侧重点还是存在一定的差异的。国外研究主要是集中在教学效能感的定义、影响因素和教学效能感的主要功能和作用上。

在关于教学效能感的定义研究方面，代表性的观点主要有以下两种。

第一，Dembo 和 Gibson（1985）将教学效能感定义为：教师相信他们有能力影响学生的学习程度，它由两个维度构成，即一般教学效能感和个人教学效能感。

第二，Tschannen-Moran 等（1998）认为教师的教学效能感是指教师对其成功地完成某个具体的教学任务所需主导整个行动过程的能力信念。

在教学效能感的影响因素研究方面，研究者取得了众多的成果，探索了大量有关因素的影响。研究表明,教师在改革创新环境下的积极能动性（Smylie, 1988）、教师压力（Prakay et al., 1988）、教师能力的评价（Woolfolk, 1990）、教师教学效能感与学术成就,和教师行为（Ashton, Webb, 1986; Gibson, Dembon, 1984; Hoy, Woolfolk, 1993）、教师的教育欲望（Bandura, 1977）、课堂管理策略（Ashton

和 Webb，1986）、教学经验（Buehl，2010；Wolters，Daugherty，2007）、教师的教学责任感（Coladarci，1992）、学校的制度建设、校长的影响力、学校的人文关怀、教学设备的支持、学术氛围（Siwatu，2007；Ashton，1984）、教师对自己课前准备的主观意识（Darling-Hammond et al.，2002），以及教学任务、学校特色、指导者的性格（转引自：栾艳，2012）有显著关系。

学者对于教学效能感的功能研究，突出了教学效能感对教师管理方式、教师的职业态度的影响。例如，Woolfolk 等（1990）考察了教学效能感与教师管理方式、控制学生程度、学生动机之间的关系，结果发现，教学效能感强的教师，对学生的控制越趋于人性化，学生的主观能动性会被极大地激发，进而教学效果会明显好转。Karadag 和 Baloglu（2009）的研究发现，教师教学效能感对教师处理压力的方式、对待教师职业的态度有预测作用。

（二）国内学者的本土化研究突破

国内学者对教师教学效能感的研究起步相对较晚，很多研究都是介绍国外的研究成果，也有一些是针对我国的特殊国情的本土化的实证研究。总的来说，我国对于教师教学效能感的研究主要集中在教学效能感的特点、影响教学效能感的因素，以及如何提高教师的教学效能感和相关量表的编制上。

第一，关于教学效能感特点的研究。例如，靳媛（2009）以大学教师为研究对象，发现大学教师教学效能感、个人教学效能感和一般教学效能感均呈曲折上升的发展趋势。

第二，关于教师教学效能感影响因素的研究。例如，李夏妍和张敏强（2008）在新课程改革的背景下，对 350 名广州市中学教师进行问卷调查，发现教师的性别、年龄、学历、任教科目、职称、薪资及心理学特征中的教师工作压力和职业自尊均对教师教学效能感产生重要作用。

第三，关于教师教学效能感作用的研究。例如，徐富明和申继亮（2003）经过分析认为，教学效能感与教师面对压力时选择的应对方式存在显著关系，高教学效能感的教师面对职业压力时，倾向于采取较为乐观的应对方式，积极主动地释放压力，相反，低教学效能感的教师在面对职业压力时，可能会采取较为消极的处理方式。

第四，关于教师教学效能感与抑郁相关性的研究。例如，王玲凤（2006）通过分析中小学教师教学效能感和抑郁程度的关系发现，两者呈显著的负相关，即教学效能感越高，抑郁程度越低，反之亦然。

第五，关于如何提高教师教学效能感策略的研究。例如，辛涛（1996）认为教师教学效能感的优化应该以教师的角色改变为目的，以认知行为矫正技术为手段，采用团体归因训练方法，为教师创设观察学习的环境。

第六，关于教师教学效能感量表制定的研究。得到，大家认可并被广泛使用的是俞国良等（1995）根据 Gibson 的教师教学效能量表和 Ashton 的个人教学效能量表所编制的符合我国实情的教学效能感量表，而基于该量表，我国许多学者还针对不同的学科编制出了不同的教学效能感量表，例如，马勇占（2005）通过对 152 名体育教师进行问卷调查，编制了体育教师的教学效能感量表。

尽管现有的研究已经在很多方面取得了很多成就，但是我们依然可以看到，学者对于教师教学效能感的定义还是存在一定争议的。同时，尽管国内外学者编制出了大量的教学效能感量表，但是在我国除了较为权威的量表之外，其余的量表还缺乏一定的体系性，信效度也还有待进一步研究。在实证研究这一方面，如何通过对教师教学效能感的研究，去实际指导或者引导教师对其教学活动做出改变？因为教师是一个群体，要改变一个群体的信念，就应该要有一个系统化的研究。

三、教师教学效能感的影响因素

（一）国外学者的研究

1977 年，班杜拉在其以往的研究的基础上出版了《自我效能：控制的运用》一书，书中对自我效能的地位及作用进行了创新性的解读，并进行了进一步探索。之后，国外学者在班杜拉自我效能理论的基础上，经过不断探讨，逐渐提出了更为完整的理论框架。此后，教师的教学自我效能感便成了教学研究领域的新热点。已有研究表明，教师对学生学习的影响能力的自我判断与其教学成果密切相关。

1985 年，Ashton 首次采用生态学的观点，分析了教师教学效能感的影响因素，他把影响教师教学效能感的因素分为 4 个水平，首先为宏观系统水平，即指社会的信念和习俗层次，也是最外层、最宏观的水平；其次为外部系统水平，即教师所在的社区环境；再次为中间水平，指教师所在学校的主客观因素；最后是微观系统水平，也就是教师所教学生的特征，从某种程度上来说，教师的教学效能感不仅仅会影响学生的学习和成长，学生的特征反过来也会影响教师的教学效能感，两者是相互影响的关系。

后来，在 Coladarci（1992）、Guskey 和 Passaro（1994）、Hoy 和 Woolfolk

(1990，1993)、Woolfolk 和 Hoy (1990)、Woolfok 等 (1990)的研究中，他们也谈到了教师教学效能感的影响因素。他们认为，学校的组织结构和教学气氛对教师的自我效能感会产生显著影响，学校良好的管理方式、正向的人际交往、积极的学期期待、入职前后受到的教育及领导对于教师自身的评价水平等都会对教师教学效能感产生影响。1997 年，Shachar 和 Shmuelevitz 认为，频繁使用合作学习方式的教师在提高差生的学习成绩和培养学生的社会人际关系时，表现出比其他教师水平更高的教学效能感。

（二）国内学者的研究

20 世纪 90 年代以后，我国学者开始密切关注教师教学效能感，教师教学效能感逐渐成为心理学、教育学领域的研究热点。1992 年，黄巍最早将教师自我效能感这一概念引入国内。他将教师效能感称作教师的教育效能感，并分析了影响其的两大因素，即外部环境因素和教师主观心理因素。

1994 年，辛涛等开始研究教师教学效能感的结构与影响因素。他们采用"教师教学效能量表"对 382 名中学教师进行了测量，结果表明，教龄因素对教师一般教育效能感和个人教学效能感的影响有所不同，随着教学年龄的不断增加，教师的一般教育效能感呈现出逐渐下降的趋势，而个人教学效能感出现逐渐上升的趋势。性别和学历因素对教师教学效能感不存在显著的影响。后来，辛涛等从制度的完整性、工作提供的发展条件、学校支持系统、学校风气、教师关系、师生关系 6 个方面考察了学校因素对教师自我效能感的影响。结果表明，以上 6 个方面与教师个人教学效能感呈现出显著正相关，其中，教师职业的发展条件、学校支持系统及管理制度在一定程度上与教师一般教育效能感呈现显著正相关。从某种程度上来说，学校物质支持系统越好、校风越好、管理制度越合理、职业前景越好，则教师的教学效能感就越强。1999 年，俞国良的研究发现，新教师的一般教学效能感较高，但这种高一般教学效能感对其教学理论探讨行为的提高并没有多大的作用。新教师的个人教学效能感较低，他们在教学中常常感到沮丧、挫折；而专家型教师的个人教学效能感则较高。其中，学历因素是独立影响教师教学效能感的唯一教师特征变量，拥有高学历的教师，更愿意相信自己的能力，相信自己能够把学生教好。2004 年，黄喜珊、王才康的研究表明，教师的教学效能感与家庭支持、朋友支持呈现出显著正相关。感觉到较多社会支持的教师对自我形象的感觉越积极，社会的支持越多，越能形成较高的教学效能感。2005 年，李广乾的研究发现，学校校长的人格特征、社交风格、自我效能感、行为方式都会对教师教学效能感产生显著影响。总体来看，就目前研究者对教师自我效能感影响因素的划分，主要有以下几种划分标准：第一种将影响因素分为三类，即社会因素、学校因素、个人因素；第二种分为内部因素和外部因素；第三种是根据班杜拉的自我效能感理论将其分为教师行为的成败经验、他人的评价水平、替代性经验、自我认知、劝说、情绪及生理状态的影响。

对近 30 年国内学者对于教师教学效能感的研究进行总结发现，目前我国对于教师教学效能感的研究工具单一，且信效度不高，使得学者的研究结果参差不齐，理论建设也不够完善，还需深入挖掘。

四、新时期教师教学效能感研究的价值

（一）教师教学效能感的理论研究的深化

对教师的教学效能感进行系统的研究，可以拓展教师心理的研究领域，深化教师心理的研究，丰富教师心理研究的理论成果，这对完善教师教学效能感理论、教师教育理论、教师专业发展理论起到补充和参考的作用。

教师教学效能感的研究成果，可以为教师教育和教师管理提供理论依据，丰富教师教育理论，增强教师教育和教师管理的针对性与有效性。

（二）教师教学效能感的实际研究的运用

很多研究表明，教师的教学效能感影响学生的自我概念、抱负、学业学习等，教学效能感高的教师相信自己，也相信学生，同时把对学生的这种信任通过教学活动体现出来，学生获得教师暗示或是处于这种信心满满的环境中，也会在学业中保持乐观的态度。因此，教师的教学效能感在整个教学活动中有着十分重要的作用。

本书通过对安徽省中小学教师教学效能感的现状进行调查分析，以了解影响中小学教师教学效能感的形成原因，希望能找到提升教师教学效能感水平的措施和策略，促使学校管理者、学生家长及社会更加关注中小学教师的职业成长和专业发展，为提高他们的职业生涯质量和个人生活质量提供更多的支持和帮助。

第二节 中小学教师教学效能感的现状

一、研究的整体流程

（一）研究使用量表的介绍

本次研究采用问卷法、访谈法与文献法相结合，以问卷法为主的方法来进行研究。问卷包括两部分内容：第一部分是教师个人基本信息，第二部分是教师教学效能感问卷。

教师个人基本信息部分共27题，涉及人口学变量、专业背景、工作状况、家庭情况、社会关系和心理状态等方面。

教师教学效能感问卷采用的是余国良、辛涛等编制的"教师教学效能量表"，该量表由个人教学效能和一般教育效能两个分量表组成，项目采用Likert 5点计分，从"完全不符合"到"完全符合"，分别计为 1~5 分，单选迫选方式。量表中，个人教学效能分量表、一般教育效能分量表和总量表的 Cronbach's α 系数分别为 0.84、0.74、0.77，分半信度系数依次为 0.86、0.85、0.84，表明该量表具有较高的内部一致性，可靠性较高。

研究中，笔者增加了对安徽省部分中小学教师的访谈环节，通过访谈深入了解中小学一线教师教学效能感的自我感知情况。笔者还查阅了大量文献资料，这些文献资料集中于教师教学效能感、社会学及心理健康等方面的相关研究，以加深对调查访谈资料的理解和分析。

（二）参与调查研究教师的人口学信息

本次研究所选取的对象是安徽省中小学教师，主要是通过问卷调查的方式，在安徽省内共发放问卷 2200 份，回收有效问卷 1726 份，问卷有效率为 78.45%。各地区有效问卷数量及百分比见表 7-1。

表 7-1　教师教学效能感调查样本地区分布

地区	N	百分比/%
黄山	154	8.90
宣城	149	8.60
马鞍山	170	9.80
淮北	181	10.50
阜阳	146	8.50
滁州	190	11.00
蚌埠	153	8.90
芜湖	193	11.20
六安	121	7.00
安庆	134	7.80
合肥	135	7.80
总计	1726	100.00

（三）研究步骤的实施

1）深入实际，了解情况。笔者通过广泛与安徽省中小学教师的接触，了解他们的实际生活状态，并逐步了解安徽省中小学教师教学效能感及其相关情况。

2）以学校为单位进行团体测试。测试根据统一指导语进行，要求被试在规定的时间内完成问卷中所有的题目，并强调回答的真实性。测试时间为 2015 年 4～6 月和 9～11 月。

3）对调查数据进行统计分析。整个问卷采用 5 级评分制，全部数据采用 SPSS18.0 软件进行统计处理。

二、中小学教师教学效能感的现状分析

（一）个人教学效能感高于一般教育效能感

教学效能感包括个人教学效能感和一般教育效能感两个维度。以往研究显示，教师教学效能感在这两个维度上存在差异。本次研究也得出了类似的结论，从总体上分析，1726 名中小学教师的个人教学效能感总分均值为 65.68，每题均值为 3.86，教师的个人教学效能感处于中等偏上水平。一般教育效能感总分均值为 31.71，每题均值为 3.17，处于中等水平。可见，在教师教学效能感的两个因子上，教师的个人教学效能感得分高于一般教育效能感。

中小学教师教学效能感的总体状况见表 7-2。

表 7-2　教师教学效能感调查结果描述性统计

项目	总分均值	每题均值	标准差
个人教学效能感	65.68	3.86	0.53
一般教育效能感	31.71	3.17	0.74
总分	97.39	3.61	0.48

从表 7-2 可以看出，中小学教师的教学效能感水平无论是总体还是两个维度上都表现出较高的水平。从标准差可以看出，安徽省中小学教师教学效能感总体差异较大，因子之间的差异也较大。

本次研究中，中小学教师的个人教学效能感高于一般教育效能感及总效能感。其中，一般教育效能感分数最低。这个结果不难解释，这些中小学教师在从事教育工作前经过了大量的教学训练，他们的专业知识、教学技能在实践中一直提升，因此，教师对自己的教学能力有一定的把握，相信自己的教学效果可以促进学生进步。但是，在教与学的关系及教育在学生发展中的作用这些问题上，影响因素颇多。笔者在实践中也了解到，当前教师面临着社会、学校的重重压力，常有力不从心的感觉，教师常常感觉在整个教育环境中想要对学生时刻产生正向作用并不断促进学生成长是困难的。这样一来，导致教师的一般教育效能感水平低于个人教学效能感。

（二）教师教学效能感与教师个体特征的关系

1. 女性与男性教师承担相同的教育责任

安徽省中小学教师的一般教育效能感、个人教学效能感和总体教学效能感在性别上不存在显著差异，这与俞国良等（1995）、黄喜珊和王永红（2005）、王鑫（2006）、张萍（2007）的研究一致。

性别差异对于教师教学效能感没有什么影响。从社会分工来说，当代社会已经不强调"男主外女主内"了，如今女性越来越多地参与到社会分工中来。尤其是在教育行业中，女性教师也起了非常重要的作用，不管是男性教师还是女性教师都对自己的职业有着一份责任。因此，安徽省中小学教师的教学效能感在性别上没有差异。

2. 教师的教学效能感随年龄的增长日益提高

以年龄为组别变量，教师教学效能感为检验变量，进行差异性检验，比较不同年龄的教师在教学效能感上是否存在显著差异，具体结果见表 7-3。

表 7-3 教师教学效能感的年龄差异

项目	25 岁以下 （n=106, $M \pm SD$）	25～34 岁 （n=505, $M \pm SD$）	35～49 岁 （n=826, $M \pm SD$）	50 岁及以上 （n=289, $M \pm SD$）	F	LSD/ Tamhane's T2
个人教学效能感	61.46±8.72	64.15±8.68	66.60±8.72	67.13±9.67	19.30***	1<2<3, 4
一般教育效能感	34.48±6.35	32.16±7.35	30.90±7.23	32.20±8.15	11.67***	1>2, 3, 4 2>3
总分	96.12±12.44	96.43±12.84	97.51±12.72	99.25±13.82	3.27*	1, 2<4

注：25 岁以下=1，25～34 岁=2，35～49 岁=3，50 岁及以上=4

教师教学效能感存在年龄差异。如表 7-3。

教师教学效能感的两个因子——个人教学效能感和一般教育效能感也都存在年龄差异。经方差分析和 LSD 事后检验，表明教师的个人教学效能感随年龄的增加呈现逐渐上升的趋势；而由于一般教育效能感在年龄上的分布经方差齐性检验不符合方差齐性假设，故不宜采用方差分析进行均值比较，因此另采用 Welch 分布的统计量进行各组均值是否相等的检验，得到渐近 F 分布的统计量 11.67，$P<0.001$，并进一步采用 Tamhane's T2 非参数检验进行两两比较（下同），发现一般教育效能感随年龄增加呈逐步下降的趋势。

究其原因，25 岁以下的教师刚从学校毕业，工作年限较短，充满热情和活力，加上自己之前在学校中受到的教育训练，他们强烈希望将自己所学应用于实际教学中去。但是他们一进入学校，便会发现理论与实践需要长时间的磨合，才能达到预期的结果，因此在学校中难免遇到教学上的挫折和困难，降低其个人教学效能感水平；而年长的教师往往其教学年限较长，积累了较多的经验，在长期的工作生涯中，他们感受到教育中一些不可控因素的影响之大超过教师的各种努力，他们对自己教学效果的认识和评价是以先前教学经历为依据的，承认不可控因素的影响作用，在这个前提下，充分发挥自己的能力，在可控范围内施展教学才能，因此他们的个人教学效能感水平较高。同时，教学过程中的不可控因素造成安徽省中小学教师的一般教育效能感呈现出逐步下降的趋势。

3. 教育程度越高，教师教学效能感越低

将安徽省中小学教师的学历水平划分为 4 类：大专以下、大专、本科、本科以上。通过方差分析比较不同学历水平的中小学教师的个人教学效能感是否存在显著差异，具体结果见表 7-4。

表 7-4 教师教学效能感的学历差异

项目	大专以下 （n=55, $M \pm SD$）	大专 （n=457, $M \pm SD$）	本科 （n=1159, $M \pm SD$）	本科以上 （n=55, $M \pm SD$）	F	LSD
个人教学效能感	65.33±9.92	66.73±8.94	65.36±8.98	64.00±9.04	3.17*	2>3, 4
总分	96.82±16.03	98.95±12.62	96.84±12.93	97.29±13.83	2.90*	2>3

注：大专以下=1，大专=2，本科=3，本科以上=4

如表 7-4 所示，安徽省中小学教师总的教学效能感和个人教学效能感在不同的学历水平上差异显著（$p<0.05$）。教师教学效能感在教师学历上的差异，体现为大专学历的中小学教师教学效能感显著高于大专以下、本科、本科以上学历的教师。其次是本科学历的中小学教师和大专以下学历的教师。本科以上学历的中小学教师教学效能感反而最低。

为什么会出现这样的结果？笔者认为，大专类学校偏应用、技能方面的教学，具有针对性，这有利于中小学教师开展教学任务，更容易上手。本科以上的中小学教师理论能力较强，但是实际应用能力可能反而较弱。另外，大专以下和本科以上的被试人数较少也是造成这一结果的原因之一。

4. 良好的身体状况有利于教师教学效能感的提高

将安徽省中小学教师的健康状况划分为 4 类：很好、较好、较差、很差。通过方差分析比较不同健康状况的中小学教师的一般教育效能感是否存在显著差异，具体结果见表 7-5。

表 7-5　教师教学效能感的身体健康状况差异

项目	很好（$n=571$, $M±SD$）	较好（$n=912$, $M±SD$）	较差（$n=217$, $M±SD$）	很差（$n=16$, $M±SD$）	F	Tamhane's T2
一般教育效能感	32.69±7.90	31.37±7.05	30.56±7.30	28.33±11.62	5.91**	1>2，3
总分	98.97±13.99	96.62±12.08	96.62±13.18	92.55±17.43	4.00*	1>2

注：很好=1，较好=2，较差=3，很差=4

如表 7-5 所示，不同身体健康状况的教师的一般教育效能感及总的教学效能感差异显著（$p<0.05$）。经 Tamhane's T2 事后检验，身体健康状况处于很好水平的教师一般教育效能感高于身体健康状况处于较好水平的教师，二者间差异显著。身体健康状况处于较好水平的教师一般教育效能感又高于身体健康状况处于较差水平的教师，二者差异显著。身体健康状况处于很差水平的教师由于被试很少，少于 30 人，没有统计意义，在这里不作赘述。

总体上说，安徽省中小学教师的身体健康状况已经影响到他们的教学效能感。这是因为教学效能感主要是与教师身体状态紧密相关的，身体状况的健康与否在一定程度上影响了他们对自己教学效能感的把握。

5. 教学效能感依赖于从教的积极性

笔者在充分调查的基础上，将教师从教原因划分为 5 类：喜欢、家人影响、工作稳定、无奈和其他。通过方差分析比较不同从教原因的中小学教师的教学效能感是否存在显著差异，具体结果见表 7-6。

表 7-6　教师教学效能感的从教原因差异

项目	喜欢 (n=534, $M\pm SD$)	家人影响 (n=203, $M\pm SD$)	工作稳定 (n=530, $M\pm SD$)	无奈 (n=222, $M\pm SD$)	其他 (n=237, $M\pm SD$)	F	LSD/ Tamhane's T2
个人教学效能感	66.87 ±8.99	64.55 ±8.79	65.64 ±8.74	64.29 ±9.69	65.58 ±8.87	4.44**	1>2, 3, 4
一般教育效能感	33.79 ±7.79	30.91 ±5.96	31.34 ±6.98	28.97 ±7.67	30.26 ±7.29	20.04***	1>2, 3, 4, 5 2, 3>4
总分	100.81 ±13.35	95.75 ±11.42	96.73 ±12.18	93.27 ±13.24	96.16 ±12.92	16.18***	1>2, 3, 4, 5 3, 5>4

注：喜欢=1，家人影响=2，工作稳定=3，无奈=4，其他=5

从教原因的不同对教师教学效能感的影响是显著的（$p<0.001$）。经过事后检验发现，因喜欢教师职业从事中小学教师工作的教师相较于其他从教原因的教师表现出更好的教学效能感。其中，因工作稳定而从教的中小学教师，其得分又显著高于受家人影响和无奈从教的教师。因无奈而从教的中小学教师的得分最低，其教学效能感是相对最差的。

综上所述，有着积极的从教原因的教师，其个人教学效能感也更好，因为他们热爱自己的岗位，愿意积极工作，也愿意通过努力获得大家的认可，这样也会反过来对其自我效能感产生良性影响，从而形成良性循环。相反，消极原因从教的中小学教师就容易形成恶性循环。

（三）教师教学效能感与教师工作特性的关系

1. 职业知识背景为文科类专业的教师拥有更高的教学效能感

笔者按照中小学教师所学专业差异，将中小学教师分为 4 类：文科、理科、艺体、其他。通过方差分析比较所学专业不同的中小学教师在教学效能感变量上是否存在显著差异，具体结果见表 7-7。

表 7-7　教师教学效能感的所学专业差异

项目	文科 (n=987, $M\pm SD$)	理科 (n=497, $M\pm SD$)	艺体 (n=162, $M\pm SD$)	其他 (n=80, $M\pm SD$)	F	LSD
个人教学效能感	65.80±9.05	64.22±8.87	69.60±9.63	65.38±8.43	6.65***	1>2 1, 2, 4<3
一般教育效能感	31.19±7.41	31.51±7.37	34.58±7.93	32.65±7.49	4.63**	1, 2<3
总分	97.00±12.69	95.78±12.65	103.65±14.78	98.01±12.47	6.54***	1, 2, 4<3

注：文科=1，理科=2，艺体=3，其他=4

如表 7-7 所示，不同专业类别的中小学教师不论是在个人教学效能感还是一般教育效能感上差异都十分显著（$p<0.001$）。不论是个人教学效能感还是一般教学效

能感,所学专业为艺体类的中小学教师在教学效能感上都表现出更高的分数,这是不是可以理解成艺体类专业背景的教师对自己的专业更自信,从而也就对自己从事教师职业更自信?所学专业为文科类的教师的个人教学效能感比理科教师好,但是在一般教育效能感维度出现了相反的趋势。但是总体上而言,所学专业为文科的教师的教学效能感还是要优于所学专业为理科的教师,这可能是因为所学专业为文科的教师对于自己的专业比较自信,也因为文科相对于理科更容易理解和把握。

2. 从教时间越久,教学效能感越高

为将连续变量转化为分类变量,我们将安徽省中小学教师教龄划分为 4 个阶段,分别为:3 年以下、3～5 年、6～10 年和 10 年以上。采用单因素方差分析的方法进行差异性检验,比较不同教龄教师在教学效能感变量上是否存在显著差异,具体结果见表 7-8。

表 7-8　教师教学效能感的教龄差异

项目	3 年以下 (n=179, $M±SD$)	3～5 年 (n=175, $M±SD$)	6～10 年 (n=243, $M±SD$)	10 年以上 (n=1129, $M±SD$)	F	LSD/ Tamhane's T2
个人教学效能感	61.76±8.64	61.88±8.73	64.74±8.59	66.89±8.90	30.03***	1, 2<3<4
一般教育效能感	34.39±5.92	31.70±7.56	32.64±8.13	31.10±7.36	16.37***	1>2, 4 3>4
总分	96.36±12.28	93.58±12.61	97.65±13.29	97.97±12.94	5.40**	2<3, 4

注:3 年以下=1,3～5 年=2,6～10 年=3,10 年以上=4

如表 7-8 所示,不同教龄阶段的安徽省中小学教师的教学效能感差异十分显著($p<0.001$)。从教龄 3 年以下到教龄 10 年以上,教师教学效能感总体上呈现出上升的趋势,但是 3 年以下教龄的教师比 3～5 年教龄的教师的教学效能感更好,究其原因,可能是刚刚走上岗位的年轻教师想法还较为单纯,乐观积极,工作热情高涨,自信心也较强,因此教学效能感较高。而在教龄为 3～5 年时会遇到很多挫折和问题,使教师的教学效能感有所降低。后来,随着教龄的增加,教师的经验也随之增加,教学效能感随之又有所恢复并增强。在个人教学效能感维度上,教龄从 3 年以下到 10 年以上的中小学教师的一般教学效能感分数呈现出增长的趋势。教龄 10 年以上的中小学教师的个人教学效能感最好,教龄 6～10 年的教师次之。这说明教龄越长,教师的经验越丰富,教师的个人教学效能感就越好。在一般教育效能感维度,出现了不同的趋势,从教 3 年以下的中小学教师的一般教育效能感最高。

3. 文科类课程教学有利于提高教师的教学效能感

我们所调查的中小学教师所教学的内容差异很大,因此,对不同教学内容的中小学教师教学效能感进行差异分析是十分必要的。我们将所教课程分为 4 类:

语数外、政史地、理化生、其他。对数据进行单因素方差分析和两两比较事后检验，结果见表7-9。

表7-9 教师教学效能感的所教课程差异

项目	语数外 (n=771, $M±SD$)	政史地 (n=160, $M±SD$)	理化生 (n=708, $M±SD$)	其他 (n=90, $M±SD$)	F	LSD
个人教学效能感	65.63±8.87	65.85±9.02	62.53±9.47	68.18±9.41	7.02***	3<1, 2<4
总分	97.05±12.52	97.26±12.96	93.77±13.33	101.39±14.20	5.89***	3<1, 2<4

注：语数外=1，政史地=2，理化生=3，其他=4。

如表7-9所示，不同教学课程的中小学教师的教学效能感差异十分显著（$p<0.001$），其中，所教课程为其他类的中小学教师教学效能感得分最高。这里的"其他"主要是美术、音乐、体育等副科，这类学科内容较为简单，容易上手，这可能是造成这类中小学教师教学效能感较高的原因。除了其他类别，教授语数外与政史地课程的中小学教师教学效能感分数也明显高于理化生教师，这与理化生课程的教学难度大是分不开的。理科类课程相较于文科类课程的教学，难度差别还是很大的。

我们在前面谈到，"其他"主要是指美术、音乐、体育等副科，由于这些科目特殊的教学内容及课堂要求，学生对这些科目的悦纳程度很高，课堂的氛围比较自由、轻松，因此学生会向教师传达出更多积极的情绪，学生的情绪也影响着教师的心态，以致教授"其他"科目的教师以一种更乐观、积极的心态来看待学校的教育作用。而教师在教学情境中所体验到的情绪会影响教师对其教学胜任能力的自我知觉，轻松、积极的情绪体验预示着自我确信和对未来能够获得成功的预期，因此在个人教学效能感和总的教学效能感上，教授"其他"科目教师的效能感要显著高于语数外、政史地、理化生教师。

4. 课时多的教师较课时少的教师自我效能感水平更高

通过调查我们发现，安徽地区的中小学教师每周课时也有很大的差异，我们将课时分为4个类别：5节及以下、6～12节、13～20节、20节以上。进行单因素方差分析和事后检验，结果见表7-10。

表7-10 教师教学效能感的每周课时差异

项目	5节及以下 (n=70, $M±SD$)	6～12节 (n=896, $M±SD$)	13～20节 (n=713, $M±SD$)	20节以上 (n=47, $M±SD$)	F	LSD
一般教育效能感	32.28±7.22	31.83±7.55	31.29±7.38	34.02±6.42	2.75*	2, 3<4

注：5节及以下=1，6～12节=2，13～20节=3，20节以上=4。

如表7-10所示，不同周课时的中小学教师的一般教育效能感差异显著（$p<0.05$）。其中，每周课时达到20节以上的中小学教师的一般教育效能感得分最高，其次是周

课时 5 节及以下的教师，分数排在最后的是周课时 13~20 节的教师。

一般情况下，我们可以认为课时多的教师担任的是主科教学，如语文、数学、英语等。这些主科对于学生来说是非常重要的，因为这直接关系到学生的升学问题，所以教师对这些科目更加重视，其一般教育效能感相对来说也会比较高。因此，每周课时多的教师的一般教育效能感比每周课时少的教师高。

5. 教师同时兼任行政职务有利于培养教学效能感

为了了解兼任行政职务对中小学教师教学效能感是否有影响，我们对中小学教师是否兼任行政职务进行独立样本 t 检验，结果见表 7-11。

表 7-11　教师教学效能感的兼任行政职务与否差异

项目	是（n=689，$M \pm SD$）	否（n=1037，$M \pm SD$）	t
个人教学效能感	66.35±9.10	65.22±8.87	2.55*
总分	98.16±12.71	96.87±13.13	2.01*

如表 7-11 所示，是否兼任行政职务的中小学教师的教学效能感得分存在显著差异（p<0.05）。兼任行政职务的中小学教师的教学效能感显著高于未兼职行政职务的中小学教师。究其原因，可能是担任行政职务的教师一般是比较优秀、教学经验丰富、有较高教龄的教师，他们具有系统、扎实的教育基础知识和学科专业知识，对教材和教学大纲有较为深入的研究，能够积极主动地观察学生的心理、情感、行为及个性差异，反思教学方法，是教育改革和教育研究中最为活跃的带头人。因此，他们一般对自己教学能力的认识较为积极，成功教学的体验较多，教学效能感也较高。另外，学校给予了具有行政职务的教师相对优惠的待遇，社会和家长也给予了其相对多的关注和敬仰，这也可能是担任行政职务的中小学教师教学效能感偏高的原因之一。

6. 担任班主任不影响教师的教学效能感

是否担任班主任，教师的教学效能感没有差异。这可能是因为教学效能感与是否担任班主任本身关系比较远，也可能是因为我们的问题是"本年度是否担任班主任"，而本年度没有担任班主任，也许上一年或者前年就是班主任，两者很难导致明显区别。如果把问题换成"是否担任过班主任"，也许回答就会有差异。从我国当前班主任的工作性质和工作内容来看，我们可以推测，是否担任过班主任，尤其是是否较长时间担任过班主任，比近一年内是否担任班主任，更可能对教学效能感造成影响，无论这种影响是积极的还是消极的。

7. 坐班不影响教师的教学效能感

中小学尤其是中学，对非班主任教师是否需要坐班是没有统一规定的。从学校管理的角度来说，要求教师坐班易于管理；而从教师的角度来说，当然是希望学校不要求坐班。因此，我们希望了解学校要求教师坐班与否对教师的教学效能感是否会产生不同影响。调查结果表明，坐班与否对教师教学效能感没有影响。分析其原因，可能是因为教师的教学效能感是一个相对稳定的心理结构，并不是教师坐班与否就可以轻易影响的。

8. 职业水平（职称）越高，教师教学效能感越高

我们将教师按照职称分为 4 类：未定、初级、中级、高级。采用单因素方差分析的方法进行差异性检验，比较不同职称教师在教学效能感变量上的是否存在显著差异，具体结果见表 7-12。

表 7-12 教师教学效能感的职称差异

项目	未定 (n=147, $M\pm SD$)	初级 (n=451, $M\pm SD$)	中级 (n=799, $M\pm SD$)	高级 (n=329, $M\pm SD$)	F	Tamhane's T2
个人教学效能感	61.75±9.00	65.01±8.43	66.29±9.18	66.68±8.94	13.32***	1<2, 3, 4
一般教育效能感	33.53±6.28	31.73±7.49	31.53±7.42	31.38±7.81	4.53**	1>2, 3, 4

注：未定=1，初级=2，中级=3，高级=4

如表 7-12 所示，经 Tamhane's T2 事后检验，不同职称的教师其教学效能感差异显著（$p<0.05$）。在个人教学效能感维度上，职称从未定到高级教师的个人教学效能感呈现出上升趋势；在一般教育效能感维度上则相反，职称从未定到高级的教师的一般教育效能感呈现出缓慢下降趋势。综上所述，不同职称水平的中小学教师在教学效能感方面差异较大，职称的高低对教师教学效能感的影响较大。

教师职称的高低在一定程度上影响了其教学效能感，究其原因，教师的职称越高，教师的地位、待遇水平越高，教师得到的肯定就越多。教师的教学满意度和自豪感越强，从而间接地提高了教师的个人教学效能感。

（四）教师教学效能感与工作环境的关系

1. 乡村教师较城市教师教学效能感水平更高

被调查的中小学教师来自于安徽省各个地区，因此对不同学校所在地的中小学教师的教学效能感差异进行研究是十分必要的。我们按照地域将教师学校所在地划分为 3 类：乡镇及以下、县城、城市。进行单因素方差分析和事后检验，结果见表 7-13。

表 7-13 教师教学效能感的学校所在地差异

项目	乡镇及以下 (n=812, $M\pm SD$)	县城 (n=503, $M\pm SD$)	城市 (n=411, $M\pm SD$)	F	Tamhane's T2
一般教育效能感	32.33±7.82	31.18±6.73	31.028±7.43	5.94**	1>2, 3
总分	98.29±13.29	96.36±12.12	96.95±13.29	3.87*	1>2

注：乡镇及以下=1，县城=2，城市=3

如表，经 Tamhane's T2 事后检验，我们可以看出，乡镇及以下、县城、城市这 3 类地区的中小学教师教学效能感差异显著（$p<0.05$）。从数据上可以发现，从乡镇到城市，中小学教师的一般教育效能感的分数有下降趋势。这说明不同学校所在地对于中小学教师的教学效能感的影响较大。

究其原因，城市的中小学教师教学任务重、优秀人才多，因此教师的教学压力大，竞争压力大，遭受的挫折多，这对教师的教学效能感产生了一定的负面影响。在乡镇的中小学则相反，教师工作相对轻松，压力较小，教师更容易放得开，在教学中能够发挥自己的创造性，使教师的成就感更强。

2. 教师工资待遇提高有利于教师教学效能感提高

按照安徽省现有的工资水准将安徽省中小学教师的工资水平划分为 4 类：少于 1500 元、1500~2999 元、3000~4999 元、5000 元以上。通过方差分析检验不同收入水平的中小学教师在个人教学效能感变量是否存在显著差异，具体结果见表 7-14。

表 7-14 教师教学效能感的收入差异

项目	少于 1500 元（$n=73$，$M\pm SD$）	1500~2999 元（$n=607$，$M\pm SD$）	3000~4999 元（$n=901$，$M\pm SD$）	5000 元及以上（$n=145$，$M\pm SD$）	F	LSD
个人教学效能感	62.43±9.54	64.89±9.15	66.57±8.74	64.03±9.52	8.69***	1, 2, 4<3

从表 7-14 可以看出，安徽省中小学教师个人教学效能感的收入差异显著（$p<0.001$），经 LSD 事后检验显示，月收入在 3000~4999 元的教师的教学效能感得分显著高于其他三种工资水平的教师。月收入少于 1500 元的安徽省中小学教师教学效能感明显低于其他三个工资水平的教师。月收入 5000 元以上的教师教学效能感低于月收入 1500~2999 元的教师。按照教师教学效能感从高到低的顺序，教师月收入水平的排序为：3000~4999 元、1500~2999 元、5000 元以上、少于 1500 元。大体上可以看出：月收入越高，教师的教学效能感越好，但是月收入高于一定水平后，反而不利于增强教师的教学效能感。

教师在付出一定的劳动后得到相应的报酬，实际上反映了对教师工作的认可和肯定。合理的薪资可以让教师感受到这种认可和肯定，相应地，教师会更加认真、负责地对待自己的工作。过低或者过高的收入都会影响到教师对自身个人教学效能感的判断。

另外，我们从对教师的期望和需求的调查结果来看，也发现了相同的特点，见表 7-15。

表 7-15　教师教学效能感在教师期望上的差异检验

项目	提高工资待遇(n=1005, $M±SD$)	促进专业成长(n=216, $M±SD$)	关注身体健康(n=144, $M±SD$)	关注心理健康(n=301, $M±SD$)	其他(n=60, $M±SD$)	F	LSD
个人教学效能感	65.86±8.89	64.43±9.06	63.14±8.97	65.46±10.12	64.18±9.23	2.76*	1>3
一般教育效能感	31.50±7.51	30.81±7.50	34.06±7.98	31.86±7.76	31.81±6.65	3.18*	1, 2, 4<3

注：提高工资待遇=1，促进专业成长=2，关注身体健康=3，关注心理健康=4，其他=5

如表 7-15 所示，我们可以得出这样一个结论：认为解决农村教师的现实困境主要应当关注工资待遇提高的教师占到了所有样本数的 70% 以上（73.68%）；认为主要应当关注专业成长和心理健康的教师人数基本相当，占总样本数的 7%～8%；认为主要应当关注身体健康的教师人数，占总样本数的近 7%，也就相当于认为应当关注工资待遇提高的教师人数的 10%。教师教学效能感在个人教学效能感和一般教育效能感两个维度上都存在显著差异（$p<0.05$）。

关注点主要在专业成长和身体健康的教师，可能由于个人和家庭的原因，经济已经不再是他们考虑的首要问题，借鉴马斯洛的需要层次理论，他们基本的生存需要已经得到较好满足，迈向了较高层次的爱与归属、尊重和自我实现的需要。而关注点主要在身体健康的教师，可能个人本身就存在身体健康方面的困扰，身体健康状况欠佳致使他们很难在职业活动中投入很多的时间和精力。主要关注工资待遇提高的教师基于生活的压力，更会在工作中努力表现，争取早日提升自己的职称、职位，提高收入水平，改善物质生活质量，所以主要关注工资待遇提高的教师个人教学效能感最高。

3. 组织培训对提高教师教学效能感的重要性

为了深入了解是否对教师进行专业培训对于教师教学效能感的影响，对教学效能感的有无培训差异进行独立样本 t 检验，见表 7-16。

表 7-16　教师教学效能感的有无培训差异

项目	有（n=1528, $M±SD$）	无（n=198, $M±SD$）	t
个人教学效能感	65.91±9.00	63.37±8.60	3.43***
总分	97.67±13.08	94.64±11.67	3.09**

如表 7-16 所示，教师近 3 年内是否参加过相关培训，其个人教学效能感和总的教学效能感差异显著（$p<0.01$）。从表 7-16 中可以看出，进行教学培训以后的中小学教师的个人教学效能感和总的教学效能感明显好于没有参加过培训的教师。我们可以理解为，培训使教师获得了技术上的指导和理论上的丰富，从而使教学

效能感水平提高。但是，从数据上来看，没有经过培训的中小学教师数量明显少于经过培训的教师，这对于 t 检验的结果也会有所影响，也是造成差异如此显著的原因之一。

4. 人际环境对教师教学效能感的影响

（1）婚姻对提高教师教学效能感的有效性

婚姻状况作为一种特定的人际环境，是个体生活过程中不可或缺的，也是影响较为深刻的（表7-17）。

表7-17 教师教学效能感的婚姻状况差异

项目	未婚 (n=242, $M \pm SD$)	已婚 (n=1441, $M \pm SD$)	离异 (n=31, $M \pm SD$)	丧偶 (n=12, $M \pm SD$)	F	LSD/ Tamhane's T2
个人教学效能感	62.12±8.72	66.27±8.96	62.86±8.75	67.93±9.23	16.19***	1<2, 4
总分	94.93±12.08	97.89±13.12	94.76±11.05	94.50±9.61	4.52**	1<2

注：未婚=1，已婚=2，离异=3，丧偶=4

教师个人婚姻状况对其教学效能感的影响，我们主要分析未婚和已婚两种情况，因为处于离异和丧偶两种状况的教师样本量过小（少于30人），可能导致其不具有代表性。

从表7-17可以看出，已婚教师的个人教学效能感和教学效能感总分显著高于未婚教师；尤其是在个人教学效能感因子分上，已婚教师的得分高于未婚教师，差异水平达到了0.001。

已婚教师的教学效能感水平显著高于未婚教师的教学效能感水平，这可能是因为已婚教师成立了自己的家庭，其中不乏有孩子的教师，他们明白自己身上所肩负的责任，能更加积极地丰富和充实自己，努力在自己的事业上做出成绩，所以个人教学效能感水平更高。

（2）子女教育对培养教师教学效能感的重要性

教师教学效能感的有无孩子差异见表7-18。

表7-18 教师教学效能感的有无孩子差异

项目	有（n=1389，$M \pm SD$）	无（n=337，$M \pm SD$）	t
个人教学效能感	66.45±8.79	62.77±9.04	6.60***
一般教育效能感	31.30±7.42	33.58±7.01	-4.91***

有无孩子对教师的个人教学效能感和一般教育效能感的影响显著，且显著性水平均达到了0.001。在个人教学效能感因子上，有孩子的教师得分高于没有孩子的教师；而在一般教育效能感因子上，没有孩子的教师得分却高于有孩子

的教师。对于这种结果，我们可以解释为：社会发展现状表明，有孩子的教师往往意味着是已婚的（当然可能包括离异和丧偶的情况），而没有孩子的教师一般则是未婚的或结婚时间不长的（当然也包括离异或丧偶无孩的情况）。前面所分析的是否进入婚姻对教师教学效能感造成不同影响的原因，在这里依然是适用的。另外，有孩子的教师，相比于没有孩子的教师来说，对儿童的个体差异、生命的复杂性、教育的复杂性都会有更深刻的体会，没有孩子的教师往往把教育活动看得简单、把教育效果想得乐观，由此造成了两者在一般教育效能感上的差异。而有孩子的教师也是深刻体会到了儿童个体的特殊性及教育的复杂性，可能不自觉地就会在职业活动中投入较多的精力和耐心，因此个人教学效能感较高。

国外的研究也曾证实，当教师自己有学龄期孩子时，他们对学生的容忍度会提高。由此我们也可以推知，在对学生的教育行为上，有了孩子的教师也会变得更为耐心与从容。

（3）良好的夫妻关系有利于教师教学效能感的提高

教师教学效能感的夫妻关系差异见表7-19。

表7-19 教师教学效能感的夫妻关系差异

项目	和睦（$n=1230$, $M\pm SD$）	普通（$n=443$, $M\pm SD$）	冷淡（$n=53$, $M\pm SD$）	F	LSD/Tamhane's T2
个人教学效能感	66.53±8.88	64.15±9.47	61.46±8.70	9.52***	1>2, 3
一般教育效能感	31.801±7.61	30.47±7.08	32.86±5.11	4.33*	1>2
总分	98.42±13.19	94.41±12.49	94.15±10.85	10.41***	1>2

注：和睦=1，普通=2，冷淡=3

如表7-19所示，夫妻关系和睦的教师在教学效能感总分、个人教学效能感和一般教育效能感因子的得分上，均高于夫妻关系普通的教师。从表7-19还可以看出，夫妻关系冷淡的教师在教学效能感总分和个人教学效能感因子上的得分都很低，但在一般教育效能感因子上却比夫妻关系和睦和夫妻关系普通的教师得分高。

我们都知道，和睦的夫妻关系具有建设性的力量，对个人心理成长、职业生涯发展具有积极的作用，因此出现上述结果，在这里我们不做赘述。

（4）和睦家庭关系的正面性

教师对家人关系的感受与其教学效能感之间存在什么样的关系呢？也就是说，感受到家人之间的关系融洽与否，对教师的自我教学效能感有无影响？我们的统计结果见表7-20。

表 7-20 教师教学效能感的家人关系差异

项目	糟糕 ($n=14$, $M\pm SD$)	不快乐 ($n=60$, $M\pm SD$)	不太满意 ($n=98$, $M\pm SD$)	满意 ($n=870$, $M\pm SD$)	快乐 ($n=389$, $M\pm SD$)	愉悦 ($n=295$, $M\pm SD$)	F	LSD
个人教学效能感	56.80 ±9.95	62.10 ±9.88	61.13 ±8.76	65.45 ±8.92	66.24 ±8.67	67.45 ±9.02	11.98***	1, 3<4, 5, 6 2<5, 6 4<6
一般教育效能感	28.64 ±9.47	28.62 ±8.95	28.65 ±7.08	31.27 ±7.21	32.45 ±7.21	33.20 ±7.64	9.01***	1<6 2<5, 6 3<4<5, 6
总分	85.86 ±16.10	90.80 ±12.04	89.57 ±11.78	96.69 ±12.88	98.84 ±12.30	100.88 ±12.45	17.00***	1, 2, 3<4<5<6

注：糟糕=1，不快乐=2，不太满意=3，满意=4，快乐=5，愉悦=6

表 7-20 告诉我们，家人关系的好坏在教师教学效能感总分、个人教学效能感及一般教育效能感上的差异均达到显著性水平，教师对其与家人之间的关系感受越佳，教学效能感的水平就越高。由于对家人关系感受糟糕和不快乐的教师样本容量不足 30 人，不具有代表性，我们在此不予讨论。在总的教师教学效能感上，对家人关系感受不太满意的教师，其得分显著低于对家人关系感受满意、快乐和愉悦的 3 组教师。在个人教学效能感因子上，组别之间的差异体现得更为明显，不太满意组教师的得分低于满意组，满意组教师的得分低于快乐组，快乐组教师的得分低于愉悦组。

可见家人关系是影响教师教学效能感的一个重要因素，和睦的家人关系具有正面导向性。

（5）良好的人际关系有助于教师教学效能感的提高

与家人关系对教师教学效能感的影响一样，朋友关系、同事关系及与领导的上下级关系越佳，教师教学效能感的水平越高，见表 7-21～表 23。

表 7-21 教师教学效能感的朋友关系差异

项目	糟糕 ($n=16$, $M\pm SD$)	不快乐 ($n=52$, $M\pm SD$)	不太满意 ($n=112$, $M\pm SD$)	满意 ($n=1015$, $M\pm SD$)	快乐 ($n=325$, $M\pm SD$)	愉悦 ($n=206$, $M\pm SD$)	F	LSD/ Tamhane's T2
个人教学效能感	60.71 ±10.28	62.39 ±9.47	62.66 ±8.63	65.32 ±8.86	66.48 ±8.63	68.05 ±9.69	8.15***	1, 3<4<5<6 2<5, 6
一般教育效能感	27.47 ±7.78	28.78 ±10.04	29.45 ±7.86	31.46 ±7.09	32.84 ±7.41	33.00 ±7.87	6.22***	3<5, 6 4<5
总分	88.31 ±14.83	91.17 ±13.46	92.01 ±11.86	96.84 ±12.60	99.40 ±12.66	101.23 ±13.54	12.51***	1, 2, 3<4<5, 6

注：糟糕=1，不快乐=2，不太满意=3，满意=4，快乐=5，愉悦=6

从表 7-21 可以得知，无论是在总的教学效能感上，还是在个人教学效能感或一般教育效能感上，对朋友关系感受不太满意教师的得分普遍低于感受满意的教师，而感受满意教师的得分又普遍低于感受快乐和愉悦的教师。

表 7-22　教师教学效能感的同事关系差异

项目	糟糕 (n=16, M±SD)	不快乐 (n=30, M±SD)	不太满意 (n=135, M±SD)	满意 (n=1097, M±SD)	快乐 (n=291, M±SD)	愉悦 (n=157, M±SD)	F	LSD/ Tamhane's T2
个人教学效能感	55.44 ±7.14	63.44 ±9.15	62.37 ±9.01	65.35 ±8.64	67.60 ±8.89	67.70 ±10.51	14.54***	1<2, 3, 4, 5, 6 3<4, 5, 6 4<5
一般教育效能感	24.65 ±6.04	29.08 ±9.00	30.31 ±7.05	31.51 ±7.23	32.76 ±7.31	32.87 ±8.24	6.88***	1<3, 4, 5, 6 2, 3, 4<5, 6
总分	78.75 ±6.46	92.61 ±12.72	92.59 ±12.74	96.88 ±12.48	100.72 ±12.53	100.45 ±14.27	34.59***	1<2, 3, 4, 5, 6 3<4<5, 6

注：糟糕=1，不快乐=2，不太满意=3，满意=4，快乐=5，愉悦=6

如表 7-22 所示，从总的教学效能感和两个因子的得分来看，同事关系对教学效能感的影响与前面刚刚阐述的朋友关系对教学效能感的影响效果几乎一致，即对同事关系感受不太满意教师的得分低于感受满意的教师，而感受满意的教师的得分又低于感受快乐和愉悦的教师。

领导关系对教师教学效能感的影响与前两者也是一致的，即对与领导关系感受不太满意的教师的得分低于感受满意的教师，而感受满意的教师的得分又低于感受快乐和愉悦的教师（表 7-23）。

表 7-23　教师教学效能感的领导关系差异

项目	糟糕 (n=25, M±SD)	不快乐 (n=95, M±SD)	不太满意 (n=171, M±SD)	满意 (n=1103, M±SD)	快乐 (n=198, M±SD)	愉悦 (n=134, M±SD)	F	LSD/ Tamhane's T2
个人教学效能感	60.33 ±8.67	64.91 ±8.71	63.15 ±9.32	65.79 ±8.85	66.38 ±8.89	67.52 ±10.17	5.73***	1, 3<4, 5, 6
一般教育效能感	28.22 ±8.60	29.05 ±8.08	29.47 ±7.68	31.82 ±7.10	32.55 ±7.50	33.21 ±8.35	6.09***	3<4, 5, 6
总分	88.96 ±12.26	93.80 ±12.65	92.74 ±13.02	97.60 ±12.57	99.20 ±12.80	100.52 ±14.68	9.54***	1, 3<4, 5, 6 2<5, 6 4<6

注：糟糕=1，不快乐=2，不太满意=3，满意=4，快乐=5，愉悦=6

值得注意的是，与其他社会关系感受相比，与领导关系感受糟糕和不快乐的教师数量有所增加，感受不太满意的教师数量增加更为明显，这是不是说明对于教师来说，与领导关系的质量较其他社会关系质量更低？从日常的观察可以知道，由于领导是管理活动的执行者，很多工作是由领导来布置和检查落实情况的，所以，教师在处理与领导之间的关系时，往往会感受到不平等带来的压力。再加上现实生活中一些领导的素质还有待于提升，导致教师在感受关系的融洽程度时，往往倾向于作否定的回答。这也提示我们，如何提高领导的效能是一个永久的话题。

（五）教师教学效能感与教师心理状态的关系

心理状态的重要性不言而喻。如何认知、调节自己的言行举止，表达自己的态度等，都取决于个体当时的心理状态。在这里，我们仅仅从教师的情绪感知这个角度来探讨。研究表明，感知的态度和结果直接与自我效能感的高低相联系。

1. 情绪感知的积极性可以提高教学效能感

最近一个月内个体是否发生过重大的愉快或不愉快生活事件，对教师的教学效能感均具有显著影响，而且重大的愉快生活事件对教学效能感的影响似乎更大。当然，两者的作用方向刚好相反，见表 7-24 和表 7-25。

表 7-24　是否有重要的愉快事件发生

项目	是（$n=573$，$M \pm SD$）	否（$n=1153$，$M \pm SD$）	t
一般教育效能感	33.29±7.61	30.97±7.15	6.03***
总分	99.00±13.38	96.69±12.71	3.40***

表 7-25　是否有重大的不愉快事件发生

项目	是（$n=404$，$M \pm SD$）	否（$n=1322$，$M \pm SD$）	t
个人教学效能感	63.48±9.43	66.29±8.72	-5.16***
一般教育效能感	30.00±7.51	32.16±7.29	-5.00***
总分	93.49±12.83	98.48±12.77	-6.61***

从表 7-24 和表 7-25 可以看到，最近一个月内有重大的愉快事件发生的教师，在总的教学效能感和一般教育效能感因子的得分上，显著高于无重大愉快事件发生的教师；最近一个月内有重大的不愉快事件发生的教师，在总的教学效能感及个人教学效能感和一般教育效能感两个因子的得分上，显著低于无重大不愉快事件发生的教师，所有差异均达到 0.001 的显著性水平。

2. 有效情绪调节的积极作用

为了探讨教师的具体情绪状况对教学效能感的影响，我们设计了"您最近一个月左右的情绪状况如何"这一问题。结果表明，最近一个月的具体情绪状况确实对教师教学效能感存在显著影响，教师的情绪越积极，教学效能感的水平越高（表 7-26）。

表 7-26 教师教学效能感的情绪状况差异

项目	糟糕 （n=51, $M \pm SD$）	不快乐 （n=151, $M \pm SD$）	不太满意 （n=355, $M \pm SD$）	满意 （n=829, $M \pm SD$）	快乐 （n=219, $M \pm SD$）	愉悦 （n=121, $M \pm SD$）	F	LSD/ Tamhane's T2
个人教学效能感	62.21±9.52	64.82±9.45	63.87±8.66	66.08±8.86	66.74±8.96	68.12±9.31	7.70***	1, 3<4, 5, 6 2, 4<6
一般教育效能感	29.40±7.68	29.94±7.53	29.98±6.57	32.24±7.29	33.09±7.68	33.05±8.36	10.31***	1, 2, 3<4, 5, 6
总分	91.14±11.82	94.19±13.69	94.07±11.44	98.31±12.68	100.27±13.21	101.27±13.95	11.69***	1, 2, 3<4, 5, 6

注：糟糕=1，不快乐=2，不太满意=3，满意=4，快乐=5，愉悦=6

如表 7-26 所示，具体来说，在总的教学效能感得分上，最近一个月情绪状况为糟糕的教师显著低于不快乐、不太满意、满意的教师，而后面这 3 类教师的得分又低于情绪状况为快乐、愉悦的教师。另外，在总的调查样本中，对最近一个月情绪状况满意的教师占近一半，而对情绪状况不太满意的教师数量则位居其次，占总样本的比例也超过 20%。调查同时也发现，对情绪状况不太满意的教师，其教学效能感显著低于情绪状况为满意的教师。

第三节　中小学教师教学效能感的提升策略

一、教师教学效能感的影响因素分析

从人口学变量来看，安徽省中小学教师的教学效能感存在年龄、月收入和身体健康状况的差异。教师的个人教学效能感随着年龄的增加呈现出逐渐增长的趋势；教师的一般教育效能感随着年龄的增加大体上呈现出逐步下降的趋势；月收入在 3000~4999 元的教师的个人教学效能感最高，月收入为 1500 元以下的教师

的个人教学效能感最低；身体健康状况越好，教师的一般教育效能感和总的教学效能感就越高。不同性别教师的教学效能感没有显著差异。

从专业背景来看，教师教学效能感存在学历、所学专业、从教原因、教龄、职称和近 3 年内是否参加过相关职业培训的差异。大专学历的中小学教师教学效能感高于大专以下、本科、本科以上学历的教师，其中本科以上学历教师的个人教学效能感最低；所学专业为艺体类的教师教学效能感高于所学专业为理科或文科的教师，所学专业为文科的教师教学效能感又高于所学专业为理科的教师；因喜欢而从教的教师，其教学效能感显著高于因家人影响、工作稳定、无奈等原因而从教的教师，因家人影响和工作稳定而从教的教师的教学效能感又高于因无奈而从教的教师；教师的个人教学效能感随着教龄的增加呈现出上升趋势，而教师的一般教育效能感随着教龄的增加呈现出下降趋势；教师职称的高低也对教学效能感有显著影响，职称越高，个人教学效能感越高，而一般教育效能感则相反，职称越高，一般教育效能感越低；近 3 年内参加过相关职业培训的教师的教学效能感明显高于未参加过相关职业培训的教师。

从工作状况来看，安徽省中小学教师教学效能感存在学校所在地、所教课程、每周课时量和是否兼任行政职务的差异。学校所在地为乡镇及以下的教师一般教育效能感和总的教学效能感得分最高，县城和城市教师的一般教育效能感和总的教学效能感得分相差不大；所教课程为其他的教师的教学效能感明显高于所教课程为语数外、政史地和理化生的教师；政史地教师的教学效能感又显著高于语数外和理化生教师；每周课时量的多少也显著影响教师的一般教育效能感，每周课时 20 节以上的教师一般教育效能感最高；兼任行政职务的教师，其教学效能感高于未兼任行政职务的教师。教师是否担任班主任和坐班与否，在总的教学效能感上无显著差异。

从家庭情况来看，教师的婚姻状况不同、有无孩子、夫妻关系不同、家人关系不同，其教学效能感均具有显著差异。已婚教师的个人教学效能感显著高于未婚教师；有孩子的教师个人教学效能感明显高于没有孩子的教师，而有孩子的教师一般教育效能感却明显低于没有孩子的教师；夫妻关系和睦的教师教学效能感高于夫妻关系普通的教师；对家人关系感受不太满意的教师教学效能感低于对家人关系感受满意、快乐和愉悦的教师。

从社会关系来看，朋友关系、同事关系及领导关系对教师教学效能感的影响效果是一致的，即对朋友、同事、领导关系感受不太满意的教师教学效能感低于感受满意的教师，而感受满意的教师又低于感受快乐和愉悦的教师。

从心理状态来看，最近一个月有重大的愉快事件发生的教师教学效能感高于无重大愉快事件发生的教师；最近一个月有重大的不愉快事件发生的教师教学效能感低于无重大不愉快事件发生的教师；最近一个月的情绪越积极，教学效能感水平越高。在解决农村教师的现实困境主要应当关注什么这一问题上持不同观点的教师，教学效能感的总体水平也存在显著差异，值得注意的是，70%以上的教师认为解决农村教师的现实困境主要应当关注工资待遇的提高。

二、教师教学效能感的提升策略

教师的个人教学效能感和一般教育效能感不是先天就有的，而是在教师岗位上不断地学习、工作中逐渐培养起来的，社会支持系统、学校环境、家庭环境、个人因素都会对教师个体的教学效能感产生或好或坏的影响，且这种影响往往是交互的。接下来，笔者从社会、学校和个人三方面来探讨和给出提高教师教学效能感的建议。

（一）社会支持的持久性

国内研究表明，感觉到较多社会支持者对自我形象的感觉越积极。在社会层面，或者说是国家层面，一个有利于教师个体发展的国家政策是首要的。近年来，政府在优惠教师政策上一直在着力改善，尤其是针对农村教师。党和政府应该继续加大对教育的投入，尤其是对于安徽这类中部地区的中小学教师。

另外，①要带领全社会树立尊师重教的良好道德风气；②通过各类渠道不断提高教师的经济和社会地位；③着力改善农村学校的办学条件和基础设施，努力缩小城乡教育差距，加快促进教育公平化。以上三点对于提高教师尤其是安徽省中小学教师的教学效能感是十分重要且必要的。

（二）榜样建立的重要性

从研究结果我们可以看出，参加过专门的教学培训以后，中小学教师的教学效能感明显提高了，也有很多研究表明，经过训练的教师会认识到新教学方法更有效、更符合教学实际，对学生的学习具有更加积极的促进作用。通过专门的培训可以使得教师学习到更多、更好的教学方法和教学内容，不断发掘自己的工作潜能，从而激发自身的教学效能感。因此，学校要充分认识到专业培训的重要性，不断地为教师提供培训进修的机会和平台，鼓励教师，使其教学效能感得到稳步提高，同时对于革新教育模式、创新教育方法也有重要的作用。

除了专业的教育培训之外，我们可以看到，积极向上的人际环境对于中小学教师培养良好的教学效能感也有很重要的影响。良好的人际支持系统有利于教师交流教学经验、抒发情绪等，其中包括学校领导和教师的关系、教师之间的关系、教师与学生之间的关系、教师与家长之间的关系。学校领导应该多为教师服务，多给予教师正面的鼓励和评价。学校要致力于为教师营造一种宽松、自由、民主、和谐、积极的人际氛围，以便于教师充分发挥自我潜能，促进其教学效能感的提高。

从调查结果我们可以看到，教师的课时也会对教师的教学效能感产生影响，在此基础上，建议学校合理安排教师的周课时。同时，可以通过教师骨干传、帮、带新教师的方法，为教学效能感较低的教师提供行为榜样。班杜拉认为，人们观察到他人的行为获得的替代性经验（观察学习），对教师教学效能感的形成有着巨大的作用，是教学效能感形成的重要条件。当一个教师观看到或想象到那些与自己相近的人的成功操作后就会增强教学效能感，确信自己有能力完成类似的任务。所以，学校要注意多组织教师观摩优秀教师的教学活动，分析优秀教师的成功教学经验和教学艺术，这样能够对观摩者的教学效能感起到替代性强化作用。另外，教师还可从示范者的表现中学到有效的解决问题的策略、方法。

（三）自我学习的必要性

根据调查结果可知，学历并不是影响安徽省中小学教师教学效能感的一个必要因素。但是，其对于教师教学效能感的影响是不可忽视的。也有的研究者认为，不断完善提升自己，加强教育方法研究和教学反思，对于教师学效能感的提高至关重要。因此，不管教师个体的学历如何，教师应该注重眼前和未来，应该尽力利用一切可以学习、进修和培训的机会，不仅要在教学中注意积累经验，还要不断学习、探索、反思和实践，提高自己的专业水平、发展能力。其中，教师还要多多反思自己在教学中的不足，加强科研水平，以科研促教学。

许多研究表明，一种合理、积极的归因方式，能帮助个体树立信心，促进个体的进步。如果教师将自己工作、教学上的进步和成功归因为自己的能力和不断的努力，那便会使教师感到自豪和自信，会有再一次成功的期待，然后付出更多的努力。但是如果教师把自己的失败归结为能力不够和不够努力，则容易导致教师的教学效能感下降。因此，要想提高自身教学效能感，教师要经常对自己进行积极的暗示，对教育教学中出现的问题作易控的、不稳定的和内部的归因；认识到只要自己努力工作，积极掌握良好的教学策略、增强责任感，就会成功地完成任务；认识到自己的努力是有效的。

班杜拉说过，间接学习是一种很重要的学习方式，人们观察到他人的行为获得的替代性经验（观察学习）。教师要学会为自己树立学习榜样，通过观察和替代性学习形成间接经验。在树立学习榜样时，教师要注意榜样的代表性、可学性和可比性，选择一个合适的榜样，通过对榜样的学习增强自身的教育、教学能力、技能，看到自身的每一次进步，增强信心，从而增强教学效能感。

中小学教师与领导、同事、学生、家长建立良好的人际关系有利于教师开展各项工作。平时工作中应该尊重领导、同事，教学中应理解、包容学生，对学生公正公平，关心每一位学生的身心健康，与学生坦诚相待，努力获得学生的爱戴和信任，做他们学习上的师长、生活中的朋友。与家长要真诚相待，向家长如实反映学生情况，获得家长的理解与合作，与家长合作、互信，一起帮助学生成长。

第八章
教师的一般自我效能感与自我接纳

第一节　自我效能感与自我接纳的相关研究

一、有关自我效能感的心理学研究

（一）自我效能感概念的提出

社会学习理论的创始人班杜拉于20世纪70年代后期提出了自我效能感的概念。班杜拉在总结前人的研究时发现，过去的理论和研究较多地关注于人们的知识获取或行为的反应类型方面，忽视了支配这些知识和行为之间相互作用的过程。知识、转换性操作及其所组成的技能是完成行为绩效的必要条件，但并不是充分条件。经常会有这样的情况，一些人虽然很清楚应该做什么，但在行为表现上却并不理想，这是因为内部的自我参照因素调节着知识与行为，因而认知与行为并不是完全对应的。其中，人们如何判断其能力，以及这种判断如何影响其动机和行为便是最为关键的因素。

班杜拉认为，人们对其能力的判断在其自我调节系统中起主要作用，并由此提出自我效能感这一概念。自我效能感是指人们对自己实现特定领域行为目标所需能力的信心或信念。

自我效能感的概念一经提出，便引起广泛关注，有许多心理学家对此进行了研究。在总结个人和他人研究成果的基础上，班杜拉于1986年在其著作《思想和行为的社会基础》中，对自我效能感做了进一步的系统论述，使该理论的框架初步形成。

乔志宏等（2011）对中国大学生的就业能力结构进行验证，提出就业能力的适应性维度由一般自我效能感、自尊、主动性、控制点、乐观、开放性、乐于学习、责任感等构成，证明了一般自我效能感、自尊是大学生就业能力结构中的重要成分。

（二）自我效能感的相关研究

1. 自我效能感的概念研究

自我效能感是一个成长中的概念，目前尚无共同认可的定义，不同的研究者有不同的界定。目前，国内外具有代表性的定义如下。

自我效能感是指个体对自己能否在一定水平上完成某一活动所具有的能力判断、信念或主体自我的把握与感受（Bandura，1986）。

自我效能感是个体对特定环境作出反应的一种心态（Ashton，1985）。

自我效能感是个人对自己所从事某种工作所具能力以及对该工作可能做到地步的一种主观评价（张春兴，1991）。

自我效能感是个体对自己能够进行某一行为的实施能力的推测或判断，它意味着人是否确信自己能够成功地进行带来某一结果的行为（周国韬和戚立夫，1994）。

自我效能感是个体对自己所采取的行为影响行为结果所持的有效或无效的自我体验（杨心德等，1993）。

自我效能感是个体对自己能否胜任某项活动的自信程度（董奇，1996）。

2. 教师自我效能感研究的理论背景与测量工具

教师自我效能是指教师对自身组织和实施某一行动的能力的信念或信心，这种行动能力是在某一背景下成功地完成某一具体教学任务所需的。

教师自我效能感的研究有两种理论背景（李凌，2001；石伟和连榕，2001；邝宏达和邓稳根，2010）。

第一种是 Rotter（1966）的社会学习理论。研究者认为，学生的学习动机和行为表现是教师教学行为的显著强化物。只有通过任务分析和个人教学能力的评价这两个因素的测量，才可能对教师自我效能作出明确的判断。

Tschannen-Moran 等（2001）根据其整合理论模型，突出了教师自我效能测量的情境性因素，在已有教师效能感量表（如 Emmer 等 1991 年的教师课堂管理效能量表、Gibson 等 1984 年的教师效能感量表等）的基础上设计了新的教师自我效能量表（teachers' sense of efficacy scale，TSES；又称 the Ohio State teacher efficacy scale，OSTES）。该量表分完整版（24 个项目）和简式版（12 个项目），均有 3 个分量表：教学策略使用效能（efficacy for instructional strategies）反映教师对自身的教学和评估策略能够满足所有学生需要的能力的知觉；课堂管理效能（efficacy for classroom management）反映教师对监督、管理课堂，保持教室学习秩序的能力的知觉；学生激励效能（efficacy for student engagement）反映教师对激励学生参与学习活动的能力的知觉。量表在 410 名教师（包括职前教师、在岗教师等）中进行信效度检验。各分量表的信度依次为 0.91、0.90、0.87，维度间相关为 0.60、0.70、0.58（p 均小于 0.001），三维度的平均分在 6.71～7.27。

龙君伟和曹科岩（2006）引进 Tschannen-Moran 等 2001 年编制的教师自我效能问卷进行教师组织公民行为与教师效能的关系研究，将其翻译成为中文，研究获得的信效度数据如下：学生激励效能维度的 Cronbach's α 系数为 0.84，教学策略使用效能维度的 Cronbach's α 系数为 0.90，课堂管理效能维度的 Cronbach's α 系数为 0.86，整体的 Cronbach's α 系数为 0.94。

以 Rotter（1966）的社会学习理论为基础，研究者还开发出一种两个维度的教师自我效能量表。维度一为一般教学效能感（general teaching efficacy），表示教师对家庭环境等外部因素与教师自身能够对学生施加影响的相对大小的信念（即教师信奉环境决定论多还是教育决定论多）；维度二为个人教学效能感（personal teaching efficacy），指的是教师对其应该具有的教育、教学能力的信念。两个维度的分数总和表示教师自我效能的水平，表示教师控制其教学结果的信念或信心。

基于班杜拉效能理论的教师自我效能注重与特定领域（教学情境）的相关，是第二种教师自我效能感的理论研究背景。

班杜拉认为即使结果是可控的，个体的行为还是有可能不会发生，是否采取某种行动的信念（自我效能）不同于行动是否影响结果的信念（控制感）。内外控制源主要涉及的是行动和结果的因果信念，而非个人的效能感信念。

以班杜拉的自我效能理论为基础，Gibson 和 Dembo（1984）认为，教师效能感反映教师对自己能给学生带来积极改变的能力的觉知和评价。依据 Gibson 和 Dembo（1984）的观点，教师效能感由个体教学效能感和一般教学效能感两部分组成，分别对应班杜拉自我效能理论中的效能预期和后果预期。个体教学效能感反映教师对自己的教学行为能够多大程度影响学生的预先觉知或评价，一般教学效能感反映教师对教育能够多大程度影响学生的一种普遍的看法和判断。

之后的研究继承了这种思想，但出现了新的变化（邝宏达和邓稳根，2010）。

教师效能感的测量有两个方向：一个是针对所有学科教师的效能感测量的综合取向，如 Gibson 和 Dembo（1984）的教师效能感量表（teacher efficacy scale，TSE）及后来 Woolfolk 等（1990）的修订版，班杜拉的教师自我效能量表（teacher self-efficacy scale），在国内有俞国良等（1995）的教师教学效能感量表、黄喜珊和王永红（2005）对 Hoy 和 Woolfolk（1990）教师效能感量表修订的中文版；另一个是针对特定学科教师效能感的测量取向，如 Riggs 和 Enochs（1990）的理科教学效能感量表（the science teaching efficacy belief instrument，STEBI），Enochs 和 Smith（2000）的数学教学效能信念量表（the mathematics teaching efficacy belief instrument，MTEBI）。

3. 一般自我效能感的变化表现

一般自我效能感是个体对自己应对不同环境时的一种总体的自信，它是一种概括化的自我效能信念，能在较为广泛的情景中对个体的行为进行预测，会影响个体的心理健康。目前，对自我效能感的研究大多集中在特殊领域。自我效能感的变化表现在三个维度上。

其一是水平（magnitude），人们在这一维度上的差别导致不同个体选择不同难度的任务。自我效能感高的人期望值高，显示成绩，遇事理智处理，乐于迎接应急状态下的挑战，能够控制自暴自弃的想法，需要时能发挥智慧和技能。自我效能感低的人畏缩不前，显示失败，情绪化地处理问题，在压力面前束手无策，易受惧怕、恐慌和羞涩的干扰，当需要时，其知识和技能无以发挥。

其二是强度（strength），弱的自我效能感容易受不相符的经验影响而被否定，强的自我效能感不会因一时的失败而导致自我怀疑，而是相信自己有能力取得最后的胜利，从而面对重重困难仍不放弃努力。

其三是在广度（generality），有的人只在很狭窄的领域内判断他们自己是有效能的，另一些人则在很广泛的活动及情境中都具有良好的自我效能感。持这种观点的教师就具有这样一种信念："教学努力的强化物在其控制之中，他们能够控制或者至少能够强烈地影响学生的成就和动机"（效能高）；反之，则教学努力的强化物在其控制之外（效能低）。

（三）自我效能感的作用

张鼎昆等（1999）的研究认为，自我效能感对个人的行为选择、思维模式和情感反应模式等方面作用明显。

首先，自我效能感影响行为选择。日常生活中，人们时时处处都需要作出决定，如关于怎样行动及持续多长时间。一个人对自我效能的判断，部分地决定了其对活动和社会环境的选择。人们倾向于回避那些他们认为超过其能力所及的任务和情境，而承担并执行那些他们认为自己能够做的事。影响人们选择的任何因素都会对个人成长产生影响。在行动中，积极的自我效能感培养积极的承诺，并促进胜任能力的发展。

其次，自我效能感影响个人意志努力的程度。自我效能感越强，其努力越具有力度，越能够坚持下去。当被困难缠绕时，那些对其能力怀疑的人会放松努力，或完全放弃；而具有很强自我效能感的人则以更大的努力去迎接挑战。

最后，自我效能感影响思维和情感反应模式。自我效能感低的人与环境作用时，会过多想到个人不足，并将潜在的困难看得比实际上更严重。这种思想会产生心理压力，使其将更多注意力转向可能的失败和不利的后果，而不是如何有效地运用其能力实现目标；有充分自我效能感的人将注意力和努力集中于情境的要求上，并被障碍激发，付出更大的努力。

二、有关自我接纳的心理学研究

（一）自我接纳的含义

自我接纳是自我意识的一个重要组成部分，它是指一个人对其自身所具有的所有特征都乐意去了解、面对，并且无条件地接纳。它是个体自我客观化的能力，也是获得健全人格的主要条件之一。

作为一个心理学范畴的概念，自我接纳包含了两个层面的含义：一是确认和悦纳自己的身体、能力和性格等方面的正面价值；二是能欣然正视和接受自己现实的一切，不因存在某种缺点、失误而自卑。

（二）自我接纳的作用

美国心理学 Ruff 认为，自我接纳是主观幸福感的影响因素之一。一个人人格的完满和健康，来自于自我接纳带来的心平气和。一个自我不接纳者人格成分之间的矛盾和冲突，会给人带来很大的痛苦和烦恼，而且大量的心理潜能因之而被消耗掉，使人们无法对现实生活表现出充足的热情、创造力和精力，严重者甚至无法应付日常生活，阻碍人的心理潜能的发挥和人格的完善。

实现自我的潜能要经过三个环节：自我认识—自我接纳—自我改变。

首先，要对自我的各个层面有一个较为客观的认识和了解。一个人如果有自我接纳的态度，他必然会丢掉许多自我防卫和虚伪的掩饰，也就更能发现真实的自己，更好地认识自我。一个人自身存在的弱点和不足是不可能轻易被克服的。排斥的结果只是被不同程度、不同深度地压抑，而不能真正地消除它们，而被改变的唯一方法就是去接纳它。当你完全无条件地接纳并正视它的时候，转化才会随之发生。只有接纳才能导致弱点的转化，改善那些消极的自我侧面，使自我不断趋于完善。可见，自我接纳是认识自我和改变自我的一个很重要的中间环节和桥梁。

（三）自我接纳的相关研究分析

国内关于自我接纳的文献并不多见，这些为数不多的研究主要集中在自我接纳与心理健康、心理焦虑等不同变量的相互关系，以及不同群体自我接纳现状的描述上。在这两个方面的研究中，又以后一方面的研究占据了更加重要的地位。

如有研究者对大学生的自我接纳现状进行了调查分析，包括对女大学生的自我接纳和人际关系的研究，彝族等少数民族群体及高职学生等特殊学生群体也已经成了自我接纳研究的对象。对于中学生的自我接纳，现有的研究并不多见，主要集中于对自我接纳之于中学生心理健康的重要意义，以及如何引导中学生学会自我接纳两个方面，而对于中学生中的特殊群体，如贫困生、心理有问题的学生、抑郁的学生等所进行的独特性比较明显的自我接纳研究并不多见。

有研究者通过大规模的临床调查和实证研究发现，患有抑郁症的中学生自我接纳水平普遍较低，他们对自我的评价往往会发生巨大的变化，产生评价过低的状况，他们对自身的描述往往倾向于比较消极，相信更多的消极事件和更少的积极事件会发生在自己身上。在调查之后，研究者对他们所能够回忆起来的信息也进行了大量的前期研究。

有研究者从进化心理学的角度探析了自我接纳的相关含义并指出，了解过去是自我接纳的起点，适应是自我接纳的途径，模块化是自我接纳的特点，解决问题是自我接纳的机制，行为是自我接纳的结果。立足于上述基本结论，有研究者进一步指出，个体应该着重从以下几个方面入手增进自我接纳：首先，应该注重解读过去的积极含义，获得自知与满足；其次，可以通过功能分析提高现在的适应能力，体验快乐与幸福；最后，应该逐步形成积极的模块化，对未来怀有希望。

也有研究者指出，个体自我接纳的能力与意识是由低到高逐渐发展变化的，这个历程通常包括三个方面：接纳自己的身体、接纳自己的外部行为、接纳自己的内在品质。自我接纳与家庭生活体验、学校生活体验、社会生活体验等因素都有着密切的联系，在学校教育研究的视域中，学校生活体验对学生个体自我接纳水平的发展有着举足轻重的作用。基于这样的认识，研究者纷纷就在学校之中如何提升学生的自我接纳水平进行了研究，并提出了相应的策略。首先，同伴之间的相互接纳是学生自我接纳的动力。有研究表明，学生同伴之间的关系越好，学生个体的自我接纳水平越高，因此教师可以通过优点轰炸、开展团体活动、合理的集体评价等方式，促进学生群体的相互接纳，借此提升学生个体的自我接纳水平。其次，教师完全接纳学生是学生自我接纳的关键，鉴于此，教师要善于发现学生的闪光点，善于倾听学生的心声，从根本上接纳自己的学生，只有如此，才能为学生实现自我接纳创造良好的条件。最后，学生要实现自我接纳，还需要掌握良好的自我接纳方法，这些方法通常包括发掘自我潜能、承认自我缺点、善于纵向比较、学会正确归因及学会积极幻想。

在学校教育工作中，教师的自我接纳水平和能力影响教师的自我意识，涉及自我认知、自我体验和自我行为等多个方面，进而会影响教师的心理健康。而教师的心理健康不仅会影响教师的生活质量、家庭和谐、工作效率，还会影响学校心理健康工作，尤其是学生心理健康工作的开展。

三、自我效能感和自我接纳是自我意识的核心和外在表征

自我意识属于人的个性特点之一，是指人们对自我的认识、态度和行为调节，包括自我感觉、自我评价、自我监督、自我控制等方面的内容，其核心是自知、自爱（柳立新，梁建军，2004）。

人的自我意识首先是对自己的正确、全面的认识，不仅要认识到自己的体质、生理特征，还要认识到自己的心理行为特征；不仅要认识到自己的优点和长处，也要明白自己的缺点和短处；不仅要接纳自己的积极的方面，还要接纳自己的消极的方面。只有这样，个体才能作出正确的自我评价和自我监督，才能有合理的自我控制，才能树立信心和信念去完成所遇到的一项又一项任务。因此，自我效能感和自我接纳情况反映了自我意识的核心层面，是自我意识的核心和外在表征。

自我意识是一种重要的心理素质，它会影响教师的人际关系、行为表现等方面。而良好的自我意识体现在以下三个方面：第一，认知适当；第二，情感适度；第三，行为适合。这些都依靠教师的一般自我效能感与自我接纳的程度来反映。如果我们选取中小学教师的一般自我效能感和自我接纳进行研究，探讨中小学教师在这两方面的表现及影响因素，进而了解中小学教师的自我意识现状，分析影响其自我意识的因素，探查调节自我意识的策略，将有利于增进中小学教师的心

理健康，提高其人际交往水平，增进其家庭幸福和谐，还将有利于改善校园软环境，促进学校心理健康工作的开展。

第二节 中小学教师一般自我效能感和自我接纳的现状

一、研究对象与方法的确定

（一）关于选取的调查工具的介绍

1. 一般自我效能感量表

一般自我效能感量表（General Perceived Self-Efficacy Scale，GSES）（王才康的中译版，2001）是 Schwarzer 等（1997）编制的在国际上广泛应用于测量一般自我效能感的工具，该量表已被证明具有良好的信度和效度。

GSES 共 10 个项目，涉及个体遇到挫折或困难时的自信心，比如，"遇到困难时，我总是能找到解决问题的办法"。采用 Likert 4 点量表形式，对各项目进行 1～4 评分。对每个项目，被试根据自己的实际情况回答"完全不正确""有点正确""多数正确""完全正确"，分别计为 1、2、3、4 分，分数越高说明自我效能感越高。修订后的中文版有良好的信度和效度：Cronbach's α 系数为 0.87，重测信度为 0.83（$p<0.001$），折半信度为 0.82（$p<0.001$）。

2. 自我接纳问卷

自我接纳问卷（self-acceptance questionnaire，SAQ）为丛中、高文凤于 1999 年编制，是我国在自我接纳研究领域运用最为广泛的问卷。该问卷将自我接纳界定为在情感、态度上对实际自我的悦纳。共有 16 个自陈条目，分 4 级评分（1 表示非常符合，4 表示很不符合）。

SAQ 包括自我评价与自我接纳两个因子，每个因子各有 8 个题项。其中，自我评价因子包括（第 2、3、5、6、9、10、12、15 项）8 个条目，自我接纳因子包括（第 1、4、7、8、11、13、14、16 项）8 个条目。问卷得分越高，表示自我接纳水平越高。问卷的 Cronbach's α 系数为 0.86，分半信度系数为

0.75，总分重测相关系数为 0.77。SAQ 有较好结构效度和实证效度，目前在国内通用。

以上两种质量较高的调查问卷确保了分析研究的顺利推进。

（二）调查对象的特点分析

笔者在安徽省境内采用整群随机发放的方式，共调查中小学教师 2000 人。回收问卷 1806 份，回收效率为 90.3%。通过对回收问卷的分析，我们得出参加调查的对象的特点如下（表8-1）。

在 1806 份问卷中，男教师 775 人（约占 42.9%），女教师 952 人（约占 52.7%），缺失值 79 人（约占 4.4%），男女比例较接近。在年龄分布上，25 岁以下的占 5.5%，比例最低，50 岁及以上的占 16.8%，35～49 岁的所占比例最高，为 45.6%。从教龄上来看，3 年以下的为 9.0%，比例最低，10 年以上的比例最高，为 66.0%。

表 8-1　样本的人口学特征

分类	人口学资料	人数（N=1806）
性别	男	775（42.9%）
	女	952（52.7%）
	缺失值	79（4.4%）
年龄	25 岁以下	99（5.5%）
	25～34 岁	539（29.8%）
	35～49 岁	824（45.6%）
	50 岁及以上	304（16.8%）
	缺失值	40（2.2%）
教龄	3 年以下	163（9.0%）
	3～5 年	148（8.2%）
	6～10 年	238（13.2%）
	10 年以上	1192（66.0%）
	缺失值	65（3.6%）

二、中小学教师一般自我效能感与自我接纳的表现特征

（一）中小学教师一般自我效能感的表现

1. 男性教师一般自我效能感高于女性教师

性别因素与自我效能感的相关，我们通过分析性别之间的差异来说明，结

果见表 8-2。经过独立样本 t 检验，性别差异显著，男性一般自我效能感高于女性。

表 8-2　一般自我效能感得分在性别上的差异

项目	男（n=775）	女（n=952）	t
$M \pm SD$	2.74±0.53	2.67±0.49	2.55*

2. 随任课时间的增加，教师一般自我效能感呈增长趋势

每周课时的有效数据为 1758 人，有效比例为 98%，单因素方差分析结果显示差异显著（表 8-3），每周课时对自我效能感有显著影响，每周课时在 12 节以下、13～20 节及 20 节以上 3 个水平的教师自我效能感逐渐增高，且差异显著，每周课时在 5 节以下和 6～12 节的教师自我效能感无显著差异。

表 8-3　自我效能感得分在每周课时上的差异检验

每周课时	$M \pm SD$	F	LSD
5 节以下	2.74±0.45		1<4
6～12 节	2.69±0.46		2<3，4
13～20 节	2.68±0.48	5.48**	3<4
20 节以上	2.85±0.93		

注：5 节以下=1，6～12 节=2，13～20 节=3，20 节以上=4

3. 参加培训有利于提高教师的一般自我效能感

是否参加过培训对自我效能感的影响结果见表 8-4，经过独立样本 t 检验，是否参加过培训教师的一般自我效能感差异显著，参加过培训的教师的自我效能感显著高于未参加过培训的教师的自我效能感。

表 8-4　自我效能感得分在是否参加过培训上的差异检验

项目	参加培训	不参加培训	t
$M \pm SD$	2.70±0.51	2.60±0.45	2.33*

4. 和睦的夫妻关系有利于形成较高的教师一般自我效能感

一般自我效能感的夫妻关系差异检验结果见表 8-5，夫妻关系维度的有效数据为 1559 人，有效比例为 88%，单因素方差结果显示差异显著。

LSD 事后两两比较结果显示：夫妻关系和睦的教师在自我效能感上的得分显著高于夫妻关系普通和冷淡的教师，夫妻关系普通和冷淡的教师在自我效能感上的得分无显著差异。

表 8-5　自我效能感得分在夫妻关系维度上的差异

类型	$M \pm SD$	F	LSD
和睦	2.71±0.50		1>2
普通	2.60±0.56	4.79**	
冷淡	2.78±0.56		

注：和睦=1，普通=2，冷淡=3

5. 教师的身体健康状况越好，其一般自我效能感的水平越高

一般自我效能感的身体健康状况差异见表 8-6。身体健康的有效数据为 1744 人，有效比例为 99%，单因素方差差异显著。

LSD 事后两两比较结果显示：身体健康状况很好的教师在自我效能感上得分最高，且差异显著；身体健康状况较好的教师自我效能感得分显著高于身体健康状况较差和很差的教师。分析结果表明，身体健康对自我效能感有显著影响，身体越健康自我效能感越高。

表 8-6　自我效能感得分在身体健康状况上的差异及其检验

项目	$M \pm SD$	F	LSD
很好	2.85±0.51		1>2, 3, 4
较好	2.64±0.48	22.82***	2>3,
较差	2.54±0.46		
很差	2.51±0.77		

注：很好=1，较好=2，较差=3，很差=4

6. 教师的一般自我效能感随月收入增长呈上升趋势

一般自我效能感的月收入差异检验结果见表 8-7。月收入的有效数据为 1747 人，有效比例为 97%。月收入为 1500 元以下的教师在一般自我效能感上的得分最低，月收入为 5000 元及以上的教师在一般自我效能感上的得分最高，月收入为 3000~4999 元的教师在一般自我效能感上的得分低于月收入在 1500~2900 元的教师。分析结果表明，月收入对自我效能感有显著影响，一般来说，月收入越高自我效能感越高。

表 8-7　自我效能感得分在月收入上的差异及其检验

类型	$M \pm SD$	F	LSD
1500 元以下	2.51±0.50		1<2, 3, 4
1500~2999 元	2.67±0.53	2.38*	3<2
3000~4999 元	2.70±0.47		
5000 元及以上	2.82±0.61		2, 3<4,

注：1500 元以下=1，1500~2999 元=2，3000~4999 元=3，5000 元及以上=4

7. 教师对教育教学工作的喜爱影响一般自我效能感的发挥

从教原因对教师一般自我效能感的影响见表8-8，一般自我效能感在从教原因上差异显著。

分析结果表明，从教原因对自我效能感有影响，从教原因为"喜欢"的教师在一般自我效能感上得分最高，从教原因为"无奈"的教师一般自我效能感最低，从教原因为"家人影响"的教师比从教原因为"无奈"的教师在一般自我效能感上的得分要高。

表8-8 自我效能感得分在从教原因上的差异及其检验

项目	$M \pm SD$	F	LSD
喜欢	2.80±0.52		1>2, 3, 4, 5
家人影响	2.71±0.53		2>4
工作稳定	2.70±0.50	7.95***	
无奈	2.54±0.50		
其他	2.61±0.39		

注：喜欢=1，家人影响=2，工作稳定=3，无奈=4，其他=5

8. 事件效价影响教师的一般自我效能感

（1）经历愉快事件能提高教师的自我效能感

分析是否有"愉快事件"对教师自我效能感的影响，结果见表8-9。经过独立样本 t 检验，是否有"愉快事件"对教师一般自我效能感的影响差异显著，有"愉快事件"的教师在一般自我效能感的得分上高于没有"愉快事件"的教师。

表8-9 自我效能感得分在是否有愉快事件上的差异

项目	有愉快事件	没愉快事件	t
$M \pm SD$	2.78±0.45	2.64±0.52	4.16***

（2）经历不愉快事件会降低教师的自我效能感

是否有"不愉快事件"对教师一般自我效能感的影响见表8-10，经过独立样本 t 检验，是否有"不愉快事件"对教师一般自我效能感的影响差异显著，有"不愉快事件"的教师在自我效能感上的得分低于没有"不愉快事件"的教师。

表8-10 自我效能感得分在是否有不愉快事件上的差异

项目	有不愉快事件	无不愉快事件	t
$M \pm SD$	2.58±0.48	2.72±0.51	−4.17***

9. 对近期情绪的感知与评价影响教师的一般自我效能感

一般自我效能感与"一个月内情绪"的相关结果见表8-11。研究中，我们将近期情绪感知定义为近一个月内的情绪认知。一个月内的情绪评价由低到高共分 6 个等级：糟糕、不快乐、不太满意、满意、快乐、愉快，经过统计分析我们发现，自我效能感得分与其在一个月内情绪感知等级呈显著正相关，情绪感知越积极，其自我效能感越高。

表 8-11　自我效能感得分与在一个月内情绪的相关

项目		自我效能感总分
一个月内情绪	Pearson 相关性	0.25**
	显著性（双侧）	0.00
	N	1631

10. 人际关系与教师一般自我效能感的相关

一般自我效能感与朋友、家人、同事、老师之间关系的相关结果见表 8-12。与朋友、家人、同事、老师之间关系由低到高共分 6 个等级：糟糕、不快乐、不太满意、满意、快乐、愉快，自我效能感与家人关系、同事关系、老师关系之间都呈显著正相关，关系越愉快，自我效能感越高。

表 8-12　自我效能感同与朋友、家人、同事、老师之间关系的相关

项目		朋友关系	家人关系	同事关系	老师关系
自我效能总分	Pearson 相关性	0.03	0.08**	0.19**	0.19**
	显著性（双侧）	0.27	0.00	0.00	0.00
	N	1627	1628	1626	1619

11. 教师一般自我效能感的跨文化比较

教师一般自我效能感与国外常模差异比较结果见表 8-13。本次调查显示，我国中小学教师一般自我效能感平均值为 2.69，与 Schwarzer 对 7767 名国外成人一般自我效能感调查结果平均值（2.86）比较，经单个样本 t 检验结果显示，我国中小学教师一般自我效能感显著低于 Schwarzer 的常模结果。

表 8-13　单个样本统计量

N	均值	标准差	检验值	t
1667	2.697 7	0.507 04	2.86	−13.07***

我国中小学教师一般自我效能感与 Schwarzer 对 7767 名国外成人调查结果的比较显示，我国教师一般自我效能感显著低于国外常模。一方面，可能是中国群体和外国群体在一般自我效能感上存在文化差异；另一方面，也可能是中国教师群体一般自我效能感偏低。我国传统上对教师期望较高，将教师职业视为"太阳

底下最光辉的职业",用"蜡烛""春蚕"等具有刻板印象的描述称呼教师。同时，现代社会对教师角色要求较多，如教书育人、科研工作者、心理咨询人员等，甚至有的角色相互矛盾，导致部分教师压力较大，难以满足社会和家长及学校的高期望、高要求，从而影响自我效能感。

12. 教师一般自我效能感的其他相关因素

一般自我效能感在年龄、教龄、职称、学历、专业、课程、所在学校、是否担任班主任、是否兼职行政职务、是否坐班、是否结婚、是否有孩子上的差异均不显著，说明一般自我效能感具有一定的稳定性。

（二）中小学教师自我接纳的表现特征

1. 女性教师自我接纳水平高于男性教师

自我接纳的性别差异结果见表 8-14。分析性别因素对教师自我接纳程度的影响，即对男女被试在该问卷上的得分进行独立样本 t 检验，结果显示，性别因素在自我接纳总分方面差异显著（$t=-2.20$，$p<0.05$），女教师在自我接纳上的得分显著高于男教师。

表 8-14　性别因素对自我接纳的影响

项目	男（$n=699$）	女（$n=862$）	t
$M \pm SD$	41.29±4.87	41.85±5.17	−2.20*

2. 不同职称的中小学教师自我接纳程度不同

自我接纳的职称差异结果见表 8-15。对不同职称的被试在自我接纳问卷上的得分进行单因素方差分析，方差齐性检验的结果表明 $p=0.718$，即各职称组的方差齐性。方差分析结果表明，职称因素对自我接纳程度影响显著（$F=3.52$，$p<0.05$）。LSD 多重比较发现，仅初级与中级、高级之间差异显著，即中级和高级职称的教师自我接纳水平显著高于初级职称的教师，职称"未定"教师与其他职称教师在自我接纳上无显著差异。

表 8-15　职称因素对自我接纳的影响

职称	$M \pm SD$	F	LSD
未定（$n=131$）	41.63±4.88	3.52*	2<3，4
初级（$n=391$）	40.99±4.67		
中级（$n=750$）	41.82±5.20		
高级（$n=309$）	42.14±5.00		

注：未定=1，初级=2，中级=3，高级=4

3. 高学历的中小学教师自我接纳程度高

自我接纳的学历差异结果见表 8-16。对不同学历的被试在自我接纳上的得分进行单因素方差分析。方差齐性检验的结果表明 $p=0.29$，即各学历组的方差齐性。方差分析结果表明，学历因素对教师自我接纳程度影响显著（$F=2.64$，$p<0.05$）。LSD 多重比较发现，本科以上学历与大专学历、本科学历教师在自我接纳上的得分差异显著，即本科以上学历教师的自我接纳水平显著高于大专学历和本科学历的教师，大专学历与本科学历教师的自我接纳差异不显著。

表 8-16 学历因素对自我接纳的影响

学历	$M \pm SD$	F	LSD
大专以下（$n=42$）	41.76±5.4		
大专（$n=415$）	41.24±4.3	2.64*	2<4
本科（$n=1\,058$）	41.72±5.2		3<4
本科以上（$n=54$）	41.64±4.9		

注：大专以下=1，大专=2，本科=3，本科以上=4

4. 担任副科的中小学教师自我接纳程度高于担任主科的教师

自我接纳的担任课程情况差异结果见表 8-17。对担任不同课程的被试在自我接纳问卷上的得分进行单因素方差分析。方差齐性检验的结果表明 $p=0.09$，即各课程组的方差齐性。方差分析结果表明，课程因素对自我接纳程度影响显著（$F=4.03$，$p<0.01$）。LSD 多重比较结果表明，担任语数外、政史地和理化生课程的教师之间的自我接纳程度差异不显著，但均显著低于担任其他课程教师的自我接纳水平。可见担任主科教师的自我接纳水平低于担任副科教师的自我接纳水平。

表 8-17 课程差异对自我接纳的影响

课程	$M \pm SD$	F	LSD
语数外（$n=699$）	41.69±4.4		1<4
政史地（$n=171$）	41.28±4.2	4.03**	2<4
理化生（$n=105$）	41.85±4.5		3<4
其他（$n=75$）	43.58±8.2		

注：语数外=1，政史地=2，理化生=3，其他=4

5. 中小学教师自我接纳程度在是否担任班主任方面有差别

是否班主任对自我接纳的影响结果见表 8-18。分析是否担任班主任因素对自我接纳程度的影响，即被试在该问卷上得分的独立样本 t 检验结果显示，方差齐性检验不显著（$p>0.05$），即两组的方差齐性；是否担任班主任因素在自我接纳方面的差异显著（$t=-1.95$，$p<0.05$）。非班主任教师的自我接纳程度显著高于班主任教

师的自我接纳程度。

表 8-18　是否担任班主任对自我接纳的影响

项目	班主任（n=638）	非班主任（n=951）	t
$M \pm SD$	41.33±4.84	41.88±5.11	-1.95*

6. 和睦的夫妻关系利于中小学教师的自我接纳

自我接纳的夫妻关系差异结果见表 8-19。分析夫妻关系因素对教师自我接纳程度的影响，对不同关系状态的被试在自我接纳问卷上的得分进行单因素方差分析。方差齐性检验的结果表明 p=0.71，各夫妻关系状态组的方差齐性。方差分析结果表明，夫妻关系因素对自我接纳程度影响显著（F=19.05，p<0.001）。LSD 多重比较结果表明，夫妻关系和睦的教师其自我接纳程度显著高于夫妻关系普通的教师。

表 8-19　夫妻关系对自我接纳的影响

夫妻关系	$M \pm SD$	F	LSD
和睦（n=1178）	42.06±5.0		1>2
普通（n=231）	39.87±4.5	19.05***	
冷淡（n=7）	40.29±3.7		

注：和睦=1，普通=2，冷淡=3

7. 中小学教师自我接纳的身体健康状况特征

分析身体健康因素对自我接纳程度的影响，对不同健康状态的被试在自我接纳问卷上的得分进行单因素方差分析（表 8-20）。方差齐性检验的结果表明 p=0.248，各健康状态组的方差齐性。方差分析结果表明，身体健康因素对自我接纳程度影响显著（F=16.98，p<0.001）。LSD 多重比较结果表明，身体健康状况很好的教师的自我接纳程度最高，且显著高于另外 3 组，另外，身体健康状况较好的教师其自我接纳程度也显著高于身体健康状况较差的教师，说明良好的身体状态会促进自我接纳水平的提高。

表 8-20　身体健康状况对自我接纳的影响

身体健康	$M \pm SD$	F	LSD
很好（n=529）	42.81±5.0		1>2, 3, 4
较好（n=813）	41.33±4.4	16.98***	2>3
较差（n=231）	40.39±5.9		
很差（n=16）	39.38±5.1		

注：很好=1，较好=2，较差=3，很差=4

8. 对教学的喜爱有利于中小学教师自我接纳程度的提高

分析从教原因对自我接纳程度的影响，结果见表 8-21。对从教原因不同的被试在自我接纳问卷上的得分进行单因素方差分析，结果表明从教原因对自我接纳程度影响显著（$F=9.40$，$p<0.000$）。Tamhane's 2 多重比较结果表明，由于喜欢而从教的教师其自我接纳程度最高，且显著高于另外 4 组；出于其他原因从教的教师其自我接纳程度显著高于由于无奈而从教的教师。

不论从教原因是喜欢还是其他原因，教师对职业一般都会有一定程度的认同。而无奈从教则是为他人或者客观现实所迫，可能其内心根本无法认同教师职业，因此也就无法自我接纳。

表 8-21　从教原因对自我接纳的影响

从教原因	$M \pm SD$	F	Tamhane's 2
喜欢（$n=483$）	42.73±4.90		1>2, 3, 4,
家人影响（$n=196$）	41.33±4.30		2<1
工作稳定（$n=475$）	41.29±4.90	9.40***	3<1
无奈（$n=196$）	40.26±4.30		4<5
其他（$n=202$）	41.57±4.20		5>4

注：喜欢=1，家人影响=2，工作稳定=3，无奈=4，其他=5

9. 事件效价影响中小学教师的自我接纳程度

分析不愉快事件对自我接纳程度的影响，采用独立样本 t 检验，结果显示（表 8-22），方差齐性检验不显著（$p>0.05$），即两组的方差齐性；不愉快事件在自我接纳方面的影响差异显著（$t=-7.84$，$p<0.001$），有不愉快事件教师的自我接纳程度显著低于无不愉快事件的教师。

表 8-22　不愉快事件对自我接纳的影响

项目	有不愉快事件	无不愉快事件	t
$M \pm SD$	39.80±5.78	42.16±4.65	-7.84***
N	338	1247	

10. 对近期情绪的感知与中小学教师自我接纳的关系

自我接纳和一个月内情绪的相关见表 8-23。一个月内情绪由低到高共分 6 个等级：糟糕、不快乐、不太满意、满意、快乐、愉快，自我接纳得分与在一个月内情绪呈显著正相关，情绪越积极，自我接纳程度越高。

表 8-23　自我接纳和一个月内情绪的相关

自我接纳总分（$M \pm SD$）	一个月内情绪	
	Pearson 相关性	0.23**
41.57±4.96	N	1598

11. 人际关系对中小学教师的自我接纳程度的影响

自我接纳与朋友、家人、同事、老师之间关系的相关结果见表 8-24。与朋友、家人、同事、老师之间关系由低到高共分 6 个等级：糟糕、不快乐、不太满意、满意、快乐、愉快，自我效能感与这 4 个变量都呈显著正相关。

表 8-24　自我接纳与朋友、家人、同事、老师之间关系的相关

项目		朋友关系	家人关系	同事关系	老师关系
自我接纳	Pearson 相关性	0.05*	0.08**	0.18**	0.16**
	显著性（双侧）	0.05	0.00	0.00	0.00
	N	1595	1596	1594	1589

12. 关注心理的中小学教师自我接纳程度高

自我接纳在关注解决农村困境上的差异结果见表 8-25。分析关注事项对自我接纳程度的影响，对不同关注状态的被试在自我接纳问卷上的得分进行单因素方差分析，结果表明关注事项对自我接纳程度影响显著（$F=2.58$，$p<0.05$）。Tamhane's 2 多重比较结果表明，关注心理的教师的自我接纳程度显著高于关注提高待遇的教师、关注身体的教师和关注其他的教师。

表 8-25　关注因素对自我接纳的影响

关注	$M \pm SD$	F	Tamhane's 2
提高待遇（$n=1002$）	41.57±4.8		1<4
促进专业成长（$n=99$）	42.31±7.9		
关注身体（$n=93$）	41.32±4.3	2.58*	3<4
关注心理（$n=69$）	43.29±3.7		
其他（$n=53$）	41.11±3.0		5<4

注：提高待遇=1，促进专业成长=2，关注身体=3，关注心理=4，其他=5

关注心理的教师自我接纳水平较高。农村教师现实困境反映在很多方面，而强调关注心理的个体开始意识到心理因素对认知、情绪、行为的影响，也可能从不同途径了解心理健康常识、增进心理健康水平，从而提高自我接纳水平。

13. 中小学教师自我接纳研究中其他相关因素

自我接纳在月收入、所在学校、专业、年龄、教龄、课时、是否兼职行政职务、是否坐班、有无参加培训、婚姻状况、是否有孩子等因素上均无显著差异。

三、中小学教师一般自我效能感与自我接纳的密切关系

通过分析,我们总结出教师的一般自我效能感与自我接纳的关系密切,主要表现在同步变化与交错表现两个方面。

(一)教师的一般自我效能感与自我接纳同步变化

1. 显著的正相关关系

一般自我效能感与自我接纳呈显著正相关($r=0.39$,$p<0.01$)。自我接纳和自我效能相互影响,相互作用,难以分割。

自我接纳包含自我评价因子和自我接纳因子,反映了个体对自己各方面的接纳认识情况,一般自我效能感是个体对自己应在不同环境中的一种总体的自信,两者共同影响自我意识的表现和发展。

进一步的考察说明,一般自我效能感和自我接纳受夫妻关系、身体健康状况、从教原因、有无愉快事件、人际关系等方面的影响倾向表现一致,而在性别方面的差异表现则相反。

2. 身体健康的教师一般自我效能感和自我接纳水平较高

身心之间有密切的关系,心理状态会影响身体健康,身体健康也会影响心理因素。身体健康的个体生活质量也较高,不易受病痛的折磨,心理幸福感指数较高,自我意识较好。自我效能感和自我接纳水平较高的个体,其心情愉悦,情绪平和,有利于身体健康。而自我效能感和自我接纳水平较低的个体,缺乏自信,无法愉悦地接受自己,自我矛盾、冲突较多,情绪消极,长期下去,容易导致身体问题。

3. 喜欢从教的教师的一般自我效能感和自我接纳水平皆高

从教的原因有很多,而这一因素对教师心理会产生很大的影响。享受教学才会喜欢教师这一职业,才会把教学工作当成事业去追求,把自己的兴趣和工作很好地结合起来,进而取得很好的教学效果,进一步强化教学和教育工作。因此,喜欢从教的教师比无奈之下从事教师工作的教师具有更高的自我效能感和自我接纳水平。

4. 人际关系影响一般自我效能感和自我接纳水平

一般自我效能感和自我接纳水平反映了个体和自己相处的关系模式,会影响其自我体验和行为活动。一般自我效能感和自我接纳水平高的个体更自信,无条件悦纳自我,心理自由度也较广,看问题的角度较全面,与人相处时也会更客观,

不会过于偏激。自我意识水平也会影响个体与别人的人际交往情况和人际关系水平，其中包括夫妻关系、朋友关系、同事关系、教师关系等。夫妻关系非常复杂，涉及人身、财产和依恋关系，夫妻关系和睦与否会受到夫妻双方自我意识的影响。自我意识完善的个体有自信，能很好地调节情绪，能较好地处理复杂的夫妻关系，较好地把握好行为的尺度和交往的界限，否则容易引起夫妻矛盾，导致关系紧张、冷淡。除此以外，一般自我效能感和自我接纳水平较高的个体的人际关系也更为融洽、和睦。

5. 情绪事件影响一般自我效能感和自我接纳

生活事件是影响个体情绪和认知的重要因素，有愉快的事件或者无不愉快事件发生会引起积极的情感，进而会影响自我效能感和自我接纳水平。另外，具有较高自我效能感和自我接纳水平的个体，也更容易感受到生活的积极方面，从而影响其对生活事件的认知和体验。

（二）教师的一般自我效能感与自我接纳交错表现

1. 男教师的一般自我效能感高于女教师，男教师的自我接纳低于女教师

在性别上，中小学教师的一般自我效能感与自我接纳呈现出"此起彼伏"的表现特征。受传统刻板观念的影响，有的人认为男性具有更强的能力，因此，男教师比女教师更自信，一般自我效能感较高。但相对女性而言，社会对男性要求更高，男性中较少有人愿意从事中小学教师工作，而女性从事教师职业多为社会所接受和认可，女教师对自己的期望相对不高，因此，男教师自我接纳水平较低，女教师自我接纳水平较高。

2. 参加培训有利于提高自我效能感，而对自我接纳无影响

教师培训工作主要从授课、观摩、考察等途径提高教师的理论和实践能力，增强其自我效能感，所以，参加培训的教师自我效能感高于未参加培训的教师。然而，是否参加培训对自我接纳无影响，说明培训工作侧重于教育理论和专业培养，忽略了教师心理上的完善和调整，因此，参加培训前后其自我接纳没有明显变化。

3. 一般自我效能感受月收入影响，自我接纳受职称和学历影响

教师自我效能感也需要通过一些外在条件来体现，而教师的待遇就是其中之一，工资待遇会影响教师的自我评价和自我价值感，影响其信心和行为效力。而自我接纳受很多因素的影响，收入等物质因素只是影响教师的保障因素，其他的方面，如社会对教师职业的认同、家长对教师的看法、学校对教师的管理等是影响教师的自我接纳的激励因素，因此，教师的自我接纳无月收入方面的差异。

职称是指专业技术人员的专业技术与学识水平和工作能力的等级称号，学历指一个人最高层次的一段学习经历，也反映了个人的受教育程度和学术水平。职称和学历较高的教师其专业技术水平和受教育程度较高，思维更具有广度和深度，能够从多角度客观地认识和了解自己，自我接纳水平也较高。

第三节　教师一般自我效能感和自我接纳的品质优化

一、有的放矢，把握针对性

心理品质的优化与提升不是一个简单的过程。根据研究所取得的结论，我们可以考虑采取针对性的措施，做到具体问题具体分析，不断优化中小学教师的一般效能感和自我接纳水平。

（一）尊重不同性别教师的心理表现差异

一般男教师的自我效能感高于女教师，男教师的自我接纳低于女教师，说明不同性别的教师在不同心理内容上的表现不同，学校首先应该尊重性别之间的差异性。在需要安排不同的教育教学任务，而这些任务对人的心理品质特征要求有所不同时，要尽量考虑到男女性别之间的差异。其次，在教师团队的培养过程中，学校应当号召并且促进教师之间的相互学习，使其互相取长补短。

（二）专业成长和物质奖励共同进行

我们通过本次研究了解到，一般自我效能感和自我接纳与人际关系呈显著正相关，参加培训的教师一般自我效能感高于未参加培训的教师，月收入较高的教师一般自我效能感较高。这说明要促进教师的一般自我效能感的发展，提升教师的自我接纳水平，建立健全教师的培养培训体系和收入保障机制非常必要。因此，要为教师提供专业发展的平台，同时保障他们的经济收入，这会在一定程度上有利于教师一般自我效能感的提高。

（三）教师家庭和社交活动的平衡发展

身体状况、家庭关系和人际关系都会对教师的一般自我效能感和自我接纳产生影响。身体健康的教师一般自我效能感和自我接纳水平较高，夫妻关系和睦的教师一般自我效能感和自我接纳均高于夫妻关系普通的教师，一般自我效能感和自我接纳与人际关系呈显著正相关。因此，关注教师的家庭、社会生活，促进两个方面的和谐与平衡，是非常重要的举措。

（四）教师的自我觉知最为重要

喜欢从教的教师的一般自我效能感和自我接纳水平皆高，在"您认为解决农村教师的现实困境主要应当关注什么"的问题中，强调"关注心理"的教师自我接纳水平较高。此外，有"愉快事件发生"和无"不愉快事件"发生的教师一般自我效能感和自我接纳水平较高，也说明教师对事情的态度会影响到其一般自我效能感和自我接纳水平。

二、重点突出，强化持久性

根据中小学教师一般自我效能感和自我接纳的现状，我们还应当考虑长远，从心理上找出有效的对策，确保教师的一般自我效能感与自我接纳的改变能够有长久的效果。在这方面，家庭、学校、社会及中小学教师本身都应当投入其中，各自承担相应的职责。

（一）关注心理，改善环境

社会和学校应该关心教师的心理实际，从降低教师的职业压力、提高教师的待遇、注重教师的专业培养与自我成长等途径入手，改善教师的工作和生活环境，促进教师更好地自我接纳，进而发挥效能感。

我们可以适当调整教师的工作节奏和工作任务，从而适度减轻教师的工作压力；还可以在保证教师基本保障的前提下，适度提高教师的待遇，让教师真正成为社会上令人羡慕的职业之一，以此来提升教师的自豪感。当然，为教师提供进修、学习的机会，鼓励教师的专业成长，也是不可忽视的重要策略。在对教师的培训工作中，不能忽视对其心理素养的提高的引导和心理健康技能的培养。

本章研究结果显示，非班主任和非主科教师自我接纳水平高于班主任和主科教师，这反映了教学任务重、教学压力大会影响教师的自我接纳水平。所以，适度地减轻教师的工作负荷、安排假期等休息时间对于教师的自我接纳是具有影响作用的。

(二)调整身心,悦纳自我

教师自己应该学会调整身心,接纳自我,调节人际关系,提高心理素质,这是教师提升自我接纳水平和自我效能感的内在保障条件。

本次研究显示,身体健康状况会影响教师的一般自我效能感和自我接纳,良好的身体健康状况会促进教师自我意识的提高和发展。好的心态是无价之宝,辩证的认知是保持良好心态的前提。如果我们不能改变环境,那就只能调整自己的认知,从而树立良好的心态。我们发现,那些真正喜欢教师职业的教师,他们会从自己的工作中发现价值,这样他们就会从中获得乐趣,自己的心态就比较健康。这种状态又会促进其在工作中确立信心、努力工作。可以说,这种良性循环状态的形成得益于教师自身的心理调整。

自我接纳向来被认为是心理健康的重要标志,针对这一问题,相关的研究者已经进行了大量的前期研究。有研究者指出,个体应该着重从以下几个方面入手增进自我接纳:首先,应该注重解读过去的积极含义,获得自知与满足;其次,可以通过功能分析提高现在的适应能力,体验快乐与幸福;最后,应该逐步形成积极的模块化,对未来抱有希望。

自我接纳有个过程,这个历程通常包括三个方面:接纳自己的身体,接纳自己的外部行为,接纳自己的内在品质。自我接纳与家庭生活体验、学校生活体验、社会生活体验等因素都有着密切的联系(见本章第一节)。

(三)建立良好的人际关系

良好的人际关系对个体的事业、人生的影响是非常大的。本次研究结果显示,夫妻关系、同事关系、朋友关系都会影响教师的一般自我效能感和自我接纳的水平,因此,处理好人际关系,有利于教师自我意识的提高,教师应该调整好人际关系。

人是社会中的个体,要与不同人群交往,而交往的能力和水平直接影响了交往的结果。在人际交往过程中,教师要善于把握人际沟通的方向,掌握人际沟通的方法和策略,确保人际沟通循着个体所期望的目标进行。如何处理好人际关系,促进人际沟通,在相关章节已有论述,在此不再赘述。

第九章 教师的人格结构特征

第一节　回顾与展望

中小学教师是我国基础教育的中坚力量。教师是影响学生健康发展和教育教学效果的核心因素,这是毋庸置疑的。一直以来,中小学教师的素质结构特征都被作为教育心理学的重点内容进行研究。

一般认为,素质结构是一个有机的、完整的、相互联系与相互制约的特征体系,主要由职业道德、专业水平(包括知识结构和能力结构)和人格品质结构特征构成。在这些结构成分中,从某种意义上说,人格特征是最具有持久影响作用和教育价值的。而优秀的人格特征不仅可以保障教师自身的专业成长,而且对青少年的身心健康发展具有榜样和示范意义。进一步来说,人格特征是规范、促进教师职业道德培养、提高专业技能水平、提升教育教学效能的心理基础。因此,开展对中小学教师的人格特征的调查研究,并合理构建教师的人格结构模型,对于学校教育教学改革,学生健全人格的培养与教育,以及教师的专业成长等,具有重要的理论支撑作用。

一、意义与价值

(一)教师人格结构特征研究的重要性

教师的人格会影响到学生的人格发展。教师在学生日常学习和生活中扮演着重要角色，与学生接触的时间仅次于家长，其自身人格特征对学生个性发展和行为习惯的形成具有潜移默化的重要影响和促进作用。大量的现实观察和实验证明，在影响学生的诸多因素中，教师的人格影响是最为重要的。因此，在针对如何通过知识教育、道德教育促进中小学生健康、健全人格形成的各类研究和成果中，研究者都不断强调师德、师爱和教师人格对学生的重要影响。

教师工作的重要目标是培养和教育下一代，他们以自身人格塑造学生人格，以自身行为影响学生行为。优秀教师除了在自身专业技术水平、教育教学方法和职业道德方面体现出其特色外，最重要的就是个人的人格魅力产生正向影响。有部分研究证实，教师人格特征不仅影响学生人格塑造，甚至还与学生学业成绩等其他评价指标有紧密的相关性，在有些方面甚至超过了教师年龄、学历等基本因素对学生学习产生的影响。

由此，笔者通过理论和实证研究，以大面积调研和客观数据为基础，总结优秀教师的人格结构特征，分析挖掘、建构优秀教师人格结构模型，这对于帮助理解和认识教师人格对学生人格的塑造作用机制、优秀教师培养方面要注意的人格和心理要素、综合评价教师能力和素养、推进教育改革过程中的教师综合评价体系，都具有至关重要的作用。

教师人格特征对于教师自身发展、教师职业规划、职业倦怠、职业情感衰竭等方面也有重要影响。有研究表明，教师自身的创新性、开放性等人格特征可以促进教师的专业成长。具备良好人格特征的教师较少地感受到职业倦怠，也具有较强的自身抵抗力，能够维护心理健康。

此外，研究教师人格特征与职业发展、自我成长等方面的关系，将有助于推动教师职业相关政策法规的制定和完善，有助于教师教育的纵深改革，以及教师培养新体系方案的形成和修订等，因而对高等师范院校的教育改革和学生培养工作意义深远。

（二）中小学教师人格结构特征研究的特殊性

中小学教师处于基础教育阶段，有别于高等教育、职业教育、成人教育等其他教育阶段的教师，具有启蒙和奠定基础的作用。首先，中小学教师所教授的知识具有基础性。中小学教育是打基础的教育，中小学教师不仅要传授科学的知识，还要培养学生良好的行为习惯，要实施素质教育。其次，中小学教师所教授的对象是处于身心急速发展变化中的青少年。由于教育对象的特殊性，教育难度反而更大。教育方式方法的选择、师生关系的培养和教师示范引导作用的发挥，都要求教师具备更加专业的业务实力、投入更多的精力，其中尤其需要强调的是其自身人格特征对学生的身心发展影响更大。最后，中小学生的模仿和学习能力很强，主观判断能力和独立性相对较弱，对学习、生活、人际交往过程中的正确与错误的区分及为人处世的方式方法，很大程度上依赖于模仿和学习教师的言行举止，依赖于体会自己和教师之间的情感和行为互动，因此，其个性的形成和行为的培养与中小学教师密不可分。

研究中小学教师人格结构特征，针对其教育层次和对象特殊性，构建优秀中小学教师人格结构模型，可以更好地了解中小学教师人格特征与其教育教学工作的相互影响和作用，探索、总结社会对中小学教师优秀人格品质的诉求，对于提升中小学教师培养自身人格品质的意识，放大教师人格对中小学生个性和心理的培养效用，从培养教师优秀人格特征出发，促进学生素质的全面发展，寻求推动教育水平发展和教育工作效能提升的新思路和新方法，具有积极且重要的理论和现实意义。

总而言之，研究中小学教师的人格特征，建构优秀中小学教师人格结构，对于培养优秀中小学教师，进而提高中小学教育成效，推动中小学生人格培养，促进学生素质全面发展，有着既重要又特殊的意义。

二、现状与进展

（一）国外关于教师人格品质的研究

1. 早期的探索

国外早期有关教师人格心理方面的研究，主要是依据人格特质理论，探讨教师人格特质与学生能力发展和学习成绩之间的关系，以从人格特质上区分好教师和差教师。

Witty（1940）花了40年的时间对4700名学生进行调查分析，归纳出有效能和无效能教师人格特质的差异。有效能教师的人格特质主要包括：①合作、民主；②仁慈、体谅；③能忍耐；④兴趣广泛；⑤和蔼可亲；⑥公正；⑦有幽默感；⑧言行稳定一致；⑨有兴趣研究学生问题；⑩处事有伸缩性；⑪了解学生、给予鼓励；⑫精通教学技能。无效能教师具有的人格特质包括：①脾气坏、无耐心；②不公平、偏爱；③不愿帮助学生；④狭隘，对学生要求不合理；⑤忧郁、不和善；⑥讽刺、挖苦学生；⑦外表讨厌；⑧顽固；⑨罗嗦不停；⑩言行横霸；⑪骄矜自负；⑫无幽默感。可见，教师人格特质对教学效能的影响重要而深远。

Ryans（1960）在一项研究中发现，具有下列人格品质的教师能有效地促进学生的学习行为：①关心人，体贴人，理解人，友好和蔼；②有事业心和责任感，喜欢和热爱自己的工作；③在教学中具有启发和刺激能力、丰富的想象力和极大的热情。那些活跃的、富有激情和想象力的，对所教学科满怀激情的教师，在校长和有经验的观察者眼里往往是比较成功的教师。

Rushton 等（2006，2007）根据学生对教师讲课效果的评价，总结出成功教学所必需的两个人格维度：成就取向（由管理能力、智力、责任感等特质组成）和人际取向（由影响力、自我同一性等组成）。后来又增加了教师课堂行为方面的两个维度：魅力和组织才能。结果表明，在这 4 个维度上得分高的教师，往往被学生评价为优秀教师。谢费（Schaefor，1971）的研究表明，大多数学生认为，对他们的学习有积极作用的教师具有以下人格品质：对所教的课程有很大的热情，对学生有兴趣，对自己和学生充满信心，在教学中严肃认真，诚实坦率，为人善良，和蔼热情，易与学生相处，善于关心和帮助学生。

Lew（转引自：万云英，1990）认为教师人格特质在认知、态度和情感 3 个方面直接影响学生。他提出理想的人格可以帮助创造和维持一种舒适而有动力的学习气氛；教师和学生人格的相互作用将影响学生对教师、教师所教的课程及学校的态度，因此可以假定学生对教师的态度是教师人格的函数；在情感方面教师人格与教学密切有关。一般情况下，教师对学生常以认知取向，而学生对教师则往往以情感取向。学生喜欢某教师，学习积极性就高，反之则厌恶学习。

Tatar 和 Horenczyk（1996）的研究发现，不同年龄的学生对教师的期望可能不一样。小学生希望教师是可以提供帮助的、公平的和有能力的，而中学生则希望教师是公平的、有能力的，在必要时可以提供帮助。

Schiff 和 Tatar（2003）的调查发现，小学生心目中的理想教师是学习的促进者、可信的支持者、挑战者、个性鲜明的人。

Lindsey（1980）对优秀教师的人格品质进行了综合研究，认为在教学中成功率高的教师具有以下人格品质：理解自己，接受、尊重和信任自己，具有健康的积极自我观念；对他人敏感，善于给予理解和关心，尊重和信任他人，支持和帮助他人；具有较高的智力水平，在教学的组织和创新过程中表现出独特而丰富的智力风格；思想活跃，善于接受新事物和新观点，具有较强的求知欲、成就动机和广泛的社会兴趣；具有敏感的直觉和认知能力；充满热情，追求完善；对自己的行为和工作有较强的责任感。

2. 新近的探索

自 2010 年以来，关于中小学教师人格品质的研究更加具体化，研究针对的方向也更加有特色，不仅针对学生的学习效果，更多的研究开始转向对学生人格的塑造及教师和学生人格之间的相互作用，从不同的视角研究教师优秀人格的重要作用和内涵。

一些研究开始关注在师生之间的交互行为过程中,教师的人格对学生人格的影响。Kokkinos等(2010)研究了教师和学生物理的、心理的、情感的交互行为对小学生人格塑造和发展的影响,通过对教师和学生发放问卷并对结果进行分析,总结得出如下结论:教师人格中的外倾性与师生之间的合作行为呈显著正相关,例如,教师的领导力、友好程度、对学生的理解程度、给予学生的自由和对学生负有的责任感等,这些与学生的敌对行为呈负相关;教师人格中的神经性和学生的敌对行为呈显著正相关。由此可知,得到学生支持,善于处理师生关系的教师,其外倾性一般较高而神经性较低。

有关教师人格、自我效能、情绪劳动和情感衰竭的研究也不断深入。Basim等(2013)通过中介分析(mediation analysis)的方法,以情绪劳动(emotional labor)为中介模型,分析教师人格特征和情感衰竭(emotion exhaustion)之间的联系,并指出教师人格特征中的外倾性和神经性可以作为情感衰竭的主要预测因素,其中神经性与情感衰竭呈正相关,与外倾性呈负相关。

在中小学教学过程中,由于学生年龄小等特殊性,教师必须时常保持稳定的、特定的情绪,让学生体会到教师可靠、可依赖,这也是为人师表的要求。而这些有时候与教师当前的情绪是不吻合的,需要教师进行自我调整。长期的自我调整会导致情感衰竭,从而影响教师自我效能的发挥,以及引起学生学习和师生情感交流能力的下降。因此,教师优秀人格中的外倾性高将有助于减慢情感衰竭过程,但神经性高的教师往往更容易在表层行为(surface acting)上难以保持情绪稳定,从而对学生产生不良影响。

Klassen和Tze(2014)采用元分析(meta-analysis)的方法,在以往教师人格特征和自我效能之间关系的43项类似研究和9216名被试结果的基础上,系统性地分析、总结出教师人格特征对于自我效能影响比较显著的因素,并指出教师的自我效能直接影响教学效果,与学生未来的成就呈高正相关。

研究教师的人格特征对自我效能的影响60年来一直都是关键性的问题。Robert认为,"教师是被创造出来的,不是天生的",只有了解已经成型的人格特征对教学行为的影响,找出人格特征和自我效能评价体系之间的联系,才能帮助教师理解有成效的教学行为的构成方式,提高教学活动的效果。

部分关于教师人格的研究发现,教师和学生的人格相似性会影响教师对学生的评价客观性,甚至导致教师判断上的先验性错误。

Göncz等(2014)调查分析了学生认为的优秀教师的人格特征,并强调了学生人格的培养受到好教师的优秀人格因素的影响很大。

Rausch 等（2016）通过研究发现，教师和学生之间的人格相似性会影响教师评价学生学习成绩和学习效果的准确性，在不同的判断方法和不同学科的维度上，人格相似性造成的判断偏差各不相同。

还有一些研究关注特定行为、特性教育对象前提下教师人格的作用和意义。Lee 等（2014）为了研究教师的人格特征对学生创新能力的影响，对岗前教师人格特征与其创新性行为进行了研究，结果显示，教师人格中的开放性显著影响教师的创新意愿，对创新行为有预测作用，而教师自身的创新行为经验在其开放性人格和创新行为之间发挥重要的中介作用，研究这些对教师岗前培训及相关创新能力的培养有重要的指导意义。

Baudson 和 Preckel（2013）通过情景实验的方法，采用内隐人格理论，研究教师对有才能学生的人格判断。实验结果证明，对于有才能的学生，教师往往认为其外倾性较低、神经质高（情绪不稳定）、宜人性较低、更加开放，女生比男生在责任感和宜人性上得分更高。

Buttner 等（2015）通过研究对存在问题行为的学生进行教育的专家级教师的人格特征，证实了不同的人格特征，导致教师水平存在明显的优劣之分，且根据大五人格模型，人格特征中除了神经质之外的其他 4 项特征均与此类教师是否优秀呈正相关。

（二）我国关于中小学教师人格品质的研究

1. 20 世纪 80 年代以来的六大关注点

20 世纪 80 年代中期以后，我国教育心理学界开始对教师人格进行系统研究，主要关注 6 个方面的问题：教师人格的特点、教师人格的影响因素、教师人格问题、教师人格对教学及学生发展的影响、优秀教师的人格品质，以及教师人格的培养与塑造。

我国关于教师人格的研究，大多继承了国外教师人格研究的思路，重点集中在探讨优秀教师典型人格品质上。郭成等（2005）通过中国学术期刊全文数据库和 1980 年以来的《全国报刊资料索引》，共检索到 1980—2003 年的 170 篇关于教师人格研究的专业性文章，其中，实证研究文章 45 篇，主要涉及教师人格品质及其与学生学业成绩关系的研究，理论探讨文章 125 篇，主要涉及教师人格作用与培养途径的研究。其中，优秀教师人格品质和教师健全人格结构及其培养的研究尤为引人注目。

为了更好地发挥教师人格在学生发展中的作用，许多研究探讨了学生喜爱的"理想教师"的人格品质。

万云英（1990）调查研究了高中生、中专生、大学生心目中理想教师人格品质，按其重要性排列如下：①平易近人；②没有偏心；③关心同学；④态度认真；⑤严格要求；⑥颇有耐心；⑦言行一致；⑧朴素大方；⑨开朗活泼；⑩品德高尚。

谢千秋（1982）曾对4415名中学生进行调查，结果表明，学生喜欢的教师的前五条品质为：①热爱、同情、尊重学生；②知识广博、肯教人；③耐心温和，容易接近；④对学生实事求是，严格要求；⑤教学方法好。

中国、日本、美国三国的研究机构（中国的上海青少年研究所、日本青少年研究所、美国芝加哥大学）1994年曾对中学生心目中"理想的教师形象"做过一次联合调查，结果表明，三国中学生都喜欢"理解学生""待人公平""乐于交谈""幽默慈祥"的"交流型"教师。

沈祖樾和曹中平（1998）的研究结果表明，在中学生心目中一个好教师应该具有的品质包括：理解尊重学生；对学生一视同仁；教学能力强，有责任心；勇于批评和自我批评、以身作则。

由于师生所处的地位、观察问题的角度不同，他们对"好教师"的看法可能不尽相同。因此，一些研究者研究了教师自己心目中的好教师的人格特点，从而与学生心目中的好教师标准进行比较，借以说明理想教师的人格特点会由于不同群体的认知差异而有所不同。

沈祖樾和曹中平（1998）关于当前中学生心目中"好教师"形象的比较研究表明，中学教师心目中的"好教师"品质与学生心目中的"好教师"品质有较大差别。中学教师认为，好教师首先表现为教师的教育态度、教学能力和专业知识，其次是对待学生态度方面的品质。

许多研究发现，优秀教师人格品质确实优于一般教师。例如，刘兆吉和黄培松（1980）在对120名优秀教师、模范班主任的优秀事迹材料进行分析的基础上，提出优秀教师具有忠诚党的教育事业，对学生有深刻的情感，有克服困难的坚强意志，善于了解学生个性的观察力，进行思想政治教育的能力，组织能力，师生关系好、有威信，有坚强的责任感等典型人格品质。

丁之奇等（1987）等运用卡特尔16种个性因素测验量表对优秀中学教师与高等师范学校学生个性特征进行比较研究发现，情绪稳定、有恒负责、现实合乎成规、自立、当机立断、心平气和、自律严谨是优秀教师的良好个性品质。

韩向前（1989）采用艾森克人格问卷（EPQ）对1697名中小学教师和幼儿教师的调查表明：与一般教师相比，中小学男女优秀教师的外倾性较明显，情绪更稳定，较少有倔强性。

钟二扬（1997）使用 Y-G 人格测验量表对 122 名中小学教师进行了测试，结果发现，教师的主要性格类型是 D 型性格，具有良好的情绪稳定性、主导性、社会外向性、社会适应性，无神经质。

沃建中（1999）在参考相关文献的基础上，根据教师教学和管理行为的表现及教育教学效果的差异，将教师的人格划分为 7 种类型：自信型、思考型、安静型、严肃型、谨慎型、活泼型和自我型，并且从应用的角度编制了具有较好信效度的教师人格调查问卷。

雷晓宁等（1999）采用人格特征量表，通过对福建三明地区中学优秀教师人格品质的调查认为，优秀教师和一般教师在有恒性、聪慧性、幻想性和紧张性 4 个方面存在明显差异，表现为优秀教师有更强的事业心和责任心，对学生更关心、负责；善于保持稳定的情绪；学习能力更强，富有才识；对人对事总是心平气和、充满信心等。

韩进之（1989）在总结国内外研究和教学实践经验的基础上提出，一名优秀教师应具有的优良个性品质应该包括：①热忱关怀；②真诚坦率；③胸怀广阔；④作风民主；⑤客观公正；⑥自信自强；⑦耐心自制；⑧坚韧果断；⑨热爱教育事业。

2. 21 世纪以来的研究趋向

21 世纪以来，同国外学者一样，我国学者对教师人格的相关研究更加深入和具体化，研究数量不断增长。

在教师人格与教学效果及学生学业成绩方面，陈益和李伟（2000）通过研究认为，小学教师的某些人格特征与学生学业成绩有显著相关性；小学教师的某些人格特征与学生的学业成绩的相关要高于小学教师的年龄、学历与学生学业成绩的相关。

李佳佳（2013）、王华（2016）等研究了发展中小学教师双性化人格对教学风格、教学效果的影响。

另外，大量针对中小学教师人格现状的调查也仍在不断进行。

张承芬和张景焕（2001）对 194 名教师进行了"教师应该具备什么样的心理素质"的调查，被调查教师认为最重要的 10 项心理素质是：客观公正性、角色认同、创造性、自尊感、监控性、奉献精神、有恒性、责任感、成就动机和灵活性。

张焰等（2005）对 1594 名学生的研究表明，学生对自己理想中的教师人格特质的评价维度是：高尚/进取、慈爱/公正、客观/求真、外向/开朗、退缩/粗暴、内向/怪异、损人/利己，前 4 个维度是学生喜欢的，后 3 个维度是学生不喜欢的。

汪小琴等（2004）在对中小学骨干教师人格特征进行调查分析后，认为当前中学骨干教师人格特征的优点体现在乐群性、兴奋性和世故性等方面，但在实验性、独立性、紧张性和忧虑性方面表现欠佳；性别差异存在，女教师比男教师更为乐群、敏感、幻想，男教师比女教师更独立。

王荣德等（2005）认为，优秀教师的人格特征主要包括：①从事教育工作的使命感；②稳定而持久的职业动力；③对工作的事业心与上进心；④获得成就的动机与欲望；⑤求知欲望与兴趣；⑥良好的性格特质；⑦对教育教学具有高度的自我调节和完善能力。

徐学俊和王娟娟（2008）分析了小学教师人格特征现状，对比全国常模，认为小学教师人格特征整体良好，而教龄、年龄、性别、学历均对小学教师人格特征有不同程度的影响。

大量研究证明，通过科学有效的调研分析，构建优秀教师人格特征模型，值得继续进行深入探索，并用于指导教师人格相关的各类实践工作。我们也是沿着这条思路，试图构建优秀教师人格的结构模型或者称为健全人格型教师的人格特征分析。

第二节 教师的人格结构特征的再研究

一、研究的过程与方法

（一）参与对象

本次调研工作选取了安徽省 11 个地市的中小学教师作为问卷调研对象，共发放相关问卷 2300 份，实际回收问卷 2219 份，回收率为 96.48%；其中有效问卷 1963 份，有效率为 88.46%。

本次问卷调研覆盖面较广，涉及不同类别的中小学教师，被试人数较多，且根据不同的人口学因素进行分类，具有分类代表性。

（二）程序与方法

我们根据前期的访谈研究成果（访谈研究侧重教师人格的描述），笔者从中小学教师所期望的人格特征中提取了频次靠前的12项职业人格特征,让中小学教师判断它们的重要程度,同时参照卡特尔16项人格品质与大五人格因素理论,设计了中小学教师人格品质调查评定问卷。整个调查采用的工具含量表2份,见附录。

调查完成之后,针对上述有效问卷样本(以下简称样本 A),使用 SPSS19.0 对问卷结果进行因素相关性分析和因子主成分分析,结合以往研究工作所取得的成果,归纳总结出本次研究过程中被多数人认可的中小学教师优秀职业人格品质特征和社会个人品质特征。

同时,针对调研中不同的人口学变量等因素,笔者分析其对教师人格特征认识的差异性,并就其原因进行分析和阐释。

二、中小学教师的人格结构与特征

(一)中小学教师认可的教师优秀人格品质

1. 中小学教师对12项人格品质判断的因素分析

样本 A 的被测中小学教师群体,在问卷中回答了结构性调查问题:"您认为中小学教师应具备哪些优良人格品质?请说明下列12项人格品质的重要性,用5点计分表示:非常重要(5分),比较重要(4分),一般重要(3分),不太重要(2分),不重要(1分)"。

在所有问卷中,被试认为某一项人格品质非常重要(5分)的频次排序见表9-1。

表9-1 中小学教师认为自身最重要的优秀人格品质调研排名表($N=1963$)

人格品质	人数/人	百分比/%	顺序
热爱学生	1441	73.41	1
认真负责	1357	69.13	2
热爱教育	1253	63.83	3
理解尊重	1072	54.61	4
民主公正	981	49.97	5
耐心自制	950	48.40	6
真诚坦率	924	47.07	7
宽容变通	883	44.98	8
乐观热情	835	42.54	9
自信独立	775	39.48	10
和蔼幽默	728	37.09	11
坚韧果断	698	35.56	12

为了检验数据是否适合做因素分析，首先进行 Bartlett 球形检验，结果显示 KMO 值为 0.918，Bartlett 球形检验发现 $p=0.000$，表明适宜对数据进行因素分析。采用主成分分析法进行因子提取，并进行正交旋转，得到表 9-2 的结果。

表 9-2 中小学心理教师 12 项人格品质的探索性因素分析（$N=1963$）

人格品质	因素 1	因素 2	因素 3
热爱教育	0.806		
热爱学生	0.871		
认真负责	0.744	0.365	
民主公正	0.355	0.735	
真诚坦率		0.777	0.364
理解尊重		0.682	0.374
乐观热情		0.609	0.552
和蔼幽默		0.438	0.704
自信独立		0.337	0.780
坚韧果断			0.840
宽容变通			0.847
耐心自制			0.781
特征值	0.752	1.591	6.497
方差贡献率/%	6.264	13.256	54.140
累积方差贡献率/%	6.264	19.520	73.660

注：表中只列出了大于 0.300 的载荷

表 9-2 的结果表明：在因素 1 上，热爱教育、热爱学生和认真负责 3 项人格品质有高负荷，可命名为教师职业道德；在因素 2 上，民主公正、真诚坦率、理解尊重和乐观热情 4 项人格品质有高负荷，可命名为教师职业态度；在因素 3 上，自信独立、坚韧果断、宽容变通、和蔼幽默和耐心自制 5 项人格品质有高负荷，可命名为教师职业情感。这样，我们将中小学教师的人格结构划分为 3 个组成部分，即职业道德因素、职业态度因素及职业情感因素。职业道德体现了国家和社会对教师职业的规定，职业态度和职业情感表明了从事教师职业的个体必须具备的基本品质。

2. 中小学教师对 12 项人格品质重要性判断的差异

为找出影响中小学教师对优秀人格品质认可度差异的客观因素，我们分析了各类人口学变量的差异。采用 t 检验及 F 检验等统计学方法，进行因素相关性分析，结果如下。

（1）不同性别的中小学教师所表现出的差异

表 9-3 的结果显示，中小学女教师在自信独立、坚韧果断、宽容变通、耐心自

制 4 项人格品质上比男教师认可度更高，且具有较高的信度；在民主公正、和蔼幽默 2 项人格品质上也可能比男教师认可度更高。这说明女教师认可的是综合品质，相对来说，男教师则注重职业道德因素的评价。

表 9-3　性别差异对中小学教师优秀人格品质认可度的影响

项目	男（Mc）	女（Mc）	t
民主公正	4.28	4.40	-2.06*
和蔼幽默	3.89	4.10	-3.31**
自信独立	3.88	4.13	-3.86***
坚韧果断	3.71	4.01	-4.16***
宽容变通	3.89	4.27	-5.80***
耐心自制	3.98	4.41	-7.10***
总分	50.83	52.97	-4.48***

注：Mc 代表平均选择分数，下同

通过性别相关性分析发现，女性教师对于教师优秀个性品格和态度情感的重视和强调程度高于男性教师。在我国小学阶段，女性教师的人数显著多于男性教师，小学生的年龄和心理特点决定了教师要更加注意自身品格、行为举止和情感交流，在这一层次，女性特有的感情细腻、多愁善感，使其对自身个性品质的要求较男性教师更高；在普通中学及高中，男性教师的人数略多于女性，且中学生更加成熟，对于教师个性品格的关注程度往往略低于小学教师。

教师要立德树人，首先必须端正自己的言行，以自身优秀的品格作出示范，才能培养学生良好的道德品质，而这一点对于模仿能力及依赖性都很强的中小学生而言尤为重要。性别因素分析提示我们，在今后的相关培训中，要注意引导中小学男性教师提高对自身品格和行为举止方面的重视程度，以缩小和女教师的差距。

（2）担任行政岗位或班主任职务与否中小学教师表现出的差异

表 9-4 的分析显示，担任行政岗位影响教师对宽容变通、耐心自制两项人格品质的认可度，差别均达到显著性水平。

表 9-4　兼职行政职务对中小学教师优秀人格品质认可度的影响

项目	是（Mc）	否（Mc）	t
宽容变通	3.92	4.12	-2.20*
耐心自制	4.00	4.24	-2.78**

本次调研中，从事行政工作的中小学教师对宽容变通和耐心自制品质的认可

程度不如一般教师高,说明从事学校行政工作会影响教师自身遇事的容忍度和耐心,造成其宜人性偏低。

在中小学教师队伍中,长期以来都存在着兼职教师和双肩挑的现象,本次调研分析发现,从事行政兼任教学工作或教学主岗兼职行政的教师,对于宽容变通和耐心自制的认可程度低于专职教师,这一点需要进一步调研其从事的具体行政工作,以及面对更多的繁杂事务处理,是否对耐心和宽容产生了影响。专职教师往往可以更好地专注于学生某一学科的教学工作或某些具体方面的沟通和交流,提高学生的学习效率和成效往往是他们工作的首要任务,所以他们有更多的时间和精力,也更加注重寻找与学生互动的方法,同时耐心自制;相比之下,兼职行政难免使教师精力分散,面对的对象也往往是成人和琐事,从而对上述个性品格的重视程度会有所降低。

热爱教育是教师职业道德理想维度中最重要的因素之一。表 9-5 的分析显示,担任班主任的教师对于热爱教育的认可度略低于一般教师,差别较为显著,这可能与班主任工作十分繁杂有关。大量具体琐碎的工作事务,使班主任感受到职业压力和倦怠,这种倦怠情绪可能会进一步影响他们的职业忠诚度,从而导致他们对热爱教育的重要性感知不再强烈,反映在问卷调查过程中,该项的认可度体现得不再明显。

表 9-5　是否担任班主任对中小学教师优秀人格品质认可度的影响

项目	是（Mc）	否（Mc）	t
热爱教育	4.56	4.71	−2.68**

热爱教育是教师首要的职业要求,然而调研显示,班主任对于该人格品质的认可程度低于专职教师。从均值上看,班主任对于热爱教育的认可程度相比其他教师人格品质仍然是偏高的,对于认可程度不如专任教师这个情况值得进一步调研,以判断是否与其担任班主任工作有关。

（3）接受培训与否中小学教师的差异

参加过业务或教育理念培训与对认真负责和自信独立品质的认可存在正相关（表 9-6）。这一点说明我们当前的师资培训内容中有关教师职业态度和情感方面的内容较好地嵌入到了培训目标中去,并且取得了预期的效果,由此可见培训导向的重要性。因此,只有更好地设计培训内容,关注现实中教师的需求,才能较好地发挥培训的作用,否则,我们的培训就是没有效果的。

表 9-6　有无参加培训对中小学教师优秀人格品质认可度的影响

项目	有（Mc）	无（Mc）	t
认真负责	4.76	4.56	2.76**
自信独立	4.03	3.80	2.18*

教师在从业过程中，定期地参加教师思想道德、法律法规培训，开展自身业务和专业技能学习，对保持教师教育理念先进性、提升教师自我价值、保持教师水平跟上时代发展都具有重要作用。本次研究发现，参加过各类培训的教师，对认真负责和自信独立这两个人格因素的认可程度均高于一般教师。一方面，关于教师职业理想、道德和法律法规的学习，提升了教师对教育的认识，让教师更加热爱教育、热爱学生，从而在思想上认识到对待工作、对待学生应当更加认真负责；另一方面，参加技能和业务学习，可以开拓教师的视野，提升教师的专业水平，面对学生和同行的时候，也就更加自信，更加具备独立开展教学研究工作的能力。这一点希望中小学校的管理层能够更加重视，不仅要关注教师在学校的教学工作和生活情况，更应当给予教师时间、提供保障，鼓励支持教师参加各类相关的思想和业务学习、培训，定期充电，才能不断为教师的教育教学工作提供新的动力。

（4）有无子女的中小学教师的差异

表 9-7 的结果显示，没有孩子的中小学教师对于理解尊重、乐观热情、和蔼幽默、自信独立、坚韧果断、宽容变通、耐心自制这 7 项人格因素的认可度均高于有孩子的教师。中小学教师判断优秀人格品质时受到了有无子女的影响。这一结果反映出理想与现实还是有十分明显的差距的。

表 9-7　是否有孩子对中小学教师优秀人格品质认可度的影响

项目	是（Mc）	否（Mc）	t
理解尊重	4.42	4.56	−2.36*
乐观热情	4.18	4.37	−2.61**
和蔼幽默	3.97	4.19	−2.69**
自信独立	3.98	4.19	−2.49*
坚韧果断	3.83	4.04	−2.46*
宽容变通	4.04	4.39	−4.13***
耐心自制	4.17	4.42	−3.17**
总分	51.71	53.18	−2.35*

走上工作岗位之后,教师对教育教学工作的投入完全没有受到家庭的影响,对教师的工作有较大的期待,因此,他们对理想的教师品格具有较高的认同。而当他们一旦有了家庭,特别是孩子出生之后,在教育教学过程中则会受到孩子的束缚,有时候可能会将自己教育孩子的态度、情绪带入他们对教育的理解中,导致有孩子的教师对理想教师人格品质的认可度显得较低。

是否有孩子的因素相关性分析与预先设想的结果戏剧性的相反。一般认为,教师在培养和教育自己孩子的过程中,会积累更加丰富的经验,使得自己更加善于和学生相处,明白学生在不同年龄阶段的心理状况和需求,对于这些优秀的教师人格,就会更加重视和认可。然而,本次调研的分析结果显示,没有孩子的中小学教师更加认可上述 7 项优秀个性品格。众所周知,教师在学校承担具体的教育工作之外,在子女面前也承担着父母的义务,付出辛苦的劳动和极大的情感投入。相比没有子女的教师,这部分付出会消耗更多的精力和时间,也许这是他们对学校教育工作中的优秀个性品质重视程度不如没有孩子的教师的原因之一。

从数据上来说,认可度有差异的 7 项因素求和后的总差异仅为 1.47,差异均值为 0.21,在看到这些差异不大的前提下,我们应当注意到,有孩子的教师在教育方法上会获得更多的经验,这些是没有孩子的教师所不能获取的,这些经验在基础教育环节,尤其是小学,有更大的实用价值。

(5)不同年龄教师在耐心自制、宽容变通方面的表现有差异

表 9-8 的分析结果显示,35 岁以下的教师对耐心自制、宽容变通 2 项优秀教师人格因素的认可度略高于 35 岁及以上的教师。随着年龄的增长,教学经验的增加,年龄在 35 岁及以上的教师对耐心自制和宽容变通可能有了更加深刻的理解,导致他们的认可程度有所降低。

表 9-8　年龄差异对中小学教师优秀人格品质认可度的影响

项目	25 岁以下 (Mc)	25~34 岁 (Mc)	35~49 岁 (Mc)	50 岁及以上 (Mc)	F	LSD
耐心自制	4.22	4.38	4.15	4.11	3.66*	1>2,3
宽容变通	4.20	4.2	4.03	4.00	3.89**	1>2,3

注:25 岁以下=0,25~34 岁=1,35~49 岁=2,50 岁及以上=3

随着教师年龄的增长,其专业知识和技能水平也不断提升,具备更加丰富的教学经验,更加了解学生,教学成果也越积越多。然而本次研究发现,对于耐心

自制、宽容变通 2 项教师优秀人格因素，35 岁以下的青年教师认可度更高，之后随着年龄的增长，对于耐心自制和宽容变通的认可度越来越低。由此可见，虽然大众认为教师"越老越吃香"，这说的是教师的知识和经验，而教师自身却不能忽视伴随着年龄增长可能会褪去的耐心和宽容，克服职业疲劳也是其自身需要修炼的一项基本功。

值得注意的是，年龄对于这两项人格特征的影响不是单调递减的，而是在 35 岁附近出现转折。

（6）随着工作任务的加重，教师对优秀品质认可度下降

表 9-9 表明了周课时数不同的中小学教师对于教师优秀人格品质的认可度的差异。总体上看，随着周课时数的增加，教师对于这些人格品质的认可程度逐渐下降，说明工作任务的繁重引起了教师的负性情绪，导致他们不再认可那些理想的或者说优秀的教师人格特征。当然，这也是影响教师职业效能感的重要因素。

从得分均值的总和上比较，认可度相对于课时数的上升呈现递减的趋势。

表9-9　课时差异对中小学教师优秀人格品质认可度的影响

项目	5 节以下 (Mc)	6～12 节 (Mc)	13～20 节 (Mc)	20 节以上 (Mc)	F	LSD
民主公正	4.42	4.38	4.30	3.96	3.20*	0，1，2>3
真诚坦率	4.36	4.31	4.16	4.04	3.12*	1>2
理解尊重	4.50	4.50	4.36	4.52	2.72*	
乐观热情	4.27	4.27	4.10	4.28	2.92*	1>2
坚韧果断	3.93	3.96	3.77	3.40	4.50**	1>3，2>1
宽容变通	4.09	4.20	3.93	4.12	4.96**	1>2
耐心自制	4.33	4.30	4.09	4.04	3.79*	1>2
总分	52.87	52.76	50.77	50.47	5.73**	1>2

注：5 节以下=0，6～12 节=1，13～20 节=2，20 节以上=3

课时体现了教师的日常工作量，反映了工作的辛劳程度，课时更多，需要教师将更多精力投入到准备、教学及课后辅导等工作上。分析显示，教师课时数越多，对教师优秀个性品格的认可度呈下降趋势。因此，适当均衡中小学教师的工作量，尤其是均衡教学经验丰富的优秀教师的工作量，避免其超负荷工作，对于有效降低其职业倦怠水平、为其"职业青春"提供养护、保持教师良好的个人精神面貌有积极意义。

（7）对工作的喜爱能促进教师对优秀人格品质的认可

表 9-10 的分析统计了各类从教原因导致中小学教师对优秀人格品质的认可度存在差异，发现在真诚坦率、乐观热情、坚韧果断、耐心自制 4 项人格品质上，因为喜欢当教师、热爱教育而从事教师工作的个体，对优秀教师人格品质的认可度显著高于因其他原因从事教师工作的个体。

表 9-10　从教原因差异对中小学教师优秀人格品质认可度的影响

项目	喜欢 （Mc）	家人影响 （Mc）	工作稳定 （Mc）	无奈 （Mc）	其他 （Mc）	F	LSD
真诚坦率	4.38	4.12	4.16	4.26	4.20	2.97*	0>1，2
乐观热情	4.34	4.04	4.15	4.22	4.20	2.98*	1，2>0
坚韧果断	4.06	3.56	3.74	3.90	3.89	5.16***	0>1，2 3，4>1
耐心自制	4.35	4.03	4.24	4.06	4.13	3.68**	0>1，3，4

注：喜欢=0，家人影响=1，工作稳定=2，无奈=3，其他=4

通过对比因不同原因从事教师工作的被试的均值发现，因喜欢教育而投身到中小学中的教师，对真诚坦率、乐观热情、坚韧果断和耐心自制的认可度显著高于因其他原因从事教师职业的个体。这一点再一次体现出教师职业理想的精神引导和支柱作用，热爱教育、热爱学生是其他教师职业人格的基础和支撑，也就是优秀中小学教师的职业人格前提。正因为教师热爱教育，才会引发其对优秀教师人格品质的思考，并发自内心地希望改变自身，向其他优秀教师人格迈进。

因此，对于师范类学校的师范类学生，无论其入学目的是否是当教师，都应该在其在读期间，通过教育、宣传、理论学习和实践活动，诱导激发其对教师工作的热爱和热情，使其能自主地提升自己的专业素质和个人品格，从源动力上为中小学培养具备优秀人格、充满热情和有恒心坚持教育工作的教师。这一结果提醒我们，重视教师的从教动机是十分必要的。

（二）中小学教师人格结构的再探索

1. 中小学教师卡特尔 16 项人格特质表现的自我期待

如果我们将人格特征视作一个人外在的行为表现当中出现的稳定的、典型的特征，那么，人格结构成分就是一个人内在的心理机能当中的稳定的、典型的部分。

卡特尔认为，特质（trait）是一种心理结构（mental structure），它表现为相当持久和广泛的行为倾向。人格特质是人格结构的基本元素，人格的整体结构是由 5 个层次 16 种各自独立的人格特质构成的，由于这 16 种人格特质在一个人身上的不同组合，就构成了一个人不同于他人的独特人格。卡特尔16项人格因素评定量表（16PF）就是根据卡特尔的人格特质理论编制的。

我们在研究中，我们根据16种人格特质的不同行为表现，将每一种特质采取9点量表计分，划分为高分段、中分段及低分段，要求参加调查的中小学教师根据自己的现实表现，给自己确立一个相应的分数。这样既可以对被测对象的人格特质（人格品质）进行清晰、综合的认识，又可绘制出不同教师的人格品质轮廓图，了解其典型的人格品质。

表9-11是笔者从本次调查样本A中得到的中小学教师16PF人格评定的结果。为了更加直观、形象地表达中小学教师的人格结构，我们依据调查所得到的数据绘制了中小学教师人格结构轮廓图，见图9-1。

表9-11 中小学教师16PF的平均数和标准差（N=1963）

人格特征	平均数	标准差
A 乐群性	3.803 9	1.159 69
B 聪慧性	3.879 3	1.257 42
C 稳定性	3.804 5	1.143 77
E 恃强性	3.027 2	1.072 70
F 兴奋性	3.417 9	1.106 34
G 有恒性	3.890 4	1.254 87
H 敢为性	3.353 1	1.140 77
I 敏感性	2.812 1	1.286 27
L 怀疑性	2.725 5	1.037 68
M 幻想性	2.729 3	1.080 56
N 世故性	3.035 6	1.130 72
O 忧虑性	2.589 9	1.393 50
Q1 实验性	3.153 7	0.967 35
Q2 独立性	3.573 2	1.065 13
Q3 自律性	3.848 5	1.200 64
Q4 紧张性	2.538 1	1.383 25

中小学教师的16PF人格结构轮廓图显示：中小学教师期望自身在乐群性、聪慧性、稳定性、有恒性、独立性和自律性6项人格特质上呈现出高分者特征；其他10项人格特质介于低分者和高分者特征之间。这说明大多数中小学教师比较自信乐观，对自己的言行有自制力，表现出良好的人格品质。

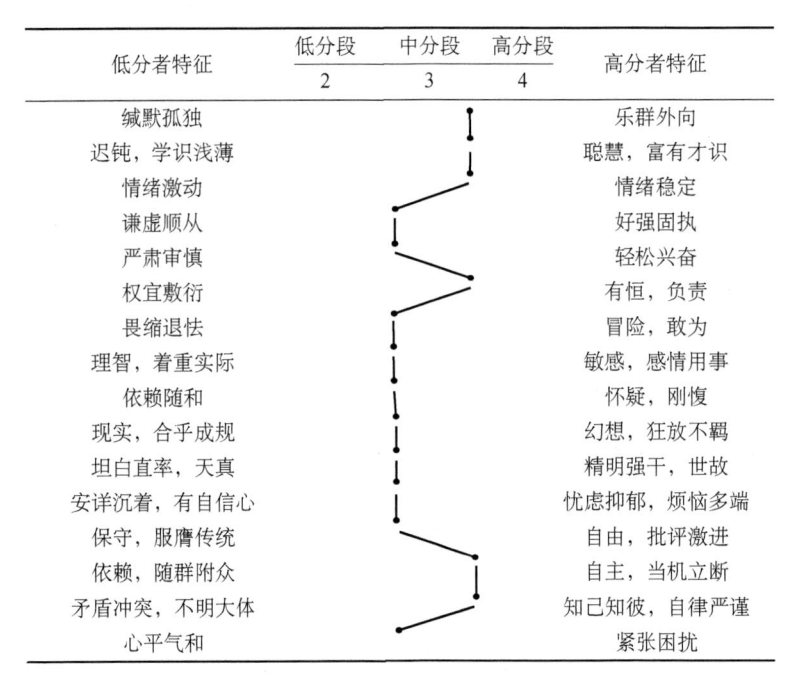

低分者特征	低分段 2	中分段 3	高分段 4	高分者特征
缄默孤独				乐群外向
迟钝，学识浅薄				聪慧，富有才识
情绪激动				情绪稳定
谦虚顺从				好强固执
严肃审慎				轻松兴奋
权宜敷衍				有恒，负责
畏缩退怯				冒险，敢为
理智，着重实际				敏感，感情用事
依赖随和				怀疑，刚愎
现实，合乎成规				幻想，狂放不羁
坦白直率，天真				精明强干，世故
安详沉着，有自信心				忧虑抑郁，烦恼多端
保守，服膺传统				自由，批评激进
依赖，随群附众				自主，当机立断
矛盾冲突，不明大体				知己知彼，自律严谨
心平气和				紧张困扰

图 9-1 中小学教师 16PF 人格结构轮廓图

2. 教师人格结构的思考

根据样本 A 中 16PF 的数据，其 KMO 值为 0.912，Bartlett 球形检验发现 p=0.000，表明适宜对数据进行因素分析。

采用主成分分析法进行因子提取，并进行正交旋转，结果见表 9-12。

表 9-12 中小学教师 16PF 因素分析

人格特征	因素 1	2	3	4	5
A 乐群性	**0.850**				
M 幻想性	**0.894**				
C 稳定性	**0.787**				
Q2 独立性		0.340		**0.740**	
Q3 自律性				**0.873**	
Q1 实验性	**0.771**		0.301		
H 敢为性	**0.642**		0.467		
F 兴奋性		**0.738**		0.312	
G 有恒性		**0.576**	0.476		
Q4 紧张性		**0.657**			
N 世故性		0.369			**0.870**
O 忧虑性		0.723	**0.790**		

续表

人格特征	因素				
	1	2	3	4	5
I 敏感性	−0.328		**0.613**		
L 怀疑性	0.407		**0.463**		
E 恃强性	**0.644**				
B 聪慧性		**0.833**			
特征值	4.105	3.240	1.787	1.536	0.921
方差贡献率/%	25.658	20.253	11.170	9.603	5.758
累计方差贡献率/%	25.658	45.910	57.080	66.683	72.441

注：表中只列出了大于 0.300 的载荷

从表 9-12 的结果可见，中小学教师的人格特质可以进一步归纳为 5 个大的因素群。这与大五人格模型的研究相一致。"大五"人格模型的人格五因素分别命名为：①外倾性（E，extraversion），典型特征是外向、热情、充满活力，具有幸福感和善社交；②神经质（N，neuroticism），其负面特征有神经质、消极、敏感和焦虑等；③随和性或宜人性（A，agreeableness），以愉快、利他、有感染力为典型特征；④尽责性或责任感（C，conscientiousness），典型特征为公正、克制、拘谨等；⑤开放性（O，openness to experience），以率直、富于创造和思路新颖为典型特征。

因此，我们参照"大五"人格模型，对中小学教师的人格结构作出如下划分。

在因素 1 上，乐群性、幻想性、稳定性、实验性、敢为性、恃强性有高负荷，与怀疑性具有一定正相关，与敏感性具有一定负相关。这一因素含义和"大五"人格模型中的 E 因素相对应，可命名为外向乐群品质。

因素 2 主要由兴奋性、紧张性、有恒性、聪慧性组成，与忧虑性、世故性、独立性呈正相关。因素 2 相当于"大五"人格模型中的 O 因素，可命名为开放创新品质。

因素 3 主要由忧虑性、敏感性和怀疑性组成，与有恒性、敢为性和实验性呈正相关。这一因素和"大五"人格模型中的 N 因素相对应，可命名为个体情感品质。

因素 4 主要由独立性和自律性组成，与兴奋性呈正相关。其含义接近"大五"人格模型中的 C 因素，可命名为责任意志品质。

因素 5 主要由世故性组成。这一因素的含义接近"大五"人格模型中的 A 因素，可命名为宜人亲和品质。

这 5 个因素群主要对应于中小学教师的人格结构的社会要求层面，所以，我们可以将之命名为社会人格结构。

第三节　中小学教师人格结构与特征的再构建

本章对中小学教师的样本进行了调研，并通过相关性分析探讨了其他客观因素对中小学教师人格结构的影响。结合心理学相关知识分析及统计分析方法，本章系统性地分析并构建了中小学教师的健全人格结构，明确提出教师的人格结构是一个 2 维 8 因素的健全人格结构观点。这一健全人格结构包括职业人格结构和社会人格结构两个方面，其中职业人格结构包含 3 个主要因素，社会人格结构包含 5 个主要因素，具体论述如下。

一、教师健全人格结构由职业人格品质和社会人格品质组成

1. 教师职业人格品质

中小学教师的职业人格是教师个体从事教育工作必须具备的内在素质要求。它包括 3 个维度：教师职业道德理想（热爱教育、热爱学生和认真负责），教师职业态度特征（民主公正、真诚坦率、理解尊重、乐观热情、自信独立、坚韧果断和宽容变通），教师职业情感要求（和蔼幽默和耐心自制）。

（1）教师职业道德理想

作为教师，其职业理想对于其在教育过程中体现出的精神风貌、工作态度和教学方式起到了指引作用，其内涵包括热爱教育、热爱学生和认真负责。热爱教育和热爱学生是对一个教师的最基本要求，也是一个教师是否称职的首要判断标准；认真负责强调了教育工作过程中的工作态度和责任心，三者合起来奠定了教师工作的职业人格基础。

中小学生对教师有很大的依赖性，本能地更加关注教师对工作的态度、对学生的情感。在教学和人际交往过程中，中小学教师表现出对教育的热忱、对学生的关爱和对工作的认真负责，能使学生获得更多的安全感，有利于培养学生的责任意识，帮助提高学生人格中的外倾性、责任感，情感保持稳定，也有利于低神经质人格的形成。

（2）教师职业态度特征

教师在与学生互动的过程中，其个性品格时刻影响着学生人格的良性发展。"近朱者赤，近墨者黑"，教师在判断和评价学生行为、学习成效，处理各类具体事务的过程中，其自身对公正的秉持、对民主的态度，既提高了自己在学生中的可信度，又会引导学生公平正义观念的形成；而优秀教师个性中的真诚坦率、对他人理解尊重、积极乐观、待人热情，会使得师生交流和沟通更加容易，更有成效，对学生人格中的宜人性有积极影响。拥有上述优秀人格的中小学教师，比较容易成为学生情感上信赖和依靠的教师，更容易倾听到学生的心声，其教育工作更加容易开展并取得效果，对学生的人格影响也会更大。

自信独立、坚韧果断和宽容变通更加体现出教师自身在对待具体事务方面的个性特征，这一方面的优秀人格品质可以使学生看到教师的创新性、聪慧性等精神风貌，从而进一步影响学生人格的开放性。

（3）教师职业情感要求

教师的职业情感作为第三个维度，在取名上较为困难，然而其内涵却非常清晰。具备以上两个维度的教师，未必能做到和蔼幽默和耐心自制，这两点恰恰是多数优秀中小学教师人格品质中难能可贵的部分。小学生和初中生的心理结构和社会认知尚不完善，在学习和学校生活中往往会发生一些处理不当或难以理解的行为，教师在应对过程中，其自身人格特征中的和蔼幽默往往令其更加可亲，使得环境和气氛更加轻松，学生一方面更容易融入这种交流和学习过程，使得应对、处理更加有效；另一方面也会意识到适当的幽默、平和的态度会赢得他人的青睐，以利于解决问题。教师的和蔼幽默对于学生的外倾性和宜人性均有积极影响。另外，有耐心同时具有自制力的教师不容易发火，不容易使场面失控，给学生以稳重可靠的感觉，可以降低学生人格中的神经质特性。

综上所述，该维度是前两个维度的有力补充，是中小学教师优秀品质中的亮点和教师职业人格形成过程中的难点。

2. 教师社会人格品质

中小学教师的社会人格是社会对教师职业的要求在教师个体身上的反映，也可以理解为社会对一名优秀教师的期望。它的结构包括外向乐群、开放创新、个体情感、责任意志、宜人亲和等5种优良社会人格品质，与"大五"人格模型有相似性。

（1）外向乐群品质

这一人格品质维度主要以高乐群性和稳定性作为基础，辅以幻想性、敢为性、实验性、恃强性。根据实验分析，优秀的中小学教师人格应该体现为外向乐群、乐观热情、善于社交、好强自信、充满活力，更倾向于外向型特征。换言之，内向型的中小学教师也应当培养和发展这种性格特点，努力去开展师生交流，保持开朗心境，学习待人热情。这一点和外倾性有很大的交集。

（2）开放创新品质

聪慧性、兴奋性、有恒性、紧张性组成了开放创新品质。所谓开放性，一是指知识广博，善于想象与思辨；二是指情感丰富，对于外部世界不是麻木不仁；三是指敢于创新、善于创造。开放性不仅是人格意义上的开放，还包括经验的开放和探究态度。实验分析说明，优秀的中小学教师具有聪明机警、富有才识、思想开放、坚持有恒的人格品质。

（3）个体情感品质

这一品质主要由忧虑性、敏感性、怀疑性组成，大部分中小学教师对这些因素的评价为中偏低，说明优秀的中小学教师具备情绪稳定、态度沉着、着重现实、办事镇静、理智客观处理问题，力求妥善合理的个体情感品质。他们善于进行情绪控制，既不过于敏感怀疑，也不过于自负盲信，体现出稳定的情绪。这一点对于学生情绪稳定和人格培养有重要作用。

（4）责任意志品质

这一因素由独立性和自律性组成。责任感也称作责任心，指自觉地把分内的事做好的意识。它是集认识、情感和态度于一身的品德特征，不仅指人们面临责任时产生的特殊道德情感，还包括对责任的理解与认识（责任观念），以及相应的行为（责任态度或负责的行动）。优秀的中小学教师敢于独立面对和解决问题，敢于独立承担责任，自我约束能力强，做事遵循原则和规范。这些对于增强学生的责任感具有示范性作用。

（5）宜人亲和品质

在本次结果分析中，世故性独立于其他因素构成一个维度，且评价为中等。这说明优秀的中小学教师认为，既不能过于世故，也不能过于天真，在与学生相处的过程中，应当朴实不圆滑、注重合作但不异想天开、坦诚直率富于爱心，使自己值得信赖，具有亲和力，与学生建立起真诚的理解和信任关系，这样才能实现良好的师生关系，并取得教育效果。

综上所述，笔者通过将中小学教师的优秀职业人格品质和社会人格品质有机结合，建构出中小学教师的健全人格结构，使之成为现阶段中小学教师学习和追求的人格品质范本，并以此指导教育、管理、培训等各项工作，具有重大的理论和实践价值。

二、教师的人格形成受到各种因素的影响，应得到重视和引导

通过对中小学教师职业人格品质与各类客观因素的相关性分析，不难得出性别、年龄、从教原因、课时数（工作量）、行政兼职（含班主任）、有无孩子、是否参加过职业培训等因素均对中小学教师人格品质的状况和优良品格的形成有影响。从更大范围来看，家庭、学校、社会及人际关系等因素无时无刻不在影响着教师人格的形成与发展。因此，促进教师优秀人格的形成是一个长期而艰巨的任务。在这个过程中，我们要动员各方力量，多管齐下。

1. 重视激发教师对教师职业的热爱

本次研究发现，教师的优秀人格特征的形成与发展，与其自身从教的原因十分相关。那些基于个体的兴趣爱好而选择教师职业的教师，会在工作中发自内心地注重自身人格的养成。因此，如何激发中小学教师内在的从教愿望，培养和提高他们对教育事业的责任感、荣誉感，让他们热爱教育事业，对于其人格的健全与发展是相当重要的。

只有教师发自内心地热爱教育、热爱学生，他们才能不断磨炼自己的人格品质，才会向榜样看齐，在教育工作中兢兢业业。

2. 营造良好的社会环境，促进教师良好人格特征的形成

研究发现，人口学等各类客观因素对于中小学教师优秀人格品质结构的确定和认可都有着重要影响，在分析中小学教师优秀职业人格品质结构的同时，必须立足于实际环境，相关教育主管部门、中小学管理层和社会都应该对此加以重视和关注，引导促进良好教育环境的形成，推动中小学教师优秀人格品质的培养。同时，我们应积极思考这些客观因素对教师人格和教育工作的影响，发挥其优势作用，营造良好的师生关系和学校氛围，促进教师和学生健全人格的形成，从而进一步提高教育教学水平。

营造良好的社会环境，首先要加大舆论宣传力度，宣传新时期优秀教师榜样，剖析他们身上存在的优秀品质和成长历程，并让教师职业成为全社会受人尊重的职业之一。其次，要通过改善教师的工作和生活环境、提高教师的社会经济地位，鼓励和吸引优秀的人才加入教师的行列。最后，要让尊师重教的优良传统代代延续，加大力度惩处那些损害教育和教师利益的行为。

3. 促进教师专业成长，注重培养理想教师的优秀人格特征

通过研究我们发现，在中小学教师健全人格特征结构中，教师职业道德理想

（热爱教育、热爱学生和认真负责）、教师职业态度特征（民主公正、真诚坦率、理解尊重、乐观热情、自信独立、坚韧果断和宽容变通）、教师职业情感品质（和蔼幽默和耐心自制）是三个十分重要的组成部分，未来的教师培养应当注重这三个方面人格品质的锻炼与提升，这也应当成为教师培训的重点内容和当今中小学教师追求的方向。

　　教师专业成长是教师相当关注的内容。教师的专业成长首先是学科知识和教学技能的增长，一名优秀的教师一定具备渊博的知识和高超的教育艺术。但是，教师的成长还应当重视人格的健全，因为只有一个人格健全的教师才能培养出人格健全的学生。从当前的实际来看，重视师德修养，要求教师热爱教育、热爱学生和认真负责，已经得到大多数教师的认同，今后，研究人员、教育主管部门、中小学管理层和社会各界应当思考并研究、设计具体可操作的方法，来培养中小学教师的职业态度和职业情感特征，尤其是要提出具体的策略，培养其乐观自信、宽容变通、和蔼幽默及耐心自制等优秀人格特征。这是目前国内外人格结构研究普遍存在的缺陷，也是后期的研究和实践工作应当加强的方向。

第十章
教师的主观幸福感

第一节 教师主观幸福感的相关研究

一、教师主观幸福感研究的价值取向

(一) 理论价值取向

目前,国内外对幸福感的研究很多,也取得了很多研究成果。但是,现有研究的对象主要集中在老年人、大学生、中学生和高校教师等群体,而对中小学教师幸福感的研究偏少。

关注中小学教师的幸福感,首先必须了解中小学教师幸福感的现状。当前,已经有一些研究者开始关注中小学教师的主观幸福感。本章将探讨安徽省中小学教师主观幸福感的现状,教师主观幸福感在各变量上的差异及形成原因,这将为进一步揭示主观幸福感的本质提供依据。同时,也为揭示幸福感的形成机制开辟一个新的视角,可以丰富幸福感的理论研究成果,促进教师心理学与教育管理学的新发展,因此,进行教师主观幸福感的研究,是具有理论意义的。

(二) 应用价值取向

近年来,一些研究大量关注中小学教师的心理健康问题。教师的心理健康状况不仅影响其自身的心理发展,而且影响其工作、学习和生活。当然,教师

的心理健康也必然会影响到其主观幸福感。本章探讨安徽省中小学教师主观幸福感的现状，以及教师主观幸福感在各变量上的差异，这将从一个新的视角，分析教师心理健康问题的产生原因，为维护教师的心理健康提供帮助，这也是本次研究的应用价值所在。因此，进行教师主观幸福感的研究，是具有实践意义的。

（三）国内外幸福感研究的发展

1. 国外幸福感研究的两种假设

国外关于幸福感的研究首先在20世纪50年代的美国兴起，Wilson（1967）对幸福感进行了系统的理论阐述和总结，撰写了第一篇有关幸福感的综述，即《自称幸福的相关因素》，这篇文章的发表成为国外现代意义上幸福感研究的标志。

纵观幸福感60多年的研究历史，人们对幸福感的本质讨论主要有两种观点：快乐论和实现论。"快乐论"以"快乐就是幸福"为核心命题，认为幸福就是快乐的主观心理体验。以快乐论为哲学理论基础的幸福感概念模型是主观幸福（subjective well-being），它主要包括三个成分：积极情感、消极情感和生活满意度。

Bradburn（1969）首先将正性情感和负性情感作为两个独立的维度对幸福感进行评估，他认为幸福就是拥有较多的正性情感和较少的负性情感。

Andrews和Withey（1976）从认知的角度提出了主观幸福感的第三个维度：生活满意度，认为幸福感就是评价者根据自己的标准对自己生活质量的整体性评估。

Diener（1984）将Bradburn的情绪幸福感与Andrews和Withey的认知幸福感进行了整合，形成了现在主观幸福感的模型。他认为幸福是人们对自己生活质量的肯定性评价，是积极情感成为主导型体验的心理状态。

主观幸福感强调个体身心的愉悦，重视个体的主观体验和感受，它是以行动者自身的内在情绪体验和个人的主观判断为标准来界定幸福的，认为幸福是个体根据自己的标准对其情绪情感及生活质量的综合评价。

测量主观幸福感的代表性工具有Kozma和Stones（1980）的纽芬兰大学幸福度量表及其后来修订的夏普量表、Diener（1984）的生活满意感量表、Fazio（1977）的总体幸福感量表、Bradburn（1969）的情感平衡量表和Campbell的幸福感指数量表。

"实现论"认为幸福不仅仅是快乐，而且是人的潜能的实现，是人的本质的实现与显现。心理幸福感是以实现论为哲学理论基础的幸福感概念模型

（psychological well-being）。

Ryff 和 Singer（1998，2010）研究并证实了心理幸福感含有 6 个不同的维度：自我接受、独立自主、个人成长、良好关系、生活目标及情境把握。

Ryan 和 Deci（2001）发现，自主需要、关系需要、能力需要的满足是幸福感的关键因素。

心理幸福感研究者认为幸福是人的心理机能良好状态，是人的自我完善和自身潜能的充分实现。心理幸福感研究者强调客观指标与专家评价，认为幸福应该是以外界标准界定的幸福而不是行动者的主观判断，他们认为幸福感应该是客观的，是有经验的专家根据人潜能实现的程度这一客观标准对行动者的描述。

常用的心理幸福感测量工具有 Ryff 的心理幸福感量表和 Deci 等的总体基本需要满足量表。

2. 国内关于幸福感研究的发展脉络

我国关于幸福感的研究始于 20 世纪 80 年代中后期，早期的研究对象主要集中在老年群体。

2000 年开始，受西方心理学的影响及生活质量研究运动和积极心理学的推动，我国幸福感研究呈现出一个繁荣的局面，表现在以下 3 个方面。

其一，研究对象不断拓展，由成年人向其他群体如运动员、大学生、儿童、下岗工人、教师、中学生拓展。

其二，研究内容不断深入，从幸福感的结构组成、功能价值、表现形式的研究，逐渐扩展到幸福感的影响因素、作用机制的研究，研究的成果也进一步丰富。

其三，研究工具逐步完善。从最早时候翻译、修订国外的量表，到开发研制具有本土化色彩的测量工具，再到进行幸福感的干预研究。

在我国，研究幸福感的常用测评工具主要有段建华修订的总体幸福感量表（GWB），刘仁刚和龚耀先修订的纽芬兰纪念大学幸福量表，李靖和赵郁金修订的 Campben 幸福感量表，邢占军编制的中国城市居民主观幸福感量表，以及苗元江编制的综合幸福感问卷。其中，苗元江第一次将主观幸福感与心理幸福感进行整合，编制了综合、统一的幸福感问卷。

3. 幸福感研究的融合趋势

综观目前关于幸福感的研究，无论是主观幸福感还是心理幸福感，都存在着一定的局限，都不能反映幸福感的完整内容和整体面貌。虽然主观幸福感和心理幸福感在概念体系、理论框架、研究范式等方面都存在着较大的差异，但二者并不是对立的关系，并且在实际研究中，二者也不断显示出融合的趋势。

相当数量的调查研究显示，幸福感的最佳结构应该是主观幸福和心理幸福多维度复合。其中，Corey 等（2002）对主观幸福感和心理幸福感进行水平交叉分类（cross-classification of levels）研究时发现，在对角类型中，主观幸福感和心理幸福感是一种相互补充的关系，而在非对角类型中它们则是相互补偿的关系，研究表明，主观幸福感和心理幸福感存在着一种相互依赖、相互补充的关系。

因此，幸福感应该是主观幸福感和心理幸福感的有机统一，是主观与客观、快乐与意义、发展与享受的有机统一体，也只有把主观幸福和心理幸福合理整合，才能更全面、更科学地理解和研究幸福感。

二、 教师主观幸福感的研究现状

（一）教师幸福感的内涵分析

叶澜（1997）的《让课堂焕发出生命的活力——论中小学教学改革的深化》一文高扬生命价值的旗帜，在国内教育界开启了教师幸福感研究的广阔领域。如果说 20 世纪 90 年代末期，我国学者开始关注教师幸福感，那么，进入 21 世纪，随着积极心理学的兴起和我国教育改革的不断深入，教师幸福感逐渐引起了研究者的广泛关注，研究内容纷繁复杂，研究成果也日益丰富。

关于教师幸福感的概念界定很多，国内近 2/3 的教师幸福感研究采用 Diener 的主观幸福感的概念。

Diener（1984）认为，主观幸福感是个体根据自定的标准对其生活质量的整体性评估，主要包括生活满意感、积极情感和消极情感。生活满意感是对生活的整体认知评价，积极情感是指合群、乐观、自尊、愉快等，消极情感则与此相反。也有一些研究采用心理幸福感的概念，强调幸福是一种心理感受与体验，幸福可以因人、因事、因物而不同。还有一些研究从各自的研究视角对教师的幸福感做了界定。

刘次林（2000）认为，"对于信服教育的教师来说，教育不是牺牲而是享受，不是重复而是创造，不是谋生的手段而是生活本身"。

檀传宝（2002）认为，教师的幸福就是教师在自己的教育工作中自由实现自己的职业理想的一种教育主体生存状态。

曹俊军（2006）认为，教师的幸福感实际上是教师实现职业认同的一种教育主体生存状态，是对自己生存意义的体味及对职场环境的正向价值评判。

王彤（2007）认为，教师的幸福感是在从事教育教学工作和校园文化生活中感受到这个职业可以满足自己的需要，能够实现自身的价值，且能够产生愉悦感的一种状态。

曾抗（2008）把教师的幸福感界定为教师能自由发挥潜能、满足自我物质性和精神性的需要、实现自我理想和自身价值，从而获得的一种积极的主观体验。

冯建军（2008）认为，教师的幸福应该包括教师作为一般人的幸福，作为一种职业的幸福和教育活动主体的幸福，它涉及教师的全部生活和生命活动。

归纳来看，教育界主张幸福的意义和功能层面，而心理学界则分析个体的主观感受成分。

（二）教师主观幸福感的相关研究内容热点

主观幸福感是在20世纪30年代由Dodge首次提出的，对主观幸福感的研究开始于20世纪50年代的美国，而针对教师主观幸福感的相关心理学研究主要从20世纪60年代才开始。

起初，大多数研究者探讨的都是个体因素对教师工作压力和工作满意度的影响。Rudd和Wiseman（1962）的研究发现，对教师的生活、工作质量影响较为显著的主要因素有工资的高低，与学生、同事之间的关系，时间的占用水平等。

20世纪80年代以后，研究者将眼光更多地放在了组织因素对于教师幸福感的影响上，例如，领导的监控、同事的支持、组织的沟通方式、校园氛围、教师生活工作方式等。

我国关于中小学教师的主观幸福感的研究起步比较晚，一直到2006年才有研究者开始研究小学教师的主观幸福感及其影响因素。

国内近期对于教师主观幸福感的研究逐渐变多，研究工具主要有SCL-90量表、总体幸福感量表、艾森克个性问卷、自编问卷调查等。

纵观国内的教师主观幸福感影响因素的研究成果，我们发现，影响因素大多可以归结为两大因素群：外部因素和内部因素。其中，外部因素主要包括社会支持、经济收入、人际环境和奖惩等变量，内部因素则主要包括自我意识、自我效能感、人格特征等。

1. 教师主观幸福感的内部机理研究

（1）探讨自我效能感的积极作用

自我效能感这一概念最早是由班杜拉提出来的，主要描述的是人们对自己是否能够成功地从事某一成就行为的判断。班杜拉认为，人的行为受行为结果因素与先行因素的影响，期待包括结果期待和效能期待。当中小学教师对自己的教学能力有相当的自信时，便会随之产生高强度的教学自我效能感，这种情况下，教师的教学动机、教学能力都会普遍提高，其教学热情会大大高涨，教学效率会随之提高。随着教学效果的取得，教师的自我价值得以实现，最终会导致教师主观幸福感得到提高。

（2）探讨教学技能、专业化水平的双向制约作用

教师的技能水平是影响教师主观幸福感的重要因素之一。随着新一轮的基础教育课程改革在我国逐渐开展，中小学教师也面临着巨大的挑战。在这种情况下，教师只有不断提高自身的专业素质水平，才能在岗位上获得胜任感和成就感，这样他们才能不断地体会到教师职业的乐趣，从而获得幸福感。相反，如若教师对于教学任务感到力不从心，无法给自己的学生呈现良好的教学体验，那么教师会失去其专业魅力，教学也得不到家长、同事、学生的认可，这种由于教学技能带来的痛苦体验必然会让教师的主观幸福感受到影响。

（3）探讨人格因素的高预测作用

Diener（1984）认为，外部因素与个体的幸福感只有中等程度的相关，而内部因素中人格是主观幸福感最可靠、最有力的预测指标之一。在刘玎和卢宁（2005）的研究中，A型人格的教师因成就动机高，更愿意为获得成绩付出更多的努力，而获得的结果往往好于B型人格的教师，因此A型人格的教师更容易获得主观幸福感。但也有研究者发现，A型人格的教师的外向性、神经质得分更高，幸福感不稳定，也会对幸福感产生负面的影响。

除此之外，还有很多研究者研究了人格特征与教师主观幸福感的关系，都发现人格特质对教师幸福感的影响是显著的。

2. 教师主观幸福感的外部影响条件

（1）社会变革大环境的影响

不可否认，在当今的社会大环境下，教师行业已经逐渐演变为一个风险行业，直接导致教师的主观幸福感面临挑战。

首先，随着我国教育改革的不断深入推进，教育行业急需高素质、高能力、高创新性的教师，这就对教师的自身发展提出了严峻的挑战。

其次，当今社会对于教师的期待已经超出合理的范围，但是并没有给教师同等水平的尊重。长期以来，教师就是燃烧自己奉献教育的蜡烛，培育的是祖国的

花朵。人们一旦发现教师的行为与自己的期待不服，便十分刻薄、毫不掩饰地对教师发泄自己的不满情绪，德性的期望和制度的约束使教师生活在各种规范之中。而如今的学生大多是独生子女，管不得、批评不得，更是碰不得，很多教师认为教育已经陷入困境。

在这种情况下，只有提高教师的社会地位，调整社会对于教师职业的期待和对教育的期待，才能让教师感觉教师行业是光荣的，才能激发其自身的潜能，提高自身的职业幸福感。

（2）现代学校管理制度的影响

首先，学校构建一个宽严适度、民主和谐、完善的制度体系，是调动教师工作积极性、提升教师职业幸福感的重要基础。例如，制度的形成过程可以加入教师的积极参与，使教师既是制度的制定者也是制度的执行者，从而使得教师更加认可学校的管理制度。

其次，学校要给予教师充分的安全感和信任，学校领导要多关心教师的工作与生活，多为教师提供进修、培训的机会，为教师的业务发展、职称评定提供专业的帮助和指导，让新老教师都能够崭露头角，获得成绩，增强教师的归属感，从而提升教师的幸福感。

（3）人际关系复杂性的影响

教师的人际环境比较复杂，教师需要和领导、同事、家长、学生保持良好的人际关系，并且扮演的角色差异很大，在学生面前是博学的教师，在家长面前是孩子的引路人，在领导面前是遵从安排的下属。这些不同的角色都会给教师带来不同的压力。而和谐的人际环境是保证教师具有主观幸福感的基础。

因此，领导的关怀、同事的互助、学生的尊敬、家长的理解都会对教师的工作环境产生重要影响。

（4）超负荷的工作强度与较低的经济收入的矛盾冲突

在当今社会，大部分教师扮演了"保姆"的角色，既要教书又要育人，既要关注课堂又要留意学生的生活，既要关注学生的学习状态还要关注学生的情感状态，教学任务繁重，监护责任更加重要。很多教师工作压力很大，尤其是在城市里面的学校和重点学校的教师身心俱疲。为教师"减负"已经成为社会关注的重要课题。超负荷的工作为教师的身体健康也带来了负担，越来越多的教师的身体处于亚健康的状态，在这种情况下，教师的主观幸福感必然会受到不良的影响。

除了工作力度，教师的待遇水平也是影响教师主观幸福感的重要因素。如今教师行业尤其是乡村中小学教师，工资偏低，与教师付出的劳动力不成正比。因此，一个良好的合适的工资待遇水平，是提升中小学教师主观幸福感的重要条件。

第二节　教师主观幸福感的现状

一、教师主观幸福感的研究方法

（一）研究工具的设计

本次研究主要采用问卷调查、访谈与文献法相结合的方法来进行。

笔者在参考、借鉴以往调查研究问卷的基础上，根据本次研究的需要，自编了教师主观幸福感调查问卷。问卷采用 Likert 态度量表的方式设计，选项从完全不符合到完全符合分别记为 1~5 分，采用单选迫选的方式。通过问卷了解安徽省中小学教师主观幸福感的现实情况，并在此基础上探讨影响安徽省中小学教师主观幸福感的因素，进而提出提升教师主观幸福感的措施。

对问卷进行的信度分析表明，Cronbach's α 系数为 0.72，信度较好。

研究中，笔者还增加了对安徽省部分中小学教师的访谈环节，通过访谈深入了解中小学一线教师主观幸福感的现实情况。

（二）研究对象的取舍

本次研究所选取的对象是安徽省中小学教师，主要是采取随机抽样的方法，在黄山、宣城、马鞍山、淮北、阜阳等 10 个城市发放调查问卷 2000 份，回收共 1806 份，回收率为 90.30%。

由于种种原因，在人口学变量、专业背景、工作状况、家庭情况、社会关系和心理状态等方面总共 27 个基本信息题上有部分题目受被试没有填写或填写无效的影响，各个变量上的有效样本量不尽相同。

（三）研究思路与步骤

第一，查阅文献，梳理现有研究成果。我们通过对现有研究成果的分析，明确了本次研究的重点在于了解安徽省中小学教师的主观幸福感现状，并分析影响其主观幸福感的相关因素。

第二，编制问卷，设计准备研究方案。我们根据本次研究的需要，参考已有问卷，初步编制了中小学教师主观幸福感调查问卷，并在小范围的教师中进行预测，征求相关专家的意见，完善研究工具。

第三，实地调查，收集整理研究数据。我们采用方便取样的方式，在安徽省相关学校开展调查研究。要求被试尽可能在规定的时间内完成测试问卷中所有的题目，并强调回答的真实性。测试时间为 2015 年 4~6 月和 9~11 月。对收集到的全部数据采用 SPSS18.0 软件进行统计处理。

二、中小学教师主观幸福感的现状分析

（一）教师的主观幸福感总体上处于中等水平

为了解安徽省中小学教师主观幸福感的基本情况，笔者对其主观幸福感进行了描述性统计分析，结果见表 10-1。

表 10-1　教师主观幸福感调查结果描述性统计

项目	总分均值	每题均值	标准差
主观幸福感	57.16	3.01	9.59

从表 10-1 可以看出，教师主观幸福感每题均分为 3.01，略高于临界值 3，安徽省中小学教师主观幸福感整体处于中等水平。这说明安徽省义务教育阶段教师的主观幸福感总体尚可，但有很大的提升空间。

我们把安徽省中小学教师的主观幸福感分数分为高、低组，对原始数据进行百分制转换，其中 0~27 为低分组，73~99 为高分组，数据分析的结果见表 10-2。

表 10-2　主观幸福感高低组的差异比较

项目	高分组 （$M \pm SD$）	低分组 （$M \pm SD$）	t
自我接纳总分	43.17±5.20	39.47±5.25	-5.87***
自我效能总分	2.92±0.54	2.40±0.52	-8.19***
人际关系总分	101.36±15.04	95.77±13.86	-4.37***

进行数据分析之后发现，主观幸福感高低分组在自我接纳总分、自我效能总分、人际关系总分上均有显著相关，其中主观幸福感高分组在自我接纳总分、自

我效能总分、人际关系总分上均比低分组的分数要高。这说明自我接纳、自我效能及人际关系对教师主观幸福感都有一定的影响。安徽省中小学阶段教师的主观幸福感总体上属于中等水平，教师的主观幸福感具有较大的提升空间。研究还发现，教师主观幸福感与自我接纳、自我效能及人际关系显著相关，因此要注意这些因素对教师主观幸福感的影响。

（二）教师主观幸福感的个体特征

1. 社会风气致使男女教师主观幸福感趋于一致

以性别为组别变量，教师主观幸福感为检验变量，对不同性别教师的主观幸福感进行独立样本 t 检验，比较不同性别教师主观幸福感的差异，具体结果见表10-3。

表10-3　教师主观幸福感的性别差异

项目	男（n=694）	女（n=852）	t
$M \pm SD$	56.38±9.92	57.72±9.39	-2.69

从表10-3我们可以看出，分析性别因素对主观幸福感的影响，男女被试在该问卷上得分的独立样本 t 检验结果显示，方差齐性检验显著（p<0.05），表明两组的方差不齐性。性别因素在主观幸福感方面的差异不显著（t=-2.69，df=1446，p>0.05）。

对于性别因素对于教师主观幸福感的影响，我国的研究者有两种截然相反的结论。在谢鞅、周宁、杨婉秋等的研究中，男女教师的主观幸福感差异不大。也有一些研究者，如王陈等研究发现，高校女教师在自述幸福感、生活满意度、正性情感体验上显著高于男教师。

本次研究的结果和谢鞅、周宁、杨婉秋等的研究是一致的。可以看出，性别已经不是影响安徽省中小学教师主观幸福感的因素了，这与当代社会男女平等的风气是相关的，无论男教师还是女教师，所担任的教师角色和责任都差不多，面临着类似的工作和生活压力，因此，对于满意度、幸福感的感受也不会差很多。

2. 主观幸福感呈现出年龄的倒U形差异

以年龄为组别变量，教师主观幸福感为检验变量，进行差异性检验，比较不同年龄教师在主观幸福感上是否存在显著差异，具体结果见表10-4：

表10-4　教师主观幸福感的年龄差异

年龄段	$M \pm SD$	F
25岁以下（n=90）	56.76±9.59	4.78**
25~34岁（n=479）	57.97±9.42	

续表

年龄段	$M \pm SD$	F
35～49（n=740）	56.25±9.55	
50 岁及以上（n=269）	53.82±9.81	

如表 10-4 所示，分析年龄因素对主观幸福感的影响，单因素方差分析结果表明，年龄因素对主观幸福感影响显著。总体上，随着教师年龄越来越大，其主观幸福感水平却变得越来越低。其中，25～34 岁中小学教师的幸福感分数最高，在 35 岁之后，教师的主观幸福感不断降低，尤其是 50 岁及以上的中小学教师，主观幸福感的分数达到最低。究其原因，25～34 岁的青年教师刚刚开始从事教师行业，工作热情比较高，愿意奋斗，比较容易获得成就感和满足感，因此幸福感较高。这与邱秀芳（2007）、王继荣（2006）的研究结果相反。

3. 月收入趋同限制了教师主观幸福感发展

以月收入为组别变量、教师主观幸福感为检验变量进行差异性检验，比较不同月收入教师的主观幸福感是否存在显著差异，具体结果见表 10-5。

表 10-5　教师主观幸福感的收入差异

月收入	$M \pm SD$	F
1500 元以下（n=38）	54.10±11.27	
1500～2999 元（n=649）	56.83±10.06	
3000～4999 元（n=771）	57.38±9.31	1.35
5000 元及以上（n=112）	57.72±8.54	

分析月收入因素对教师主观幸福感程度的影响，对月收入不同等级的被试在主观幸福感问卷上的得分进行单因素方差分析。方差齐性检验的结果表明 sig=0.38，这表明各月收入组的方差齐性。方差分析表表明，sig=0.25，即 $p>0.05$，因此月收入因素对主观幸福感的影响不显著。

从调查结果我们得知，月收入在 1500 元以下和 5000 元及以上的教师人数并不是很多，而月收入在 1500～4999 元的教师人数占了受调查教师的绝大部分，因此绝大部分教师的月收入差距不是特别大，所以这些教师的主观幸福感差异也不大。

4. 健康状况正向预测教师主观幸福感

以身体健康状况为组别变量、教师主观幸福感为检验变量进行差异性检验，比较不同身体健康状况的教师主观幸福感是否有显著差异，具体结果见表 10-6。

表 10-6　教师主观幸福感的身体健康状况差异

身体健康	$M \pm SD$	F	Tamhane's T2
很好（n=523）	59.38±9.76	27.03***	2, 3<1
较好（n=800）	56.81±8.69		3<2<1
较差（n=232）	53.28±9.60		3<1, 2
很差（n=15）	49.40±19.39		

注：很好=1，较好=2，较差=3，很差=4

分析身体健康因素对主观幸福感程度的影响，对不同健康状况的被试在主观幸福感问卷上的得分进行单因素方差分析。方差分析结果表明，身体健康因素对主观幸福感程度影响显著。用 Tamhane's T2 方法进行多重比较，结果表明健康状况很好的安徽省中小学教师其主观幸福感程度最高，并且显著高于身体健康状况较好和较差组，另外，身体健康状况较好的教师其主观幸福感程度也显著高于健康状况较差的教师。

出现这样的结果不难解释，人们常说身体是革命的本钱，只有拥有健康的体魄，人们才能更加精神百倍地投入到工作中去。健康的身体使我们有足够的精力去应对生活中遇到的形形色色的事情，并且健康的身体可以使我们心情愉悦，做事情会更加有效率，所以不同健康状况的教师主观幸福感存在差异就不奇怪了。

从人口学变量来看，教师主观幸福感存在年龄和身体健康状况的差异：25~34岁的安徽省中小学教师的主观幸福感水平最高，25岁以下和35~49岁的教师主观幸福感水平次之，50岁及以上的教师主观幸福感水平最低；身体健康状况很好的安徽省中小学教师的主观幸福感水平最高，身体健康状况较好和身体健康状况较差的教师主观幸福感水平依次降低，身体健康状况很差的教师主观幸福感水平最低。这说明教师的年龄和身体健康状况影响着安徽省中小学教师的主观幸福感。而教师的主观幸福感在性别和月收入上不存在显著差异，说明性别和月收入并不直接影响安徽省中小学教师的主观幸福感。

（三）教师主观幸福感的专业背景特征

1. 学历层次不同，教师主观幸福感趋于一致

以学历为组别变量、教师主观幸福感为检验变量进行差异性检验，比较不同学历在教师主观幸福感上是否存在显著差异，具体结果见表 10-7。

表 10-7　教师主观幸福感的学历差异

学历	$M \pm SD$	F
大专以下（n=42）	41.76±5.48	2.64
大专（n=415）	41.24±4.38	

续表

学历	$M\pm SD$	F
本科（n=1058）	41.72±5.20	2.64
本科以上（n=54）	41.64±4.99	

分析学历因素对主观幸福感的影响，对不同学历的被试在主观幸福感问卷上的得分进行单因素方差分析，结果表明学历因素对主观幸福感影响不显著。

用LSD方法进行多重比较，各种学历教师在主观幸福感上的差异均不显著。

学历在大专以下和本科以上的教师样本容量较少，所以差异不显著也情有可原。另外，虽然安徽省中小学教师的学历各个层次都有，但是这些教师平时面对的学生和工作的内容大致相同，所以他们的主观幸福感水平都差不多，学历高低并不影响他们对自身幸福感的觉知。由此可以得出这样的结论：安徽省中小学教师学历对主观幸福感没有什么影响。

2. 理科教师主观幸福感较高

以所学专业为组别变量、教师主观幸福感为检验变量进行差异性检验，比较不同专业教师在主观幸福感上是否存在显著差异，具体结果见表10-8。

表10-8 教师主观幸福感的所学专业差异

专业	$M\pm SD$	F
文科（n=606）	57.32±9.04	0.56
理科（n=267）	57.89±9.14	
艺体（n=72）	56.65±10.51	
其他（n=86）	56.72±11.42	

如表10-8所示，分析专业因素对主观幸福感程度的影响，对不同专业的被试在主观幸福感问卷上的得分进行单因素方差分析。方差齐性检验的结果表明sig=0.13，这表明各专业组的方差齐性。方差分析表表明，sig=0.64，即$p>0.05$，因此专业因素对主观幸福感的影响不显著。

究其原因，与教师学历因素差不多，教师所学专业为"其他"和"艺体"的安徽省中小学教师样本容量较少，这是造成没有差异的可能因素之一。另外，所学专业不同只能说明所接受的知识体系不同，这并不能对安徽省中小学教师的主观幸福感产生什么大的影响。

3. 6～10年教龄的教师主观幸福感水平最高

以教龄为组别变量、教师主观幸福感为检验变量进行差异性检验，比较不同教龄的教师在主观幸福感上是否存在显著差异，具体结果见表10-9。

表 10-9　教师主观幸福感的教龄差异

教龄	$M \pm SD$	F
3 年以下（n=151）	56.59±8.63	
3～5 年（n=129）	58.20±9.64	
6～10 年（n=212）	58.28±9.87	2.22
10 年以上（n=1063）	56.78±9.40	

分析教龄因素对教师主观幸福感程度的影响，对不同教龄被试在主观幸福感问卷上的得分进行单因素方差分析。结果表明：教龄因素对主观幸福感的影响不显著（p>0.05）。

从上文的分析中我们知道，安徽省中小学教师的主观幸福感在年龄上是有显著差异的，而一般来说年龄与教龄有着千丝万缕的联系，但是安徽省中小学教师主观幸福感在教龄上却没有显著差异。看似这两个变量的结果是矛盾的，但其实不然。在年龄变量上，25～34 岁的教师主观幸福感水平最高（M=57.97），在教龄变量上，6～10 年教龄的教师主观幸福感水平最高（M=58.28），年龄为 25～34 岁的教师的教龄差不多也就在 6～10 年，这个差不多一致。那么为什么安徽省中小学教师主观幸福感在年龄上有差异而在教龄却没有差异呢？这可能是因为被调查教师在年龄分布上比较均匀，而教龄却绝大部分集中在 10 年以上，样本分布的不均造成了教师主观幸福感没有教龄差异。

4. 高级教师主观幸福感最高

以职称为组别变量、教师主观幸福感为检验变量进行差异性检验，比较不同职称的教师在主观幸福感上是否存在显著差异，具体结果见表 10-10。

表 10-10　教师主观幸福感的职称差异

职称	$M \pm SD$	F
未定（n=122）	57.50±10.11	
初级（n=390）	56.65±9.48	
中级（n=747）	56.84±9.71	1.93
高级（n=305）	58.23±8.88	

如表 10-10，分析职称因素对主观幸福感程度的影响，对不同职称的被试在主观幸福感问卷上的得分进行单因素方差分析。方差齐性检验的结果表明 sig=0.68，即各职称组的方差齐性。方差分析表表明，sig=0.11，即 p>0.05，因此职称因素对主观幸福感的影响不显著。用 LSD 方法进行多重比较，所有职称之间在主观幸福感上的差异均不显著。

这个结果与邱秀芳（2007）、曹光海等（2007）研究者研究的结果不一致。究其原因，邱秀芳、曹光海等（2007）的研究对象是高职类、高校的教师，这类院校的教师拥有更多的自我实现的需要，但是中小学教师工作内容单一，不同职称带来的效益并不明显，收入差别也不大，教师自我实现的需要较低，因此，职称的高低并不会对于其主观幸福感产生显著的影响。

5. 参加过培训的教师主观幸福感较高

以教师有无参加过培训为组别变量、教师主观幸福感为检验变量进行差异性检验，比较是否参加过培训对主观幸福感是否存在影响，结果见表10-11。

表10-11 教师主观幸福感的有无培训差异

项目	参加培训（n=1388）	未参加培训（n=175）	t
总均分	57.28±9.52	55.88±9.99	1.83

如表10-11所示，分析有无参加培训因素对主观幸福感程度的影响，即对被试在该问卷上得分进行独立样本 t 检验，结果显示，方差齐性检验不显著（p>0.05），即两组的方差齐性。有无参加培训因素在主观幸福感方面的差异不显著（t=1.83，df=1561，p>0.05）。

为什么有无参加培训对安徽省中小学教师的主观幸福感没有影响呢？究其原因，参加培训与否关乎教师的专业能力，参加培训或许可以提高教师的专业知识和教学能力，又或许可以提高教师的职业认同或教学效能感，但是对于教师主观幸福感却不一定有影响。另外，由于国家实施的"国培计划"，参与调查的安徽省中小学教师绝大多数都参加过培训，未参加过培训的教师少之又少，所以安徽省中小学教师的主观幸福感没有显著差异。

（四）教师主观幸福感的工作负荷特征

1. 所在学校对主观幸福感影响不显著

以教师学校所在地为组别变量、教师主观幸福感为检验变量进行差异性检验，比较不同学校教师在主观幸福感上是否存在显著差异，具体结果见表10-12。

表10-12 教师主观幸福感的学校所在地差异

所在学校	$M±SD$	F
乡镇以下（n=593）	57.19±10.26	
县城（n=629）	56.91±9.22	0.44
城市（n=353）	57.50±9.20	

如表10-12所示，分析所在学校因素对主观幸福感的影响，对不同学校的被试在主观幸福感问卷上的得分进行单因素方差分析。方差分析结果表明，所在学校

因素对主观幸福感的影响不显著。这说明，不论是乡镇还是城市的中小学教师的主观幸福感、工作满意度基本差不多，也就是说，安徽省中小学教师的主观幸福感不受工作区域的影响。

农村中小学教师的工作待遇虽然较低，比不上城市的教师待遇，但是工作强度相对较低。城市教师的工作压力相较农村教师来说虽然大一点，但工资待遇、福利相对较好。因此，在这样的比较之下，负面影响基本相互抵消。但是也有研究者得到的结果与本次研究结果相反。肖少北、李玉美（2005）的研究发现，乡村中学教师由于工资待遇低、工作条件差、进修途径窄小、成就感低、社会地位边缘化等问题的存在，他们的主观幸福感要比城市中学教师低。

2. 任教不同科目的教师主观幸福感

以教师所教课程为组别变量、教师主观幸福感为检验变量进行差异性检验，比较不同科目教师在主观幸福感上是否存在显著差异，具体结果见表10-13。

表10-13　教师主观幸福感的所教课程差异

课程	$M \pm SD$	F
语数外（n=690）	56.69±9.66	
政史地（n=165）	56.90±8.91	0.88
理化生（n=108）	56.40±8.94	
其他（n=71）	56.73±9.47	

如表10-13所示，分析课程因素对教师主观幸福感的影响，对不同授课的被试在主观幸福感问卷上的得分进行单因素方差分析。方差分析表明，课程因素对主观幸福感的影响不显著。用LSD方法进行多重比较，各种课程因素之间在主观幸福感上的差异均不显著。

从表10-13的数据我们可以看出，任教不同科目的安徽省中小学教师主观幸福感得分普遍较高且差距很小。这说明不论是语数外、政史地还是理化生及其他科目的教师，其主观幸福感、工作满意度都较高，相差较小。传统观念认为语数外等主科教师的压力比较大，相应的主观幸福感水平应该较低，但事实却并非如此。随着现代教育的改革，原本我们认为是副科的科目变得越来越重要，课时数也逐渐增加，所以"主科"会分出一些课时数出来给这些"副科"。因此，随着新教改的逐渐深入，这种主科、副科的差异会逐渐消失。

3. 课时量的增加降低了教师主观幸福感

以教师每周课时量为组别变量、教师主观幸福感为检验变量进行差异性检验，比较不同课时量教师的主观幸福感是否存在显著差异，具体结果见表10-14。

表 10-14　教师主观幸福感的每周课时量差异

课时	$M \pm SD$	F
5 节以下（n=74）	58.52±10.12	
6～12 节（n=800）	57.50±9.06	
13～20 节（n=624）	56.93±9.81	4.33**
20 节以上（n=70）	53.54±11.69	

如表 10-14 所示，分析每周课时量因素对教师主观幸福感的影响，对课时量不同的被试在主观幸福感问卷上的得分进行单因素方差分析。方差分析结果表明，课时量因素对教师主观幸福感的影响显著。用 LSD 方法进行多重比较，每周 20 节以上课时组的教师的主观幸福感水平显著低于其他课时组的教师。

从表 10-14 可以看出，教师幸福感的分数随着课时数的增加在逐渐降低，这说明课时多寡、工作强度的大小对于教师幸福感的影响是十分显著的，且课时越多，教师的幸福感指数越低。显而易见，课时越多，教师压力越大，身心越疲，这必然会影响教师的情绪，而消极情绪的积累势必造成主观幸福感水平的降低。

从工作状况来看，教师主观幸福感只在每周课时量上存在差异：每周课时在 5 节以下的安徽省中小学教师的主观幸福感水平最高，随着每周课时数的增加，教师的主观幸福感水平逐渐降低，每周课时在 20 节以上的安徽省中小学教师的主观幸福感水平最低。这些数据说明教师每周的课时量影响着他们的主观幸福感。而安徽省中小学教师的主观幸福感在学校所在地、所教课程、是否兼任行政职务、是否担任班主任和是否坐班等变量上不存在显著差异，说明这些因素不影响安徽省中小学教师的主观幸福感。

4. 兼任行政职务对教师的主观幸福感无影响

以教师是否兼任行政职务为组别变量、教师的主观幸福感为检验变量进行差异性检验，比较兼任行政职务的教师和没有兼任行政职务的教师在主观幸福感上是否存在显著差异，具体结果见表 10-15。

表 10-15　教师主观幸福感的兼任行政职务与否差异

项目	兼职行政（n=229）	不兼职行政（n=1345）	t
总均分	57.53±9.96	57.01±9.56	0.75

如表 10-15 所示，分析是否兼职行政职务因素对教师主观幸福感的影响，即对被试在该问卷上的得分进行独立样本 t 检验，结果显示，方差齐性检验不显著（p>0.05），即两组的方差齐性，不论教师是否兼职行政职务，其在主观幸福感方面的差异不显著（t=0.75，df=1572，p>0.05）。

可以看出，中小学教师是否兼职行政职务对于其主观幸福感的影响并不大。兼任行政职务的教师一般来说是教师团队中的核心成员，他们一般具有较强的个人能力，所以个人价值的实现会冲淡他们在教学任务中可能面临的压力。另外，也有可能是因为本次受调查的安徽省中小学教师绝大部分不兼职行政职务，被试量差别较大，影响了最终的结果。

5. 是否担任班主任对教师主观幸福感无影响

以教师是否担任班主任为组别变量、教师的主观幸福感为检验变量进行差异性检验，比较担任班主任的教师和没有担任班主任的教师在主观幸福感上是否存在显著差异，具体结果见表10-16。

表10-16　教师主观幸福感的担任班主任与否差异

项目	班主任（$n=638$）	非班主任（$n=935$）	t
总均分	59.62±10.87	57.28±8.65	−0.61

如表10-16所示，分析是否担任班主任因素对教师主观幸福感的影响，即对被试在该问卷上的得分进行独立样本t检验，结果显示，方差齐性检验显著（$p<0.05$），即两组的方差不齐性。是否担任班主任因素在主观幸福感方面的差异不显著（$t=-0.61$，$df=1159$，$p>0.05$），即是否为班主任对安徽省中小学教师的主观幸福感并没有影响。

由于非班主任只需关心自己的教学任务是否达标，不用过多地关心学生，因此工作压力较小，负担较轻。但是班主任虽然比一般任课教师要更多地操心班级学生的成长，但是在这个过程中，班主任通过学生的尊重、家长的认可也获得了相应的成就感，教学效能感也有所提高，所以对于工作压力的负面影响有所抵消。因此，教师是否为班主任其主观幸福感差异并不大。

6. 是否坐班对教师的主观幸福感无影响

以是否坐班为组别变量、教师主观幸福感为检验变量进行差异性检验，比较坐班教师和不坐班教师的主观幸福感是否存在显著差异，具体结果见表10-17。

表10-17　教师主观幸福感的坐班与否差异

项目	坐班（$n=853$）	不坐班（$n=679$）	t
总均分	56.96±9.23	57.29±9.95	−0.66

如表10-17所示，分析是否坐班因素对教师主观幸福感的影响，即对被试在该问卷上的得分进行独立样本t检验，结果显示，方差齐性检验不显著（$p>0.05$），即两组的方差齐性。是否坐班因素在主观幸福感方面的差异不显著（$t=-0.66$，$df=1530$，$p>0.05$）。可以看出，是否坐班对于安徽省中小学教师的主观幸福感影响并不大。

从表 10-17 中可以看出,不坐班的教师的主观幸福感得分比坐班教师的主观幸福感得分略高,但是两者之间没有显著差异。教师固然都愿意不坐班,对于教师来说虽然不是心甘情愿坐班,但也没有那么抵触。而且坐班教师并不是无事可做,他们会利用坐班时间处理一些教学上的工作,如备课、批改作业等。因此,坐班教师的主观幸福感与不坐班教师的主观幸福感没有显著差异。

(五)教师主观幸福感的家庭环境特征

1. 已婚教师主观幸福感最高

以婚姻为组别变量、教师主观幸福感为检验变量进行差异性检验,比较不同婚姻状况的教师主观幸福感是否存在显著差异,具体结果见表 10-18。

表 10-18　教师主观幸福感的婚姻状况差异

婚姻状态	$M \pm SD$	F
未婚(n=207)	56.83±10.15	
已婚(n=1344)	57.30±9.38	4.84**
离异(n=18)	49.88±9.00	
丧偶(n=7)	50.42±16.98	

分析婚姻因素对教师主观幸福感程度的影响,对不同婚姻状态的被试在主观幸福感问卷上的得分进行单因素方差分析。方差分析结果表明,婚姻因素对安徽省中小学教师的主观幸福感影响显著。其中,离异教师的主观幸福感显著低于未婚和已婚教师,已婚教师的主观幸福感水平最高。

我们已经知道了此次被调查教师的年龄层次分布,根据埃里克森的毕生发展理论,这些教师基本处在成人早期、成人中期和成人晚期 3 个阶段。而这 3 个阶段的任务分别为:获得亲密感克服孤独感,体验爱情的实现,获得繁殖感避免停滞感,体验关怀的实现,以及获得完美感避免失望和厌恶感,体验智慧的实现。所以已婚教师不仅体验了爱情的实现,同时有大部分已婚教师获得了繁殖感,体验着关怀的实现,又有一部分已婚教师可能体验着智慧的实现。另外,已婚教师已经成家立业,在成家这方面的压力已经减小,同时已婚教师的爱情结晶——孩子的到来,让其体验着为人父母的喜悦。离异和丧偶的教师样本容量太少,不具有代表性,因此不予以讨论。

2. 是否有孩子对教师主观幸福感无影响

以有无孩子为组别变量、教师主观幸福感为检验变量进行差异性检验,比较有孩子的教师和没有孩子的教师在主观幸福感上是否存在显著差异,具体结果见表 10-19。

表 10-19　教师主观幸福感的有无孩子差异

项目	有孩子（n=1316）	无孩子（n=254）	t
总均分	57.12±9.70	56.96±8.32	0.22

分析是否有孩子对教师主观幸福感的影响，采用独立样本 t 检验，结果显示，方差齐性检验显著（$p<0.05$），即两组的方差不齐性。教师是否有孩子在主观幸福感方面的差异不显著（t=0.22，df=367.69，$p>0.05$）。

在分析婚姻状况对安徽省中小学教师主观幸福感影响的时候，我们已经提到过，根据埃里克森的毕生发展理论，这些教师基本处在成人早期、成人中期和成人晚期 3 个阶段。在成人中期这一阶段的发展任务是：获得繁殖感避免停滞感，体验关怀的实现。所以，有孩子的教师主观幸福感得分比没有孩子的教师主观幸福感得分稍高一点，但是两者的差异没有达到显著性水平，所以有无孩子对安徽省中小学教师的主观幸福感并没有显著影响。这是由于没有孩子的教师相对比较年轻，他们的发展任务可能是获得亲密感克服孤独感，体验爱情的实现。而且没有孩子的教师也有自身的优势，他们的养家压力没有那么大，而且可以将更多的时间和精力投入教学。

3. 夫妻关系和睦提升了教师的主观幸福感

以夫妻关系为组别变量、教师主观幸福感为检验变量进行差异性检验，比较不同婚姻关系的教师主观幸福感是否存在显著差异，具体结果见表 10-20。

表 10-20　教师主观幸福感的夫妻关系差异

夫妻关系	$M±SD$	F	LSD
和睦（n=1158）	57.99±9.48	14.13***	1>2
普通（n=229）	54.37±10.04		
冷淡（n=10）	53.90±17.15		

注：和睦=1，普通=2，冷淡=3

分析夫妻关系因素对主观幸福感的影响，对不同关系状态的被试在主观幸福感问卷上的得分进行单因素方差分析。方差齐性检验的结果表明 sig=0.089，这表明各夫妻关系状态组的方差齐性。方差分析表表明，sig=0.000，即 $p<0.05$，因此夫妻关系因素对主观幸福感的影响显著。用 LSD 方法进行多重比较，结果表明，夫妻关系和睦的教师其主观幸福感程度显著高于夫妻关系普通的教师。

可以看出，婚姻是否和谐幸福是影响安徽省中小学教师主观幸福感的重要因素。事实上，不论是教师还是其他群体，婚姻是否和谐对个体的幸福感体验的影响都是十分显著的。所以，拥有和谐的婚姻和完整的家庭，对中小学教师的身心健康是十分有利的，对中小学教师的主观幸福感是十分重要的。

4. 良好的家人关系改善了教师主观幸福感

以家人关系为组别变量、教师主观幸福感为检验变量进行差异性检验，比较不同家人关系的教师主观幸福感是否存在显著差异，具体结果见表 10-21。

表 10-21　教师主观幸福感的家人关系差异

与家人关系	$M\pm SD$	F	Tamhane's T2
糟糕（n=18）	49.27±15.94		
不快乐（n=9）	51.00±16.30		
不太满意（n=107）	51.28±9.52	18.09***	3<4, 5, 6
满意（n=790）	56.58±9.36		3<4<6
快乐（n=347）	58.12±8.45		3<5
愉快（n=304）	59.84±9.58		3, 4<6

注：糟糕=1，不快乐=2，不太满意=3，满意=4，快乐=5，愉快=6

分析与家人关系对安徽省中小学教师主观幸福感的影响，对不同家人关系状态的被试在主观幸福感问卷上的得分进行单因素方差分析。方差齐性检验的结果表明 sig=0.000，这表明各关系状态组的方差齐性。方差分析表明，sig=0.000，即 p<0.05，因此与家人关系这一因素对主观幸福感的影响显著。用 Tamhane's T2 方法进行多重比较，与家人关系不太满意的教师其主观幸福感程度显著低于与家人关系满意、快乐或愉快的教师；与家人关系满意的教师其主观幸福感显著低于与家人关系愉快的教师；与家人关系愉快的教师其主观幸福感程度最高。

上面我们分析婚姻状况对安徽省中小学教师主观幸福感的影响的时说到，拥有和谐的婚姻和完整的家庭，对中小学教师的身心健康是十分有利的，对中小学教师的主观幸福感是十分重要的。这里的与家人的关系状态与婚姻状态是一致的。

从家庭情况来看，安徽省中小学教师的主观幸福感在婚姻状况、夫妻关系和家人关系变量上均存在显著差异，由于离异和丧偶的教师的样本容量均不足 30 人，故只分析已婚和未婚的教师。已婚教师的主观幸福感水平高于未婚教师；夫妻关系和睦的教师主观幸福感显著高于夫妻关系普通和冷淡的教师；与家人关系愉快、快乐和满意的教师主观幸福感显著高于那些与家人关系不太满意的教师。这说明婚姻状况、夫妻关系和与家人关系都是影响教师主观幸福感的重要因素，而有无孩子对教师主观幸福感没有什么显著影响。

（六）教师主观幸福感的社会关系特征

1. 愉快的朋友关系提升了教师的主观幸福感

以朋友关系为组别变量、教师主观幸福感为检验变量进行差异性检验，比较拥有不同朋友关系的教师的主观幸福感是否存在显著差异,具体结果见表 10-22。

表 10-22 教师主观幸福感的朋友关系差异

与朋友关系	$M \pm SD$	F	Tamhane's T2
糟糕(n=20)	50.45±16.92	17.59***	
不快乐(n=9)	63.77±15.32		
不太满意(n=106)	51.20±10.27		3<4, 5, 6
满意(n=938)	56.65±9.11		3<4<5, 6
快乐(n=305)	58.69±8.09		3, 4<5
愉快(n=195)	60.13±10.51		3, 4<6

注:糟糕=1,不快乐=2,不太满意=3,满意=4,快乐=5,愉快=6

分析与朋友关系对主观幸福感的影响,对不同朋友关系状态的被试在主观幸福感问卷上的得分进行单因素方差分析。方差齐性检验的结果表明,sig=0.000,这表明各关系状态组的方差不齐性。方差分析表表明,sig=0.000,即 $p<0.05$,因此与朋友关系这一因素对主观幸福感的影响显著。用 Tamhane's T2 方法进行多重比较,与朋友关系不太满意的教师其主观幸福感显著低于与朋友关系满意、快乐或愉快的教师;与朋友关系满意的教师其主观幸福感显著低于与朋友关系快乐或愉快的教师。

正如前文所述,人是群居的,我们每个人都需要朋友,哪怕是性格再内向、再不善言辞的人都有属于自己的好朋友。当工作上遇到困难和麻烦的时候,不忍心跟家里人说,不方便和同事说,这时候朋友就是我们的倾诉对象。良好的朋友关系代表了良好的社会支持系统的一个方面,所以与朋友关系的好坏影响了安徽省中小学教师的主观幸福感。

2. 良好的同事关系增强了教师的主观幸福感

以同事关系为组别变量、教师主观幸福感为检验变量进行差异性检验,比较不同同事关系的教师主观幸福感是否存在显著差异,具体结果见表 10-23:

表 10-23 教师主观幸福感的同事关系差异

与同事关系	$M \pm SD$	F	Tamhane's T2
糟糕(n=21)	48.61±16.27	20.59***	
不快乐(n=19)	49.31±12.85		
不太满意(n=92)	52.67±9.02		3<4, 5, 6
满意(n=1015)	56.56±9.13		3<4<5, 6
快乐(n=255)	59.34±8.77		3, 4<5
愉快(n=170)	61.25±9.89		3, 4<6

注:糟糕=1,不快乐=2,不太满意=3,满意=4,快乐=5,愉快=6

分析与同事关系对教师主观幸福感的影响，对不同同事关系状态的被试在主观幸福感问卷上的得分进行单因素方差分析。方差齐性检验的结果表明 sig=0.000，这表明各关系状态组的方差不齐性。方差分析表表明，sig=0.00，即 $p<0.05$，因此与同事关系这一因素对教师主观幸福感的影响显著。用 Tamhane's T2 方法进行多重比较，与同事关系不太满意的教师其主观幸福感显著低于与同事关系满意、快乐或愉快的教师；与同事关系满意的教师其主观幸福感显著低于与同事关系快乐或愉快的教师。

上文说到良好的朋友关系代表了良好的社会支持系统的一个方面，那么良好的同事关系则代表了良好的社会支持系统的另一方面。与同事关系良好为我们营造了良好的工作氛围，试想如果同事关系糟糕，那么工作的时候心情势必会受到负面的影响；相反，如果同事关系良好，工作的时候心情都是愉悦的，接收的都是正面的信息。所以，同事关系的好坏影响了安徽省中小学教师的主观幸福感。

3. 与领导相处积极融洽增强了教师的主观幸福感

以与领导关系为组别变量、教师主观幸福感为检验变量进行差异性检验，比较不同领导关系的教师的主观幸福感是否存在显著差异，具体结果见表 10-24。

表 10-24　教师主观幸福感的领导关系差异

与领导关系	$M\pm SD$	F	Tamhane's T2
糟糕（n=29）	48.48±12.61		1<5, 6
不快乐（n=34）	52.26±13.38		
不太满意（n=143）	53.27±8.64	23.48***	3<4, 5, 6
满意（n=1045）	56.82±9.04		3<4<5, 6
快乐（n=174）	60.45±8.67		1, 3, 4<5
愉快（n=142）	61.73±10.42		1, 3, 4<6

注：糟糕=1，不快乐=2，不太满意=3，满意=4，快乐=5，愉快=6

分析与领导关系对教师主观幸福感的影响，对领导关系不同状态的被试在主观幸福感问卷上的得分进行单因素方差分析。方差齐性检验的结果表明 sig=0.001，这表明各关系状态组的方差不齐性。方差分析表表明，sig=0.00，即 $p<0.05$，与领导关系这一因素对主观幸福感影响显著。用 Tamhane's T2 方法进行多重比较，与领导关系糟糕的教师其主观幸福感显著低于与领导关系快乐或愉快的教师；与领导关系不太满意的教师其主观幸福感程度显著低于与领导关系满意、快乐或愉快的教师；与领导关系满意的教师其主观幸福感显著低于与领导关系快乐或愉快的教师。

上文我们分析了朋友关系和同事关系对安徽省中小学教师主观幸福感的影响，

这里与领导关系的好坏对教师主观幸福感的影响是一致的。良好的领导关系让教师心情愉快地接受领导下达的教学任务，并且始终保持一种正性的情绪，这直接影响着教师的主观幸福感。

从社会关系来看，安徽省中小学教师的主观幸福感在朋友关系、同事关系及领导关系变量上均存在显著差异且对教师主观幸福感的影响效果是一致的，即对与朋友、同事及领导关系感受不太满意的教师其主观幸福感水平显著低于对与朋友、同事及领导关系感受满意的教师，而对与朋友、同事及领导关系感受满意的教师其主观幸福水平又低于对与朋友、同事及领导关系感受快乐和愉悦的教师。

（七）教师主观幸福感的认知与调节

1. 感知愉快事件的频次与教师主观幸福感呈正比

以最近一个月内个体是否发生过重大的正性或负性生活事件为组别变量，以教师主观幸福感为检验变量，进行差异性检验，比较教师在主观幸福感上是否存在显著差异，具体结果见表 10-25 和表 10-26。

表 10-25　不愉快事件对主观幸福感的影响

	不愉快事件（n=342）	非不愉快事件（n=1 227）	t
总均分	55.20±9.85	57.68±9.44	-4.24***

表 10-26　愉快事件对主观幸福感的影响

	愉快事件（n=544）	非愉快事件（n=1 016）	t
总均分	59.27±9.98	55.90±9.11	6.74***

分析不愉快事件对教师主观幸福感的影响，采用独立样本 t 检验，结果显示，方差齐性检验不显著（p>0.05），即两组的方差齐性。不愉快事件在主观幸福感方面差异显著（t=-4.24，df=1567，p<0.001），不愉快事件使得教师的主观幸福感显著低于发生过非不愉快事件的教师。

分析愉快事件对教师主观幸福感的影响，采用独立样本 t 检验，结果显示，方差齐性检验不显著（p>0.05），即两组的方差齐性。愉快事件在主观幸福感方面差异显著（t=6.74，df=1558，p<0.01），即愉快事件使得教师的主观幸福感显著高于发生过非愉快事件的教师。

不愉快事件对教师主观幸福感的负面影响及愉快事件对教师主观幸福感的正面影响从结果中显而易见。我们知道主观幸福感与正性情绪、负性情绪和生活满意度密切相关，所以愉快的事件使教师正性情绪增多，负性情绪减少，所以主观幸福感水平上升；不愉快事件使教师负性情绪增多，正性情绪减少，所以主观幸福感水平下降。

2. 积极的情绪感知增强了教师的主观幸福感

以情绪为组别变量、教师主观幸福感为检验变量进行差异性检验，比较不同情绪状态的教师主观幸福感是否存在显著差异，具体结果见表10-27。

表10-27　教师主观幸福感的情绪状态差异

情绪状态	$M \pm SD$	F	Tamhane's T2
糟糕（n=64）	52.26±11.57		1<2
不快乐（n=104）	53.08±10.71		2<3, 4, 5, 6
不太满意（n=364）	54.64±9.55	24.58***	3<4, 5, 6
满意（n=730）	57.62±8.67		1, 2<4<5, 6
快乐（n=210）	60.83±8.49		1, 2, 3, 4<5
愉快（n=108）	61.50±10.71		1, 2, 3, 4<6

注：糟糕=1，不快乐=2，不太满意=3，满意=4，快乐=5，愉快=6

分析一个月内情绪对教师主观幸福感的影响，对不同情绪状态的被试在主观幸福感问卷上的得分进行单因素方差分析。方差齐性检验的结果表明sig=0.01，这表明各个情绪状态组的方差齐性。方差分析表表明，sig=0.00，即 p<0.05，因此情绪状态因素对主观幸福感的影响显著。用 LSD 方法进行多重比较，情绪状态为糟糕的教师其主观幸福感程度最低，并且显著低于除情绪状态为不快乐以外的另 4 种情绪状态的教师；情绪状态为不太满意的教师其主观幸福感也显著低于情绪状态为满意、快乐或愉快的教师；情绪状态为满意的教师其主观幸福感显著低于情绪状态为愉快和快乐的教师。我们在分析愉快事件和不愉快事件对教师主观幸福感影响的时候，就提到了情绪对主观幸福感的影响。这里直接分析最近一个月内情绪对安徽省中小学教师主观幸福感的影响，前文已经分析了情绪对于主观幸福感的重要作用，这里不再赘述。

3. 职业期待的满足可以提升教师的主观幸福感

以农村教师面临困境解决策略的观点为组别变量，以教师的主观幸福感为检验变量，进行差异性检验，比较在农村教师面临困境解决策略持不同观点的教师的主观幸福感是否存在显著差异，具体结果见表10-28。

表10-28　教师主观幸福感在农村教师面临困境解决策略不同观点上的差异

关注	$M \pm SD$	F	LSD
提高待遇（n=982）	56.59±9.28		1<2
促进专业成长（n=100）	60.38±9.96		1<2
关注身体（n=88）	58.98±11.89	4.78*	
关注心理（n=66）	58.33±9.49		
其他（n=49）	57.77±9.98		

注：提高待遇=1，促进专业成长=2，关注身体=3，关注心理=4，其他=5

分析农村教师面临困境解决策略的不同观点对教师主观幸福感的影响，对持不同观点的被试在主观幸福感问卷上的得分进行单因素方差分析。方差齐性检验的结果表明 sig=0.055，这表明各关系状态组的方差齐性。方差分析表明 sig=0.001，即 $p<0.05$，因此，关注因素对主观幸福感影响显著。用 LSD 方法进行多重比较，关注提高待遇的教师其主观幸福感程度显著低于关注促进专业成长的教师，关注促进专业成长的教师的主观幸福感水平最高。

前面分析月收入对安徽省中小学教师主观幸福感的影响时发现，教师的主观幸福感在月收入上不存在差异。这是因为安徽省中小学教师的月收入水平都差不多，所以不存在差异。安徽省位于中国中部，经济发展水平并不是很高，虽然近年来教师的工资有所增长，但是增长的幅度远远跟不上消费水平的增长，所以教师面临的经济压力较大。根据马斯洛所提出的需要层次理论，生理需要得到满足后才会考虑安全需要，逐步满足更高层次的需要。人需要生存，人类的需要能够影响其自身的行为，所以在农村教师面临困境解决策略上持不同观点的教师主观幸福感存在显著差异。

从心理状态来看，安徽省中小学教师的主观幸福感在最近一个月是否发生重大愉快或不愉快事件、最近一个月内情绪状态和农村教师面临困境解决策略观点等变量上也都存在显著差异：最近一个月内发生非不愉快事件的教师主观幸福感水平显著高于发生不愉快事件的教师，最近一个月内发生愉快事件的教师主观幸福感水平显著高于发生非愉快事件的教师；最近一个月内情绪状态愉快、快乐和满意的教师主观幸福感水平显著高于情绪状态不太满意、不快乐和糟糕的教师；在解决农村教师的现实困境这一问题上持不同观点的教师，主观幸福感的总体水平也存在显著差异，认为应当关注促进专业成长的教师主观幸福感水平最高，而认为应当关注提高待遇的教师主观幸福感水平最低。值得注意的是，70%以上的教师认为解决农村教师的现实困境主要应当关注工资待遇的提高，这为我们敲响了警钟。

4. 内部动机的积极作用可以增强教师的主观幸福感

以从教原因为组别变量、教师主观幸福感为检验变量进行差异性检验，比较不同从教原因的教师在主观幸福感上是否存在显著差异，具体结果见表10-29。

表 10-29　教师主观幸福感的从教原因差异

从教原因	$M\pm SD$	F	LSD
喜欢（n=483）	42.73±4.95		1>2, 3, 4, 5
家人影响（n=196）	41.33±4.35		1>2>4, 5
工作稳定（n=475）	41.29±4.97	24.52***	1>3>4, 5
无奈（n=196）	40.26±4.37		1, 2, 3>4
其他（n=202）	41.57±4.20		1, 2, 3>5>4

注：喜欢=1，家人影响=2，工作稳定=3，无奈=4，其他=5

分析从教原因对安徽省中小学教师主观幸福感的影响,对不同从教原因的被试在主观幸福感问卷上的得分进行单因素方差分析。方差齐性检验的结果表明,sig=0.45,这表明各从教原因组的方差齐性。方差分析表表明,sig=0.00,即 $p<0.05$,因此从教原因因素对主观幸福感的影响显著。用 LSD 方法进行多重比较发现,由于喜欢而从教的教师其主观幸福感最高,并且显著高于另外 4 组,因其他及无奈原因从教的教师其主观幸福感显著低于其他组,而出于其他原因而从教的教师其主观幸福感又显著高于由于无奈而从教的教师。

从心理学角度来说,从教原因的不同就是从教的动机的差异。而动机是激发和维持有机体的行为,并使该行为朝向一定目标的心理倾向或内部驱力。因为喜欢而从事教师行业说明动机很强,相应的内部驱力就很强大。另外,从事自己喜欢的职业本身就是一件令人愉快的正性生活事件,这有助于提高个体自身的主观幸福感水平。

从专业背景来看,教师主观幸福感存在从教原因的差异:从教原因为喜欢的安徽省中小学教师的主观幸福感水平最高,从教原因为家人影响、工作稳定和无奈的教师的主观幸福感水平依次递减,说明教师的从教原因影响着安徽省中小学教师的主观幸福感。而教师主观幸福感在学历、所学专业、教龄、职称和近 3 年内是否参加过相关职业培训等变量上不存在显著差异,说明这些变量不影响安徽省中小学教师的主观幸福感。

第三节　教师主观幸福感的提升对策

一、教师主观幸福感的提升是激发其工作积极性的关键所在

(一)时代呼唤教师主观幸福感

亚里士多德曾说过,"幸福是人类存在的唯一目标和目的",幸福一直是人类追求的永恒目标和不变的主题。随着人类社会的发展,人们生活水平的不断提高、视野的开阔、自我意识的提升,以及生活质量研究和积极心理学的推动,人们对

"过一种幸福而完满的生活"越来越关注,并将其作为自己生活状态的追求。

教师作为一种职业,捷克教育家夸美纽斯给予了其最高的赞誉——太阳底下最崇高的职业。在我国,教师亦被称作是"人类灵魂的工程师",教师被比喻成吐丝不尽的"春蚕",是燃烧自己照亮别人的"蜡烛",是俯首的孺子牛。社会赋予了教师这一行业耀眼的光环,也附加了教师这一行业神圣的使命。在人们看来,作为教师就应该兢兢业业、淡泊名利、无私奉献。社会对教师的关注,更多的是一种对教师作为"义务人"的关注,更多地关心教师的工具价值,而很少关注教师作为一般人的自我存在,很少倾听教师自我意识的表达。

我们认为,作为教师,首先应该是一般意义上的社会人,他们与社会当中的其他职业人一样,具有普通人的情感与思想。教师追求自身幸福,是教师作为人的目标和一项神圣的权利。教师的主观幸福感不仅影响其自身,更为重要的是它还会影响教育对象的幸福感,以及教育对象的成长与发展。

教师作为教育教学活动的主导者,是教育的核心力量,是学生成长的重要影响源,教师幸福与否不仅关系到教师自身的身心健康、生命、生活质量及专业发展,同时也影响到学生的幸福成长、人格的健全及教育教学质量。

一般认为,教育作为促进人全面发展的活动,需要以人的幸福作为其终极目的和本质追求。把学生培养成具有幸福品质的人是教师义不容辞的职责,而幸福的教师则是培养学生幸福品质的重要保证。教师幸福与快乐,必然会衍生幸福的教育。教师敬其业、忠其职、乐其教,学生自然会亲其师、信其道、乐其学。幸福的教师,其内在的幸福体验会通过外化的教育行为影响学生。一位幸福的教师,其面对生活的态度必然是积极乐观的,其心境必定是宁静平和的。与不幸福的教师相比,他会更积极地面对工作和学习中的挫折,会更宽容地处理生活、人际交往中的矛盾;幸福的教师,在教育教学过程中有更多发现美、体验美的能力,他会比不幸福的教师找到更多激发学生美好情感体验的契机,他会产生更多积极美好的情绪情感。由于人的情绪情感具有传染性,学生对教师又有一定程度的向师性,所以,教师在与学生交互活动中可以润物无声地使学生获得与教师相似的情绪情感,从而不断完善、健全学生的品性与人格。

教师幸福感的获得同时也是其专业发展的需要。教师专业发展是指教师在整个职业生涯中,通过学习与反思训练,习得教育专业知识技能,实施专业自主,表现专业道德,并逐步提高自身从教素质,成为一个良好的教育工作者的专业成长过程。教师幸福感与教师专业发展是相互促进的关系,教师的幸福感为教师专业发展提供内在动力,反过来教师的专业发展又促进教师幸福感的提升。在教育教学中,幸福的教师能够更多地体验到情感上的愉悦,这种愉悦的情感可以影响教师以更大的热情投入到自己的工作当中，自觉丰富自身的专业知识，提高专业技能，提升自己的专业素养。而在专业水平的提升过程中，教师的自我超越，以及自我实现，必定给教师带来更大的满足感、成就感和幸福感。

（二）提升中小学教师的主观幸福感意义重大

从实践和应用的角度，我们认为提升教师主观幸福感意义十分重大，我们试从以下几个方面进行分析。

1. 改善教师心理健康水平，促进和谐校园建设

从一定意义上分析，我们可以说，教育的最终目的就是使人们察知幸福、体验幸福、追求幸福。因为生活的目的在于幸福地活着。这里的人们不仅仅是指受教育者即学生，也包括教师，它指的是全体人类的幸福。在学校管理中，教师是第一要素。教师的幸福较学生的幸福显得更为重要，因为教师不幸福，教育和培养幸福的学生则无从谈起。教师的幸福对于教师个人、学生成长及优质教育，都有着极其重要的意义。

关注教师幸福感有利于维护教师的心理健康。而教师的心理健康是学生心理发展和学业进步的前提和保障。心理素质不健康的教师会源源不断地"制造"出心理不健全的学生。因此，研究教师幸福感，有利于教师和学生的健康成长，共创师生幸福，促进和谐校园建设。

2. 增强教师管理工作的实效性

为了使学生享受到更优质的教育服务，社会各界都应该关注教师的生存状态，关注教师的幸福感。教育管理者尤其要注意提高教师的工作满意感和幸福感。然而，影响教师幸福感的因素众多，该从何入手是摆在教育管理者面前的难题。教师幸福感的研究有助于明确教师幸福感的评价指标和影响因素，从而增强教师管理工作的针对性和有效性，使学校教育管理工作真正做到有的放矢，大大缓解管理者与教师之间的矛盾和冲突。

教师的幸福感不仅仅在于福利待遇的提高，可能更为重要的是工作环境的舒畅和自我价值的实现。研究教师的主观幸福感就是揭示如何提升教师的幸福感受，保证教师在心情舒畅的状态下努力工作。

二、教师主观幸福感提升的对策建议

（一）提高中小学教师的经济地位

马克思主义哲学告诉我们，经济基础决定上层建筑。一种职业的社会地位取

决于它的职业声望和经济地位。如果教师的经济状况得到了切实的改善，必然会让更多的人更加尊敬教师，教师的职业声望会随之提高，形成良性循环，教师越来越容易受到社会大众的尊重、羡慕，会使教师产生更多的成就感和自豪感，从而幸福指数会随之上升。21世纪初，有研究者发现，当时我国正处于社会转型期，我国教师的经济地位较低，不受社会重视，教师的满意度和幸福感较低。本次调查发现，近期安徽省中小学教师的幸福指数有所提升。这与近年来安徽省教师的经济、社会地位提高是分不开的。教师的经济地位也会影响教师的择业意向和工作热情。全国人大代表刘希娅提出，教师待遇和教师地位是当前国家和社会应该重视的，要切实保障教师的合法权益。因此，国家和政府要重视对教师的政策支持，提高教师的福利待遇，帮助教师宣传其正面形象，给教师带来良好的社会支持环境，让教师更加快乐地工作，充满工作热情。

（二）端正教师角色期待

教师行业一直被社会高度关注，在社会大众的眼中教师就是甘于奉献一切的园丁，教师就是"圣人"，教师应该满足社会大众对他们提出的种种要求。但凡教师的行为有一丝一毫的偏离社会大众的期待，来自各方的舆论就会扑面而来，社会对于教师的角色期待越来越偏离客观的标准，致使教师如履薄冰，时时刻刻维护着自己"圣人"的形象，失去了真实的自己。在这种情况下，教师的压力是非常大的，教师的光环让教师无法活出真实的自己。因此，政府、学校应该引导社会大众端正对于教师的角色期待，给予教师一定的保护，引导人们客观地看待教师这个行业，引导家长理解、尊重教师。人们只有保持客观的眼光看待教师，尊重、理解并支持教师的工作，教师才能得以喘息，将真正的工作热情带入课堂教学中，发自内心地将自己的光和热奉献给教育事业，才能有助于教师发挥主观能动性，才能使教师感到满足和幸福。

（三）建立良好的人际交往环境

从我们的调查结果可以非常清楚地得知，中小学教师与同事、学生等关系的好坏显著影响着教师的幸福感体验，教师的人际关系氛围越好，教师越容易有较高的幸福感体验。良好的人际关系还有助于教师不良情绪的排解，人们可以互相帮助、互相支持，帮助对方减少负面情绪。因此，学校要尽量为教师营造一种良性的人际交往氛围，校领导要多关心教师的工作与生活。教师自身也要注意对良好人际关系的维护，工作中关心同事，关注学生，争取家长的理解与认同，其中最重要的是维持良好的家庭关系，切实为自己的幸福感体验奠定基础。

（四）改善工作环境

当今中小学教师所面临的教学压力越来越大，应试的教育机制让几乎所有的学校都将升学率看作衡量教师教学成果和晋升职称的标准，这也是影响教师幸福感体验的重要原因之一。因此，社会、学校要致力于更深层次的教育改革，为教师创造一个更和谐、宽松的工作环境，减轻教师的工作压力，教师的负担减轻了，对于幸福感的感受力就会增强。另外，我们要加强学校的基础设施建设，创建良好的办公条件，改善学校的硬件，为教师提供一个良好的工作环境，帮助教师解决其实际问题，如此可以帮助教师提升工作积极性，增强工作热情，提高教师的主观能动性，提高工作满意度，增强幸福感体验。同时，学校要多为教师提供提升自身专业能力的进修机会和发展平台，这有利于教师提高其教学效能感。而教学效能感的提高必然会使教师更加满意自己的工作，进而提升自身的幸福感。

（五）提高教师身心健康水平

从上文中我们可以看出，教师的身体健康水平对教师的主观幸福感体验的影响也是十分显著的。也有很多学者调查发现，现在越来越多的中小学教师的身体处于亚健康状态，这对于教师的幸福感体验是不利的。学校要积极对教师进行健康常识教育，积极组织教师进行健康体检，帮助教师及时发现并且时刻关注自己的身体健康状态。教师自身也应该多关注身体的感受，发现身体不适应该及时前往医院检查、治疗，以确保始终保持一种健康的身体状态。

除了生理健康，我们还应该关注教师的心理健康。教师的心理健康是影响教师幸福感体验的重要因素，也是影响学生心理健康的重要因素，因此重视教师的心理健康是非常必要的。另外，当前我国教师的心理健康状况不容乐观，很多教师都有一定的心理困扰，这与过大的工作压力和过高的社会期望是分不开的。为此，社会各界应该给予中小学教师更多的正向关注，降低对教师过高的、不合理的期待，给予教师更多的关怀和理解。学校应该积极建设心理咨询中心，帮助有心理困扰的教师及时排解消极情绪，另外要定期开展心理健康科普和培训，以便提升教师的心理健康水平。除此之外，教师自身也应该积极、主动地学习如何进行心理调适，如何宣泄不良的情绪，如转移注意力、肌肉放松法等，以提升自己寻找幸福的能力。

参考文献

T. 胡森，T. N. 波斯尔斯韦特. 2006. 教育大百科全书[M]. 张斌贤等译. 重庆：西南师范大学出版社.

班杜拉. 1988. 社会学习心理学[M]. 郭占基等译. 长春：吉林教育出版社.

毕恩明. 2006. 缓解教师职业倦怠的对策[J]. 当代教育科学，（12）：20-22.

曹光海，李建伟，林艳艳. 2007. 高职教师主观幸福感研究[J]. 中国健康心理学杂志，15（2）：190-191.

曹俊军. 2006. 论教师幸福的追寻[J]. 教师教育研究，18（5）：35-39.

陈彩梨. 2008. 澳门中学教师的工作压力与身心健康的相关研究[D]. 华南师范大学.

陈德云. 2004. 教师压力：来源分析与应对策略[D]. 华东师范大学.

陈芳. 2015. 大学生学习投入、人际关系满意感及关系研究[J]. 集美大学学报，（3）：54-58.

陈红艳. 2009. 从进化心理学角度探析自我接纳[J]. 牡丹江教育学院学报，（6）：99.

陈会昌. 2004. 道德发展心理学[M]. 合肥：安徽教育出版社.

陈韶荣. 2009. 职校教师职业倦怠及其相关因素的研究[D]. 湖南师范大学.

陈晓丽. 2008. 中职教师职业倦怠问题及应对策略[D]. 山东师范大学.

陈晓星. 2003. 教育改革出现的危机[N]. 人民日报，2003-10-08.

陈益，李伟. 2000. 小学教师人格特征和学生学业成绩的相关研究[J]. 南京师大学报（社会科学版），（4）：76-81.

程雯雯，郑雪，孙配贞. 2008. 农村大学生自我接纳与主观幸福感关系研究[J]. 中国健康心理学杂志，16（3）：241-242.

程一民. 1997. "国民小学"教师工作压力与应对方式之研究[J]. 台北市立师范学院初等教育研究所.

褚建平. 2012. 天津市民办小学教师职业压力的调查研究[D]. 天津师范大学.

辞海编辑委员会. 1989. 辞海[M]. 上海：上海辞书出版社：3848.

崔璐，王晓娜. 2012. 中学教师职业压力的对策研究[J]. 科教导刊，（34）：113-114.

邓坚阳，程雯. 2009. 教师主观幸福感的影响因素及其增进策略[J]. 教育科学研究，（4）：70-72.

丁丽丽. 2011. 农村初中教师职业倦怠及应对策略研究[D]. 重庆师范大学.

丁之奇，李铁君，王洪波. 1987. 优秀中学教师与高师学生个性特征的比较研究[A]. 全国第六届心理学学术会议文摘选集[C].

董奇. 1996. 学习的科学[M]. 北京：中国书籍出版社.

董莹莹. 2010. 抑郁状态下中学生的自我接纳和干预研究[D]. 上海师范大学.

冯建军. 2008. 教师的幸福与幸福的教师[J]. 中国德育，3（1）：24-29.

傅道春. 2001. 教师的成长与发展[M]. 北京：教育科学出版社：115.

高建凤. 2008. 中小学教师的职业压力与对策研究[J]. 牡丹江大学学报，（3）：122-123.

高竞玉，余虹. 2004. 教师职业倦怠的成因及对策[J]. 教育探索，（2）：95-97.

葛俭. 2011. 中小学教师情绪工作、情绪智力和工作投入的关系研究[D]. 哈尔滨师范大学.

葛明贵. 2010. 学校创造学习心理与教育[M]. 合肥：安徽大学出版社.

郭成，阴山燕，张冀. 2005. 中国近二十年来教师人格研究述评[J]. 心理科学，（4）：937-940.

韩进之. 1989. 教育心理学纲要[M]. 北京：人民教育出版社.

韩培庆. 2004. 中职教师职业倦怠成因及对策[J]. 中等职业教育，（24）：17.

韩向前. 1989. 我国中小学校教师人格特征研究[J]. 心理学探新，（3）：18-22.

何进军. 2001. 中小学校长工作压力因素的调查研究[J]. 教育研究与实验，（3）：59-63.

何志燕，姚义. 2006. 关于农村中小学教师职业倦怠的思考[J]. 教育探索，（2）：94-95.

贺雯. 2005. 教师教学风格的调查研究[J]. 心理科学，28（1）：214-216.

胡锦涛. 2012. 坚定不移沿着中国特色社会主义道路前进　为全面建成小康社会而奋斗——在中国共产党第十八次全国代表大会上的报告[R]. 北京：人民出版社.

黄丽静. 2008. 台北县"国民小学"教师专业认同、社区意识与专业表现之研究[D]. 台湾师范大学.

黄巍. 1992. 教师的教育有效感论述[J]. 西南师范大学学报（哲学社会科学版），（4）：54-58.

黄喜珊，王才康. 2004. 社会支持、应对方式与教师效能感相关分析[J]. 中国心理卫生杂志，（18）12：857.

黄喜珊，王永红. 2005. 教师效能感与社会支持的关系[J]. 中国健康心理学杂志，（1）：47-49.

姜金秋，杜育红. 2013. 我国中小学教师工资水平分析（1990—2010年）[J]. 上海教育科研，（5）：5-10.

焦彩娟. 2008. 大学生自我接纳心理探析[J]. 湖北第二师范学院学报,（4）：86-87.

靳媛. 2009. 高校教师教学效能感及影响因素的研究[J]. 社科纵横, 25（2）：188-189.

久米. 2016. 西藏中学教师职业压力指数及其缓解对策[J]. 西藏科技,（5）：39-41.

康康. 2011. "我的失败与伟大"——西安市民办幼儿教师职业压力研究[D]. 陕西师范大学.

邝宏达, 邓稳根. 2010. 教师效能感及其测量研究综述[J]. 贵州师范学院学报,（8）：80-82.

雷雳. 2014. 毕生发展心理学[M]. 北京：中国人民大学出版社.

雷晓宁, 艾述华, 白永莲. 1999. 三明地区中学优秀教师人格特征的调查研究[J]. 三明师专学报,（3）：45-47.

李广乾. 2005. 校长特征对中学教师教学效能感的影响[J]. 现代教育科学,（2）：54-58.

李红, 郝春东, 张旭. 2000. 教师教学效能感与学生自我效能感研究[J]. 高等师范教育研究,（3）：54-58.

李红菊. 2007. 中学教师情绪劳动的概念建构及其重要预测因素、职业枯竭的关系[D]. 北京师范大学.

李佳佳. 2013. 中小学教师的双性化人格及对其教学风格的影响的研究[J]. 浙江师范大学.

李凌. 2001. 两种取向的自我效能感评估概述[J]. 心理科学,（5）：618-619.

李闻戈. 2001. 对大学生自我接纳现状及特点的研究[J]. 宁夏大学学报,（1）：112-114.

李夏妍, 张敏强. 2008. 新课程背景下中学教师教学效能感相关因素研究[J]. 教师教育研究, 20（1）：41-45.

李彦花. 2009. 中学教师专业认同研究[D]. 西南大学.

李壮成. 2009. 农村中小学教师职业认同现状调查分析[J]. 河北师范大学学报（教育科学版）, 11（8）：86-90.

梁进龙, 崔新玲. 2011. 中小学教师职业认同现状调查与分析[J]. 河北科技师范学院学报（社会科学版）, 10（4）：120-124.

梁进龙. 2012. 中小学教师职业认同的特点及其与自尊、幸福感的关系研究[D]. 西北师范大学.

梁立中. 2010. 浅论教师的心理品质[J]. 中国校外教育,（S1）：127.

刘诚芳. 2005. 藏族、彝族大学生自我接纳的跨文化研究[J]. 西南民族大学学报,（12）：25-27.

刘次林. 2000. 教师的幸福[J]. 教育研究,（5）：22-26.

刘玎, 卢宁. 2005. 中学教师A型行为与疲劳及主观幸福感关系的研究[J]. 预防医学情报杂志, 21（5）：517-520.

刘会迟, 吴明霞. 2011. 大学生宽恕、人际关系满意感与主观幸福感的关系研究[J]. 中国临床心理学杂志,（3）：154-159.

刘维良. 1999. 教师心理卫生[M]. 北京：知识产权出版社.

刘晓明，邵海燕. 2003. 中小学教师职业倦怠状况的现实分析[J]. 中小学教师培训，（10）：53-55.

刘晓伟. 2007. 情感教育：塑造更完整的人生[M]. 上海：华东师范大学出版社，63.

刘衍玲. 2007. 中小学教师情绪工作的探索性研究[D]重庆：西南大学.

刘长江，王国香，伍新春. 2004. 中学教师职业倦怠的状况分析[J]. 沈阳师范大学学报（社科版），28（6）：118-121.

刘兆吉，黄培松. 1980. 对120名优秀教师和模范班主任心理特点的初步分析[J]. 心理学报，12（3）：40-50.

柳立新，梁建军. 2004. 教师职业道德[M]. 北京：中国科学技术出版社.

龙君伟，曹科岩. 2006. 教师组织公民行为与教学效能感的关系研究[J]. 心理科学，29（4）：871-877.

栾燕. 2012. 中学教师教学效能感研究[D]. 华中师范大学.

吕秀华. 1996. "国民中学"教师背景变项、工作压力、行动控制与工作倦怠关系之研究[D]. 台湾政治大学教育研究所.

马淑蕾，黄敏儿. 2006. 表层动作与深层动作，哪一种效果更好？[J].心理学报，38（2）：262-270.

马燕燕，叶星男，王晓亮等. 2011. 教师幸福感与教师专业发展探析[J]. 吉林省教育学院学报，（5）：45-46.

马勇占. 2005. 体育教师教学效能感量表的建构[J]. 体育科学，（3）：47-51.

孟辉. 2006. 初中教师职业倦怠现状及对策研究[D]. 辽宁师范大学.

孟涛. 2015. 提高教师教学自我效能感方法研究综述[J].中国成人教育，（1）：121-123.

孟育群，宋学文. 1991. 现代教师论[M]. 哈尔滨：黑龙江教育出版社.

苗元江. 2003. 跨文化视野中的主观幸福感[J]. 广东社会科学，（1）：19.

苗元江. 2004. 影响幸福感的诸因素[J]. 社会，（4）：22.

倪林英，杨勇波，雷良忻. 2006. 小学教师的主观幸福感及其影响因素分析[J].中国学校卫生，27（1）：16-17.

乔健. 1982. 关系刍议. 见：杨国枢，李亦园. 社会与科学研究的中国化[M]. 中央研究院民族学研究所专刊.

乔志宏，王爽，谢冰清等. 2011. 大学生就业能力的结构及其对就业结果的影响[J]. 心理发展与教育，（3）：274-281.

秦海峰. 2012. 小学初任教师职业认同研究[D]. 天津师范大学.

邱秀芳. 2007. 高校教师主观幸福感的实证研究[J]. 华南农业大学学报(社会科学版)，6(1)：147-151.

沙莲香. 2002. 社会心理学[M]. 北京：中国人民大学出版社.

邵光华，顾泠沅. 2002. 关于我国青年教师压力情况的初步研究[J]. 教育研究，（9）：21-25.

沈衍珏. 2006. 认识自我、接纳自我[J]. 教学与管理，（1）：24-25.

沈祖樾，曹中平. 1998. 当前中学生心目中好教师形象的比较研究[J]. 社会心理科学，（2）：24-32.

石林. 2005. 职业压力与应对[M]. 北京：社会科学文献出版社.

石伟，连榕. 2001. 教师效能感的理论及研究综述[J]. 心理科学，（2）：232-233.

孙慧. 2004. 关于教师职业压力负面影响的研究[J]. 教育探索，（10）：95-97.

孙利，佐斌. 2010. 中小学教师职业认同的结构与测量[J]. 教育研究与实验，（5）：80-84.

孙美红，钱琴珍. 2007. 教师职业认同研究综述[J]. 幼儿教育（教育科学版），（7）：34-39.

檀传宝. 2002. 论教师的幸福[J]. 教育科学，18（1）：39-43.

唐伟. 2004. 关于我国教师人格研究概述[J]. 天府新论，（12）：322-324.

滕友启. 2008. 连云港市高中教师心理健康状况的调查研究[D]. 苏州大学.

童乃诚. 2012. 中小学教师间人际关系的影响因素及管理对策[J]. 华南师范大学学报，（3）：107-115.

万云英. 1990. 教师的优良心理品质[J]. 心理科学通讯，（3）：41-45.

汪小琴，胡国进，庄伟等. 2004. 中学骨干教师人格特征的调查研究[J]. 中国临床心理学杂志，（12）：69-70.

王爱军. 2007. 幼儿教师工作压力现状调查及应对研究[D]. 华东师范大学.

王才康. 2001. 一般自我效能感量表的信度和效度研究[J]. 应用心理学，7（1）：37-40.

王传利，薄艳玲，吴晓. 2011. 关于师范生教师职业认同的影响因素与特征的探讨[J]. 高教论坛，（11）：62-65.

王华. 2016. 学校双性化人格教育的教师准备[J]. 教育理论与实践，36（5）：31-33.

王继荣. 2006. 大连市初中、小学教师主观幸福感的调查研究[D]. 辽宁师范大学.

王玲凤. 2006. 中小学教师教学效能感和抑郁状况的相关性分析[J]. 中国学校卫生，27（11）：985-986.

王荣德，王嘉德，钱学芳. 2005. 优秀教师的人格特征与名师的培养[J]. 宁波教育学院学报，（2）：1-5.

王以仁，陈芳玲，林本乔. 2003. 教师心理卫生[M]. 北京：世界图书出版公司.

王天一，夏之莲，朱美玉. 1984. 外国教育史（上册）[M]. 北京：北京教育出版社.

王彤. 2007. 高校教师在教学之路上幸福前行[C]. 中国教育学分会教育理论专业委员会第11届学术年会论文集.

王相. 2007. 教师发展：从自在走向自为[M]. 桂林：广西师范大学出版社.

王小洁. 2008. "自我接纳": 迈向自我实现的旅程[J]. 思想理论教育, (24): 80.

王晓春, 甘怡群. 2003. 国外关于工作倦怠研究的现状述评[J]. 心理科学进展, 11 (5): 567-572.

王新兵, 杜学元. 2006. 社会转型时期我国教师职业声望的现状、成因及对策[J]. 教师教育研究, 18 (1): 30-33.

王鑫. 2006. 初中教师教学效能感、教学动机以及教学监控能力的特征与关系研究[D]. 西南大学.

王以仁, 陈芳玲, 林本乔. 1999. 教师心理卫生[M]. 北京: 中国轻工业出版社.

王振宏. 2001. 国外教师效能研究述评[J]. 心理学动态.9 (2): 146-150.

魏淑华, 宋广文, 张大均. 2013. 我国中小学教师职业认同的结构与量表[J]. 教师教育研究, 25 (1): 55-60.

魏淑华. 2005. 教师职业认同与教师专业发展[D]. 曲阜师范大学.

魏淑华. 2008. 教师职业认同研究[D]. 西南大学.

沃建中. 1999. 塑造良好性格[J]. 思想政治课教学, (11): 21-22.

吴国来, 王国启. 2002. 自我效能感和教学效能感综述[J]. 保定师范专科学校学报, 12 (3): 74-77.

吴国珍, 过伟瑜. 2003. 为教师专业化争取时间和创造时间——港澳京沪四地教师活动时间及特点比较研究[J]. 教育学报 (香港), 18: 113-132.

吴明霞. 2000. 30 年来西方关于主观幸福感的理论发展[J]. 心理学动态, (4): 23.

吴慎慎. 2002. 教师专业认同与终身学习: 生命史叙说研究[D]. 台湾师范大学.

吴世学. 2009. 中小学教师的职业幸福感及其提升[D]. 华中师范大学.

席淑新, Thongchai C, Wankaew C, 等. 2001. 全喉切除病人自我形象与社会支持的调查研究[J].中国心理卫生杂志, 15 (3): 153-155.

向祖强. 2004. 论教师的职业倦怠及克服[J]. 广州大学学报 (社会科学版), 3 (7): 87-91.

肖少北, 李玉美. 2005. 海南省 4 市县 400 名中学教师心理健康状况抽样调查[J]. 中国临床康复, 9 (24): 76-77.

肖永春. 2008. 幸福心理学[M]. 上海: 复旦大学出版社.

谢千秋. 1982. 学生喜欢怎样的教师[J]. 教育研究, (2): 36-42.

辛涛, 申继亮, 林崇德. 1994. 教师教学效能感与其影响因素的研究[J]. 教育研究, (10): 14-18.

辛涛, 申继亮, 林崇德. 1994. 教师自我效能感与学校因素关系的研究[J]. 教育研究, (10): 16-20.

辛涛. 1996. 论教师的教学效能感[J].应用心理学, 2 (2): 42-48.

辛涛等. 1994. 教师自我效能感与学校因素关系的研究[J].教育研究,（10）：16-20.

辛星. 2005. 上海市中小学教师职业倦怠现状调查及思考[D]. 华东师范大学.

徐富明，申继亮，朱从书. 2002. 教师职业压力与应对策略的研究[J]. 中小学管理,（10）：15-16.

徐富明，申继亮. 2003. 教师的职业压力应对策略与教学效能感的关系研究[J].心理科学，26（4）：745-746.

徐瑞，刘慧珍. 2010. 教育社会学[M]. 北京：北京师范大学出版社.

徐学俊，王娟娟. 2008. 关于小学教师人格特征的调查与讨论[J]. 医学与社会, 21（6）：38-40.

徐长江. 1998. 中学教师职业紧张状况及其原因的调查研究[J]. 浙江师范大学学报（社会科学版），(6)：120-123.

徐长江. 1999. 工作压力系统：机制、应付与管理[J]. 浙江师范大学学报（社会科学版），(5)：69-73.

严玉梅. 2008. 高校教师职业认同、工作满意度与离职意向的关系研究——来自湖南省长沙市高校的调查[D]. 湖南师范大学.

杨宝华. 2008. 农村中小学教师如何走出职业倦怠的困境[J]. 中国校外教育,（1）：94-95.

杨巨芝. 2004. 教师成功的大敌——职业倦怠[J]. 北京教育（普教版），12：23.

杨玲，李明军. 2009. 小学教师情绪工作策略及特性与工作满意度的关系研究[J]. 心理发展与教育, 25（3）：89-94.

杨露. 2014. 中小学教师情绪劳动、职业认同与职业倦怠的关系研究[D]. 南京师范大学.

杨满云. 2008. 中小学教师情绪工作的特点及其与人格、教师心理健康的关系[D]. 西南大学.

杨婉秋. 2003. 中小学教师主观幸福感研究[J]. 中国健康心理学杂志, 11（4）：243-244.

杨心德，徐仲庚，陈朝阳. 1993. 初中生的自我效能感及其对学习目标的影响[J]. 心理发展与教育, 9（3）：30-33.

杨秀玉，杨秀梅. 2002. 教师职业倦怠解析[J]. 外国教育研究, 29（2）：56-61.

杨秀玉. 2005. 美国教师职业倦怠根源探析——以巴利 A. 法伯的研究为中心[J]. 外国教育研究,（6）：47-51.

姚立新. 2002. 中小学教师心理压力过大——浙江杭州市中小学教师心理健康状况调查的分析. 中小学管理, 11.

叶澜. 1997. 让课堂焕发出生命活力——论中小学教学改革的深化[J]. 教育研究,（9）：49-53.

叶明志，王玲，张晋碚等. 2002. A型行为与人格维度、生活事件及心理健康[J].中国心理卫生杂志, 16（8）：572-573.

阴山燕，马娟. 2004. 我国教师人格研究述评[J]. 上海教育科研,（4）：31-33.

尹弘飚. 2006. 课程实施中的教师情绪：中国大陆高中课程改革个案研究[D]. 香港中文大学.

于慧慧，李巧平. 2012. 中学青年教师职业认同现状的城乡比较[J]. 天中学刊，27（4）：132-134.

于慧慧. 2006. 中学青年教师职业认同现状研究[D]. 湖南师范大学.

俞国良，罗晓路. 2001. 教师教学效能感及其相关因素的研究[J]. 北京师范大学学报（人文社会科学版），（1）：72-79.

俞国良，辛涛，申继亮. 1995. 教师教学效能感：结构与影响因素的研究[J]. 心理学报，（2）：159-165.

俞国良，辛自强. 2004. 社会性发展心理学[M]. 合肥：安徽教育出版社.

俞国良. 1999. 专家-新手型教师教学效能感和教学行为的研究[J]. 心理学探新，19（2）：32-39.

俞文钊，吕建国，孟慧. 2007. 职业心理学[M]. 大连：东北财经大学出版社.

乐国安. 2002. 当前中国人际关系研究[M]. 天津：南开大学出版社.

岳金环. 2010. 农村小学教师职业认同现状研究——来自湖南省常德地区的调查[D]. 湖南师范大学.

曾抗. 2008. 中学教师幸福感研究——学校文化管理视界[D]. 天津师范大学.

曾玲娟. 2002. 新世纪的关注热点：教师职业倦怠[J]. 株洲师范高等专科学校学报，（3）：82-85.

曾玲娟. 2004. 中小学教师工作压力对职业倦怠的预测性研究[J]. 教育导刊，（z1）：79-81.

翟学伟. 1998. 中国人连绵类型、关系构成与群众意见. 见：沙莲香. 社会学家的沉思：中国社会文化心理[M]. 北京：中国社会出版社：262-296.

张蓓莉，蔡先口. 1995. 台北市"国民中学"身心障碍资源班访视辅导报告[M]. 台湾师范大学特殊教育中心.

张承芬，张景焕. 2001. 教师心理素质的隐含研究[J]. 心理科学，（5）：528-532.

张春兴. 1991. 现代心理学[M]. 上海：上海人民出版社.

张大均，江琪. 2005. 教师心理素质与专业性发展[M]. 北京：人民教育出版社.

张大均. 1999. 教育心理学[M]. 北京：人民教育出版社.

张鼎昆，方俐洛，凌文辁. 1999. 自我效能感的理论及研究现状[J]. 心理学动态，（1）：39-43.

张辉华，凌文辁，方俐洛. 2006. "情绪工作"研究概况[J]. 心理科学进展，14（1）：111-119.

张慧敏. 2014. 教师职业道德修养的意义[J]. 环球市场信息导报，（3）：47.

张敏. 2007. 长春市小学教师职业压力调查及其对策研究[D]. 东北师范大学.

张萍. 2007. 中小学教师教学效能感、工作满意度及其关系的研究[D]. 安徽师范大学.

张文渊. 2002. 对中小学教师人际关系满意度的思考[J]. 山东教育科研，8：44-45.

张欣. 2008. 中小学教师情绪工作研究[D]. 西北师范大学.

张焰, 黄希庭, 阮昆良. 2005. 从青少年学生的评价看教师的人格结构[J]. 心理科学, (3): 663-667.

张阳阳. 2006. 大学生关系取向及其对自我提升的影响研究[J]. 华中师范大学学报, (5): 50-53.

赵慧莉. 2004. 浅谈教师职业倦怠及心理调适[J]. 青海师范大学学报(哲学社会科学版), (4): 133-137.

赵菊, 佐斌. 2008. 情境事件、关系取向与人际关系满意感的关系[J]. 心理学探新, (3): 54-58.

赵菊. 2006. 人际关系满意感的结构与测量[D]. 华中师范大学.

赵力燕, 李董平, 徐小燕等. 2016. 教育价值观和逆境信念在家庭经济压力与初中生学业成就之间的作用[J]. 心理发展与教育, (4): 409-417.

赵龙飞. 2013. 中国公务员职业压力研究[D]. 南京师范大学.

赵玉芳, 毕重增. 2003. 中学教师职业倦怠状况及影响因素的研究[J]. 心理发展与教育, 19(3): 80-84.

郑春林. 2008. 大学教师职业倦怠与职业压力研究[D]. 西南大学.

郑全全, 俞国良. 1999. 人际关系心理学[M]. 北京: 人民教育出版社.

郑希付等. 2009. 我们的幸福感[M]. 广州: 暨南大学出版社.

郑晓芳. 2013. 中小学教师职业压力对职业倦怠和工作满意感的影响研究[D]. 吉林大学.

植凤英. 2005. 贵州省中学教师职业倦怠现状及影响因素研究[D]. 贵州师范大学.

中国社会科学院语言研究所词典编辑室. 2005. 现代汉语词典[M]. 北京: 商务印书馆: 2355.

钟二扬. 1997. 中小学教师的品质、行为特征及其相互关系的研究[J]. 心理科学, (3): 252-254.

周彬. 2006. 论教师职业倦怠的成因与对策[J]. 河北师范大学学报(教育科学版), 8(2): 94-97.

周春艳. 2005. 论中小学教师职业倦怠的成因及其对策[J]. 教学与管理(理论版), (5): 3-4.

周国韬, 戚立夫. 1988. 人类行为的控制与调节——班杜拉的自我效能感理论述评[J]. 现代中小学教育, (4).

周国韬, 张明, 迟毓凯. 1998. 教师心理学[M]. 北京: 警官教育出版社.

周立勋. 1986. 国小教师工作压力, 控制信念与职业倦怠关系之研究[D]. 高雄师范学院教育研究所.

周宁, 刘将. 2007. 西南边疆高校教师总体幸福感的调查研究[J]. 红河学院学报, 5(6): 134-137.

周向军. 2002. 人际关系学[M]. 昆明: 云南人民出版社.

周月朗. 2006. 教师职业压力解析[J]. 湖南人文科技学院学报, (4): 100-103.

朱从书, 唐晓涛. 2003. 论中小学教师的职业压力与教育管理措施[J]. 经济与社会发展, 1(4): 175-177.

朱小蔓. 2009. 关注师德建设的"土壤"[J]. 中国教育学刊, (11): 3.

Andrews F M, Withey S D. 1976. Social Indicators of Well-being: American's Perception of Life Quality[M]. New York: Plenum.

Armor D. 1976.Analysis of the school preferred reading programs in selected Los Angeles minority schools[J]. Black Students, 85.

Ashton P T, Webb R. 1986. Making a Difference: Teachers' Sense of Efficacy and Student Achievement[M] .New York, NY: Longman.

Ashton P T. 1984. Teacher efficacy: A Motivational paradigm for effective teacher education[J].Journal of teacher education, 35（5）: 28-32.

Ashton P. 1985. Motivation and the teacher's sense of efficacy//C. Ames, R. Ames (Eds.). Research on Motivation in Education: Vol. 2. The Classroom Milieu[M]. Orlando FL: Academic Press:141-174.

Bandura A. 1977. Self-efficacy mechanism in humenagency[J]. American Psychological, 32: 122-147.

Bandura A. 1977. Self-efficacy: Toward a unifying theory of behavioral change[J]. Psychological Review, (2): 191-215.

Bandura A. 1995. Self-Efficacy in Changing Societies[M]. Cambridge: Cambridge University Press.

Basim H N, Begenirbaş M, Yalçin R C. 2013. Effects of teacher personalities on emotional exhaustion: Mediating role of emotional labor[J]. Educational Sciences Theory & Practice, 13(3):1488-1496.

Baudson T G, Preckel F. 2013. Teachers' implicit personality theories about the gifted:An experimental approach[J]. School Psychology Quarterly, 28(1):37-46.

Beijaard D, Verloop N, Vermunt J D. 2000. Teachers' perceptions of professional identity:An exploratory study from a personal knowledge perspective[J].Teaching and Teacher Education, 16:749-764.

Beijaard D, Meijer P C, Verloop N. 2004. Reconsidering research on teachers' professional identity[J]. Teaching and Teacher Education, 20(2):107-128.

Beijaard D. 1995. Teachers' prior experiences and actual perceptions of professional identity[J]. Teachers and Teaching: Theory and Practice, (1): 281-294.

Beijaard D, Verloop N, Vermunt J D. 2000. Teacher's perceptions of professional identity:An exploratory study from a personal knowledge perspective[J]. Teching and Teacher Education, 16:749-764.

Berman P, McLanghlin M, Bass G, et al. 1977. Federal Programs Supporting Educational Change: Factors affecting implementation and continuation [J]. Diffusion , 1-5: 245.

Blasé J J. 1982. Asocial-psychological grounded theory of teacher stress and burnout[J]. Educational Administration Quarterly, 18(4): 93-113.

Bloom D, Jordebloom P. 1987. The role of higher education in fostering the personal development of teachers[J]. College Student Journal, 21(3):229-240.

Bloom L. 1988.Boys and girls and mathematics: What is the difference?[J]. Behavioral and Brain Sciences, 11（2）: 185.

Borg M G, Riding R J, Falzon J M. 1991. Stress in Teaching: A study of occupational stress and its determinants, job satisfaction and career commitment among primary schoolteachers [J]. Educational Psychology, 11(1): 59-75.

Bradburn N M. 1969. The Structure of Psychological Well-being[M]. Chicago: Aldine Publishing Company.

Brotheridge C M, Grandey A A. 2002. Emotional labor and burnout: Comparing two perspectives of "People Work"[J]. Journal of Vocational Behavior, 60(1):17-39.

Brotheridge C M, Lee R T. 2002. Testing a conservation of resource model of the dynamics of emotional labor[J]. Journal of Occupation Health Psychology, (7):57-67.

Brown J. 1984. Missouri Teachers Experience Stress[J]. Age Differences, 9.

Buehl M M. 2010. Examining the Factor Structure of the Teachers' Sense of Efficacy Scale[J]. Journal of Experimental Education, 78: 118-134.

Buttner S, Jan Pijl S, Jan Bijstra, et al. 2015. Personality traits of expert teachers of students with behavioural problems: A review and classification of the literature[J]. Australian Educational Researcher, 42:461-481.

Campbell A. 1976. Subjective measures of well-being[J]. American Psychologist, 31（2）: 117-124.

Carroll F X, White W. 1982. Theory Building: Integrating Individual and Environment Factors within an Ecological Framework[M]. Inpaine W.S(Eds).

Chappell C. 1999. Issues of teacher identity in a restructuring VET System[J]. Reseach Centre for Vocational Education and Training, 14.

Cherniss C. 1980. Professional Burnout In Human Service Organization[M]. N. Y: Praeger Publishers.

Cherniss C. 1992. Long-term consequences of burnout: An exploratory study[J]. Journal of Organizational Behavior, 13(1):1-11.

Coladarci T. 1992. Teachers' sense of efficacy and commitment to teaching.[J]. Journal of Experimental Education, 60: 323-337.

Coldron J, Smith R. 1999. Active location in teacher's construction of their professional identities[J]. Journal of Curriculum Studies, 31(6):711-726.

Cooper K, Olson M R. 1996.The multiple "I's" of teacher identity.// Boak T, Bond R, Dworet D, et al (Eds.), Changing Research and Practice: Teachers' Professionalism, Identities, and Knowledge (pp. 78 - 89). London: Falmer.

Corey L M, Keyes, Ryff C D. 2002. Optimizing well-being: The empirical encounter of two traditions[J].Journal of Personality and Social Psychology, 82: 1007-1022.

Darling-hammond L, Chung R, Freloew F. 2002. Variation in teacher Preparation: How well do diffieent pathways prepare teacher to teach[J].Journal of teacher education, 53 (4): 286-302.

Davies S A. 2002. Emotional labor in academia: Development and initial validation of a new measure [C].Doctoral dissertation. The Ohio State University, 1-11.

Dembo M H, Gibson S. 1985. Teacher' sense of efficacy: An important factor in school improvement[J].Elementary School Journal, 86(2)173-184.

Diefendorff J M, Croyle M H, Gosserand R H. 2005. The dimension-ality and antecedents of emotional labor strategies [J].Journal of Vocational Behavior, 66: 339-357.

Diener E. 1984. Subjective well-being[J]. Psychology Bulletin, 95(3): 542-575.

Doyle, W. 1990. Classroom knowledge as foundation for teaching[J]. Teachers College Record, 91(3):347-359.

Enochs L, Smith P L. 2000. The Mathematics Teaching Efficacy beliefs Instrument (MTEBI): Establishing factorial validity of the Mathematics Teaching Efficacy Belief Instrument[J]. School Science and Mathematics, 100(4):194-202.

Enzmann D, Schaufeli W B, Janssen P, et al. 1993. Dimensionality and validity of the burnout measures [J]. Journal of Organizational Behavior, 14: 631-647.

Etzion D. 2003. Annual vacation: Duration of relief from job sttessors and burnout[J]. Anxiety Stress and Coping, 16(2): 213-226.

Farber B A. 1991. Treatment strategies for different type of teacher burnout[J]. Journal of Clinical Psychology, 56(5): 675-689.

Farber B, Miller J. 1981. Teacher burnout: A psychoeducational perspective.[J]. Teachers College Record, 83(2):235-243.

Fezio A F. 1977. A Concurrent Validation Study of the NCHI General Well-being Schedule Hyattsville[M]. MD: National Center for Health Statistics.

Fine M A. 1998. Advances in understanding relationship satisfaction: Book reviews [J].Contemforary psychology: A Journal of Reviews, 43(8): 549-550.

Flores M A, Day C. 2006. Contexts which shape and reshape new teachers' identities: A multi-perspective study[J]. Teaching & Teacher Education an International Journal of Research & Studies, 22(2):219-232.

Freudenberger H J. 1974. Staff burn-out[J]. Journal of Social Issues, 30(1):159-165.

Gable S L, Reis H T, Downey G. 2003. He said, she said: A quasi-signal detection analysis of daily interactions between close relationship partners[J]. Psychological Science, 14:100-105.

Gaziel H H. 1995. Sabbatical leave, job burnout and turnover intentions among teachers [J] .International Journal of lifelong Education, 14(4): 331-338.

Gibson S, Dembo M H. 1984. Teacher efficacy: A construct validation[J]. Journal of Educational Psychology, 76（4）: 569-582.

Göncz A, Göncz L, Pekić J. 2014. The influence of students' personality traits on their perception of a good teacher within the five-Factor Model of Personality[J]. Acta Polytechnica Hungarica, 11(3):65-86.

Goodson I F, Cole A L. 1994. Exploring the teacher's professional knowledge: Constructing identity and community[J]. Teacher Education Quarterly, 21(1): 85-105.

Guskey T R, Passaro P D. 1994. Teacher Efficacy: A Study of Construct Dimensions[J]. AmericanEducational Research Journal, 31: 627-643.

Hall B, Burley W, Villeme M, et al.1992. An attempt to explicate teacher efficacy beliefs among to first year teachers [J]. Paper presented at the Annual Meeting of the American Education Researh Association, San Francisco, CA.

Halpin G, Harris K, Halpin G. 1985. Teacher stress as related to locus of control, sex, and age[J]. The Journal of Experimental Education, 53（3）: 136-140.

Harrison W D. 1982. A social competence model of burnout//B. A. Farber(Eds). Stress and Burnout in the Human Service Professions.[M].New York : Pergamon press.

Hochschild A R. 1983. The Managed Heart: Commercialization of Human Feeling[M]. Berkley, Los Angeles, London: University of California Press, 147.

Hoy W K, Woolfolk A E. 1990. Socialization of student teachers[J]. American Educational Research Journal, 27（2）: 279-300.

Hoy W K, Woolfolk A E. 1993. Teachers' sense of efficacy and the organizational health of schools[J]. Elementary School Journal, 93 (4): 355-372.

Hoy W K, Woolfolk A E. (1993). Teachers' Sense of efficacy and the organizational health of schools [J]. The Elementary School Journal, 93 (4): 356-372.

Huberman A M, Grounauer M M, Marti J T, et al. 1993. The lives of teachers[J]. Phi Delta Kappan, 78(6):450-453.

Huberman M. 1993. The Lives of Teachers[M]. New York: Teachers College Press.

Il Lee R, Kemple K. 2014. Preservice teachers' personality traits and engagement in creative activities as predictors of their support for children's creativity[J]. Creativity Research Journal, 26(1):82-94.

Jex S M. 1998. Stress and Job Performance: Theory, Research, and Implications for Management Practice[M].Thousand Oaks, CA: Sage.

Kaliath T J, Driscoll M P, Gillespie D F, et al. 2000. A Teat of the Maslach Burnout Inventory in three samples of health care professional [J]. Work & Stress, 14:35-50.

Karadag E, Baloglu N. 2009. Path analysis of how prospective teachers' sense of efficacy affects their styles of coping with stress, student control orientations and attitudes toward teaching profession[J]. New Educational Review, 18(2):211-231.

Kidd J M. 2004. Emotionin careercontexts: Challenges for theory and research[J].Journal of Vocational Behavior, 64:441-454.

Klassen R M, Tze V M C. 2014. Teachers' self-efficacy, personality, and teaching effectiveness: A meta-analysis[J]. Educational Research Review, 12:59-76.

Kokkinos C, Charalambous K, Davazoglou A. 2010. Primary school teacher interpersonal behavior through the lens of students' Eysenckian personality traits[J]. Social Psychology of Education, 13:331-349.

Konu A I, Lintonen T P, Rimpelä M K. 2002. Factors associated with schoolchildren's general subjective well-being[J]. Health Education Research, 17(2): 155-165.

Korthagen F A J. 2004. In search of the essence of a good teacher: Towards a more holistic approach in teacher education[J]. Teaching and Teacher Education, 20(1): 77-97.

Kozma A, Stones M J. 1980. The measurement of happiness: Development of the Memorial University Newfoundland Scale of Happiness(MUNSH)[J]. Journal of Gerontology, 35(6):906-917.

Kyriacou C, Sutcliffe J. 1978. Teacher stress: Prevalence, sources, and symptoms.[J]. British Journal of Educational Psychology, 48(2): 159-167.

Lazarus R S, Folkman S. 1984. Stress, Appraisal, and Coping[M]. New York: Springer.

Lazarus R S, Launier R. 1978. Stress-Related Transactions between person and environment[A] //

L. A. Pervin, M. Lewis. (Eds) Perspectives in Interactional Psychology. US: Springer. 287-327.

Lee R, Ashforth B E. 1996. A meta-analytic examination of the correlates of the three dimensions of job burnout[J]. Journal of Applied Psychology, 81(2):123-133.

Leithwood K A, Menzies T, Jantzi D, et al. 1999. Teacher burnout: A critical challenge for leaders of restructuring school// R. Vandenberghe. (Eds). Understanding and Preventing Teacher Burnout[M]. UK: Cambridge University Press.

Lindsey M. 1980. Training Teachers of the Gifted and Talented[M]. New York: Teachers College Press.

Litt M D, Turk D C. 1985. Sources of stress and dissatisfaction in experienced high school teachers[J]. The Journal of Educational Research, 78(3):178-185.

Malm B. 2004. Constructing professional identities: Montessori teachers' voices and visions[J]. Scandinavian Journal of Educational Research, 48(4): 397-412.

Maslach C, Jackson S. 1981. The measurement of experienced burnout[J]. Journal of Occupational Behaviour, (2): 99-113.

McCormick J. 1997. Occupational stress of teachers: Biographical difference sinalarge school system[J]. Journal of Educational Administration, 35(1):181.

McGowen K R, Hart L E. 1990. Still different after all these years: Gender differences in professional entity formation[J]. Professional Psychology: Research and Practice, 21:118-123.

Mike M M, Thomas J G. 1985. Effects of organizationally based and individually based stress management efforts in elementary school settings [J]. Urban Education, 19（4）: 389-409.

Miller D R. 1962. The Study of Social Relationships: Situation Identity and Social Interaction [M]. New York: McGraw Hill.

Moore M, Hofman J E. 1998. Professional identity in institutions of higher teaming in Israel[J]. Higher Education, 17(1): 69-79.

Moracco J C, Mcfadden H. 1982. The counselor's role in reducing teacher stress[J]. Journal of Counseling & Development, 60(9): 549-552.

Morris J A, Feldman D C. 1996. The dimensions, antecedents, andconsequences of emotional labor[J]. Academy of Management Review, 21(4): 966-1010.

Munz J, Caplan R D, Van Harrison R. 2001. The Mechanisms of Job Stress and Strain[M]. Chin Chester, England: Wiley.

Newman C S. 2000. Seeds of professional development in pre-service teachers: A study of their dreams and goals[J]. International Journal of Educational Research, 33(2): 125-217.

Nixin J. 1996. Professional identity and the restrucduing of higher education[J]. Studies in Higher

Education, 21(1):5-16.

Olson M R. 1996. The Multiple'I's of teacher identity// Kompf M, Conference I. (eds.). Changing Research and Practice: Teachers' Professionalism, Identities and Knowledge[M]. London: Falmer Press: 78-89.

Paine A, Aronson E. 1981. Burnout: From Tedium to Personal Growth[M]. New York: Free Press.

Parkay F W, Greenwood G, Olejnik S, et al. 1988. A study of the relationships among teacher efficacy, locus of control, nd stress[J].Journal of Research and Development in Itducalion, 21（4）: 13-22.

Pines A M, Aronson E. 1988.Career Burnout: Causes and Cures. New York: Free Press.

Pines A, Maslach C. 1980. Combatting staff burn-out in a day care center: A case study[J]. Child & Youth Care Forum, 9(1):5-16.

Pines A, Maslach C. 1978.Characteristics of staff burnout in mental health settings[J]. Psychiatric services, 29（4）: 233-237.

Pines A. 1981. Burnout: A current problem in pediatrics[J]. Current problems in pediatrics, 11(7): 3-32.

Rafael A, Sutton R L. 1987. Expression of emotion as part of the work role[J]. Academy of Management Review, 12(1):23.

Rausch T, Karing C, Dörfler T, et al. 2016. Personality similarity between teachers and their students influences teacher judgement of student achievement[J]. Educational Psychology, 36(5):863-878.

Reynolds C. 1996. Cultural scripts for teachers: Identities and their relation to workplace landscapes[J]. Changing Research and Practice: Teachers' Professionalism, Identities and Knowledge, 69-77.

Riggs I, Enochs L. 1990. Toward the development of elementary teacher science teaching efficacy belief instrument[J].Science Education, 74: 625-638.

Rotter J B. 1966. Generalized expectancies for internal versus external control of reinforce ment[J]. Psychol Monogr, 1966, 80 (1):1-28.

Rudd W G A, Wiseman S. 1962. Sounces of dissatisfaction among a group teachers[J]. British Journal of Educational Psychology, 32: 275-291.

Rushton S, Knopp T Y, Smith R L. 2006. Teacher of the year award recipients' Myers-Briggs personality profiles: Identifying teacher effectiveness profiles toward improved student outcomes[J]. Journal of Psychological Type, 66(4): 23-34.

Rushton S, Morgan J, Richard M. 2007. Teacher's Myers-Briggs personality profiles: Identifying effective teacher personality traits[J]. Teaching and Teacher Education, 23: 432-441.

Ryan R M, Deci E L. 2001. On happiness and human potentials: A reviews of research on hedonic and eudaimonic well-being[J]. Annual Reviews Psychology, 52: 141-166.

Ryans D G. 1960. Characteristics of Teachers: Their Description, Comparison, and Apprai-sal: A Research Study[M]. Washington: American Coucilon Education: 15-30.

Ryff C D, Singer B. 1998. The contours of positive human health[J]. Psychological Inquiry, 9(1): 1-28.

Ryff C D, Singer B. 2010. Psychological well-being: meaning, measurement, and implications for psychotherapy research[J]. Psychotherapy and Psychosomatics, 65（1）: 14-23.

Sachs J. 2001. Teacher professional identity: Competing discourses, competing outcomes[J]. Journal of Education Policy, 16(2): 149-161.

Salo K. 1995. Teacher - stress Processes: How can they be explained?[J]. Journal of Curriculum Studies, 39（3）: 205-222.

Schaubroeck J, Jones J R. 2000. Antecedents of work place emotional labor dimensions and moderators of their effects on physical symptoms[J]. Journal of Organizational Behavior, (1):95-110.

Schiff M, Tatar M. 2003. Significant teachers as perceived by preadolescents: Do boys and girls perceive them alike? [J].The Journal of Educational Research, 96(5):269-291.

Schwarzer R, Born A. 1997. Optimistic self beliefs: Assessment of general perceived self efficacy in three cultures[J]. World Psychol, 3(1-2): 177-190.

Selye H. 1956. What is stress? [J]. Metabolism Clinical and Experimental, 5(5): 525-530.

Shachar H, Shmuelevitz H. 1997. Implementing cooperative learning, teacher collaboration and teachers' sense of efficacy in heterogeneous junior high schools[J]. Contemporary Educational Psychology, 22（1）: 53-72.

Siwatu K O.2007. Preservice teachers' culturally responsive teaching self-efficacy and outcome expectancy beliefs[J].Teaching and teacher education, 23（7）: 1086-1101.

Smylie M A. 1988. The enhancement function of staff development: Organizational and psychological antecedents to individual teacher change[J]. American Educational Research Journal, 25: 1-30.

Spector P E, Jex S M. 1998. Development of four self-report measures of job stressors and strain: Interpersonal Conflict at Work Scale, Organizational Constraints Scale, Quantitative Workload Inventory, and Physical Symptoms Inventory[J]. Journal of Occupational Health Psychology, 3(4):356-67.

Summers T P, DeCotiis T A, DeNisi A S. 1995. A field study of some antecedents and consequences of felt job stress//R. Crandall, P. L. Perrewe. (Eds.). Occupational Stress: A Handbook [M]. Boca Raton, FL: CRC Press:113-128.

Tatar M, Horenczyk G. 1996. Immigrant and host pupils' expectations of teachers[J]. British Journal of Educational Psychology, 66(3):289-299.

Tesser A. 2000. On the confluence of self-esteem maintenance mechanisms [J]. Personality and Social Psychology Review, (4): 290-299.

Tschannen-Moran M, Hoy A W, Hoy W K, et al. 1998. Teacher efficacy: Its meaning and measure[J]. Review of Educational Research, 68(223): 220-248.

Wilson W R. 1967. Correlates of Avowed Happiness[J]. Psychological Bulletin, 67(4): 294-306.

Wilson W R. 1967. Correlates of avowed happiness[J]. Psychological Bulletin, 67（4）: 294-306.

Winograd K. 2003. The functions of teacher emotions: The good, the bad, and the ugly[J]. Teachers College Record, 105(59):1641-1673.

Witty P A. 1940. A genetic study of fifty gifted children[J]. The thirty-ninth yearbook of the National Society for the Study of Education: Intelligence: Its nature and nurture, Part II, Original studies and experiments, 39（2）: 401-409.

Wolters C A, Daugherty S G. 2007. Goal structures and teachers' sense of efficacy: Their relation and association to teaching experience and academic level[J]. Journal of Educational Psychology, 99: 181-193.

Woolfolk A E, Rosoff B, Hoy W K, et al. 1990. Teachers' sense of efficacy and their beliefs about managing students[J]. Teaching and Teacher Education, 6(2): 137-148.

Woolfolk A E, Hoy W K. 1990. Prospective teachers' sense of efficacy and beliefs about control[J]. Journal of Educational Psychology, 82（1）: 81-91.

Woolfolk A E, Rosoff B, Hoy W K. 1990. Teachers' sense of efficacy and their beliefs about managing students[J]. Teaching and Teacher Education, 6（2）: 137-148.

Zapf D. 2002. Emotion work and psychological well-being: A review of the literature and some conceptual considerations[J]. Human Resource Management Review, 12(2):237-268.

附录一
中小学教师调查问卷（一）

尊敬的老师：

您好！首先非常感谢您百忙之中抽出时间参与调查研究！

以下是一些有关教师工作及生活、学习等方面的问题，每个题的回答无好坏、对错之分，请您根据自己的实际情况予以回答。我们试图通过调查，进一步了解教师这一职业的相关信息。您的真实回答对保证我们研究的科学性非常重要！我们的调查是不记名的，调查结果仅供研究之用，不会对您造成任何不利影响，请您放心作答！

再次感谢您的支持与配合！

一、基本情况（请在符合您的情况的题项的字母上画"○"）

1. 您的性别：
   A. 男　　　　　　B. 女

2. 您的年龄：
   A. 25 岁以下　　B. 25～34 岁　　C. 35～49 岁　　D. 50 岁及以上

3. 您的教龄：
   A. 3 年以下　　　B. 3～5 年　　　C. 6～10 年　　　D. 10 年以上

4. 您的职称：
   A. 未定级　　　　B. 初级　　　　C. 中级　　　　　D. 高级

5. 您的最终学历：
   A. 大专以下　　　B. 大专　　　　C. 本科　　　　　D. 本科以上

6. 您所学的专业：

7. 您所教的课程：

8. 您所在学校位于：

A. 乡镇及以下　　　B. 县城（市）　　　C. 城市

9. 您每周授课时数是：

A. 5 节及以下　　　B. 6～12 节　　　C. 13～20 节　　　D. 20 节以上

10. 本年度是否担任班主任：

A. 是　　　　　　　B. 否

11. 您是否兼行政职务：

A. 是　　　　　　　B. 否

12. 您所在学校是否要求没有担任班主任工作或兼任行政职务的教师必须坐班？

A. 是　　　　　　　B. 否

13. 近 3 年内有无参加过相关职业培训：

A. 有　　　　　　　B. 无

14. 婚姻状况：

A. 未婚　　　　B. 已婚　　　　C. 离异　　　　D. 丧偶

15. 您是否有孩子：

A. 是　　　　　　　B. 否

16. 您的夫妻关系（已婚填）：

A. 和睦幸福　　　B. 普通平淡　　　C. 冷淡、濒临破裂

17. 您的身体健康状况：

A. 很好　　　　B. 较好　　　　C. 较差　　　　D. 很差

18. 您的平均月收入（总收入，含公积金等）：

A. 少于 1500 元　　　　　　　B. 1500～2999 元

C. 3000～4999 元　　　　　　D. 5000 元及以上

19. 您从事教师职业的原因：

A. 自己喜欢　　　B. 家人影响　　　C. 工作稳定　　　D. 迫于无奈

E. 其他

20. 最近一个月左右，是否有重大的不愉快的事件发生在您身上？

A. 是　　　　　　　B. 否

21. 最近一个月左右，是否有重要的愉快事件发生在您身上？

A. 是　　　　　　　B. 否

22. 您最近一个月左右的情绪情况：

A. 糟糕　　　　B. 不快乐　　　　C. 不太满意　　　　D. 满意

E. 快乐　　　　　F. 愉悦

23. 您对您和朋友之间关系的感受：

A. 糟糕　　　　B. 不快乐　　　　C. 不太满意　　　D. 满意

E. 快乐　　　　F. 愉悦

24. 您对您与家人之间关系的感受：

A. 糟糕　　　　B. 不快乐　　　　C. 不太满意　　　D. 满意

E. 快乐　　　　F. 愉悦

25. 您对您与同学（或同事）之间关系的感受：

A. 糟糕　　　　B. 不快乐　　　　C. 不太满意　　　D. 满意

E. 快乐　　　　F. 愉悦

26. 您对您与老师（或上级）之间关系的感受：

A. 糟糕　　　　B. 不快乐　　　　C. 不太满意　　　D. 满意

E. 快乐　　　　F. 愉悦

27. 您认为，解决农村教师的现实困境主要应当关注：

A. 提高工资待遇　　　　　　B. 促进专业成长

C. 关注身体健康　　　　　　D. 关注心理健康

E. 其他

二、下面的描述，请您根据自己的实际情况，在最合适的数字上画"○"。除非您认为其他 4 个选项都确实不符合您的真实想法，否则请不要选择"不能确定"。请注意：每题只能选择一个答案！

序号	项目 （教师情绪量表）	从未 如此	偶尔 如此	有时 如此	经常 如此	总是 如此
1	工作时表现适宜的表情与态度，对我而言就如同是在演戏一样。	1	2	3	4	5
2	我会主动感受学校要求我表达的情绪，而不仅仅是只改变我的表情。	1	2	3	4	5
3	我在工作中感受到的情绪与我表现出来的情绪是一致的。	1	2	3	4	5
4	对于工作所需要表现的情绪（如热情、乐观、爱、信任、亲切、和善等）我只需要适时展示一下就可以。	1	2	3	4	5
5	我在工作中会尽力控制自己的情绪，由衷地表现出积极的情绪。	1	2	3	4	5
6	我向学生表露的情绪与学校要求我表露的情绪是一致的。	1	2	3	4	5
7	当我与学生在一起的时候，我会假装心情很好。	1	2	3	4	5
8	如果必须在学生面前表现出某种情绪（如热情、乐观、爱、和善等），我会调整自己的情绪，使自己表现出来的情绪是发自内心的感受。	1	2	3	4	5
9	在与学生相处的过程中我很容易感受到学生的情绪。	1	2	3	4	5
10	面对学生时，我常常需要伪装自己的情绪。	1	2	3	4	5
11	我经常提醒自己去努力感受学校需要我表现的情绪。	1	2	3	4	5

续表

序号	项目 （教师情绪量表）	从未如此	偶尔如此	有时如此	经常如此	总是如此
12	我展现给学生的情绪是我的真实感受。	1	2	3	4	5
13	在课堂上我展示给学生的情绪并非是我真正感受到的情绪。	1	2	3	4	5
14	当我需要在学生面前表现愉悦神情时，我会想象那些生活中令我高兴的事情。	1	2	3	4	5
15	我很自然、很容易地对我的学生的情绪作出情绪反应。	1	2	3	4	5

序号	项目（教师工作倦怠量表）	完全不符合	有一点符合	比较符合	符合	完全符合
1	我感到自己的感情已经在工作中耗尽了。	1	2	3	4	5
2	我能很轻易地知道我的学生的想法。	1	2	3	4	5
3	某些学生在我看来是无药可救的。	1	2	3	4	5
4	工作一整天后感到精疲力竭，再也不想做任何事情。	1	2	3	4	5
5	早晨起床时，我觉得疲乏，因为不得不面对又一天的工作。	1	2	3	4	5
6	做这种整天对着人的工作，让我感到压力很大。	1	2	3	4	5
7	我能有效地处理学生的问题。	1	2	3	4	5
8	我觉得自己像被掏空了一样，只是在机械地工作。	1	2	3	4	5
9	我觉得通过自己工作给了周围人积极的影响。	1	2	3	4	5
10	从事这份工作以后，我变得比以前烦躁易怒了。	1	2	3	4	5
11	我担心这份工作会让我变得冷漠。	1	2	3	4	5
12	我觉得工作再努力也不会有什么结果。	1	2	3	4	5
13	对于一些学生发生了什么事，我一点都不在乎。	1	2	3	4	5
14	和学生在一起时，我能很容易地创造一个轻松气氛。	1	2	3	4	5
15	在和学生近距离接触后，我觉得很愉快。	1	2	3	4	5
16	我在这份工作上已经做了不少有价值的事。	1	2	3	4	5
17	工作令我感到身心都疲惫。	1	2	3	4	5
18	在工作中，我能冷静地处理情绪问题。	1	2	3	4	5
19	我觉得学生对于我处理他们问题的一些方式感到不满。	1	2	3	4	5
20	在工作中我感到挫折。	1	2	3	4	5
21	面对工作时，我觉得精力充沛。	1	2	3	4	5
22	直接面对人的工作对我来说压力很大。	1	2	3	4	5

序号	项目（压力量表）	完全不符合	比较不符合	不能确定	比较符合	完全符合
		选择				
1	你觉得你的压力大吗？	1	2	3	4	5
2	课时太多，班级学生人数太多。	1	2	3	4	5
3	担心学生出各类问题。	1	2	3	4	5
4	担心自己能否被学生接受。	1	2	3	4	5
5	教学资料设备缺乏。	1	2	3	4	5
6	来自学生升学和考试方面的压力。	1	2	3	4	5
7	调动工作困难。	1	2	3	4	5
8	缺乏进修提高机会。	1	2	3	4	5
9	教育改革使你无所适从。	1	2	3	4	5
10	随时有被解聘的危险。	1	2	3	4	5
11	单位的规章、制度和各类要求有很多不合理的地方。	1	2	3	4	5
12	工资待遇太低，经济负担重。	1	2	3	4	5
13	工作繁忙，身心疲惫。	1	2	3	4	5
14	家庭琐事与教学工作冲突。	1	2	3	4	5
15	子女教育或就业问题。	1	2	3	4	5
16	家人对自己的工作支持不够。	1	2	3	4	5
17	学生程度参差不齐。	1	2	3	4	5
18	学生学习意愿低落。	1	2	3	4	5
19	学生不遵守纪律。	1	2	3	4	5
20	学生获取信息的渠道越来越多。	1	2	3	4	5
21	学生考试成绩偏低。	1	2	3	4	5
22	领导较少关心教师的生活。	1	2	3	4	5
23	校领导较少理解和支持教师工作。	1	2	3	4	5
24	校领导对教学干预太多。	1	2	3	4	5
25	工作不能得到领导的理解与支持。	1	2	3	4	5
26	与领导关系紧张。	1	2	3	4	5
27	与同事合作较少。	1	2	3	4	5
28	家长不配合学校教育学生。	1	2	3	4	5
29	与学生关系紧张。	1	2	3	4	5
30	急需提高学历。	1	2	3	4	5
31	急需提高教学与管理水平。	1	2	3	4	5
32	评职称困难，岗位竞争激烈。	1	2	3	4	5
33	社会地位太低。	1	2	3	4	5
34	收入与付出反差大。	1	2	3	4	5
35	媒体对教师的批评太多。	1	2	3	4	5

问题到此结束。请从头浏览一遍，确保您没有遗漏任何一题。

再次衷心感谢您付出宝贵时间认真作答！

附录二
中小学教师调查问卷（二）

尊敬的老师：

您好！首先非常感谢您百忙之中抽出时间参与调查研究！

以下是一些有关教师工作及生活、学习等方面的问题，每个题的回答无好坏、对错之分，请您根据自己的实际情况予以回答。我们试图通过调查，进一步了解教师这一职业的相关信息。您的真实回答对保证我们研究的科学性非常重要！我们的调查是不记名的，调查结果仅供研究之用，不会对您造成任何不利影响，请您放心作答！

再次感谢您的支持与配合！

一、基本情况（请在符合您的情况的题项的字母上画"○"）

1. 您的性别：
   A. 男　　　　　B. 女

2. 您的年龄：
   A. 25 岁以下　　B. 25～34 岁　　C. 35～49 岁　　D. 50 岁及以上

3. 您的教龄：
   A. 3 年以下　　B. 3～5 年　　C. 6～10 年　　D. 10 年以上

4. 您的职称：
   A. 未定级　　　B. 初级　　　　C. 中级　　　　D. 高级

5. 您的最终学历：
   A. 大专以下　　B. 大专　　　　C. 本科　　　　D. 本科以上

6. 您所学的专业：

7. 您所教的课程：

8. 您所在学校位于：

　　A. 乡镇及其以下　　　　B. 县城（市）　　　　C. 城市

9. 您每周授课时数是：

　　A. 5 节及以下　　　　B. 6～12 节　　　　C. 13～20 节　　　　D. 20 节以上

10. 本年度是否担任班主任：

　　A. 是　　　　　　　　B. 否

11. 您是否兼行政职务：

　　A. 是　　　　　　　　B. 否

12. 您所在学校是否要求没有担任班主任工作或兼任行政职务的教师必须坐班？

　　A. 是　　　　　　　　B. 否

13. 近 3 年内有无参加过相关职业培训？

　　A. 有　　　　　　　　B. 无

14. 婚姻状况：

　　A. 未婚　　　　　　　B. 已婚　　　　　　C. 离异　　　　　　D. 丧偶

15. 您是否有孩子：

　　A. 是　　　　　　　　B. 否

16. 您的夫妻关系（已婚填）：

　　A. 和睦幸福　　　　　B. 普通平淡　　　　C. 冷淡、濒临破裂

17. 您的身体健康状况：

　　A. 很好　　　　　　　B. 较好　　　　　　C. 较差　　　　　　D. 很差

18. 您的平均月收入（总收入，含公积金等）：

　　A. 少于 1500 元　　　B. 1500～2999 元　　C. 3000～4999 元

　　D. 5000 元及以上

19. 您从事教师职业的原因：

　　A. 自己喜欢　　　　　B. 家人影响　　　　C. 工作稳定

　　D. 迫于无奈　　　　　E. 其他

20. 最近一个月左右，是否有重大的不愉快的事件发生在您身上？

　　A. 是　　　　　　　　B. 否

21. 最近一个月左右，是否有重要的愉快事件发生在您身上？

　　A. 是　　　　　　　　B. 否

22. 您最近一个月左右的情绪情况：

　　A. 糟糕　　　　　　　B. 不快乐　　　　　C. 不太满意　　　　D. 满意

E. 快乐　　　　　　F. 愉悦

23. 您对您和朋友之间关系的感受：

A. 糟糕　　　　B. 不快乐　　　　C. 不太满意　　D. 满意

E. 快乐　　　　　　F. 愉悦

24. 您对您与家人之间关系的感受：

A. 糟糕　　　　B. 不快乐　　　　C. 不太满意　　D. 满意

E. 快乐　　　　　　F. 愉悦

25. 您对您与同学（或同事）之间关系的感受：

A. 糟糕　　　　B. 不快乐　　　　C. 不太满意　　D. 满意

E. 快乐　　　　　　F. 愉悦

26. 您对您与老师（或上级）之间关系的感受：

A. 糟糕　　　　B. 不快乐　　　　C. 不太满意　　D. 满意

E. 快乐　　　　　　F. 愉悦

27. 您认为，解决农村教师的现实困境主要应当关注：

A. 提高工资待遇　　B. 促进专业成长　　C. 关注身体健康

D. 关注心理健康　　E. 其他

二、下面的描述，请您根据自己的实际情况，在最合适的数字上画"○"。除非您认为其他4个选项都确实不符合您的真实想法，否则请不要选择"不能确定"。请注意：每题只能选择一个答案！

序号	项目（教师职业认同量表）	完全不符合	比较不符合	不能确定	比较符合	完全符合
1	我为自己是一名教师而自豪。	1	2	3	4	5
2	从事教师职业能够实现我的人生价值。	1	2	3	4	5
3	在做自我介绍的时候，我乐意提到我是一名教师。	1	2	3	4	5
4	我适合做教师工作。	1	2	3	4	5
5	作为一名教师，我时常觉得受人尊重。	1	2	3	4	5
6	当看到或听到颂扬教师职业的话语时，我会有一种欣慰感。	1	2	3	4	5
7	我能够按时完成工作任务。	1	2	3	4	5
8	我能够认真完成教学工作。	1	2	3	4	5
9	我能认真对待职责范围内的工作。	1	2	3	4	5
10	为了维护学校的正常教学秩序，我会遵守那些非正式的制度。	1	2	3	4	5
11	我积极主动地创造和谐的同事关系。	1	2	3	4	5
12	我认为教师职业对促进人类个体发展十分重要。	1	2	3	4	5
13	我认为教师的工作对促进学生的成长与发展很重要。	1	2	3	4	5

续表

序号	项目（教师职业认同量表）	完全不符合	比较不符合	不能确定	比较符合	完全符合
14	我认为教师的工作对人类社会发展有重要作用。	1	2	3	4	5
15	我认为教师职业是社会分工中最重要的职业之一。	1	2	3	4	5
16	我关心别人如何看待教师职业。	1	2	3	4	5
17	当有人无端指责教师群体时，我感到自己受到了侮辱。	1	2	3	4	5
18	我在乎别人如何看待教师群体。	1	2	3	4	5

序号	项目（教学效能感量表）	完全不符合	比较不符合	不能确定	比较符合	完全符合
1	我能根据大纲吃透教材。	1	2	3	4	5
2	我常不知道怎么写教学计划。	1	2	3	4	5
3	我备的课总是很认真、很详细。	1	2	3	4	5
4	我能解决学生在学习中出现的问题。	1	2	3	4	5
5	课堂上遇到学生捣乱，我常不知道该怎么处理。	1	2	3	4	5
6	某个学生完成作业有困难时，我能根据他的水平调整作业。	1	2	3	4	5
7	我能很好地驾驭课堂。	1	2	3	4	5
8	某个学生不注意听讲，我常没有办法使他集中注意力。	1	2	3	4	5
9	只要我努力，我能改变绝大多数学习困难的学生。	1	2	3	4	5
10	我不知道该怎么与家长取得联系。	1	2	3	4	5
11	要是我的学生成绩提高了，那是因为我找到了有效的教学方法。	1	2	3	4	5
12	对于那些"刺头儿"学生，我常束手无策，不知道该怎么帮助他们。	1	2	3	4	5
13	如果学校让我教一门新课，我相信自己有能力完成它。	1	2	3	4	5
14	如果一学生前学后忘，我知道如何去帮助他。	1	2	3	4	5
15	如果班上某学生变得爱捣乱，我相信自己有办法很快使他改正。	1	2	3	4	5
16	如果学生完不成课堂作业，我能准确地判断是不是作业太难了。	1	2	3	4	5
17	我和学生接触很少。	1	2	3	4	5
18	一个班的学生总有好有差，教师不可能把每个学生都教成好学生。	1	2	3	4	5
19	一般来说，学生变成什么样是先天决定的。	1	2	3	4	5
20	一般来说，学生变成什么样是家庭和社会决定的，教育很难改变。	1	2	3	4	5
21	教师对学生的影响小于家长的影响。	1	2	3	4	5
22	一个学生能学到什么程度主要与他的家庭状况有关。	1	2	3	4	5
23	如果一个学生在家里就没有规矩，那么他在学校也变不好。	1	2	3	4	5
24	考虑所有因素，教师对学生成绩的影响力是很小的。	1	2	3	4	5
25	即使一个教师有能力，也有热情，他也很难同时改变许多差生。	1	2	3	4	5

续表

序号	项目（教学效能感量表）	完全不符合	比较不符合	不能确定	比较符合	完全符合
26	好学生你一教他就会，差生再教也没用。	1	2	3	4	5
27	教师虽能提高学生的成绩，但对学生品德的培养没有什么好办法。	1	2	3	4	5

三、请描述您心目中中小学优秀教师的人格品质，用 5 点标尺表示：1=完全符合低分特征，2=比较符合低分特征，3=介于高分与低分特征之间，4=比较符合高分特征，5=完全符合高分特征。请您在选择的数字上画"○"。

低分者特征		评定分数				高分者特征
缄默孤独	1	2	3	4	5	乐群外向
迟钝，学识浅薄	1	2	3	4	5	聪慧，富有才识
情绪激动	1	2	3	4	5	情绪稳定
谦虚顺从	1	2	3	4	5	好强固执
严肃审慎	1	2	3	4	5	轻松兴奋
权宜敷衍	1	2	3	4	5	有恒，负责
畏缩退怯	1	2	3	4	5	冒险，敢为
理智，着重实际	1	2	3	4	5	敏感，感情用事
依赖随和	1	2	3	4	5	怀疑，刚愎
现实，合乎成规	1	2	3	4	5	幻想，狂放不羁
坦白直率，天真	1	2	3	4	5	精明强干，世故
安详沉着，有自信心	1	2	3	4	5	忧虑抑郁，烦恼多端
保守，服膺传统	1	2	3	4	5	自由，批评激进
依赖，随群附众	1	2	3	4	5	自主，当机立断
矛盾冲突，不明大体	1	2	3	4	5	知己知彼，自律严谨
心平气和	1	2	3	4	5	紧张困扰

您认为中小学教师应具备哪些优良人格品质？请将下列 12 项人格品质排出等级顺序（1～12），并说明其重要性（在相应的空格内画"○"）。

人格品质	重要性顺序	该项人格品质的重要性				
		不重要	不太重要	一般重要	比较重要	非常重要
热爱教育						
热爱学生						
认真负责						
民主公正						
真诚坦率						
理解尊重						

续表

人格品质	重要性顺序	该项人格品质的重要性				
		不重要	不太重要	一般重要	比较重要	非常重要
乐观热情						
和蔼幽默						
自信独立						
坚韧果断						
宽容变通						
耐心自制						

问题到此结束。请从头浏览一遍，确保您没有遗漏任何一题。

再次衷心感谢您付出宝贵时间认真作答！

附录三
中小学教师调查问卷（三）

尊敬的老师：

您好！首先非常感谢您百忙之中抽出时间参与调查研究！

以下是一些有关教师工作及生活、学习等方面的问题，每个题的回答无好坏、对错之分，请您根据自己的实际情况予以回答。我们试图通过调查，进一步了解教师这一职业的相关信息。您的真实回答对保证我们研究的科学性非常重要！我们的调查是不记名的，调查结果仅供研究之用，不会对您造成任何不利影响，请您放心作答！

再次感谢您的支持与配合！

一、基本情况【请在符合您的情况的题项的字母上画"○"】

1. 您的性别：

   A. 男　　　　　　B. 女

2. 您的年龄：

   A. 25 岁以下　　　B. 25～34 岁　　　C. 35～49 岁　　　D. 50 岁及以上

3. 您的教龄：

   A. 3 年以下　　　　B. 3～5 年　　　　C. 6～10 年　　　　D. 10 年以上

4. 您的职称：

   A. 未定级　　　　　B. 初级　　　　　　C. 中级　　　　　　D. 高级

5. 您的最终学历：

   A. 大专以下　　　　B. 大专　　　　　　C. 本科　　　　　　D. 本科以上

6. 您所学的专业：

7. 您所教的课程：

8. 您所在学校位于：
   A. 乡镇及以下　　　　B. 县城（市）　　　　C. 城市
9. 您每周授课时数是：
   A. 5 节及以下　　　B. 6～12 节　　　C. 13～20 节　　　D. 20 节以上
10. 本年度是否担任班主任：
    A. 是　　　　　　　　B. 否
11. 您是否兼行政职务：
    A. 是　　　　　　　　B. 否
12. 您所在学校是否要求没有担任班主任工作或兼任行政职务的教师必须坐班？
    A. 是　　　　　　　　B. 否
13. 近 3 年内有无参加过相关职业培训：
    A. 有　　　　　　　　B. 无
14. 婚姻状况：
    A. 未婚　　　　　　B. 已婚　　　　　　C. 离异　　　　　　D. 丧偶
15. 您是否有孩子：
    A. 是　　　　　　　　B. 否
16. 您的夫妻关系（已婚填）：
    A. 和睦幸福　　　　B. 普通平淡　　　　C. 冷淡、濒临破裂
17. 您的身体健康状况：
    A. 很好　　　　　　B. 较好　　　　　　C. 较差　　　　　　D. 很差
18. 您的平均月收入（总收入，含公积金等）：
    A. 少于 1500 元　　B. 1500～2999 元　　C. 3000～4999 元
    D. 5000 元及以上
19. 您从事教师职业的原因：
    A. 自己喜欢　　　　B. 家人影响　　　　C. 工作稳定　　　　D. 迫于无奈
    E. 其他
20. 最近一个月左右，是否有重大的不愉快的事件发生在您身上？
    A. 是　　　　　　　　B. 否
21. 最近一个月左右，是否有重要的愉快事件发生在您身上？
    A. 是　　　　　　　　B. 否
22. 您最近一个月左右的情绪情况：
    A. 糟糕　　　　　　B. 不快乐　　　　　C. 不太满意　　　　D. 满意

E. 快乐　　　　　F. 愉悦

23. 您对您和朋友之间关系的感受：

A. 糟糕　　　B. 不快乐　　　C. 不太满意　　　D. 满意

E. 快乐　　　F. 愉悦

24. 您对您与家人之间关系的感受：

A. 糟糕　　　B. 不快乐　　　C. 不太满意　　　D. 满意

E. 快乐　　　F. 愉悦

25. 您对您与同学（或同事）之间关系的感受：

A. 糟糕　　　B. 不快乐　　　C. 不太满意　　　D. 满意

E. 快乐　　　F. 愉悦

26. 您对您与老师（或上级）之间关系的感受：

A. 糟糕　　　B. 不快乐　　　C. 不太满意　　　D. 满意

E. 快乐　　　F. 愉悦

27. 您认为，解决农村教师的现实困境主要应当关注：

A. 提高工资待遇　　　　　　B. 促进专业成长

C. 关注身体健康　　　　　　D. 关注心理健康

E. 其他

二、下面的描述，请您根据自己的实际情况，在最合适的数字上画"○"。除非您认为其他4个选项都确实不符合您的真实想法，否则请不要选择"不能确定"。请注意：每题只能选择一个答案！

序号	项目（主观幸福感量表）	完全不符合	比较不符合	不能确定	比较符合	完全符合
1	我的生活在大多数方面都接近于我的理想。	1	2	3	4	5
2	我的生活条件很好。	1	2	3	4	5
3	我对我的生活满意。	1	2	3	4	5
4	到现在为止，我已经得到了在生活中我想要得到的重要的东西。	1	2	3	4	5
5	如果我能再活一次，我基本上不会作任何改变。	1	2	3	4	5
6	我觉得事事顺心。	1	2	3	4	5
7	我感到孤独，或者与别人的差距很大。	1	2	3	4	5
8	我常为一些事情生气，而这些事情在一般情况下并不让我烦恼。	1	2	3	4	5
9	我感到很幸福。	1	2	3	4	5
10	我对某些事感到特别热衷或兴奋。	1	2	3	4	5
11	我感到沮丧。	1	2	3	4	5
12	我对自己的前景感到乐观。	1	2	3	4	5

续表

序号	项目（主观幸福感量表）	完全不符合	比较不符合	不能确定	比较符合	完全符合
13	我会因为成功地做完某件事而感到高兴。	1	2	3	4	5
14	我感到心烦意乱。	1	2	3	4	5
15	我因为做事受到别人赞扬而感到自豪。	1	2	3	4	5
16	我觉得坐立不安。	1	2	3	4	5
17	我感到心满意足。	1	2	3	4	5
18	我觉得莫名其妙的烦躁。	1	2	3	4	5
19	我感到很快乐。	1	2	3	4	5

序号	项目（一般自我效能感量表）	完全不符合	比较不符合	比较符合	完全符合
1	如果我尽力去做的话，我总是能够解决问题的。	1	2	3	4
2	即使别人反对我，我仍有办法得到我所要的。	1	2	3	4
3	对我来说，坚持理想和达成目标是轻而易举的。	1	2	3	4
4	我自信能有效地应付任何突如其来的事情。	1	2	3	4
5	以我的才智，我定能应付意料之外的情况。	1	2	3	4
6	如果我付出必要的努力，一定能解决大多数的难题。	1	2	3	4
7	我能冷静地面对困难，因为我可信赖自己处理问题的能力。	1	2	3	4
8	面对一个难题时，我通常能找到几种解决方法。	1	2	3	4
9	有麻烦的时候，我通常能想到一些应付的方法。	1	2	3	4
10	无论什么事在我身上发生，我都能够应付自如。	1	2	3	4

序号	项目（自我接纳问卷）	完全不符合	比较不符合	比较符合	完全符合
11	我内心的愿望从不敢说出来。	1	2	3	4
12	我几乎全是优点和长处。	1	2	3	4
13	我认为异性肯定会喜欢我的。	1	2	3	4
14	我总是因害怕做不好而不敢做事。	1	2	3	4
15	我对自己的身材、相貌感到很满意。	1	2	3	4
16	总的来说，我对自己很满意。	1	2	3	4
17	做任何事情只有得到别人的肯定我才放心。	1	2	3	4
18	我总是担心会受到别人的批评或指责。	1	2	3	4
19	学新东西时，我总比别人学得快。	1	2	3	4

续表

序号	项目（自我接纳问卷）	完全不符合	比较不符合	比较符合	完全符合
20	我对自己的口才感到很满意。	1	2	3	4
21	做任何事情之前，我总是预想到自己会失败。	1	2	3	4
22	我能做好自己所有的事情。	1	2	3	4
23	我认为别人都不喜欢我。	1	2	3	4
24	我总担心自己会惹别人不高兴。	1	2	3	4
25	我很喜欢自己的性格特点。	1	2	3	4
26	我总是担心别人会看不起我。	1	2	3	4

序号	项目（人际关系量表）	完全不符合	比较不符合	不能确定	比较符合	完全符合
1	我能及时觉察到朋友对我的疏远。	1	2	3	4	5
2	有缘千里来相会。	1	2	3	4	5
3	如果有领导或老师是我的同乡，我会尽量利用这一关系。	1	2	3	4	5
4	被人误解时，我会很伤心。	1	2	3	4	5
5	能成为一家人是一种缘分。	1	2	3	4	5
6	与人交往时，我能够察觉到他人对我的态度。	1	2	3	4	5
7	如果几个人找我办同样一件事，我会根据关系的亲疏排个先后顺序。	1	2	3	4	5
8	如果大家疏远我，我会感到非常不安。	1	2	3	4	5
9	父母有地位，子女好办事。	1	2	3	4	5
10	我能感受到不同人际关系的差别。	1	2	3	4	5
11	我认为，旅途中若能遇到谈得来的人，是一种缘分。	1	2	3	4	5
12	如果得不到他人的接纳，我会感到很苦恼。	1	2	3	4	5
13	如果无法与他人建立良好的关系，一个人的生活就失去了意义。	1	2	3	4	5
14	我认为有缘才能相聚相识。	1	2	3	4	5
15	被人误会时，我会很难过。	1	2	3	4	5
16	朋友有地位，办事更容易。	1	2	3	4	5
17	与人交往时，我能感受到对方的情绪变化。	1	2	3	4	5
18	亲戚中有权有势的人容易受到家人更多的关注。	1	2	3	4	5
19	和有地位的人关系亲密我会感到荣幸。	1	2	3	4	5
20	与人交往时，我很留意对方的心态变化。	1	2	3	4	5
21	在学校里，若违反了校纪校规，我会努力利用与老师的特殊关系让自己不受处罚。	1	2	3	4	5
22	同学走到一起是一种缘分。	1	2	3	4	5
23	寻找靠山、后台对人的发展很重要。	1	2	3	4	5

续表

序号	项目（人际关系量表）	完全不符合	比较不符合	不能确定	比较符合	完全符合
24	如果我有小孩在上学，我会和孩子的老师拉关系以使我的小孩得到更好的照顾。	1	2	3	4	5
25	我很羡慕那些人缘好、受人欢迎的人。	1	2	3	4	5
26	人际关系好，才能对生活感到满意。	1	2	3	4	5
27	如果不能与周围人和谐相处，我会有心理压力。	1	2	3	4	5
28	人际关系的状况会对我的情绪产生影响。	1	2	3	4	5

问题到此结束。请从头浏览一遍，确保您没有遗漏任何一题。

再次衷心感谢您付出宝贵时间认真作答！

后 记

安徽省教师教育协同创新中心自 2014 年获批成为省级 2011 协同创新中心以来，紧紧抓住教师培养与教育（无论是在校师范生还是在职中小学教师）这条主线，在全省范围内不断加强与政府（G）、中小学（S）的联系，并且设立创新试验区，试图探索构建 U（高校）-G-S 的协同培养教师的新模式、新机制、新方法。作为教师培养教育的前提和基础，我们认为，准确把握当前中小学教师的心理发展状况，关注他们的所思所想，科学指导他们的专业成长，意义十分重大。

参与本书撰写的主要是教师素质与教学心理研究团队的主要成员和心理学专业的研究生。按照在本书中执笔的先后分别是：第一章，葛明贵；第二章，张冬梅；第三章，郑筱妍；第四章，刘伟芳；第五章，罗兴根、朱博；第六章，付梅、纪萍萍；第七章，刘伟芳；第八章，郭振娟；第九章，徐胡燕；第十章，葛明贵、徐清、裴扬。宣宾老师、王道阳老师、全莉娟老师及心理学专业部分本科生也参与了课题研究的讨论，以及调查数据的录入工作。本书的框架是在各位团队成员研究内容的基础上，由我结合我们对教师心理的划分，综合而成。初稿完成后，发展与教育心理学专业的硕士生刘思义、王玉婷、刘薇、周婵婵及薛瑞等通读了书稿，按照本书体例规范要求对文字和参考文献进行了修改，最后由我审读、定稿。

在调查研究过程中，我们得到了各有关学校领导老师的大力配合和支持，撰写过程中也参考了国内外大量的相关研究成果，本书的出版还得到科学出版社的大力支持，在此一并致谢。

由于时间和水平所限，研究还不够深入，相关分析还不够透彻，所提出的建议和对策也不够具体。敬请专家和读者批评指正。

葛明贵
2017 年 4 月 30 日